Semantic Modeling for Data

시맨틱 데이터 모형화

| 표지 설명 |

표지에 있는 동물은 **유리 따오기**Plegadis falcinellus다. 따오기ibis류 중에서는 가장 널리 분포한 종이며 아프리카, 유라시아, 호주, 북미, 카리브해 지역을 비롯해 전 세계의 많은 열대 기후 지대나 온대 기후 지대에서 볼 수 있다. 일반적으로 해안 지역이나 습지, 논, 강어귀, 늪 같은 얕은 습지 근처에 산다.

유리 따오기는 몸이 작고 목과 다리가 길며 부리가 가늘고 구부러진 따오기다. 다 큰 따오기는 머리와 목 주위에 깊은 적갈색 깃털이 있고 금속성 녹색과 보라색이 섞인 날개가 있다. 철새이며 번식 지역은 광범위하다. 북반구의 일부 집단은 부분적으로 이동성을 띠며 따뜻한 남쪽으로 날아가서 겨울을 난다. 부리를 얕은 물이나 진흙 속으로 묻고 수생 곤충, 유충, 벌레, 연체동물, 갑각류, 올챙이, 물고기, 개구리 등 찾을 수 있는 모든 것을 먹이로 삼는다. 광택이 나는 이 따오기는 현지의 봄철이나 장마철에 번식하며 종종 여러 종이 함께 서식하는 곳에서 그 밖의 따오기류, 왜가리, 백로, 저어새 쌍과 함께 둥지를 틀기도 한다. 유리 따오기는 매우 사교적이며 평생 무리를 지어 먹이를 먹고 쉰다. 부모가 모두 둥지를 짓고 새끼를 보호하며 일반적으로 한 번에 서너 마리를 낳아 키운다.

유리 따오기는 긴 여행을 한다. 꼬리표를 붙인 일부 새들이 스페인에서 출발해 대서양을 가로질러 바베이도스까지 갔다! 기록상 가장 오래 산 유리 따오기는 1971년부터 1992년까지 버지니아에 살았으며 적어도 21년을 살았다. 유리 따오기를 IUCN에서는 '약관심종(즉, 최소관심종)'으로 분류한다. 개체 수 규모와 서식 범위가 유라시아 및 아프리카에서 감소하고 있지만, 서유럽과 북미에서는 증가하고 있다. 오라일리 표지의 동물들은 대부분 멸종위기종이며, 모두 세상에 소중한 존재들이다. 표지 삽화는 『Shaw's Zoology』의 흑백 판화를 기반으로 한 카렌 몽고메리의 작품이다.

시맨틱 데이터 모형화
데이터의 유용성과 가치를 높이는 방법

초판 1쇄 발행 2022년 3월 15일

지은이 파노스 알렉소풀로스 / **옮긴이** 박진수 / **펴낸이** 김태헌
펴낸곳 한빛미디어(주) / **주소** 서울시 서대문구 연희로2길 62 한빛미디어(주) IT출판부
전화 02-325-5544 / **팩스** 02-336-7124
등록 1999년 6월 24일 제25100-2017-000058호 / **ISBN** 979-11-6224-536-1 93000

총괄 전정아 / **책임편집** 서현 / **기획** 이상복 / **편집** 서현 / **교정** 김가영
디자인 표지 윤혜원 내지 박정화 / **전산편집** 김민정
영업 김형진, 김진불, 조유미, 김선아 / **마케팅** 박상용, 송경석, 한종진, 이행은, 고광일, 성화정 / **제작** 박성우, 김정우

이 책에 대한 의견이나 오탈자 및 잘못된 내용에 대한 수정 정보는 한빛미디어(주)의 홈페이지나 아래 이메일로 알려주십시오. 잘못된 책은 구입하신 서점에서 교환해드립니다. 책값은 뒤표지에 표시되어 있습니다.
한빛미디어 홈페이지 www.hanbit.co.kr / **이메일** ask@hanbit.co.kr

지금 하지 않으면 할 수 없는 일이 있습니다.
책으로 펴내고 싶은 아이디어나 원고를 메일(writer@hanbit.co.kr)로 보내주세요.
한빛미디어(주)는 여러분의 소중한 경험과 지식을 기다리고 있습니다.

Semantic Modeling for Data

시맨틱 데이터 모형화

O'REILLY® 한빛미디어 Hanbit Media, Inc.

지은이 · 옮긴이 소개

지은이 **파노스 알렉소풀로스** Panos Alexopoulos

2006년부터 데이터, 시맨틱, 소프트웨어가 교차하는 분야에서 일해 왔으며 업무와 사회에 가치를 제공하는 지능형 시스템을 구축하는 데 이바지했다. 그리스 아테네에서 태어나고 자랐으며, 현재 네덜란드 암스테르담에 있는 텍스트커널 BV에서 온톨로지 책임자로 일하며 인적자원관리와 채용 분야에서 쓸 대규모 다국어 지식 그래프를 개발하고 제공하는 데이터 전문가 팀을 이끈다.

아테네 국립 공과 대학에서 지식 공학 및 관리 박사 학위를 받았으며 저널과 서적 외에도 국제 콘퍼런스에서 여러 연구 논문을 발표했다. 학계와 산업계 모두에서 정규 연사 겸 강사로 활동하며 학계와 산업계 간의 격차를 해소하여 서로 혜택을 받을 수 있도록 노력하고 있다.

옮긴이 **박진수** arigaram@daum.net

정보기술(IT)과 관련하여 다양한 개발 · 저술 · 번역 · 기술편집 · 기술교정 · 자문 · 발표 · 기고를 해 왔다. 1인 기업을 세웠다가 닫았다. 최근에는 주로 인공지능과 관련한 번역 · 자문 · 강의를 한다. 저술하고 번역한 책이 많아서 좁은 지면에 모두 나열하기 어렵다. 이 책들을 온라인 서점에서 역자의 이름으로 쉽게 검색해서 찾아볼 수 있다(다만 검색된다고 해서 다 역자의 책인 것은 아니다). 저술하고 번역한 책 중에는 정보기술과 무관한 것들도 있다.

옮긴이의 말

흔히 '시맨틱 데이터 모델링'이라고 부르는 '의미 기반 데이터 모형화'는 자연어 처리, 데이터 과학, 검색, 인공지능, 데이터베이스 등 다양한 분야에 필요한 기술로 보입니다. 그리고 그 필요성이 날이 갈수록 늘어날 것으로 전망됩니다.

이런 상황에서 이 책을 번역하게 되어 영광으로 생각합니다. 어쩌면 이 책이 흩어져 있던 의미 기반 모형화 기술을 한 데 엮어 준 책이 될지도 모르겠다는 생각을 조심스럽게 해 봅니다.

이 책을 번역하기가 쉽지 않았습니다. 그런데도 끝까지 해낼 수 있도록 오래 기다려 주시고, 여러 모양으로 도와주신 한빛미디어와 모든 관련자분께 고마움을 전합니다.

추신: 혼동할 만한 번역어 옆에는 영어를 병기했을 뿐만 아니라, 때로는 통용되는 나머지 번역어를 괄호 안에 넣어 두기도 했습니다. 이렇게 했다는 점을 염두에 두고 읽어 주시기 바랍니다.

박진수

지은이의 말

지식 그래프, 온톨로지ontology(존재론, 지식 분류 체계), 택소노미taxonomy(분류법, 분류학, 분류 체계) 등의 시맨틱 데이터 모형은 수십 년 동안 데이터 분야나 인공지능(AI) 세계에서 사용되면서 발전해 왔다. 이들을 사용함으로써 우리는 명시적이고 공유 가능한 방식으로 데이터의 의미를 포착하고 데이터 기반 애플리케이션의 효율성을 향상할 수 있었다. 지난 10년 동안 이러한 모형의 인기가 특히 커졌다. 예를 들면, 시장 정보 회사인 가트너는 신흥 기술에 대한 2018년도 하이프 사이클(즉, 기술 성숙도 주기) 목록에 '지식 그래프'를 포함했다. 아마존, 링크드인, BBC, IBM 같은 유명 엔터티들은 자신들의 제품과 서비스 안에 끼워 넣을 시맨틱 데이터 모형을 개발해 사용하고 있다.

이러한 추세를 이루는 원동력은 두 가지다.

- 데이터를 풍부하게 보유한 조직들은 그저 데이터를 많이 보유하는 것만으로는 충분치 않다는 사실을 점점 더 잘 알아차리고 있다. 데이터로부터 가치를 이끌어내려면 실제로 이 데이터가 깨끗하고 일관적이며 상호연결되고 명확한 의미를 지녀야 한다. 이를 통해 데이터 과학자와 업무 분석가는 자신이 가장 잘하는 일, 즉 유용한 통찰력을 추출하는 데 집중할 수 있다. 시맨틱 데이터 모형화는 이 문제를 해결하는 데 정확히 초점을 맞춘다.
- 인공지능 애플리케이션 개발사와 공급업체는 자신들에게 필요한 지능형 동작을 머신러닝 기술이나 통계적 추론 기술만으로 구축하기에는 늘 충분하지 않다는 사실을 점점 더 잘 알아차리고 있다. 상징적 지식을 명시하는 식으로 그러한 기술을 보완하는 게 필요하고 유익할 수 있다. 시맨틱 데이터 모형화semantic data modeling에서는 이러한 지식을 구축해 제공하는 일에 초점을 정확히 맞춘다.

시맨틱 모형semantic model(의미 모형)을 구축하는 일에는 서로 다른 커뮤니티에서 제공되고 서로 다른 모형 관점aspect(예: 표현, 추론, 저장, 쿼리 등)에 중점을 둔 여러 언어, 방법론, 플랫폼, 도구를 사용할 수 있다. 그러나 시맨틱 모형을 지정하고 개발하고 사용하고 발전하게 하는 작업 전체는 생각만큼 단순하지 않다. 특히 모형의 범위와 규모가 커질수록 더욱더 그렇다. 그 이유는 인간의 언어와 사고가 모호성으로 가득 차 있기 때문이다. 애매성, 부정확성, 기타 현상으로 인해 데이터의 의미를 형식적이면서도 보편적으로 허용되는 방식으로 표현하기는 몹시 어렵다.

이 책은 시맨틱 데이터 모형화에 무엇이 수반되는지와 시맨틱 모형의 생성자이자 사용자인 여러분이 무엇을 직면해야 하는지가 나온다. 이보다 더 중요한 점은 이 책이 위험(함정)을 피하고 장애물(딜레마)을 극복하는 방법에 관한 구체적인 조언을 제공한다는 점이다. 사용 중인 특정 프레임워크나 기술과 관계없이 그대로 유지되는 몇 가지 기본적이고 지속적인 시맨틱 모형화semantic modeling(시맨틱 모델링, 의미 체계 모형화) 원칙을 가르치고 이를 특정 컨텍스트context(장면적 컨텍스트, 문맥)에 적용하는 방법을 보여준다.

이 책을 읽은 후에는 기존 시맨틱 모형과 기술을 비판적으로 평가하고 더 잘 사용할 수 있으며 정보에 입각한 결정을 내리고 여러분이 구축하려는 모형의 품질과 유용성을 개선할 수 있다.

파노스 알렉소풀로스

이 책에 대하여

대상 독자

이 책은 데이터의 의미 표현을 개발하거나 사용하는 일을 일상적인 업무로 삼아 처리해야 하는 데이터 실무자(지식 공학자, 정보 설계자, 데이터 공학자, 데이터 과학자 등)를 위한 책이며, 그런 의미에서 볼 때 데이터의 의미에 대한 명시성, 정확성, 공통 이해성은 이러한 일을 처리할 때 중요한 지표가 된다.

여러분이 다음 사항 중 한 가지 이상에 해당한다면, 이 책이 특히 유용할 것이다.

- 여러분은 택소노미스트^{taxonomist}(분류학자)이거나 온톨로지스트이거나 시맨틱 데이터 모형화에 관해 많이 알면서 다양한 유형으로 데이터 모형을 구축하는 사람이다. 아마도 해당 분야의 박사 학위나 석사 학위가 있고 모형화 언어와 프레임워크에 관해서 잘 알 것이다. 그러나 여러분은 아직까지 이 지식을 산업 현장에 적용할 기회가 거의 없었다. 여러분은 이 지식을 이제 막 산업계에 적용해 보려 하며 여러분의 지식을 실제적인 문제에 적용해 볼 기회를 잡았다. 그러나 여러분은 모든 것이 학술 논문이나 교과서의 설명과 크게 다르다는 점을 깨닫기 시작했다. 여러분이 배운 방법과 기술이 생각만큼 쉽게 적용할 수도 없고 효과적이지 않다는 점을 깨달았다. 분명한 결정을 내릴 수 없고 여러분이 개발한 시맨틱 모형이 종국에 가서 오해를 받거나 잘못 적용되거나 부가가치를 전혀 창출하지 못하는, 어려운 상황에 직면해 있다. 그렇다면 이 책이 여러분이 힘들게 얻은 소중한 지식을 실천에 옮기고 업무의 질을 높이는 데 도움이 될 것이다.

- 여러분은 데이터 아키텍트 또는 정보 아키텍트로서, 많고도 이질적인 데이터 공급원과 조직이 보유한 애플리케이션이나 제품 간의 의미가 이질적이 된 문제를 해결하는 시맨틱 모형을 개발해야 한다. 이렇게 하려고 이미 원활한 통합을 약속하는 몇 가지 기본 시맨틱 데이터 관리 해법을 적용해 보았지만, 그 결과가 대부분 불만족스러웠다. 그렇다면 이 책은 여러분이 원하는 시맨틱 상호운용성을 달성하기 위해 여러분이 해결해야만 하지만 그다지 명확하지 않은 차원과 과제를 더 잘 이해하는 데 도움을 줄 것이다.

- 여러분은 인공지능 애플리케이션용 시맨틱 모형(예: 가상 비서용 지식 그래프)을 구축하는 일을 맡았으며 다양한 분야의 전문가들(데이터 과학자, 머신러닝 전문가, 통계 데이터 분석 전문가 등)이 있는 팀의 일원이다. 온톨로지스트^{ontologist}(존재론자, 지식체계 구축자), 언어학자, 기타 시맨틱 전문가^{semantic professional}(의미론 전문가)들과 매일 협의하지만, 그들의 언어를 이해하고 자신의 기술이 그들의 기술과 어떻게 결합할 수 있는지를 이해하는 데 힘들어한다. 그렇다면 이 책이야말로 시맨틱 데이터 모형화의 기본 사항을 소개하고 여러분의 전문 지식이 가장 큰 영향을 미칠 수 있는 측면을 식별하는 데 도움이 될 것이다.

- 여러분은 머신러닝 전문가이자 통계 데이터 분석 전문가이며 다른 사람이나 다른 팀, 다른 조직이 생성하고 시맨틱으로 설명하는 데이터를 사용해 일하는 데이터 과학자이다. 여러분은 이러한 시맨틱 데이터 모형^{semantic data model}이 실제로 무엇을 나타내는지, 만들고 싶은 분석이나 구축하려는 해법에 적합한지 확신할 수 없을 때

가 많다. 설상가상으로 데이터의 의미 체계에 관해 잘못된 가정을 하는 바람에 머신러닝 모형과 데이터 과학 해법이 예상한 대로 작동하지 않게 되고 만다. 그렇다면 이 책이야말로 여러분이 다루는 시맨틱 모형에 관한 더 비판적인 방법을 보여주고 생길 수 있는 문제를 예상하고 해결하는 방법을 보여주는 책이 될 것이다.

간단히 말해서 이 책은 더 효과적으로 공동 작업을 진행하고 데이터의 품질과 유용성과 가치를 높이기 위해 '시맨틱에 관해 대화'하는 방법을 배우고 싶어 하는, 다양한 데이터 전문가를 위한 책이다.

이 책에서 기대할 사항

이 책에서는 시맨틱 데이터 모형을 개발하는 방법을 기초 단계부터 설명하지 않으며 특정 시맨틱 모형화 언어와 프레임워크를 사용하는 방법을 자세히 설명하지도 않는다. 이런 용도에 맞는 문서는 이미 매우 많이 나와 있다. 그러므로 나는 그렇게 하는 대신에 이 책에서 시맨틱 모형화 수명 주기를 먼발치에서 바라보면서 기본 원칙과 과제를 논의하고, 관련 기술과 자료를 제시하고, 주의를 기울여야 하고 신중한 처리가 필요한 특정 문제와 상황을 확대해서 살펴볼 것이다.

시맨틱 분야를 완벽히 다루거나 최근 동향을 제시하기보다는 시맨틱 모형의 작성자이자 사용자인 여러분이 일을 더 잘 처리하는 데 도움이 되는 실질성과 실용성이 있는 지식을 제공하는 게 나의 목표다. 이렇게 하려고 이 책은 다음 사항들에 초점을 맞출 것이다.

| 언어나 도구가 아닌 시맨틱 사고 |

시맨틱 모형화에 관한 교과서와 자습서 대부분은 좋은 시맨틱 모형을 생성하는 일이 주로 올바른 언어나 도구를 사용하는 문제와 관련 있다고 가정한다. 그런 식으로 가정하는 대신에 이 책에서는 "쓰레기를 투입하면 쓰레기가 나온다^{Garbage In, Garbage Out}"라고 알려져 있고 한편으로는 바람직하지 못한 이 현상을 피할 때 여러분이 사용할 수 있는 모형화 언어나 프레임워크를 올바르게 사용하는 데 필요한 원칙과 기술을 알려준다.

| 작동하지 않는 것 |

작동하지 않는 것들이 무엇인지와 왜 작동하지 않는지를 알면, 이론적으로만 알거나 특정한 상황에서만 작동하는 것들만 알 때보다 시스템이나 프로세스의 품질을 개선하기에 더 효과적일 수 있다. 이 책은 a) 일을 잘못되게 할 만한 다양한 방법을 살펴본 후에 b) 잘못된 일에서 비롯한 결과를 예측하고 c) 그러한 상황을 피하려면 무엇을 할 수 있는지를 확인하는 데 초점을 맞춤으로써 시맨틱 데이터 모형화 작업에 이 원칙을 적용한다.

| 어정쩡한 현상non-boolean phenomena |

대부분의 시맨틱 모형화 방법론과 프레임워크는 모든 인간 지식을 거짓 진술과 참 진술로 분리할 수 있다고 가정하고 애매성vagueness이나 불확실성uncertainty 같은 '잡음이 낀' 현상을 해결하는 일을 거의 지원하지 않는다. 그러나 현실 세계에는 그러한 현상이 가득하므로, 이 책은 여러분이 그러한 현상을 처리하는 일뿐만 아니라 실제로 여러분에게 유리하게 사용하는 데 도움이 될 것이다.

| 컨텍스트에서의 결정 |

시맨틱 데이터 모형화는 도전적이어서, 이 일을 담당하는 사람들은 결정을 내리는 데 필요한 여러 유형의 딜레마에 직면하게 된다. 성공했지만 고립되어 있어 가치가 없는 실험이나 '성공 사례'를 설명하는 것만으로는 이러한 난관을 돌파하기가 쉽지 않다. 이 책은 가능한 한 어려운 상황을 많이 식별해 냄으로써, 여러분의 상황에서 이를 극복하는 방법을 보여준다.

| 조직과 전략적인 측면 |

시맨틱 데이터 모형화 이니셔티브semantic data modeling initiative(시맨틱 데이터 모형화 기반 업무 처리 주도)는 일회성 공학 프로젝트가 아니다. 오히려 사업 전략과 데이터 전략을 지원하는 최신의 유용한 시맨틱 지식이라는 연료를 조직에 지속해서 공급하려는 노력이다. 따라서 광범위한 이해 관계자(임원, 기술 팀, 최종 사용자, 영업 담당자 등)와 함께 일을 효과적으로 하는 방법을 고려해야 할 뿐만 아니라 기술 측면과 조직 측면과 전략 측면을 모두 고려해야 한다.

이 책에서는 내가 일했던 회사와 시맨틱 관련 프로젝트, 특히 내가 이 책을 쓰는 동안 근무하던 회사인 텍스트커널에서 경험한 일을 참조하고 그런 경험에서 얻은 교훈을 제시할 것이다. 텍스트커널은 사람들의 이력서와 지원서를 시맨틱으로 분석하고 일치시키는 소프트웨어를 개발하고, 인사 · 고용 · 노동 시장 분야에 필요한 지식 그래프를 개발하고 활용하는 네덜란드 회사이다. 이 책에서 제시하는 다양한 함정과 딜레마는 지식 그래프의 개발, 적용, 진화를 주로 담당했던 내가 부딪혀본 것들이다.

또한 나는 시맨틱웹 커뮤니티에서 개발한 시맨틱 언어, 프레임워크, 표준, 데이터 모형에서 예제를 끌어내어 이 책에 나오는 다양한 주장의 근거로 삼겠다. 이러한 모형이 시맨틱 데이터 모형을 개발하는 일에서 유일하고 최선인 수단이라고 주장할 생각은 없다. 시맨틱웹은 시맨틱 머신이 읽을 수 있고 공유 가능한 데이터를 웹에 게시할 수 있게 하려고 야심 차게 협력하면서 노력한 결과물이었다. 이 목표를 달성하기 위한 노력의 하나로 사용자가 알아야 할 데이터 모형화의 좋은 사례와 나쁜 사례를 모두 보여주는 방법과 기술, 데이터를 만들어 낼 수 있었다.

마지막으로, 이 책은 개념적 추상화 수준에서 데이터를 모형화하므로, 데이터 집약적인 애플리케이션에서 데이터를 효율적으로 저장하고 처리하는 데 필요한 구체적인 작업이나 과제를 다루지는 않는다. 이런 구체적인 작업이나 과제에 관한 정보가 더 필요하다면 마틴 클레프만^{Martin Kleppman}의 『데이터 중심 애플리케이션 설계』(위키북스, 2018)나 그 밖의 관련 서적을 읽어 보기를 권한다.

이 책의 구성

이 책은 3부로 구성되어 있다.

1부에서는 시맨틱 데이터 모형화와 관련된 기본 개념, 현상, 프로세스를 논의하고, 책의 나머지 부분에 관한 분위기를 전반적으로 형성하면서, 책을 읽는 데 참고할 만한 공통적인 기반 사항과 용어를 정리한다.

- **1장**, 시맨틱 모형화가 데이터 과학과 인공지능 관련 업무를 더 잘 수행하는 데 어떻게 이바지할 수 있는지를 자세히 논의하고, 잘못된 모형화 관행이 이러한 노력을 얼마나 약화하는지를 살펴본다.
- **2장**, 다양한 데이터 모형화 프레임워크에서 아주 흔하게 발견할 수 있는 일반적 시맨틱 모형화 요소를 개관한다.
- **3장**, 인간의 언어와 사고를 특징지을 뿐만 아니라 시맨틱 모형의 품질을 좌우하는 몇 가지 중요한 시맨틱 현상과 언어적 현상을 설명한다.
- **4장**, 시맨틱 모형을 평가할 때 고려해야 할 품질 차원을 각 차원에 대한 기본 지표와 측정법을 사용해 설명한다.
- **5장**, 시맨틱 모형 개발 과정에 초점을 맞추고 관련 과제와 단계와 활동을 먼저 살펴본 다음, 각 요소에 사용할 수 있는 방법론과 기술적 지원 사항을 살펴본다.

2부에서는 시맨틱 데이터 모형을 개발해 적용할 때 흔히 빠지기 쉬운 함정을 자세히 살펴보고 이를 효과적으로 피하는 방법과 기술을 구체적으로 거론한다.

- **6장** 부정확하고 불완전한 방식으로 요소를 설명함으로써 시맨틱 모형의 인간 해석성human-interpretability에 타협하는 방식을 살펴본다.
- **7장** 모형화 언어와 프레임워크가 제공하는 요소를 의도하지 않은 방식으로 사용하여 모형의 기계 해석성machine-interpretability에 타협하는 방법을 살펴본다.
- **8장** 누구도 바라지 않는 시맨틱 모형을 구축하게 되는 상황이나 올바른 지식 습득 기제를 사용하지 않은 상황에서 모형의 개발이나 모형의 품질이 받게 되는 영향을 살펴본다.
- **9장** 명세서 작성 과정과 개발 과정에서 저지른 실수뿐만 아니라 측정하고 관리할 때 뒤따르는 잘못된 관행이 모형의 품질에 끼치는 영향을 살펴본다.
- **10장** 애플리케이션이 작동하게 될 분야와 해당 분야의 데이터에 딱 맞게 시맨틱 모형을 설계하기만 하면 바

로 시맨틱 방법을 적용할 수 있을 뿐만 아니라 시맨틱 방법이 유용한 게 될 것이라고 가정하는 일을 의심해 본다.

- **11장**, 시맨틱 모형화가 이루어지는 광범위한 전략적 상황과 조직적 상황을 살펴보고, 조직이 시맨틱 데이터 이니셔티브를 잘 수행하는 일을 방해하는 관련 함정과 나쁜 관행에 관해 알아본다.

3부에서는 논의의 초점을 시맨틱 모형화 함정에서 시맨틱 모형화와 관련된 딜레마로 바꾼 후에, 고유한 장단점이 있는 여러 대안 행동 과정 중에서 어느 하나를 선택해야 하는 상황을 효과적으로 푸는 방법을 검토한다.

- **12장**, 모형화 언어는 같지만 의미 표현이 다양할 때 어느 한 가지 표현 방법을 선택하는 일과 관련이 있는 딜레마를 다룬다.
- **13장**, 어떤 한 가지 시맨틱 모형 속에 넣어 둘 것과 그러지 말아야 할(또는 그럴 수 없는) 것을 골라야 하는 난처한 상황, 즉 딜레마를 다룸으로써, 모형에 필요한 표현성expressivity과 내용이 적절한 균형을 이루게 한다.
- **14장**, 시맨틱 모형을 개선하고 관리하는 문제를 생각해 보고 이를 해결하기에 적절한 전략을 세우는 방법을 설명한다.
- **15장**, 이 책에 반복해서 나오는 주제 중 일부를 모아서 살펴봄으로써 미래를 예상해 볼 수 있게 한다.

감사의 말

이 책을 펴내는 데 도움을 주신 모든 분께 감사를 전하고 싶다.

먼저 이 프로젝트를 믿고 시작하게 해 준 조지 아나디오티스George Anadiotis, 파코 네이션Paco Nathan, 마이크 루키데스Mike Loukides에게 감사하고 싶다.

그리고 책에 관한 세심하고 건설적인 의견을 제시해 준 서평단과 출간 전 검토자들에게도 감사하고 싶다.

- Helen Lippell, Thomas Frisendal, Eben Hewitt, Patrick Harrison, George Sigletos, Guido Vetere, Jelle Jan Bankert, Artemis Parvizi, Boris Villazon Terrazas, Ghislain Atemezing, MiikaAlonen

물론 책에 나오는 모든 의견과 실수는 내 책임이다.

오라일리의 편집 팀, 디자인 팀, 제작 팀은 개발 과정 전반에 걸쳐 나를 도와주었고 장황한 문장으로 엉성하게 쓴 글을 보면서도 인내심을 발휘해 가며 좋은 책을 펴낼 수 있었다. 이 자리를 빌려 감사를 전한다.

- Michele Cronin, Jonathan Hassell, Kate Galloway, Kim Cofer, David Futato, and Karen Montgomery

마지막으로, 거의 2년에 걸쳐 책을 집필하는 동안 참을성을 발휘하며 나를 도와준, 사랑하는 스피레타Spyretta에게 무한한 감사를 전한다.

CONTENTS

PART **|** 기초

CHAPTER **1** 시맨틱 격차에 유념하기

CHAPTER **2** 시맨틱 모형화 요소

CONTENTS

CHAPTER **3** 시맨틱 현상과 언어적 현상

CHAPTER **4** 시맨틱 모형 품질

CHAPTER 5 시맨틱 모형 개발

CONTENTS

CHAPTER **8 잘못된 모형 규격 및 지식 습득**

CHAPTER **9 나쁜 품질 관리**

CONTENTS

CHAPTER 10 잘못된 애플리케이션

PART **III 딜레마**

CHAPTER **12 표현성 딜레마**

CONTENTS

기초

1부에서는 시맨틱 데이터 모형화와 관련된 기본 개념, 현상, 프로세스를 논의하고, 책의 나머지 부분에 관한 분위기를 전반적으로 형성하면서, 책을 읽는 데 참고할 만한 공통적인 기반 사항과 용어를 정리한다.

Part I

기초

CHAPTER 1

시맨틱 격차에 유념하기

우리는 때때로 오해를 근거로 동의하거나 반대한다.

모코코마 모쿠노아나Mokokoma Mokhonoana

빅데이터와 인공지능 열풍 시대에 데이터는 금광으로 여겨지며, 엔티티와 조직은 그 금광에서 금을 채굴하려고 한다. 이런 일을 데이터 과학, 데이터 분석, 비즈니스 인텔리전스 등 어떤 이름으로 부르든지 간에 데이터 관련 투자가 크게 늘었으며 데이터 전문가(공학자, 분석가, 과학자 등) 수요가 급증했다는 사실을 부인할 수 없다.

이러한 전문가들이 금을 찾을 수 있을까? 항상 그렇지는 않다. 때로는 조직에 거대한 데이터 바다가 있다고 생각했으나 사실은 작은 연못에 불과했다는 점이 밝혀지기도 한다. 데이터는 있지만 금이 없을 때도 있고 조직에서 사용할 만한 양의 금이 들어 있지 않을 때도 있다. 데이터와 금이 모두 있지만 정작 금 추출에 필요한 설비나 기술이 아직 사용할 만큼 충분히 발달하지 않은 때도 있다. 설혹 데이터 전문가에게 원하는 모든 것(적절한 데이터, 찾아낼 수 있는 금, 최신 기술 등)이 있을지라도 실패할 수 있다. 이유는 무엇일까? 데이터 공급자와 이용자 간에는 **시맨틱 격차**semantic gap가 있기 때문이다.

이 점을 설명해 보겠다. 데이터 실무자로서 우리 중 많은 사람은 주로 데이터 공급자 측에서 일한다. 우리는 데이터를 수집하고 생성하며, 데이터 모형을 사용해 해당 데이터를 표현·통합·저장·액세스할 수 있게 하며, 데이터를 사용하거나 활용할 수 있도록 준비한다. 반면에 우리 중에는 주로 데이터 활용 측에서 일하는 사람도 있다. 데이터 실무자인 우리는 데이터를 사용하여 예측하고 설명할 뿐만 아니라, 그 밖의 분석 솔루션 유형들을 구축하고 인공지능 애플리케이션을 구축하고 강화한다. 그리고 우리 중 많은 사람이 두 역할을 동시에 담당한다. 하지만, 우리는 모두 데이터에서 가치를 도출한다는 점에서 볼 때 같은 사명을 지니고 있다.

이 사명은 흔히 내가 시맨틱 격차라고 부르는 것 때문에 절충된다. 즉, 공급자 측의 데이터 모형을 이용자 측에서 오해하거나 오용할 때나, 이용자 측의 데이터 요구사항을 공급자 측에서 오해할 때 생기는 상황 말이다. 두 상황 모두 데이터 시맨틱 모형화가 불충분하거나 모형화에 문제가 있어서 문제가 생긴다. 이 책은 양측의 실무자들이 시맨틱 데이터 모형을 더 잘 사용하고 시맨틱 격차를 좁히는 데(격차가 크다면) 도움이 될 것이다.

1.1 시맨틱 데이터 모형화의 의미

의미론semantics(시맨틱스)은 사람들이 세상과 상호 작용할 때 사용하는 기표signifier와 이 기표들(단어, 구, 부호, 기호)이 나타내는 사물, 즉 엔터티entity(존재), 컨셉concept(개념), 아이디어idea(관념) 간의 관계와 관련있으며, 그 의미meaning를 연구하는 분야다. 의미론의 목표는 사물thing의 의미에 대한 공통된 이해를 만들어 경험이나 관점이 다른 사람들이 서로를 이해하도록 돕는 데 있다. 이 의미론을 컴퓨터 과학에 적용한다면 컴퓨터 시스템이 사람과 그들이 생성하는 데이터가 의미하는 바를 더 정확하게 해석하고, 다른 이질적인 컴퓨터 시스템과 더 효율적이고 생산적으로 인터페이스 하는 데 도움이 된다.

그런 의미에서 시맨틱 데이터 모형화란 인간과 컴퓨터 시스템에서 모두 **명료하고 정확하며 일반적으로 이해되는**explicit, accurate, and commonly understood 방식으로 데이터를 설명하고 데이터 표현을 개발하는 일이라고 정의할 수 있다. 이 정의에 따르면 시맨틱 데이터 모형화 기술에는 메타 데이터 스키마, 통제어휘controlled vocabulary, 택소노미taxonomy(분류 체계), 온톨로지, 지식 그래프, E-R 모형entity-relationship model(엔터티-관계 모형), 속성 그래프, 데이터 표현용 기타 개념 모형을 포함한 데이터 공예 기술들이 광범위하게 포함된다.

예를 들면, [그림 1-1]에는 핵심 의학 용어(예: 임상 연구 결과, 증상, 진단, 의료 절차)의 의미를 개념별로 분류하고 동의어와 정의를 제공하며 위계적 관계 등의 관계 유형을 통해 서로 관련지어 기술하는 시맨틱 모형인 SNOMED CT 표준 온톨로지의 일부분이 나온다.[1]

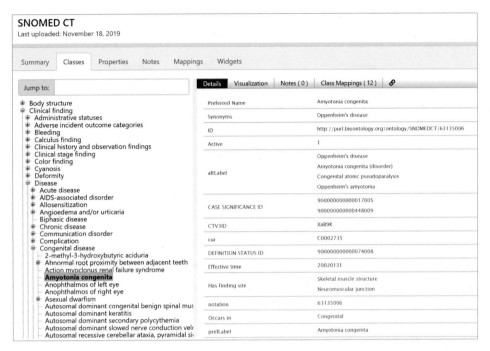

그림 1-1 SNOMED CT 온톨로지 보기

마찬가지로 [그림 1-2]에는 유럽 연합 노동 시장 분야의 일자리, 역량, 자격에 관한 개념을 정의하고 상호 연관되는 다국어 시맨틱 모형multilingual semantic model(다국어 의미 모형)인 ESCOEuropean Skills, Competences, Qualifications and Occupations(유럽인의 기량, 역량, 자격, 직업) 분류의 스키마가 나온다.[2]

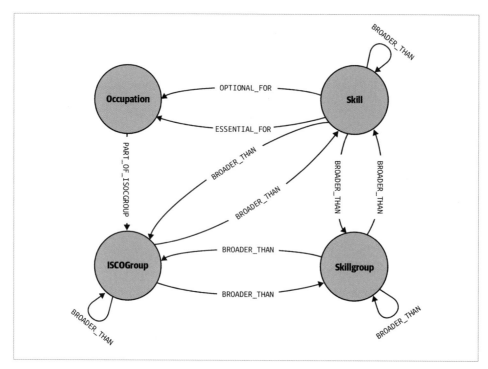

그림 1-2 ESCO 분류 스키마

일반적으로 데이터 모형이 시맨틱semantic(의미론적)이 되는 데 필요충분한 기준을 명확히 정의하기는 쉽지 않으며, 데이터 커뮤니티 내에 이에 관한 몇 가지 논쟁이 있었다.[3][4] 이와 비슷하게 특정 시맨틱 데이터 모형 유형의 정확한 특징과 속성을 명확하게 정의하기는 어렵고 논란의 여지가 있을 수 있다(예: 정확히 지식 그래프가 무엇인지, 온톨로지가 무엇인지, 이들의 차이점이 무엇인지).[5][6]

이 책에서는 그러한 논쟁을 다루지 않는다. 그 대신 **시맨틱 모형**semantic mode(의미 모형, 시맨틱 모델)이라는 용어를 사용하여 데이터의 의미를 명시하고, 인간과 기계 간에 통상적으로 이해되는 데이터 표현을 의미할 때 이 용어로 나타낼 것이며, 이와 같은 목표를 달성하기 위한 도전에 초점을 맞출 것이다.

나는 머신러닝 모형machine learning model(기계학습 모형)을 시맨틱 모형으로 간주하지 않을 생각인데(적어도 이 책의 목적에 맞추기 위해서라도), 이렇게 하는 이유는 의미를 명시하는 게 머신러닝 모형의 목표가 아니기 때문이다. 시맨틱 모형은 지식과 추론 행태의 기호 표현symbolic representation(기호 표상)으로 구성되는 반면, 머신러닝 모형은 하위 기호 수준subsymbolic level의 잠재 표현(사람이 명료하게 해석할 수 없는 표현이라 잠재 표현이라고 함)으로 구성된다. 후자는 경계가 선명하지 않은non-crisp(경계가 선명한 집합 즉, 크리스프 집합이라고도 부르는 보통 집합으로 표현할 수 없는) 지식(예: 통계적 규칙성과 유사성)을 포착하는 데 뛰어나고, 전자는 이산적인 사실들을 포착하고 이러한 사실들이 서로 같은지를 정밀하게 파악하는 데 뛰어나다. 예를 들면, 머신러닝 모형은 고양이와 개를 분리하는 일반적인 특징을 학습할 수 있지만, 라이카Leika라는 이름의 개가 우주까지 올라간 소련 개라는 사실을 추적할 수는 없다.

그렇다고 해서 이 말이 시맨틱 모형화semantic modeling(의미 모형 구성, 시맨틱 모델링)가 머신러닝보다 데이터를 처리를 본질적으로 더 잘하거나 못한다는 의미는 아니다. 단지 두 가지 접근 방식이 서로 사뭇 다르다는 의미일 뿐이다. 그리고 이러한 차이점 때문에 인공지능 접근 방식과 데이터 과학 접근 방식이 서로 경쟁적이기보다는 상호 보완적이라고 봐야 한다.

머신러닝은 시맨틱 모형을 자동화하는 데 도움이 될 수 있으며, 시맨틱 모형화는 머신러닝 모형의 개발을 가속하고 향상하는 데 도움이 될 수 있다. 이 책에서는 주로 시맨틱 모형화를 다루기는 하지만, 시맨틱 모형 구축자에게는 머신러닝 방법과 도구를 잘 활용하는 방법을 보여주고 머신러닝 실무자에게는 시맨틱 모형을 잘 활용하는 방법을 보여줌으로써 이러한 상승효과를 탐구할 수 있게 한다.

1.2 시맨틱 데이터 모형을 개발해서 사용하는 이유

온톨로지, 지식 그래프, 기타 유형의 시맨틱 모형은 수십 년 동안 존재해 왔지만 최근 몇 년 동안 큰 인기를 끌게 되었다. 구글은 2012년에 〈우리가 만든 지식 그래프로 문자열뿐만 아니라 사물도 검색할 수 있었다〉고 발표했고[7] 가트너는 2018년에 신흥 기술의 하이프 사이클hype cycle(기술 성숙도 주기 그래프)에 지식 그래프를 포함했다고 발표했다.[8] 현재 구글 외에도 아마존,[9] 링크드인,[10] 톰슨 로이터,[11] BBC(https://oreil.ly/Td-d), IBM[12]같이 다양한 유명 조직이 시맨틱 데이터 모형을 개발해 자신들의 제품이나 서비스 안에 넣고 있다.

이런 회사들이 시맨틱 데이터 모형에 투자하려는 한 가지 이유는 인공지능의 기능, 데이터 과학 애플리케이션의 기능, 서비스의 기능을 높이기 위해서다. 이처럼 시맨틱 응용 기능들 또한 머신러닝 기술과 통계 기술에 기반을 두기는 하지만, 몇 가지 작업을 더 거쳐야 명료한 기호적 지식에 접근할 수 있게 되고 유익해진다.

예를 들어, 인기 퀴즈 쇼인 〈제퍼디!Jeopardy!〉에서 경연을 펼친 왓슨(IBM의 유명한 질문 응답 시스템)을 생각해 보자. 2011년에 왓슨은 이전 우승자(사람)를 이김으로써 1등 상금으로 100만 달러를 받았다.[13] 왓슨 제작자가 밝힌 바에 따르면, 이 시스템은 질문의 답을 찾을 때 정형화되지 않은 정보에 의존해서 대부분의 증거 분석 작업을 했지만, 일부 구성 부분에서는 지식 기반 방법과 온톨로지 방식을 사용하여 특정 지식과 추론 문제를 해결했다고 한다.[14]

시간 관계나 지리 공간 관계를 알아야 답변할 수 있는 질문을 많이 냈기 때문에, 주어진 질문의 답변 후보가 시기적절한지나 질문에서와 같은 지리 공간 관계가 포함되는지를 왓슨이 결정해야 했다. 또한, 질문에 어울리지 않는 예상 답변을 배제하려면(예: 어떤 국가인지에 관해 질문을 받았다면 사람 이름을 대는 일을 배제함) 시스템은 상호 배타적인 유형(예: 사람은 국가일 수 없음)을 알아야 했다. 이러한 종류의 지식이 시맨틱 데이터 모형 형태로 왓슨에게 제공되었다.

조직에 시맨틱 모형이 필요한 또 다른 중요한 이유로는 일반적으로 이종 데이터나 관리되는 사일로 데이터managed-in-silos data의 의미를 표준화하거나 정렬하는 일, 컨텍스트context(상황, 맥락, 장면적 컨텍스트)를 제공하는 일, 분석 등의 용도로 더 잘 검색할 수 있게 하는 일, 상호운용이 되도록 하는 일, 활용할 수 있게 만드는 일을 들 수 있다.[15]

예를 들면, 뉴스와 정보를 서비스하는 회사인 톰슨 로이터Thomson Reuters는 2017년에 2만 개가 넘는 공급원(콘텐츠 분석 회사, 콘텐츠 협력업체, 뉴스 공급원)에서 조직, 인력, 금융상품, 견적, 거래, 기타 엔터티entity에 관한 데이터를 받아 이를 통합하는 지식 그래프를 작성하기 시작했다.[16] 고객에게 필요한 데이터와 정보를 더 빠르고 안정적으로 조합하는 데 도움이 되는 데이터 검색 및 분석 서비스를 활성화하려는 게 이런 그래프를 그리는 목적이었다.

어쨌든 간에, 여러분이 특정 응용 상황에 맞춰 시맨틱 데이터 모형을 구축할 때는 모형이 해당 상황 내에서 효과적으로 해석하는 일이 아주 중요하고, 중요한 데이터 의미 측면을 사용자에게 효과적으로 전달하는 일도 아주 중요하다. 그렇게 하지 않으면 사람들이 모형을 이용하지 않게 되거나, 최악에는 모형을 잘못된 방식으로 사용하는 바람에 바라지 않던 결과를 초래할 위험이 크다. 반대로 특정 응용 상황에서 직접 개발하지 않은 시맨틱 모형을 사용할 때는 데이터의 의미가 해당 상황에 실제로 필요한지를 확인하는 일이 아주 중요하다. 그렇지 않으면 바라지 않던 결과가 나올 수도 있다. 그 이유를 살펴보자.

1.3 잘못된 시맨틱 모형화

[그림 1-2]의 ESCO 분류를 자세히 살펴보며 시맨틱 모형이 문제가 되는 상황을 알아보자. 이 모형은 데이터 과학자, 소프트웨어 개발자가 다음과 같은 목적으로 사용할 수 있는 일자리와 기량, 자격에 관한 표준화된 개념 지식을 제공하려는 목표로 6년간의 개발 끝에 2017년에 유럽위원회에서 출시되었다.

- 노동 시장 데이터(이력서, 일자리, 훈련 프로그램 등)를 일관되고 표준화되며 일반적으로 이해되는 방식으로 언어 전반에 걸쳐 시맨틱으로 분석한다.
- 구인자와 구직자를 자동으로 연결하는 지능형 소프트웨어를 개발한다.
- 구직자, 고용주, 정부, 정책 입안자에게 실행할 수 있는 통찰력을 제공하는 노동 시장 분석을 도출한다(예: 특정 산업에서 미래의 기술 요구를 예측하고 이에 따라 훈련 정책을 적용하는 국가).

현재 ESCO는 이러한 목적 달성에 도움이 되는 시맨틱 측면에서 '좋은 것'을 몇 가지 제공한다. 예를 들면, ESCO는 동일한 일자리나 기량, 자격 개념을 참조할 수 있는 모든 용어를 식별하고 함께 그룹화한다. 이는 동일한 일자리 중에 비어 있는 일자리를 식별하는 데 사용할 수 있으므로 아주 유용한 지식이다. 비록 후자가 여러 가지 방식으로 표현될 수 있더라도 말이다. 모형이 주어진 일자리와 가장 관련이 있는 기량skill이 무엇인지에 관해 알려주는 지식도 유용하다(그림 1-2의 essential_for, optional_for 관계 참조). 예를 들면, 교육 용역 제공자는 이러한 지식을 사용하여 시장에서 특정 기량의 수요와 공급 격차를 식별하고 이에 따라 교육 과정을 개선할 수 있다. [표 1-1]은 세 가지 일자리의 필수 기술에 관한 몇 가지 예다.

표 1-1 ESCO에 있는 특정 직종에 관한 기량과 역량의 예

일자리	필수 기술
데이터 과학자	데이터 마이닝, 데이터 모형, 정보 분류, 정보 추출, 온라인 분석 처리, 쿼리 언어, 리소스 디스크립션 프레임워크 쿼리 언어, 통계, 시각적 표현 기술
지식 공학자	비즈니스 인텔리전스, 비즈니스 프로세스 모형화, 데이터베이스 개발 도구, 정보 추출, 자연어 처리, 인공지능 원리, 리소스 디스크립션 프레임워크 쿼리 언어, 시스템 개발 수명 주기, 시스템 이론, 작업 알고리즘화, 웹 프로그래밍
데이터 입력 지도자	LDAP, LINQ, MDX, N1QL, SPARQL, XQuery, 회사 정책, 데이터베이스, 문서 유형, 정보 기밀성, 쿼리 언어, 리소스 디스크립션 프레임워크 쿼리 언어

그런데 ESCO에 근무하면서 최근에 나온 이 지식 모형을 구축한 사람은 이 책에서 설명하는 시맨틱 모형화 함정 중 하나에 빠졌다. 즉, 주관적인 지식을 객관적으로 제시하고 모형 사용자에게 **애매성**vagueness에 관해 적절하게 알리지 않고 있다.

문제는 다음과 같다. 100명의 전문가에게 자신의 일자리에서 가장 중요한 기량이 무엇인지를 물어본다면 아마도 서로 다른 답변을 100가지 얻을 수 있을 것이다. 더 큰 문제는 ESCO처럼 본질적 기량과 선택적 기량을 구별하려고 시도한다면 많은 논쟁과 의견 모순성에 대비해야 한다는 점이다. [표 1-1]을 살펴보고 얼마나 많은 본질적 기량에 동의하는지 확인하자.

문제는 일자리에 필요한 본질적 기량에 관한 개념이(대부분) 애매하다는 점이다. 즉, 본질적인 기량과 본질적이지 않은 기량을 명료하게 구분하는 데 필요한 선명한 적용 기준crisp applicability criteria이 부족하다. 그리고 이러한 기준이 없으면 모든 상황에서 essential_for 관계를 객관적이고 유효하다고 제시하면 안 된다(그리고 잠재적으로 해로울 수 있다).

예를 들면, 사용자가 자신이 바라는 일자리(예: 데이터 과학자)를 입력하여 해당 일자리 분야에서 새 일자리를 얻으려면 배우고 익혀야 할 기량을 알려주는 일자리 상담 소프트웨어를 구축한다고 가정해 보자. 이때 ESCO의 데이터를 직접 사용해서 사용자에게 지식 공학자가 되려면 웹 프로그래밍을 배워야 한다고 알려줄 수 있다. 실제로 특정 상황에서는 이렇게 상담할 수 있겠지만, 이런 상담을 모든 상황에 적용할 수 있고 확실한 사실로 제시하는 게 바람직하다고 생각하는가?

ESCO에 관해서 솔직히 말하자면, ESCO가 제작한 많은 시맨틱 데이터 모형에 비슷한 문제가 나타난다. 그리고 이런 데이터 모형을 구축한 사람에게 솔직한 의견을 제시한다면, 나는 '시맨틱을 모형화하는 일이 어렵다'고 말해 주고 싶다. 인간의 언어와 인식은 모호성, 애매성, 부정확성 등으로 가득 차 있으므로 공식적이고 보편적으로 허용되는 표현을 데이터 시맨틱스data semantics(데이터 의미론)로 찾기가 몹시 어렵다.

실제로 좋은 시맨틱 모형을 구축할 때의 주요 과제는 과도한 개발 비용이나 유지 관리 비용 없이 사용자와 애플리케이션에 도움이 될 의미 체계 표현과 모호성 해소 방법을 적절한 수준에 맞춰 찾는 것이다. 내 경험에 비추어 볼 때, 소프트웨어 개발자와 데이터 공학자는 데이터 모형을 구축할 때 의미를 지정하는 일을 줄이는 경향이 있지만, 온톨로지스트, 언어학자, 특정 분야 전문가는 의미를 지정하는 일을 확대할 뿐만 아니라 모형 사용자가 전혀 신경 쓰지 않을 만한 의미 구분에 관해서까지 토론하는 경향이 있다. 데이터, 도메인, 애플리케이션과 관련해 사용자에게 필요한 의미 명시성meaning explicitness과 의미 공유성shareability의 적절한 균형을 맞추는 게 시맨틱 모형 구축자가 할 일이다. 여기에 나온 일자리는 **함정**과 **딜레마**로 인해 위협을 받는 꼴이 되고 만 것이다.

1.4 함정 피하기

시맨틱 모형화를 할 때 생기는 함정이라는 것은 모형의 작성자가 데이터의 의미론이나 모형의 요구사항, 모형 개발 과정의 다른 측면에 관해 명백히 잘못된 결정을 내리거나 잘못된 조처를 하는 바람에 모형 사용 시점에 바라지 않던 결과를 초래하는 상황에서 비롯된다. 이러한 결과를 피하고자 필요한 조치를 생략하는 일도 함정이 될 수 있다. 후자의 확률이나 심각도는 다를 수 있지만, 함정이 실수가 아니라는 뜻은 아니다. 여러분은 할 수만 있다면 함정을 피해야 한다. 앞서 설명한 ESCO에 깃들어 있는 애매성을 처리하지 않아도 처음에는 큰 문제로 보이지 않을 수도 있지만, 그 결과가 여전히 남아있기 때문에 위험 요인을 안고 있는 꼴이 된다.

함정에 빠지는 이유가 언제나 모형 구축자의 무능력이나 경험 부족 때문만은 아니다. 시맨틱 모형화 언어, 방법론, 도구를 개발하는 학계나 업계는 생각보다 더 자주 문제를 일으키는데, 다음은 이럴 때 범하는 세 가지 오류의 예다.

- 시맨틱 모형화를 설명하고 가르칠 때 모순되거나 완전히 잘못된 용어를 사용한다.
- 일부 함정은 존재하지 않거나 중요하지 않다고 무시하거나 간과한다.
- 이와 같은 함정에 빠짐으로써 이러한 함정을 포함하는 기술, 문헌, 실제 모형을 생성한다.

두 가지 시맨틱 모형화 자료에서 발췌한 다음 인용문을 보며 실제로 어떻게 이런 일이 벌어지는지를 생각해 보자.

> "…OWL 클래스는 인디비주얼individual[1]을 담는 집합으로 해석된다… 단어라는 개념이 때때로 클래스라는 개념 대신에 사용된다. 클래스는 개념을 구체적으로 표현한 것…"
>
> "[SKOS]라는 개념을 어떤 한 가지 관념idea이나 생각notion으로 여길 수 있다. 생각의 단위… 시소러스나 택소노미라는 개념을 SKOS 데이터 모형에서는 인디비주얼로 모형화하며…"

----

1 옮긴이_ 원래는 철학 용어이며 '개별자'라는 뜻이다. '개체'라는 말이 쉬운 번역어로 쓰기에 적당하다. 다만, entity도 '개체'로 부르는 사람이 있으므로 주의하기를 바란다. 이 책에서는 entity를 '엔터티'로 부른다.

첫 번째 인용문은 OWL^Ontology Web Language (온톨로지 웹 언어)[18]에 따라 시맨틱 모형을 구축할 수 있는 도구인 Protégé[17]에 관해서 설명하는 자습서(인기 있는 자습서)에서 따왔다. 두 번째 인용문은 시소러스, 분류 스키마, 택소노미, 그 밖에 구조화된 제어 어휘를 표현하기 위해 설계한 SKOS^Simple Knowledge Organization System (간이 지식 조직 체계)[19] 명세서에서 따왔다. 참고로 말하자면, SKOS는 W3C^World Wide Web Consortium의 권장 사항이다.

이러한 정의를 기반으로 여러분은 시맨틱 모형 개념을 어떤 식으로 이해하고 있는가? Protégé 자습서가 제안하는 일련의 생각인가, 아니면 SKOS가 주장하는 생각의 부분인가? 그리고 실제로 사물의 집합^set of things이 아닌 개념^concept을 OWL로 모형화해야 할 때 어떻게 해야 하는가? 여전히 클래스^class가 되게 해야 하는가? 대답은 SKOS 정의가 더 정확하고 유용하며 OWL 자습서의 '개념이 곧 클래스'라는 주장은 다소 오해의 소지가 있어서 몇 가지 시맨틱 모형화 오류를 유발한다는 것이다. 이 책의 나머지 부분에서 이를 살펴볼 예정이다.

어쨌든, 이 책의 목표는 시맨틱 모형화에 관한 서툰 조언을 한 사람들과 커뮤니티에 책임을 돌리려는 것이 아니다. 그 대신 여러분이 이렇게 그다지 평탄하지 않은 환경을 탐색하는 일을 돕고 모형 제작자이자 사용자로서 함정을 인식하고 피하는 방법을 보여주려 한다.

1.5 딜레마 깨기

함정과는 달리 시맨틱 모형화 딜레마는 모형 작성자가 여러 행동 과정 중에서 서로 다른 선택을 해야 하는 상황을 말하며, 이런 상황에서 과정별로 장단점이 있고, 게다가 여러분이 적용해 볼 만큼 명확한 결정 과정과 기준이 없는 경우를 말한다.

예를 들자면, ESCO 개발자가 일자리와 기량 간에 애매하게 정의한 관계, 즉 `essential_for`(~에_필수인) 관계를 다루어야 하는 선택지를 고려해 보자. 사용자가 무엇을 기대해야 할지를 알 수 있도록 관계를 '애매한' 것으로 표시하는 선택지가 있지만, 이렇게 해도 생길 수 있는 논쟁이 줄어들지는 않을 것이다. 또 다른 선택지는 잠재적인 논쟁 수준을 낮추기 위해 다양한 컨텍스트(예: 다른 국가, 산업, 사용자 그룹)에 적용할 수 있게 관계를 여러 버전으로 생성하는 것이다. 그러나 이는 비용이 크게 들고 더 어렵다. 그렇다면 ESCO에 무엇을 권하고 싶은가?

앞으로 시맨틱 모형을 개발하고 사용하는 일과 관련한 몇 가지 딜레마를 설명하겠지만, 이에 관한 명확하고 '전문가적인' 해법을 제공하지는 않을 생각이다. 그런 해법은 세상 어디에도 없기 때문이다. 시맨틱 모형화 딜레마를 해결하려면 이를 의사 결정 문제로 처리해야 한다. 즉, 대안이 될 만한 선택지들을 공식화하고 목표와 상황에 맞는 타당성, 비용 대비 편익, 전략적인 관점이나 그 밖의 관점에서 평가할 방법을 찾아야 한다. 이를 위해 각 딜레마를 의사 결정 문제로 구성하는 방법과 결론에 이르려면 어떤 정보를 찾아야 하는지를 보여주겠다.

CHAPTER 2

시맨틱 모형화 요소

> 어떻게든 모호성의 이점을 취하라. 무언가를 보았다면 그게 다른 무엇일 수도 있다는 점을 생각해 보지.
>
> 로저 본 오치^{Roger von Oech}

시맨틱 모형에 관해 다른 데이터 전문가와 이야기할 때면 이러한 모형이 어떻게 생겼고 어떤 요소로 구성될지를 서로 이해하고 동의해야하는 난제에 직면하게 된다. 평생 관계형 데이터베이스 시스템으로 작업해 온 데이터베이스 개발자에게 그러한 요소가 무엇인지를 묻는다면 그는 테이블, 필드, 기본 키, 외래 키 같은 말을 섞어서 대답할 것이다. 그리고 시맨틱웹 기술에 관한 배경지식이 있는 온톨로지 공학자에게 물어보면 클래스, 객체 속성, 데이터 형식 속성, 인디비주얼^{individual}(개별자, 개체)이라는 용어를 사용해 말할 것이다. 대담자가 언어학 전공자라면 유의어, 표제어, 동의어, 하위어라는 단어를 섞어 가며 말할 것이다.

실제로 이들은 모두 비슷한 시맨틱 모형화 유형을 이루는 요소에 관해 말하지만, 서로 다른 용어에 익숙해서 서로 말하는 바를 곧바로 이해하기 어렵다. 게다가 사람마다 또는 모임마다 동일한 용어를 사용해 전혀 다른 요소를 표현하기도 하므로, 각기 주고받는 말을 모두 함께 이해하기가 훨씬 더 어려워진다.

그러나 서로 이해하는 바가 일치되어야 상호운용 가능한 시맨틱 데이터 모형을 함께 구축할 수 있는 법이다. 모든 사람이 사용하는 범용 시맨틱 모형화 언어(내 생각에는 절대로 출현하지 않을 것으로 보인다)를 손에 쥐기 전까지는 시맨틱 에러^{semantic error}(의미 오류) 없이 서로 다른 요소 유형으로 구성된 모형 간에 개념적 대응 관계를 그려 볼 수 있어야 한다.

예를 들자면, 1장에서 간략히 언급했던 내용이면서 이번 장의 뒷부분에서 자세히 설명할 내용으로 SKOS에서 언급하는 '컨셉concept (개념)'이 있는데, 이는 실제로 OWL에서 말하는 '클래스class (부류)'와 다르다. 즉, 모든 컨셉을 클래스로 변환하여 SKOS 모형을 OWL 모형과 병합하려고 하면 그 결과로 형성된 모형이 시맨틱 측면에서 볼 때 부정확해질 가능성이 크다.

이러한 점을 염두에 두면서 이번 장에서는 다음 내용을 포함하여 다양한 데이터 모형화 언어, 데이터 모형화 프레임워크, 데이터 모형화 커뮤니티에서 가장 널리 쓰이는 것으로 알려져 있고 더 일반적인 시맨틱 모형화 요소들을 훑어볼 것이다.

- 리소스 디스크립션 프레임워크(스키마)Resource Description Framework(Schema) 즉, RDF(S)[20][21]나 OWL, SKOS 같은 시맨틱웹 언어, 규정, 표준
- 시맨틱웹 언어에 대한 논리적 형식주의를 제공하는 공식 지식 표현 언어 제품군인 디스크립션 로직스Description Logics[22]
- ANSI/NISO Z39.19[23], ISO25964(https://oreil.ly/ZTKmK) 같은 통제어휘, 시소러스, 택소노미에 대한 국내외 표준
- 워드넷WordNet(https://oreil.ly/nK500), 버브넷VerbNet(https://oreil.ly/Wvvp-), 프레임넷FrameNet(https://oreil.ly/JaZuE), 프롭뱅크PropBank(https://oreil.ly/gJpKt) 같은 어휘 데이터베이스
- 관계형 데이터베이스에서의 E-R 모형entity-relationship model (ER 모델)[24]이나 그래프 데이터베이스에서의 레이블 지정 속성 그래프 모형[25] 같은 데이터베이스 설계에 사용하는 개념적 모형

우리의 목표는 이러한 모든 프레임워크를 완벽한 교과서처럼 설명하려는 데 있는 것이 아니라, 이 책의 주인공이 될 모형화 요소와 그 함정과 딜레마에 관한 공통 용어를 명확히 설정하는 데 있다. 이번 장을 읽고 나면 여러분은 시맨틱 모형이 무엇으로 구성될 수 있는지 더 잘 이해하고, 다양한 방식으로 표현된 다양한 모형을 분석 및 비교하고, 자신의 모형을 모든 관련 이해관계자에게 이전보다 더 효과적으로 전달할 수 있게 된다.

2.1 일반 요소

대부분의 시맨틱 모형화 언어나 프레임워크에서 찾아볼 수 있는 요소(**엔터티**, **관계**, **클래스**, **특성**, **용어**, **공리**)부터 훑어보자.

2.1.1 엔터티

너무 철학적이지 않게 설명한다면, 어떤 한 엔터티^{entity} (존재자)라는 말은 구체적으로나 추상적으로 존재할 수 있는 것 또는 외부나 내부에 존재할 수 있는 것을 의미한다. 엔터티는 감지하고 식별할 수 있는 물리적 표현이 있을 때 더 구체적이다. 특정 인물, 특정 조직, 특정 문서, 특정 사건은 모두 구상 엔터티^{concrete entity} (구체적 엔터티)의 예다. 철학과 형이상학에서는 구상 엔터티를 **특수자**^{particular}라고 부르며, 주요 특징은 시간에 구애 받지 않고 존재할 수 있지만 특정 시간에는 한 장소에만 존재할 수 있다는 점이다. 즉, '반복 불능^{nonrepeatable}' 엔터티이다. 구상 엔터티를 일반적으로 언어학에서 말하는 고유 명사에 비유해 설명할 수 있다.

반면 추상 엔터티^{abstract entity}는 특정 시간이나 장소가 아니라 아이디어, 범주나 개념으로 존재한다. 예를 들자면, Person(사람)이라는 개념을 '이성, 도덕성, 의식이나 자의식 같은 특정 능력이나 특성이 있는 엔터티'[26]라는 식으로 표현할 수 있어 추상적이지만, 특정한 사람에 해당하는 여러분과 나는 구상적이다. 마찬가지로 '필름 누아르' 같은 영화 장르, '생물학' 같은 과학 분야나 '축구' 같은 운동 종목은 모두 추상 엔터티의 예이다. [표 2-1]에는 서로 다른 분야에서 볼 수 있는 구상 엔터티와 추상 엔터티가 짝을 지어 나열되어 있다.

표 2-1 구상 엔터티와 추상 엔터티

구상	추상
2018 챔피언스 리그 마지막 경기	축구
소크라테스의 이야기	정의
넬슨 만델라	정치인
엠파이어스테이트 빌딩	건축물
C++	객체 지향 프로그래밍 언어
폭스바겐	자동차 제조업체
믹 재거	록 음악

엔터티는 시맨틱 모형의 핵심 요소이며 유일해야^{unique} (고유해야) 하고 모호하지 않아야 한다^{unambiguous}. 한 가지 엔터티에 여러 개의 이름이 있을 수 있으며(예: 이탈리아의 로마라는 도시는 '영원한 도시'라고도 부른다) 여러 엔터티를 참조^{refer}할 수 있다(예: 로마는 미국의 조지아 주에 있는 도시이기도 하다). 그러나 엔터티의 의미는 고유하다. 이것이 바로 구글 놀리지 그래프^{Google's Knowledge Graph} (구글 지식 그래프)에서 내건 표어인 '사물은 문자열이 아니다^{Things Not}

Strings'라는 말의 의미다. 즉, 제대로 만든 검색 엔진이라면 검색어가 진정으로 의미하는 바를 나타내는 엔터티를 찾아낼 수 있어야 한다는 말이다.

시맨틱 모형에 추상 엔터티와 구상 엔터티가 모두 들어 있을 수 있는데, 다만 그 비율이 다를 수 있다. 예를 들자면, 링크드인 지식 그래프에는 사람, 일자리, 회사, 학교 같은 구상 엔터티뿐만 아니라 직책, 기술 같은 추상 엔터티도 들어 있다. 비슷하게 영어판 디비피디아(*https:// wiki.dbpedia.org*, 위키피디아에서 자동으로 파생되는 대규모 지식 그래프)에는 사람, 장소, 작업, 조직 같은 600만 개 이상의 구상 엔터티와 100만 개 이상의 추상 범주가 들어 있다.

일반적으로 추상 엔터티를 모형화하기가 구상 엔터티를 모형화하기보다 더 어렵다. 한 가지 이유로 인간인 우리가 종종 그러한 엔터티를 명확히 이해하지 못한다는 점을 들 수 있다. 예를 들자면, 사랑이나 성공 또는 자유나 인종 차별의 보편적 정의를 동료들과 함께 협의해 서로 합의하는 데까지 이르도록 해 보자. 협의하는 범위를 특정 분야에 한정할지라도 그 개념을 정의하기조차 버거울 수 있다. 전 세계적으로 받아들여질 만하고 모든 사례를 다 반영한 정의를 데이터 과학자가 내리게 해 보자.

설상가상으로 추상 엔터티의 의미는 구상 엔터티의 의미보다 더 자주 변경된다. 예를 들자면, 남성성이나 여성성 같은 개념들을 지금은 200년 전 같은 방식으로 해석하지 않지만, 그 무렵에 벌어졌던 워털루 전투는 개념이 바뀌지 않은 채 거의 같은 사건으로 우리 기억 속에 남아있다. 이 두 가지 이유로 시맨틱 모형을 공급하는 사람뿐만 아니라 소비하는 사람도 추상 엔터티를 다룰 때 특히 주의를 기울여야 한다.

예를 들면, 여러분이 영화가 속한 장르(예: 코미디나 공상과학)를 결정하는 지도학습 방식 머신러닝 분류기를 만들고 있으며, 영화 지식 그래프에 질의함으로써 각 장르에 속한 구체적인 영화 제목을 추출하여 학습 데이터로 사용한다고 가정해 보겠다. 지식 그래프를 작성한 사람과 머신러닝에 쓰는 분류 기준을 세운 지식 그래프 사용자가 이러한 장르를 똑같이 해석하지 않으면 분류 기준의 정확성이 크게 떨어진다.

2.1.2 관계

시맨틱 모형의 두 번째 핵심 요소는 관계다. 관계는 두 개 이상의 엔터티가 서로 관련될 수 있는 특정 방식을 나타낸다. 예를 들자면, '리오넬 메시'라는 엔터티는 '경기하기'라는 관계로 '축구' 엔터티와 관계를 맺을 수 있을 뿐만 아니라, '취미'라는 관계(메시가 실제로 축구를 좋아한다고 가정했을 때)로 '축구' 엔터티와 관계를 맺을 수 있다. 이들은 정확히 두 엔터티를 연결한다는 의미에서 둘 다 이원 관계^{binary relation}(이항 관계)다. 그러나 "'리오넬 메시'가 '아르헨티나'에서 '안토넬라 로쿠조'와 결혼했다"라는 말에는 관련 엔터티가 세 개 있으므로 삼원 관계^{ternary relation}(삼항 관계)를 맺는다.

용어 측면에서 볼 때, 관계에 관해 이야기할 때면 크게 혼란스러워질 수 있다. 관계형 데이터베이스로 작업했다면 **관계**^{relation}라는 용어가 튜플(또는 테이블) 집합과 같음을 알 것이다. 이것이 엔터티–관계 모형화에서 **관계성**^{relationship}이라는 용어를 관계^{relation} 대신 사용하는 이유이다. 반면에 여러분이 시맨틱웹 전문가라면 RDF(S)에서는 관계를 **속성**^{property}이라고 부르고 OWL에서는 **객체 속성**^{object properties}이라고 부른다는 점을 알고 있을 것이다.

설상가상으로 **디스크립션 로직스**^{Description Logics}에서는 관계를 **역할**^{role}이라고 부르며, 공식적인 온톨로지 분야에서도 '학생'이나 '고객' 같은 특정 유형의 추상 엔터티를 나타내는 용어로 쓰기도 한다.[27] 이 책에서는 어떤 용어가 옳고 그른지 논쟁하지 않으며, 여러분이 혼동하지 않도록 전반적으로 **관계**^{relation}라는 용어를 사용할 것이다.

관계라는 용어는 엔터티의 속성을 설명하고, 추론에 사용할 수 있는 지식과 컨텍스트^{context}(맥락, 장면적 맥락)를 제공하여, 엔터티 의미의 명시성^{explicitness}과 기계 해석성^{machine-interpretablity}에 이바지하는 중요한 모형화 요소이다. 다른 엔터티에 연결되지 않은 고립 엔터티^{isolated entity}인 경우에 인간이라면 그 이름을 참조하고 사람의 말로 정의한 일부 내용을 참고해 (흔히) 해석해낼 수 있지만, 컴퓨터는 이러한 요소를 어느 한 개라도 직접적으로 사용할 수 없다.

예를 들자면, 누군가가 소프트웨어 개발자 일자리에 지원하면서 이력서에 자바 개발자라고 적는다면, 고용 관리자는 '자바 개발자'가 '소프트웨어 개발자'의 일종(~is a kind of~)이므로 제출된 입사지원서가 직무와 관련성이 있음을 금방 알아차릴 것이다. 그러나 기계는 이 관계를 알지 못하기 때문에(또는 유추할 수단이 없는 경우에) 알아차릴 수 없다.

2.1.3 클래스와 인디비주얼

클래스^{class}(부류, 계급)는 세상에 있는 사물, 즉 그 밖의 구상 엔터티나 추상 엔터티의 의미 유형^{type}(형식, 타입)을 나타내는 추상 엔터티다. 예를 들자면, '노래' 엔터티는 '스테어웨이 투 헤븐' 엔터티의 입장에서는 유형type(타입)에 해당하며, '팀 경기' 엔터티는 '농구' 엔터티의 유형에 해당한다. 마찬가지로 '스테어웨이 투 헤븐'은 '노래' 클래스의 한 가지 인스턴스instance(본보기, 사례)이고 '농구'는 '팀 경기' 클래스의 인스턴스라고 말한다. [그림 2-1]에는 클래스–인스턴스 쌍의 예가 더 있다. 클래스의 인스턴스를 인디비주얼이라고도 부른다.

그림 2-1 클래스 대 인스턴스

클래스는 같은 구조structure, 성질characteristic, 행위behavior를 공유하는(즉, 여러 '의미' 요소를 함께 지닌) 엔터티를 함께 묶는 추상화 기제를 제공하기 때문에 유용한 시맨틱 모형화 요소이다. 이 기제를 통해 같은 클래스에 속하는 모든 엔터티에 적용할 수 있는 사실을 진술하거나 규칙을 정의할 수 있다. 예를 들면, '변호사' 클래스를 사용하여 모든 미국 변호사 인디비주얼이 시험을 통과했다고 말할 수 있다(일일이 개별 변호사마다 자격 시험에 통과했다는 식으로 말하지 않아도 된다는 뜻이다).

그런데 이미 살펴보았듯이 특정 시맨틱 모형화 언어(디스크립션 로직스나 OWL 같은 언어)에서 **컨셉**concept(개념)이라는 용어는 **클래스**class라는 용어와 상호 교환적으로 사용한다. 그러나 이는 부분적으로만 옳다. 컨셉이라는 말의 의미를 '컨셉을 인스턴스화한 엔터티들의 집합'이라는 식으로 정의한다면 컨셉이 실제로 클래스 같은 역할을 할 수도 있겠지만, 항상 그렇지는 않다.

예를 들자면, '노래'라는 컨셉의 정의는 '음과 침묵을 사용하여 뚜렷하고 고정된 음조와 성문을 지닌 인간의 목소리를 사용해 쉽게 부를 수 있게 의도된 단일한 (그리고 흔히 독립적인) 음악 작품'이며, '보통 악절의 반복을 포함하는 다양한 형식'이라고 명시되어 있다.[28] 따라서 노래의 인스턴스로는 특정 음악 작품들을 들 수 있다. 반면, '생물과 생명체의 물리적 구조, 화학 과정, 분자 상호 작용, 생리적 메커니즘, 발달, 진화 등의 주제를 포괄하며 생명체를 연구하는 자연 과학'[29]으로 정의된 '생물학'이라는 컨셉은 특정 인스턴스에 적용할 수 없으므로 이 컨셉을 클래스로 간주할 수 없다. 7장에서 볼 수 있듯이 '컨셉 = 클래스'라는 오해 때문에 시맨틱 모형화에서 다양한 함정에 빠지게 된다.

추상 엔터티가 클래스가 될 수 있는지를 결정할 때 중요하면서도 유일한 기준은 인스턴스가 될 수 있는 그 밖의 엔터티가 있는지다. (설득력 있는) 인스턴스를 찾을 수 없다면 클래스가 아닐 가능성이 크다. [표 2-2]에는 내가 개인적으로 클래스가 될 수 있다고 확신하는 추상 엔터티와, 인스턴스를 찾아내기 어려운 엔터티가 있다. 여러분은 어떻게 생각하는가?

표 2-2 클래스임이 확실한 엔터티와 확실하지 않은 엔터티

클래스임이 확실한 엔터티	클래스인지 확실하지 않은 엔터티
대법원 판사	정의
노래	음악
축구 경기	축구
정치인	공산주의
마케팅 소프트웨어	광고
프로그래밍 언어	머신러닝

모형화 언어나 프레임워크에 따라서는 어떤 한 엔터티가 잠재적으로 어떤 한 가지 클래스가 될 수 있지만, 반드시 명시적으로 모형화되지는 않는다는 점을 명심하자. 예를 들면, 속성 그래프에서는 모든 것이 노드node(마디)이기 때문에 클래스와 인스턴스 사이에 공식적인 구분이 없다(노드 레이블은 클래스 역할을 할 수 있지만, 배타적이지는 않다). SKOS에서는 엔터티를 Concept(개념) 클래스의 인스턴스로 정의할 수 있지만, 인스턴스를 생성할 수는 없다. OWL

에서 클래스가 될 수 있는 엔터티는 흔히 인디비주얼로 모형화된다. 그렇지 않으면 다른 엔터티와 관련될 수 없기 때문이다. 즉, 서로 다른 시맨틱 모형에서 같은 엔터티가 같은 방식으로 모형화될 것이라고 가정해서는 안 된다.

또한 여러분이 사용하는 모형화 언어에 맞춰 엔터티를 클래스로 모형화할지 인스턴스로 모형화할지를 결정해야 한다. 예를 들자면, E-R 모형화의 창시자인 피터 첸은 고유 명사를 인디비주얼 엔터티(예: '존 케네디', '런던')로 모형화하고 공통 명사를 클래스(예: '개', '도시')로 모형화해야 한다고 제안했다.[30] 유사하게, OWL-Lite, OWL-DL 같은 OWL의 특정 변형 모형에서는 엔터티가 클래스이자 인디비주얼이 되는 일을 명시적으로 금지한다. 이는 METHONTOLOGY[31] 같은 온톨로지 공학 방법론이나 자습서에도 반영되어 있으며, 여기에는 모형화 과정의 필수 단계로 도메인 용어를 클래스나 인디비주얼로 분류하는 일도 포함된다.

합법적으로 클래스와 인디비주얼로 모두 모형화할 수 있는 엔터티가 여러 개 있어서 이런 식으로 선택해야 한다. 예를 들자면, 독수리 엔터티는 동물 종 클래스에 속하는 인디비주얼로 모형화할 수 있을 뿐 아니라 지구상의 모든 독수리 인디비주얼 집합을 나타내는 클래스로도 모형화할 수 있다. 데이터 과학자 엔터티에도 똑같은 말을 할 수 있는데, 이를 데이터 과학자로 일하는 모든 사람에 대한 클래스로 모형화할 수 있을 뿐만 아니라 일자리 클래스의 인스턴스로도 모형화할 수 있다. 12장에서는 이 클래스냐 아니면 인디비주얼이냐라는 모형화 딜레마를 어떻게 해결하는지 설명한다.

시맨틱 모형의 클래스 대 머신러닝의 클래스

분류 모형이 데이터에 할당하도록 훈련된 다양한 범주를 나타내는 머신러닝에도 클래스라는 개념이 존재한다. 예를 들자면, 스팸 이메일을 감지하도록 훈련된 분류기에는 스팸과 비非스팸이라는 두 가지 클래스가 있다. 이러한 클래스와 시맨틱 모형 클래스 간의 차이점은 후자의 의미가 더 엄격하며 (잠재적) 인스턴스로 다른 엔터티를 가져야 한다는 점이다.

예를 들면, 이미지가 에펠탑이나 파르테논을 묘사하는지 확인하는 머신러닝 분류 모형에서 두 기념물은 클래스에 해당한다. 그러나 시맨틱 모형에서는 의미 있는 인스턴스가 없는 구상 인디비주얼 엔터티를 나타내기 때문에 클래스가 될 수 없다(기념물을 묘사하는 이미지는 실제로 기념물 자체의 인스턴스가 아니라 이미지 클래스의 인스턴스다).

즉, 이러한 분류기를 개발하고 지식 그래프를 학습 데이터의 공급원으로 사용할 때 대상 클래스와 해당 예제를 반드시 그래프에서 클래스-인스턴스 쌍으로 사용할 수 있지는 않지만, 그 밖의 표현이 있을 수 있다. 반대로, 분류기의 출력을 시맨틱 모형에 통합하려면 먼저 대상 클래스가 시맨틱 클래스로 가장 잘 표현되는지 아니면 인디비주얼로 가장 잘 표현되는지를 결정해야 한다.

2.1.4 특성

엔터티 특성entity attribute은 다른 엔터티와의 관계로 표현할 수 없거나 나타내지 않기로 선택한 엔터티의 성질characteristic을 나타내는 데 사용하며, 이렇게 하려고 우리는 리터럴 값(예: 숫자, 문자열, 날짜 등)을 사용한다. 일반적으로 특성을 사용하여 다음을 나타낸다.

- 두드러진 엔터티(예: 나이, 키, 몸무게, 급여)만으로 이해하기 어려운 어떤 값이 있는 성질
- 도메인과 실제 관계가 없지만, 관리나 기타 목적에 유용한 성질(예: 모형에 엔터티를 추가한 사람이나 발견에 사용한 방법)

[표 2-3]에 디비피디아가 영화, 훈련 기관을 정의한 특성과 관계가 있다. 관계와 특성 간의 개념적 구별이 항상 명확하지는 않으며 결국 어떤 표현을 선택할 것인가라는 문제가 된다. 예를 들면, 영화 음향 유형(filmAudioType)과 캠퍼스 유형(campusType)은 개념적으로 크게 다르지 않아서 첫 번째를 관계로 나타내고 두 번째를 특성으로 나타내도 무방하다. 12장에서는 특성-관계 모형화 딜레마를 해결하는 방법을 논의한다.

표 2-3 영화용 디비피디아의 특성과 관계

엔터티 유형	관계	특성
영화	감독, 원어, 작곡, 제작	원제, 영화 음향 유형, 제작 일자, 주제 용어, 필름 색상 유형
훈련 기관	관리자, 학장, 교장 권한대행, 졸업생	브린 코드, 캠퍼스 유형, 교수 규모, 기부금

용어 측면에서 볼 때, RDF(S)에서는 엔터티의 특성을 **속성**property이라고 하며(따라서 특성이나 속성을 구별하지 않음) OWL에서는 엔터티의 특성을 **데이터 유형 속성**datatype property이라고 한다. 다시 말하지만, 이 책에서는 모호성을 덜어내려고 전반에 걸쳐서 **특성**attribute이라는 용어를 고수한다.

엔터티 특성과 유사하게 관계 특성은 둘 이상의 엔터티 간의 관계 성격을 나타내는 데 사용한

다. 이런 일은 해당 특성이 관련 엔터티 중 하나를 특성화하는 게 아니라 관계 자체를 특성화할 때 생긴다. 예를 들면, 'John은 2013년부터 Sally와 친구다'라는 문장에서 2013년은 John이나 Sally의 특성이 아니라 그들 간의 우정을 나타내는 특성이다. [그림 2-2]는 엔터티와 관계 특성이 모두 있는 모형의 예다.

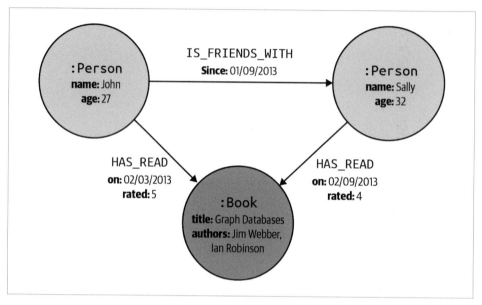

그림 2-2 엔터티 특성과 관계 특성을 보여주는 사례

2.1.5 더 복합적인 공리, 제약, 규칙

엔터티, 클래스, 특성, 관계 외에도 어떤 프레임워크들은 더욱더 정교한 데이터 시맨틱 모형화를 허용하고 추론(이 단어가 나타내는 의미 그대로, 모형에 명시적으로 표현되지 않은 사실을 파생해 내는 일)을 가능하게 하는 더 복합적인 요소를 제공한다.

예를 들면, E-R 모형에서 관계에 대한 기수 제약cardinality constraint(기수 제한), 즉 관계에 있을 수 있는 객체나 주체의 최소/최대 개수를 정의할 수 있다(예: wasBornIn 관계는 Person 유형의 엔터티를 Location 유형에 해당하는 하나의 엔터티에 정확히 연결할 수 있음). 또한 OWL에서는 다른 클래스의 관계 객체 범위를 지정하여 클래스를 정의할 수 있다(예를 들면, Parent

클래스를 Person 클래스의 인스턴스이고 hasChild 관계를 통해 같은 클래스의 다른 인스턴스 중에 적어도 한 가지 인스턴스와 관련된 엔터티 집합으로 정의할 수 있다). 그리고 우리가 시맨틱웹 규칙 언어Semantic Web Rule Language, SWRL[32]를 사용한다면, 우리는 A가 B의 부모이고 C가 A의 형제일 때, C는 B의 삼촌이라는 규칙rule을 정의할 수 있다.

일반적으로 유사한 공리axiom가 다른 모형화 프레임워크에서 아주 다르게 작동할 수 있으며, 이는 흔히 여러분이 바라지 않던 추론 동작으로 이어진다. 특별한 경우를 들자면, 추론 규칙이 제약 조건으로 오인되거나 그 반대로 오인되는 경우다. 이런 경우와 그 밖의 경우에 관해서는 7장에서 자세히 설명한다.

우리가 온톨로지 등의 시맨틱 모형 유형과 관련해서 추론을 이야기할 때는 주로 연역적 추론(즉 논리적으로 확실한 결론에 도달하려고 하나 이상의 진술(전제)에서 추론해 내는 과정)을 언급한다는 점에 유의해야 한다. 모든 전제가 참인 상태에서 연역 논리의 규칙을 따르며 도달한 결론은 반드시 사실이 된다. 예를 들자면, 헴록을 마시면 (항상) 죽음에 이르게 되고 소크라테스가 헴록을 마셨다는 점을 안다면 소크라테스가 죽었다고 추론할 수 있다.

그러나 데이터 과학자로서 흔히 접하게 되는 추론 방식 중에는 **귀추법**abduction과 **귀납법**induction이라는 두 가지 유형의 추론이 있다.

귀추적 추론abductive reasoning은 연역의 반대 방향으로 작동하며, 알려진 연역 규칙을 역설계함으로써, 결론을 끌어내는 데 사용한 전제premise를 추론하는 일을 말한다. 예를 들면, 헴록을 마시면 죽음에 이르고 소크라테스가 죽었다는 점을 안다면, 우리는 소크라테스가 헴록을 마셨다는 점을 **추론할 수** 있다. 물론 소크라테스의 죽음에는 다른 원인이 있을 수 있다. 그러므로 귀추법으로 얻은 결론을 항상 사실로 간주해서는 안 된다. 데이터 과학에서는 이러한 추론 유형을 머신러닝 모형의 행태와 결과를 설명하는 데 사용할 수 있다.[33]

반면에 귀납적 추론inductive reasoning에서는 전제와 결론을 내린 다음, 전제가 결론으로 이어지는 규칙을 추론하려고 시도한다. 예를 들면, 소크라테스가 헴록을 마시고 죽었다는 점을 안다면 헴록이 죽음을 불러온다고 **유추**induce할 수 있다. 이 작업은 본질적으로 지도학습 방식 머신러닝 모형을 훈련할 때 수행되는 작업에 해당한다. 즉, 우리는 (여러) 전제 결론 쌍에서 일반화generalizing하고 외삽exploraring하여 규칙을 추론한다. 귀추법과 마찬가지로 이렇게 추론해 낸 규칙이 언제나 진실인 것은 아니다.

추론에 사용할 시맨틱 모형을 설계할 때 실제로 필요한 추론의 종류를 명확히 해야 한다. 반대로 추론 기능을 제공하는 시맨틱 모형을 마음대로 사용할 수 있는 상황이라면 이러한 추론의 특성을 정확히 이해해야 한다.

2.1.6 용어

마지막으로, 용어가 있다. **용어**^{term}란 엔터티, 관계, 특성 등의 모형화 요소를 어휘적으로 설명하는 데 사용하는 문자열(단어나 구)을 지칭한다. 그 자체로는 의미가 없지만, 요소의 의미(또는 요소의 품사적 의미)를 표현하는 데 사용한다. 이는 하나의 용어에 여러 의미(예: bank라는 용어)가 있을 수 있다는 사실뿐만 아니라 다른 방식으로 설명할 때 엔터티가 의미를 변경하지 않는다는 사실 측면에서 볼 때도 분명한 점이다(예: '로마'라는 엔터티를 '영원한 도시'로 부른다고 해도 엔터티의 동일성^{identity}(정체성)을 바꾸지 않는다). 이러한 어휘적 특성은 여러분이 용어만으로 구성된 시맨틱 모형을 지닐 수 없다는 점을 의미한다. 그렇게 하면 어떤 의미도 표현할 수 없기 때문이다.

그런데 여러분이 택소노미^{taxonomy}(분류법, 분류 체계)나 통제어휘^{controlled vocabulary} 분야의 전문가라면 택소노미에는 엔터티가 아닌 용어가 들어 있다고 주장할 수 있다. 하지만 정확히 말하자면 그렇지 않다. 여러분이 택소노미에 둔 용어는 묵시적 의미가 있기 때문에 실제로는 공식적으로 정의되지 않은 엔터티이자 개념이다. 예를 들면, 은행이 일종의 금융 기관이라고 말할 때면 '일반적으로 예금을 받아 신용을 만드는 금융 기관'이라는 특정한 의미를 염두에 두고 bank(은행)라는 용어를 사용한다. 여러분이 지형학적인 의미가 담긴 bank(비탈)라는 용어를 같은 택소노미에 포함했다면 해당 용어가 모호성을 띠게 되므로, 같은 용어를 정확히 사용할 수 없게 될 것이다.

영어 단어(명사, 동사, 형용사, 부사)를 **유의어 집합**^{synset}이라는 의미 단위로 그룹화하는 영어 어휘 데이터베이스인 워드넷에서 이 원칙이 실제로 작동하는 모습을 볼 수 있다. 각 유의어 집합은 하나 이상 단어의 특정 의미를 나타낸다. 참고로 말하자면, 이러한 특정 의미를 **어감**^{sense}(어의)이라고도 부른다. 예를 들자면, [그림 2-3]에서 볼 수 있듯이 code라는 단어를 명사로 쓸 때는 세 가지 의미가 있고 동사로 쓸 때는 두 가지 의미가 있다.

Word to search for: `code` | Search WordNet

Display Options: (Select option to change) ⌄ | Change
Key: "S:" = Show Synset (semantic) relations, "W:" = Show Word (lexical) relations
Display options for sense: (gloss) "an example sentence"

Noun

- <u>S:</u> (n) **code**, <u>codification</u> (a set of rules or principles or laws (especially written ones))
- <u>S:</u> (n) **code** (a coding system used for transmitting messages requiring brevity or secrecy)
- <u>S:</u> (n) **code**, <u>computer code</u> ((computer science) the symbolic arrangement of data or instructions in a computer program or the set of such instructions)

Verb

- <u>S:</u> (v) **code** (attach a code to) *"Code the pieces with numbers so that you can identify them later"*
- <u>S:</u> (v) **code**, <u>encipher</u>, <u>cipher</u>, <u>cypher</u>, <u>encrypt</u>, <u>inscribe</u>, <u>write in code</u> (convert ordinary language into code) *"We should encode the message for security reasons"*

그림 2-3 워드넷에서 code라는 용어의 의미

본질적으로 시맨틱 모형화는 단어와 용어를 어감에 연결하는 일을 말하며, 이는 시맨틱 모형을 개발할 때의 핵심 과제다. 한편, 여러분의 데이터 과학 애플리케이션에서 이러한 유의어 사전과 유의어 집합을 이용한다면, 애플리케이션이 데이터를 더 정확하게 해석하고 더 의미 있는 결과를 생성할 수 있다.

2.2 공통 요소와 표준화된 요소

이론적으로는 앞서 나온 일반 시맨틱 모형화 요소를 사용하여 원하는 특정 요소를 정의할 수 있지만, 실제로는 대부분의 모형화 프레임워크이나 언어에서는 꽤 일반화되고 표준화된 요소가 있다. 안타깝게도 기본 모형화 요소에서처럼 이러한 요소에는 여러 가지 이름이 있다. 이를 자세히 살펴보자.

2.2.1 어휘화, 동의성

어휘화lexicalization는 개념을 표현하려고 언어에 새로운 단어를 추가하는 과정을 말한다. 시맨틱 모형화라는 컨텍스트에서 볼 때, 어휘화 관계란 모형 요소(엔터티, 관계, 특성 등)를 자연어로 표현하는 데 사용할 수 있는 한 가지 이상의 용어에 연결하는 관계를 말한다. 이러한 용어들은 기본적으로 서로 간의 동의어synonym이거나 서로 간의 어휘적 변형lexical variant에 해당한다.

어떤 두 가지 용어의 의미가 광범위한 컨텍스트에서 같거나 거의 같다고 간주할 수 있다면, 두 용어는 동의어다. 진정한 동의어는 드물고 대개 컨텍스트에 따라 동의어 여부가 달라지기 때문에 '거의'라고 표현했다. [표 2-4]에는 몇 가지 일반적인 동의어 유형이 있다.

표 2-4 동의어 유형

유형	사례
언어적 기원이 서로 다른 동의어	cats(고양이)/felines(고양이), freedom(자유)/liberty(자유), sodium(소금)/natrium(소금), sweat(땀)/perspiration(땀)
통용되는 말과 학명으로 이뤄진 동의어	아스피린/아세틸살리실산, 갈매기/라리다, 소금/염화나트륨
흔하게 쓰는 말과 거래 시 쓰는 말로 이뤄진 동의어	스테이플러/호치키스, 반창고/대일밴드, 휴지/크리넥스
새로운 개념에 대한 변형 이름	호버크라프트/에어쿠션 차량
현재 쓰이는 용어나 선호되는 용어가 구식 용어나 이제는 사용되지 않는 용어를 대체함	소아마비/유아마비, 개발도상국/저개발국
속어와 전문 용어의 동의어	콘크리트/공구리, 정신과 의사/긴장시키는 분(shrink)
방언적 변형	엘리베이터/승강기, 지하철/전철

동의어가 같은 엔터티를 나타내는 다른 용어를 의미하지만, 어휘 변형이란 같은 용어를 다른 단어 형식으로 나타냄을 의미한다는 점에서 볼 때, 동의어와 어휘적 변형은 다르다. 이러한 형식은 철자 변형이나 문법 변형이나 축약 형식에서 파생될 수 있다. [표 2-5]에는 영어의 몇 가지 일반적인 변형 범주가 있다.

표 2-5 영어의 어휘 변형 유형

유형	사례
원래 순서 대 역순	radar antennas/antennas, radar
철자법 변형	Romania/Rumania/Roumania, ground water/ground-water/groundwater
어간 변형	pediatrics(소아과)/paediatrics(소아과)
불규칙 복수	mice/mouse

원말(본딧말) 대 약어	International Federation for Documentation/FID, pi mesons/pions, polyvinyl chloride/PVC

다시 말하지만, 다른 모형화 프레임워크와 언어에서 어휘화 관계는 다른 이름과 형식을 취한다. 예를 들자면, RDF(S)와 OWL에서는 모형화 요소를 **어휘 레이블**lexical label이라고 하는 문자열 언어 쌍과 연관시키는 `rdfs:label` 관계로 어휘화가 촉진된다. SKOS에서 모형 구축자는 주어진 요소에 대해 `preferred`(우선시되는, 대표하는), `alternative`(대체하는), `hidden`(은폐된, 숨겨진)이라는 어휘 레이블을 구분할 수 있다. 우선 레이블preferred label(대표 레이블)이나 대체 레이블alternative label은 사람이 읽을 수 있는 요소 표현을 생성(즉 조성)하는 데 사용한다. 반면 은폐 레이블hidden label은 애플리케이션에 유용할 수 있지만, 사람이 소비하는 데 적합하지 않거나 필요하지 않은 레이블을 위한 것이다(예: 어휘 변형).

또한 워드넷에서 유의어 집합synset에 속하는 단어는 표제어lemma 관계를 사용해 발견되는 반면, (비 SKOS) 택소노미, 시소러스, 통제어휘controlled vocabulary(ANSI/NISO Z39-19나 ISO 25964 표준 참조) 용어의 세계에서는 **우선어**preferred term와 **비우선어**non-preferred term로 같은 의미가 지정된다. 전자를 **설명어**descriptor(서술자, 기술자), 후자를 **대체 설명어**alternate descriptor(대체 서술자, 대체 기술자)라고도 한다.

어휘화와 동의어는 몇 가지 이유로 시맨틱 모형에서 아주 중요하다. 첫째, 엔터티와 기타 요소의 의미를 더 명확히 한다. 요소의 이름이 아무리 명확하고 애매하지 않더라도 가장 일반적인 동의어로 보완하면 의미를 더 명확하고 명백하게 만드는 데 도움이 된다. 둘째, 앞서 언급했듯이 데이터 과학 애플리케이션이 다양한 언어적 데이터를 더 잘 처리하고 더 정확하게 해석하도록 도와준다.

후자의 예로, 특정 일자리의 수요 변화를 관찰할 목적으로 많은 수의 일자리를 분석하는 노동 시장 분석 시스템을 구축한다고 가정해 보자. 같은 일자리를 다른 용어들(예: 소프트웨어 개발자와 소프트웨어 프로그래머)을 사용해 지칭하는 예도 있어서, 일자리를 합산해서 단일한 (그리고 더 정확한) 수요를 계산하려면 이러한 용어들이 동의어라는 점을 시스템이 알아야 한다. 시맨틱 모형(1장에서 살펴본 ESCO 같은 모형)을 사용하면 이러한 지식을 시스템에 공급할 수 있다.

그런데도 시맨틱 모형에는 실제로는 의미가 서로 같지 않은 용어를 동의어로 간주하는 바람에 잘못된 동의어가 들어갈 수 있으며, 이 때문에 해당 모형을 사용하는 애플리케이션에서 여러 문제가 발생할 수 있다. 7장에서는 시맨틱 모형을 개발하고 사용할 때 이러한 함정을 인식하고 피하는 방법을 배운다. 게다가 그 요소가 시맨틱 모형 내에서 활용할 수 있는 모든 어휘화 방식을 가능한 한 전부 아우르려고 애쓰는 일이 늘 좋은 것만은 아니다(책의 뒷부분에서 다룬다). 13장에서는 애플리케이션에 가장 유용한 어휘화 방식을 선택하고 사용하는 방법을 배운다.

2.2.2 인스턴스화

인스턴스화^{instantiation} 관계는 어떤 엔터티를, 해당 엔터티가 인스턴스인 하나 이상의 클래스에 연결한다(예: 이전에 보았듯이 '스테어웨이 투 헤븐'을 '노래' 클래스에, '농구'에서 '팀 경기' 클래스에 연결함). RDF(S)와 OWL에서는 이 관계를 `rdf:type`으로 표현하며 ANSI/NISO 표준에서는 약어 BTI^{broader term (instance)}(광의의 용어 (사례))나 NTI^{narrower term (instance)}(협의의 용어 (사례))로 표시한다.

의미 구성^{meaning construction} 관점에서 볼 때, 인스턴스화를 하면 엔터티가 속한 클래스에 따라 엔터티에 있을 것으로 예상되는 성질과 행위를 인간과 기계가 알 수 있으므로 아주 유용하다. 한편으로는 클래스에 포함시키고자 하는 엔터티를 직접 제공함으로써 클래스의 의미를 보완하고 명확히 하기 때문에 무척 유용하다.

2.2.3 의미 포함 및 클래스/관계 함의

두 모형화 요소(엔터티, 관계, 특성) 간의 **의미 포함**^{meaning inclusion}(의미 삽입)이란 어느 한 요소의 의미가 다른 요소의 의미에 포함됨을 나타낸다. 예를 들자면, '스크루 드라이버'가 특정 종류의 도구라는 의미에서 볼 때, 스크루 드라이버 엔터티의 의미는 도구의 의미에 포함된다. 지도학습 방식 머신러닝 개념과 머신러닝이라는 개념에서도 마찬가지라고 할 수 있고 *hasFather*와 *hasParent*에서도 마찬가지다. 언어학에서는 의미 포함 관계를 **하위성**^{hyponymy}/**상위성**^{hypernymy}이라는 용어를 사용해 표현한다. 여기서 상위어^{hypernym}는 더 일반적인 요소이고 하위어^{hyponym}는 더 구체적이다.

의미 포함 관계가 클래스에 적용될 때 이를 **클래스 함의**^{class subsumption}(**클래스 포괄**, **클래스 포섭**)나 **하위 클래스화**^{sub-classing}라고 하며, 이는 'A 클래스가 클래스 B의 하위 클래스이면 A를 인스턴스화하는 모든 엔터티도 B의 인스턴스이다'라는 논리적 의미가 있다. 그러므로 예를 들면, '축구 경기'가 '스포츠 행사'의 하위 클래스라고 한다면 추론기는 2019 챔피언스 리그 결승전을 추론한다. 이 결승전은 '스포츠 행사'(그리고 이에 관한 모든 상위 클래스)의 인스턴스이기도 하다. 마찬가지로 관계^{relation}에 중점을 두고 의미 포함을 논한다면, A 관계가 B 관계에 포함될 때 관계 A에 관련된 모든 엔터티가 관계 B에도 관련된다는 논리적 의미가 있다.

클래스^{class}와 **관계 함의**^{relation subsumtion}는 일반적으로 각각 rdfs:subClassOf, rdfs:subPropertyOf로 알려진 RDF(S), OWL 같은 언어에서 발견되는데 이를 (보강) 엔터티-관계성 모형에서도 보았을 것이다.[34] 어쨌든 클래스 함의 관계는 흔히 잘못된 방식으로 모형화되어 문제가 있는 추론으로 이어진다. 7장에서는 그러한 함정과 이를 피하는 방법을 설명한다.

2.2.4 부분체-전체 관계

부분체-전체 관계^{part-whole relation}(부분-전체 관계)는 일반적으로 술어의 부분^{part-of}을 사용하여 자연어로 표현하는 의미 관계다. 예를 들면, '바퀴는 자동차의 한 부분이다'나 '독일은 유럽 연합의 한 부분이다'와 같다. 언어학에서는 이 관계를 **부분성**^{meronymy}/**전체성**^{holonymy}이라 하며, 부분어^{meronym}는 어느 한 부분으로 존재하고 전체어^{holonym}는 전부로 존재한다. ANSI/NISO 표준에서는 약어 BTP^{broader term (partitive)}(광의의 용어(부분 관계))나 NTP^{narrower term (partitive)}(협의의 용어(부분 관계))로 표시한다.

논리적 관점에서 **part-of**(~의 부분)는 일반적으로 하나의 관계로 취급하지만, 의미론적 관점이나 언어학적 관점에서 볼 때는 적어도 여섯 가지 변형이 있다.[35]**2**

| 성분체-통합체(component-integral, 성분-완전체)³ |

이 관계는 구성 요소와 구성 요소가 속한 엔터티 간의 관계를 모형화한다. 예를 들면, '뇌는 인간의 일부다', '바퀴는 자동차의 일부다', '손잡이는 컵의 일부다' 등을 들 수 있다.

| 소속체-수집체(member-collection, 소속-모음) |

이 관계는 성분체-통합체^{component-integral} 관계와 유사하지만, 성분이 특정 기능을 수행하거나 서

---

2 옮긴이_ 번역어들이 의미를 완전히 드러내기에 적합하지 않아서 새로운 번역어를 사용했고, 대표적인 기성 번역어를 옆에 함께 적었다.
3 옮긴이_ 원서에서는 integral object지만, 문맥에 맞춰 object를 뺐다 .

로와 전체에 대해 특정 위치에 있을 필요가 없다는 차이점이 있다. 예를 들면, '사람은 군중의 부분이다', '심사위원은 판결위원회의 성원이다' 등을 들 수 있다.

| 조각체-일단체(portion-mass, 부분-질량) |

이 부분 관계는 부분체와 전체가 서로 비슷할 때 그들이 구성하는 전체에 적용된다. 예를 들면, '케이크 한 조각은 케이크의 부분이다', '미터는 1km의 부분이다' 등을 들 수 있다.

| 원료체-물체(stuff-object, 물건-객체)[4] |

이는 '부분적으로(is partly)'라는 표현을 사용하여 가장 자주 표현하는 관계다. 예를 들면, '이 건물은 부분적으로 강철이다', '식용 소금은 부분적으로 나트륨이다' 등을 들 수 있다.

| 기능체-활동체(feature-activity, 기능-활동) |

이는 활동, 프로세스의 기능이나 단계를 지정하는 관계다. 예를 들면, '테스트는 소프트웨어 개발의 부분이다', '논문 작성은 박사 학위 취득의 부분이다' 등을 들 수 있다.

| 국소체-구역체(place-area, 장소-영역) |

이는 어떤 한 영역과 그 안에 속한 장소나 위치 간의 관계다. 예를 들면, '요세미티 국립공원은 캘리포니아의 부분이다', '맨해튼은 뉴욕시의 부분이다' 등을 들 수 있다.

7장에서는 부분체-전체 관계를 잘못 모형화하는 바람에 잘못된 추론이 자주 유도되는 경우를 살펴볼 것이다.

위계 관계

택소노미에서 엔터티 간의 위계 관계hierarchical relation는 하나가 어떤 면에서 다른 하나보다(협의 narrower) 더 일반적임(광의broader)을 나타낸다. 여기에는 우리가 이미 살펴본 세 가지 관계 유형에 해당하는 인스턴스화 관계, 의미 포함 관계, 부분 전체 관계가 포함된다.

SKOS에서 위계 관계는 skos:broader와 skos:narrower 요소를 사용해 표현하는 반면, ANSI/NISO 표준에서는 BTbroader term(광의의 용어)나 NTnarrower term(협의의 용어)로 지정한다.

---

4 옮긴이_ 여기서 object는 철학에서 말하는 객체(객관의 대상)나 객관이라는 뜻이 아니다. 그냥 단순히 '물체'라는 의미일 뿐이다.

2.2.5 시맨틱 관련성

두 모형 요소 간의 시맨틱 관련성 관계는 우리가 모르거나 상관하지 않기 때문에 이 관계의 정확한 특성을 지정하지 않고 후자의 의미가 어떻게든 관련 있음을 나타낸다. 예를 들면, '서모스탯은 온도 조절기와 관련이 있다', '아파치 톰캣은 자바와 관련이 있다' 등이 있다. 택소노미taxonomy(분류학, 분류 체계, 분류 방법)에서는 이 관계를 **연관성**associative이라고 부르며, SKOS에서는 skos:related를 사용해 표현하고 ANSI/NISO 표준에서는 RTrelated term(관련 용어)로 표현한다. 이러한 시맨틱 관련성 관계를 정의하고 사용할 때는 연결하는 요소를 모형의 사용자가 매우 유사하다고 간주한다는 점에 흔히 관심을 두게 된다. 이 때문에 **시맨틱 유사성**semantic similarity(의미 유사성)이라고 부른다.

어떤 두 가지 개념이 어떤 컨텍스트 밖에서는 시맨틱으로 유사할 수 있지만, 해당 컨텍스트 안에서는 유사하지 않을 수 있음을 사람들이 수긍하게 하기는 비교적 쉽다(10장 참조). 즉, 특정 컨텍스트에서 시맨틱 모형을 개발할 때 여러분이 정의하고 채우는 관련성relatedness이 해당 컨텍스트에 적합하도록 특히 주의해야 한다. 모형이 만들어진 컨텍스트가 아닌 다른 컨텍스트에서 모형의 관련성 관계relatedness relation를 사용할 때도 이런 원칙은 동일하게 적용된다.

2.2.6 관계 대응, 관계 상호연결

대응 관계는 다른 시맨틱 모형에 속하는 요소를 연결하는 데 사용한다. 이러한 연계link는 서로 다른 기본 시맨틱 모형을 기반으로 하는 데이터 애플리케이션 간의 시맨틱 상호운용성semantic interoperability을 가능하게 한다.

OWL은 owl:sameAs 관계를 제공한다. 서로 다른 모형 간의 두 인디비주얼individual(개별자, 개체) 엔터티가 같은 의미라는 점을 나타낸다. 예를 들면, 영문판 디비피디아[36]의 Machine Learning 엔터티는 불문판 디비피디아[37]의 Apprentissage_automatique 엔터티와 같다고 명시되어 있다.

또한 OWL은 owl:sameAs와 매우 다른 owl:equivalentClass 관계를 클래스 간의 상호연결 용으로 제공한다. 이 관계가 표현하는 동등성은 외연적이다. 즉, 두 클래스에 항상 같은 인스턴스가 있다면 동등하다. 반면에 SKOS는 이와 같은 용도로 다섯 가지 관계를 제공한다.[38]

skos:exactMatch

서로 다른 모형의 두 엔터티를 광범위한 애플리케이션에서 상호 교환적으로 사용할 수 있다는 높은 신뢰도를 나타낸다.

skos:closeMatch

서로 다른 모형의 두 엔터티가 일부 애플리케이션에서 상호 교환적으로 사용할 수 있을 만큼 매우 유사함을 나타낸다.

skos:broadMatch

서로 다른 모형의 두 엔터티에서 한 엔터티의 의미가 다른 엔터티보다 더 광의임을 나타낸다.

skos:narrowMatch

서로 다른 모형의 두 엔터티에서 한 엔터티의 의미가 다른 엔터티보다 더 협의임을 나타낸다.

skos:relatedMatch

서로 다른 모형들 속에 있는 두 가지 엔터티가 주어졌을 때, 이 진술은 두 엔터티의 개념 관계가 더 광의broader이거나 더 협의narrower인 것은 아니지만, 두 엔터티가 의미론적으로 관련되어 있음을 나타낸다.

이종 시맨틱 모형을 연결하는 일은 `owl:sameAs`나 다른 대응 관계가 흔히 잘못된 요소를 연결하는, 무척 어렵고 오류가 발생하기 쉬운 작업이다(7장 참조). 그러므로 상호연결된 시맨틱 모형을 사용해야 할 때 상호연결의 품질을 확인하는 데 특히 주의해야 한다. 같은 이유로 여러분의 모형과 타사 모형 간의 대응을 개발하고 정비하는 일은, 이 일의 가치를 따질 때조차 큰 비용이 드는 일일 수 있다. 13장에서는 이 딜레마에 관해 자세히 설명한다.

2.2.7 문서 요소

여기에서 내가 설명한 모든 요소는 이미 시맨틱 모형의 핵심 구성 요소로 간주되는 편인데, 이는 주로 기계로 처리하기가 쉽고 자동화된 추론에 사용할 수 있기 때문이다. 그런데도 공식 정의와 별개로 이러한 요소는 자연어 정의, 출처 정보, 범위 메모와 같이 사람이 읽을 수 있는 방식으로 정의를 내려 설명해야 한다. 이런 식으로 작성한 문서는 비공식적인 게 되겠지만, 사람이 모형을 일반적으로 이해하고 적절히 유지 관리하며 사용하는 데 아주 유용할 수 있으므로, 쓸모없는 것으로 여겨 마구 폐기해서는 안 된다. 6장에서는 모형에 이러한 문서를 포함하지 않을 때의 위험에 관해 자세히 설명한다.

정의와 사례

자연어 정의는 용어집이나 사전에서와 마찬가지로 자연어 형식의 요소 의미를 설명한다. 예를 들어 디비피디아에 따르면 머신러닝이라는 개념을 '명시적으로 프로그래밍하지 않고도 컴퓨터에 학습 능력을 부여하는 컴퓨터 과학의 하위 도메인'으로 정의하고 있다(아서 새뮤얼Arthur Samuel, 1959).[36] 또는 워드넷에 따르면 온톨로지의 철학적 개념을 '엔터티와 본질에 관한 형이상학적 연구'로 정의하고 있다.[39] 이와 같은 정의문을 '어구 주해gloss'라고 부르는데, 워드넷에서는 이와 별도로 유의어 집합을 이루는 유의어 대부분에 각각의 용례를 나타내는 짧은 문장을 하나 이상 수록해 두었다.

일반적으로 자연어 정의는 다음 네 가지 주요 특징으로 제공된다.

| 외연적 정의(extensional definition) |

이러한 정의는 정의의 외연을 지정하는 식으로 요소의 의미를 공식화하는데, 다시 말하면 정의에 속하는 모든 객체를 지정한다는 뜻이다. 예를 들면, 유럽 국가 클래스의 외연적 정의는 유럽에 있는 모든 국가를 나열하거나 해당 클래스의 구성원을 인식하는 다른 방법을 제공함으로써 성립될 수 있다. 외연의 이러한 명시적 목록은 유한집합에서만 가능하고 상대적으로 작은 집합에서만 실용적이다. 따라서 외연적 정의는 다른 유형의 정의보다 더 많은 적용 가능한 정보를 제공하는 예제를 나열할 때 사용해야 하며 집합의 구성원을 나열함으로써 해당 집합의 특성을 질문자에게 충분히 알릴 수 있다.

| 내포적 정의(intensional definition) |

요소를 사용해야 할 때 필요충분조건을 지정하여 요소의 의미를 제공한다. 예를 들면, Bachelor(총각) 클래스의 내포적 정의는 '미혼 남성'이다. 이 정의는 결혼하지 않은 남성이 총각이 되기 위한 필수 조건이자 충분한 조건이기 때문에 유효하다. 미혼 남성이 아니고는 총각이 될 수 없으므로 필요하며, 각 미혼 남성은 모두 총각이기 때문에 충분하다.[40] 내포적 정의는 명확하게 정의된 특성 집합이 있을 때 가장 잘 사용하며 외연적 정의에 나열할 참조 대상이 너무 많은 요소에는 적합하다. 무한한 참조 집합이 있는 요소의 외연적 정의를 제공하기는 불가능하지만, 내포적 정의는 보통 간결하게 언급할 수 있다. 예를 들어, 짝수를 정의할 때 나열할 수 있는 수는 무한히 많지만, '짝수는 2의 정수배'라는 말로 쉽게 정의할 수 있다.

| 종수와 차분을 사용한 정의(definition by genus and difference) |

요소가 속한 광범위한 범주를 먼저 설명한 후에 특정 속성으로 구분하여 요소의 의미를 제공한다. 예를 들면, 미니스커트의 정의를 '무릎 위에 밑단이 있는 치마'라고 생각해 보자. 여기에서 (엔터티가 치마의 한 유형이라고 말함으로써) 먼저 종수를 할당한 후에 자체 하위 유형을 만드는 특정 속성, 즉 무릎 위에 밑단이 있음을 설명한다.

| 직시적 정의(ostensive definition, 지시적 정의, 표면적 정의) |

사례를 지시함으로써 요소의 의미를 제공한다. 이러한 유형의 정의는 단어를 이해하지 못하거나(어린이나 새로운 언어 사용자) 용어의 특성(예: 색상이나 어감) 때문에 단어를 말로 정의하기 어려울 때 자주 사용한다. 외연적 정의와 비교할 때 직시적 정의는 용어 외연의 일부만 제공하므로 위험하다. 그러나 일부 요소는 너무 복잡하여 외연적 정의를 공식화하기가 무척 어렵다.

RDF(S)와 OWL에서 정의와 사례는 일반적으로 `rdfs:comment` 특성으로 표현하는 반면 SKOS에는 이런 용도에 맞는 전용 요소(`skos:definition`, `skos:example`)가 있다.

범위, 용법

범위^{scope} 요소와 용법^{usage} 요소는 (특히 정보가 요소의 이름이나 정의에서 직접적으로 명확하지 않을 때) 시맨틱 모형, 해당 요소의 의도된 의미, 적용에 관한 추가 정보를 제공하는 데 사용한다. 이는 다음과 같은 상황에서 필요할 수 있다.

- 모형의 일부 요소에는 모형으로부터 의도적으로 제외된 다른 의미가 있다.
- 모형이나 일부 요소는 특정 컨텍스트에 적용할 수 없다. 예를 들면, License Plate Obscurer라는 일자리는 이란에만 존재하므로 미국에서 적용되는 모형의 엔터티로 둘 필요가 없다. 마찬가지로, 세계에는 음주 제한 연령이 없는 21개 국가가 있으므로 음주 제한 연령 특성은 잉여 특성이 되고 만다.

- 모형이나 그 요소 중 일부는 특정 작업이나 애플리케이션(예: 시맨틱 검색용)에 최적화되어 다른 작업에는 유용하지 않거나 부적절할 수 있다.
- 모형이나 일부 요소에는 사용자가 알아야 하는 알려진 편견이 있다.

역사와 기원

기원provenance에 관한 요소들은 변경 사항(누가, 언제, 무엇을), 버전, 호환성, 공급원 등에 관한 정보를 표시하여 시간이 지남에 따라 엔터티, 관계, 기타 모형화 요소의 개발을 추적하는 데 사용한다. 이러한 특성은 [표 2-6]에서와 같은 단순한 특성 또는 관계이거나, 프로브 온톨로지 PROV Ontology[41]같이 더 복잡한 모형일 수 있다(그림 2-4 참조).

표 2-6 OWL과 SKOS의 역사와 기원 요소

요소	프레임워크	의미
skos:historyNote	SKOS	개념의 의미나 형태의 중요한 변화를 설명한다.
skos:editorialNote	SKOS	모형을 관리하는 작업(예: 향후에 진행될 가능성이 있는 편집 작업)에 도움이 되는 정보(예: 경고)를 제공한다.
skos:changeNote	SKOS	관리 및 유지보수용으로 개념 변경 사항을 세부적으로 문서화한다.
owl:versionInfo	OWL	모형의 특정 버전에 관한 정보를 제공한다.
owl:priorVersion	OWL	모형을 지정된 모형의 이전 버전으로 식별한다.
owl:backwardCompatibleWith	OWL	주어진 모형의 이전 버전(단, 주어진 모형과 호환되는 버전)으로 모형을 식별한다.
owl:incompatibleWith	OWL	주어진 모형의 이전 버전(단, 주어진 모형과 호환되지 않는 버전)으로 모형을 식별한다.
owl:DeprecatedClass와 owl:DeprecatedProperty	OWL	특정 클래스나 관계/특성이 더는 유효하지 않지만, 이전 버전과 호환성을 유지하려고 보존함을 나타낸다.

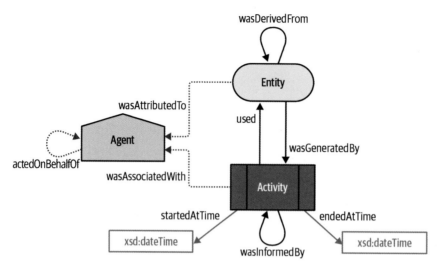

그림 2-4 프로브 온톨로지의 기본 클래스와 관계

2.3 요약

이번 장에서는 데이터 모형화 프레임워크 및 데이터 모형화 언어에서 발견되는 가장 흔하고 일반적인 시맨틱 모형화 요소들을 아주 개략적으로 훑어본 다음에 요소들의 의도된 의미와 용법을 설명했다. 우리는 시맨틱 데이터 모형화가 다양한 유형의 모형과 모형화 요소를 참조하는 표준 방식이 아니며, 역설적이게도 상당히 풍부하고 다양한 분야임을 보았다. 서로 다른 커뮤니티와 프레임워크는 서로 다른 요소에 대해 같은 용어를 사용하고 같은(또는 아주 비슷한) 요소에 대해 서로 다른 용어를 사용한다. 어떤 사람들이 '컨셉'이라고 부르는 것을 어떤 사람들은 '클래스'라고 부르기도 한다. 모형에 '역할'이 포함된다는 말을 여러분이 들었을 때 여러분이 떠올린 개념이 실제로 존재하는 것과 상당히 다를 수 있다.

이러한 유사점과 차이점을 알면 다른 모형화 언어로 표현되는 시맨틱 모형들을 더 잘 이해하고 그 사이의 개념적 연계 여부를 그릴 수 있다. 이는 다른 모형화 언어로 표현된 모형들을 서로 병합하거나 대응시키는 작업에 특히 유용하다.

이종 모형뿐 아니라 모형의 표현 요구사항에 가장 적합한 모형화 언어를 결정해야 할 때도 마찬가지다.

이번 장에서 기억해야 할 중요 사항은 다음과 같다.

- 시맨틱 모형화 요소의 이름만 보고 해당 요소가 무엇인지를 이해한다고 생각하지 말자. 항상 모형화 언어를 다룬 문서를 깔끔하게 출력해서 읽자.
- 추상 엔터티로 작업할 때는 특히 주의를 기울여 세심하게 작업하자. 추상 엔터티를 엄격하게 정의하기가 더 어렵고 잘못 해석할 가능성이 더 크며 의도하지 않은 방식으로 사용할 가능성이 더 크기 때문이다.
- 시맨틱 모형 클래스는 머신러닝 클래스와 같지 않다. 머신러닝 클래스는 시맨틱 모형의 인디비주얼 엔터티일 수도 있다.
- 클래스는 컨셉과 같지 않으며 하위 클래스 위계도 광의 개념과 협의 개념 간의 위계와 같지 않다. 이들을 자동으로 병합하거나 둘 중 하나를 나머지 하나로 모형화하지 말자.
- 시맨틱 모형은 주로 연역적 추론과 관련이 있다. 모형이 귀추법abduction과 귀납법induction에 도움을 줄 수 있지만, 본질적으로 이런 용도로 쓰려고 시맨틱 모형을 고안하지는 않았다.

다음 장에서는 시맨틱 모형화 요소에서 시맨틱 모형을 개발하고 사용할 때 알아야 할 시맨틱 현상과 언어적 현상으로 논의의 초점을 옮겨 보겠다.

CHAPTER 3

시맨틱 현상과 언어적 현상

> 내가 좋은 아침을 누리기를 기원해서 하는 말인가, 아니면 내가 원하든 원하지 않든 그저 좋은 아침이라는 말인가? 그것도 아니면 오늘 아침에 자네 기분이 좋다는 말인가, 혹은 좋은 아침이 될 거라는 의미로 하는 말인가?
>
> J. R. R. 톨킨J.R.R. Tolkien, 『호빗The Hobbit, or There and Back Again』

이 책에서 보게 될 시맨틱 모형화 함정과 딜레마 대부분은 모호성, 애매성, 의미 변화같이 인간의 언어와 사고를 특징짓는 특정 시맨틱 현상 및 언어적 현상과 관련이 있다. 이러한 함정과 딜레마를 이해하고 이를 해결하는 방법을 찾는 첫 번째 단계는 이러한 현상의 정확한 본질과 특성, 시맨틱 모형의 개발과 적용에서의 역할과 영향을 이해하는 일이다. 이번 장에는 첫 단계를 수행하는 데 도움이 되는 내용을 다룬다.

3.1 모호성

모호성ambiguity은 정보 조각을 두 가지 이상의 그럴듯한 방식으로 해석할 수 있을 때 발생하는 상황이다. 예를 들어 내가 트리폴리에서 태어났다고 말했다면 여러분은 트리폴리가 리비아의 수도[42]를 말하는지, 레바논의 트리폴리시[43]를 말하는지, 그리스의 아르카디아 지방의 주도[44]를 말하는지 알 수 없을 것이다.

일반적으로 인간의 언어와 의사소통에서 우리는 다음 같은 유형의 모호성을 관찰한다.

| 음운 모호성(phonological ambiguity) |

이 모호성은 일련의 소리를 단어로 구성하는 방법이 둘 이상 있을 때 생긴다. 예를 들면, 'ice cream'과 'I scream'은 소리가 거의 비슷하다.

| 구문 모호성(syntactic ambiguity) |

이 모호성은 문장의 구조 때문에 의미가 둘 이상이 될 때 생긴다. 예를 들면, 'John ate the cookies on the couch'라는 진술은 '소파에 쿠키가 몇 개 놓여 있는데 John이 그것을 먹었다'라는 의미일 수도 있고 'John이 소파에 앉아 쿠키를 먹었다'라는 의미일 수 있다.

| 전방조응 모호성(anaphoric ambiguity) |

이 모호성은 구나 단어가 이전에 언급한 것을 언급하지만, 둘 이상의 가능성이 있을 때 생긴다. 예를 들면, '마거릿이 수잔을 초대했고, 그가 그에게 맛있는 점심을 주었다'라는 문장에서 '그'라는 대명사가 마거릿을 가리킬 수도 있고 수잔을 가리킬 수도 있다.

| 용어 수준 의미 모호성(term-level semantic ambiguity) |

이 모호성은 어휘적 모호성^{lexical ambiguity}이라고도 하며 용어(단어 또는 복합어)에 둘 이상의 의미가 있을 때 생긴다. 예를 들면, 앞서 언급한 트리폴리와 유사하게 카슈미르라는 용어가 레드 제플린^{Led Zeppelin}이라는 밴드가 부른 노래를 지칭할 수도 있고 인도와 파키스탄의 접경지역을 지칭할 수도 있다(그림 3-1 참조).

| 문장 수준 의미 모호성(sentence-level semantic ambiguity) |

이 모호성은 문장에서 개별 단어의 구문과 의미가 해결된 후에도 문장이 여러 가지 방식으로 해석될 때 생긴다. 예를 들면, 'John과 Jane이 결혼했다'라는 진술은 John과 Jane이 결혼했음을 의미할 수도 있고, 둘 다 결혼했지만 각기 다른 사람과 결혼했음을 의미할 수도 있다.

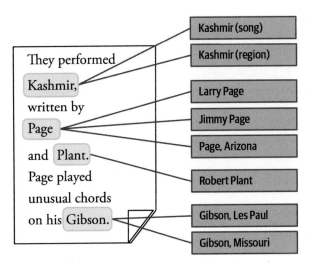

그림 3-1 용이 수준 의미 모호성의 예

일반적으로 두 가지 상황에서 모호성과 시맨틱 모형이 함께 언급된다. 첫 번째는 우리가 모호성을 포함하는 정보나 데이터 공급원에서 시맨틱 모형을 개발할 때다. 두 번째는 데이터 내의 모호성을 해결하려고 일반적으로 더 큰 시스템의 일부로 시맨틱 모형을 사용할 때다. 이러한 시스템의 예는 YAGO2 지식 그래프를 사용하여 개체명 인식(NER)이나 모호성 해소를 수행하는 도구인 AIDA^{Acurate Online Disambiguation of Entities[45]}이다.[46]

첫 번째 상황에서 기본적으로 해야 할 작업은 모형 내에서 정의하는 모든 요소가 입력 데이터에서 실제로 표현되는 올바른 의미가 있도록 하고, 이 의미가 적어도 대상 도메인과 컨텍스트에서 모호하지 않은 방식으로 모형에 표현되도록 하는 일이다. 예를 들면, 'John and Jane are married'라는 문장을 모형에 통합해야 할 때 다음을 수행해야 한다.

- 같은 도메인에 이름이 같은 사람이 더 있다면 'John'과 'Jane'의 정확한 신원을 확인하고 모형에서 명확하게 한다. 예를 들어 전체 이름이나 기타 고유한 특징을 식별자로 사용할 수 있다.
- 진술의 의미가 John과 Jane이 서로 결혼했는지나 각자 다른 사람과 결혼했는지를 결정하고 모형에서 이를 명확하게 나타낸다. 예를 들면, 전자의 의미를 의도했다면 John과 Jane 엔터티 간의 관계인 isMarriedTo가 효과적이겠지만, 후자의 의미면 각 엔터티의 결혼 여부가 있는 marital status(결혼 상태) 특성이 좋은 모형화 해법이 될 것이다.

일반적으로 엔터티, 관계, 기타 의미 요소를 모호하지 않은 방식으로 설명하기가 생각보다 어렵다. 6장에서는 이 과제를 자세히 설명하고 이를 해결하는 요령과 지침을 제공한다.

두 번째 상황에서 시맨틱 모형을 데이터 모호성 해소 시스템의 일부로 사용할 때 여러분의 주요 관심사는 모형이 시스템에 장애가 되지 않고 실제적인 도움을 주는지를 확인하는 일이다. 안타깝게도 모형의 콘텐츠나 의미 체계가 당면한 모호성 해소 작업에 적합하게 최적화되지 않았을 때 장애가 쉽게 생긴다. 10장에서는 이러한 함정을 자세히 설명하고 이를 방지하는 구조화된 방법을 제공한다.

3.2 불확실성

자연어에서 불확실성^{uncertainty}은 필요한 지식이 완전히 부족하거나 부분적으로 부족하여 진술의 진리^{truth}(진실)를 결정할 수 없는 현상을 말한다. 예를 들면, '스톡홀름에 지금 비가 올 것 같다'라고 하면 실제로 지금 당장 일어나고 있는지 잘 모르겠다는 사실을 말하는 것이다.

시맨틱 모형에서 불확실성은 명시적 방식과 암시적 방식의 두 가지 방식으로 나타날 수 있다. 명백한 불확실성은 진술^{statement}에 아마도, 그럴지도, 어쩌면, 명백하게 같은 중요어^{keyword}가 포함된다면, 진술이 절대적으로 확실하지는 않다는 점을 명확히 전달한다. 다른 한편으로, 진술이 특정 방식으로 표현될 때 암묵적으로 불확실하지만, 우리는 여전히 그 진리를 의심할 이유가 있다.

후자는 일반적으로 진술의 출처나 취득 방법을 완전히 신뢰하지 않는 합리적인 이유가 있을 때 생긴다. 예를 들면, 일부 지식 공급원에 상당한 비율의 허위 진술이 포함되었음을 안다면 해당 공급원에서 나오는 모든 진술이 당연히 의심된다. 마찬가지로 정밀도가 100% 미만인 자동 지식 추출 시스템의 결과로 나온 진술도 확실히 사실이라고 확신할 수 없다.

불확실성이 포함된다는 점을 아는 시맨틱 모형을 개발할 때는 불확실성의 특성, 출처, 수준을 모형 사용자에게 알리려는 책임을 기본적으로 져야 한다. 모형 전체(예: 모형의 진술이 참일 가능성이 50%라고 말함)나 모형의 일부, 개별 진술에 그렇게 할 수 있다. 반면에, 일부 애플리케이션에 시맨틱 모형을 사용할 때 해당 모형의 진술이 확실한지가 명확하지 않다면, 여러분은 해당 모형이 개발된 조건을 학습해서 신뢰할 수 있는 정도를 추정해야 한다.

3.3 애매성

애매성vagueness 현상을 이해하는 가장 좋은 방법은 다음 같은 주장argument의 형태로 표현할 수 있는 고대 퍼즐인 '무더기 역설sorites paradox'을 이용하는 것이다.

- 밀 한 알은 무더기를 이루지 않는다.
- 한 알이 무더기를 이루지 못한다면 두 알도 무더기를 이루지 한다.
- 두 알이 무더기를 이루지 못한다면 세 알도 무더기를 이루지 못한다.
- 999,999알이 무더기를 이루지 못한다면 100만 알도 무더기를 이루지 못한다.
- 그러니 100만 알은 무더기를 이루지 못한다!

이런 주장은 아주 세밀한 추론을 사용하여 명백히 잘못된 결론에 도달하기 때문에 딜레마적이다. 즉, 백만 알이나 되는 밀이 무더기를 이루지 못한다는 딜레마 말이다.

문제는 추론이 아니라 (워드넷에 따르면) '서로가 서로의 위에 놓인 객체들의 모음'이라는 식으로 무더기heap (더미)의 개념을 정의한 데서 생긴다.[47] 이런 식으로 정의를 내리면 무더기로 간주할 만큼 모으는 데 필요한 최소한의 물체 개수를 정의하지 않게 되며, 이런 상황에서는 정확히 어느 지점에 밀 알갱이 집합이 무더기가 되는지를 결정하기가 몹시 어렵다. 그러나 그러한 숫자를 결정하는 일도 마찬가지로 어려우며, 애매성은 모두 이런 어려움 때문에 생긴다.

더 구체적으로 말해서, 애매성은 경계사례borderline case[48][49] (술어 적용 여부가 불분명한 상황)를 허용하는 술어에서 나타난다. 예를 들면, 확실히 크지도 않고 작지도 않은 사람의 키는 경계선에 걸쳐 있다고 할 수 있다. 또는 애매성은 날카로운 경계가 없는 것과 관련이 있다. 예를 들면, 키의 척도에서는 키가 큰 사람과 나머지 사람 사이에 날카로운 경계가 없는 것처럼 보인다. 따라서 애매한 술어와 애매하지 않은 술어를 구분하는 두 가지 동등한 방법은 (i) 애매한 술어vague predicate에 경계사례가 있을 수 있지만, 선명한 술어crisp predicate는 그렇지 않거나 (ii) 애매한 술어에는 날카로운 경계가 없다는 것이다. [표 3-1]에 워드넷에서 수집한 애매한 형용사 어감과 애매하지 않은 형용사 어감의 열 가지 사례가 있다.

표 3-1 애매한 형용사와 선명한 형용사

애매한 형용사	선명한 형용사
비정상인: 정상이 아니며, 전형적이거나 보통이거나 규칙적이거나 표준에 부합하지 않는	화합물인: 한 부분 이상으로 구성된

몰지각한: 자신의 행동이나 태도에 대한 수치심이나
후회를 느끼지 않는

격주인: 2주마다 벌어지는

악명 높은: 널리 알려졌지만, 일반적으로 불명예스러운

비무장인: 무기를 소유하지 않거나 사용하지 않는

흥분된: 감정적으로 자극된

최외곽인: 가능한 한 가장 먼 곳에 있는

황색인: 색상 스펙트럼에서 녹색과 주황색의
중간 색상이며 달걀노른자의 색상과 유사한

무형인: 형체가 없는

관련 문헌에 따르면, 정도 애매성degree-vagueness과 조합 애매성combinatory vagueness[48]이라는 두 가지 기본적인 종류의 애매성을 식별할 수 있다고 한다. 참고로 여기서 전자는 정량적 애매성quantitative vaqueness과 같고 후자는 정성적 애매성qualitative vagueness과 같다. 경계사례에 해당하는 엔터티는 어떤 차원을 따라 술어를 적용하는 일과 적용하지 않는 일 간에 정확한 경계가 (명백하게) 부족하므로, 술어는 정도 애매성을 띠게 된다. 예를 들면, 대머리는 머리카락 개수를 나타내는 차원을 따라 날카로운 경계선을 긋기 어렵고, '큰 키'는 높이라는 차원을 따라 날카로운 경계선을 긋기 어렵다. 물론 술어가 둘 이상인 차원에서 정도 애매성을 띨 수도 있다(예: 빨간색은 밝기 차원과 채도 차원을 따라 각기 애매할 수 있음).

반면에, 술어는 다양한 조건이 있을 때 조합 애매성을 띠며, 모든 조건이 술어의 적용과 관련이 있지만, 적용하기에 필요충분한 조합과 그렇지 않은 조합을 뚜렷하게 구별할 수 없다. 이러한 유형의 고전적인 예는 종교다. 모든 종교가 공유하는 특정 특징(예: 초자연적 존재에 관한 신념, 의식 행위)이 있기 때문이다.

애매성을 부정확성, 모호성, 불확실성의 현상과 혼동하지 않아야 한다. 예를 들면, 170cm에서 180cm 사이라는 말은 부정확하지만, 적용 한계가 명확하므로 애매하지는 않다. 마찬가지로 '내일 기온이 27도까지 올라갈 수 있다' 같은 불확실한 진술의 진리는 온도 측정에 날카로운 경계가 없기 때문이 아니라 적절한 정보가 부족해서 결정될 수 없다. 마지막으로, 일부 용어의 모호성(예: 'Yesterday we went to the bank'라는 진술에서 'bank'라는 용어가 모호성을 띤다) 때문에 진술의 진리를 확인하지 못 할 수도 있지만, 그렇다고 해서 진술을 애매하게 만들지는 않는다.

또한, 애매한 술어의 해석은 적용하는 컨텍스트에 따라 달라질 수 있으므로 애매성은 컨텍스트에 따라 달라진다. 예를 들면, 어떤 사람이 평균 신장보다 키가 더 클지라도 프로 농구 선수에 비해서는 그다지 큰 키가 아닐 수 있다. 마찬가지로, 어떤 사람이 자신이 사는 마을에서는 부유한 편에 속하지만, 상사와 견주어 볼 때는 가난할 수 있다.

시맨틱 모형에서는 애매성이 클래스, 관계, 특성 및 특성값에 나타날 수 있다. 주어진 도메인이나 컨텍스트나 응용 상황에서 경계사례를 허용할 때 클래스는 애매하다. 즉, 클래스를 인스턴스화할지를 결정할 수 없는 엔터티가 있다는(또는 있을 수 있다는) 말이다. 애매성을 띠기 쉬운 것 중에 몇 가지 중요한 후보를 들자면, 일부 단계나 상태(예: 성인, 아동), 특성(즉 엔터티의 정성적 상태를 반영하는 클래스. 예: TallPerson, ExperiencedResearcher)을 나타내는 클래스가 있다. 결과적으로 엔터티가 실제로 관련되는지(예: hasGenre, hasIdeology)가 불확실한 엔터티 쌍이 있을 때(또는 있을 수 있을 때) 관계는 애매하다. 특성과 엔터티 쌍, 리터럴 값에도 동일하게 적용된다.

마지막으로 특성값^{attribute value}에 애매성이 나타날 수 있다. 예를 들면, 레스토랑의 가격 특성은 애매한 용어인 '싸다', '보통이다', '비싸다'로 표현할 수 있다. 이러한 용어를 생성하는 주요 후보들은 크기나 높이 같은 등급을 부여할 수 있는 특성으로, '큰', '높은', '작은' 등의 용어를 발생시킨다. [표 3-2]에는 인용문의 성격이나 유형을 특성화할 수 있는 공개적으로 이용 가능한 기술인 인용 타이핑 온톨로지(CiTO)의 애매한 관계와 애매하지 않은 관계가 나온다.[50]

표 3-2 CiTO에서 말하는 애매한 관계와 애매하지 않은 관계

애매한 관계	선명한 관계
plagiarizes: 출처를 공식적으로 인정하지 않고 인용된 엔터티의 텍스트나 기타 요소를 포함하여 인용하는 엔터티의 저자가 인용된 엔터티를 표절함을 나타내는 특성을 말한다.	sharingAuthorInstitutionWith: 각 엔터티에는 다른 엔터티의 저자와 공통 기관 제휴를 공유하는 저자가 한 명 이상 있다.
citesAsAuthority: 인용하는 엔터티는 논의 중인 주제에 관한 권위가 있는 설명이나 정의를 제공하는 것으로 인용된 엔터티를 인용한다.	providesDataFor: 인용된 엔터티는 인용하는 엔터티에 설명된 작업에 사용되는 데이터를 제공한다.
speculatesOn: 인용하는 엔터티가 확실한 증거 없이 인용하는 엔터티 내부나 관련 엔터티에 관해 추측한다.	retracts: 인용하는 엔터티는 인용된 엔터티의 공식 철회를 구성한다.
supports: 인용하는 엔터티는 인용된 엔터티에서 제시된 진술, 아이디어나 결론에 관한 지적이나 사실적 지원을 제공한다.	includeExcerptFrom: 인용하는 엔터티에 인용된 엔터티에서 발췌한 내용이 하나 이상 포함된다.
refutes: 인용하는 엔터티는 인용된 엔터티에서 제시된 진술, 아이디어나 결론을 반박한다.	citesAsSourceDocument: 인용하는 엔터티는 인용된 엔터티가 파생된 엔터티나 인용하는 엔터티가 메타 데이터를 포함하는 엔터티로 인용된 엔터티를 인용한다.

우리가 1장에서 살펴본 ESCO와 이 ESCO에서 규정하고 있는 일자리와 기량 사이의 '본질적' 관계를 예로 들자면, 이 시맨틱 모형에 애매한 요소가 있으므로 우리가 이를 선명한^{crisp}한 것으

로 취급해 버리면 모형의 품질과 유용성이 손상될 수 있다. 6장, 7장, 13장에서는 시맨틱 모형을 구축할 때 애매성을 처리하는 여러 보완적인 방법을 볼 수 있을 뿐만 아니라, 시맨틱 모형을 책임에서 자산으로 전환할 수도 있다.

3.4 경직성, 동일성, 단일성, 의존성

경직성rigidity (엄밀성), 동일성identity, 단일성unity, 의존성dependence은 우리가 클래스 함의 관계class subsumption relation (클래스 포괄 관계, 클래스 포섭 관계)의 의미 정확성을 검증하는 방법론인 OntoClean[51][52]에서 발견한 네 가지 온톨로지적 개념이다.

경직성은 '필수적essence'이라는 생각을 기반으로 한다. 어떤 클래스의 인스턴스가 해당 클래스 없이는 어떤 식으로든 존재할 수 없다면, 인스턴스에서 해당 클래스는 필수적이다. 예를 들어, 모든 인간은 반드시 인간일 수밖에 없으며 인간이 될 수 있는 엔터티entity가 인간이 아닌 예는 없는 법이다. 이러한 클래스를 **경직**되었다고 한다. 반면에 '학생' 클래스의 인스턴스는 학생이 되는 일을 중단할 수 있지만(예: 졸업할 때), 존재하는 일을 중단하지는 않는다. 현재 우리가 '음식'으로 간주하는 것들에 대해서도 비슷한 주장을 할 수 있으며 언젠가는 일부나 모든 사람이 먹지 않을 수 있다. 이때 '학생' 클래스나 '음식' 클래스는 인스턴스에 필수적이지 않으므로 **비非경직**anti-rigid으로 간주한다. 세 번째 범주는 일부 인스턴스에는 필수이고 다른 인스턴스에는 필요하지 않은 클래스다. 예를 들면, '철물' 클래스는 망치에는 필수이지만, 스펀지에는 그렇지 않다. 이러한 클래스를 **반半경직**semi-rigid (준경직)으로 간주한다.

동일성은 두 엔터티가 같은지를 결정하는 문제를 나타낸다. 식별할 수 있는 클래스나 상위 클래스가 제공하는 일부 식별 기준에 따라 모든 인스턴스를 자신으로 식별할 수 있는 클래스다. 예를 들면, '사람' 클래스는 일반적으로 두 인디비주얼이(개인이) 같은 사람인지를 식별할 수 있으므로(예: DNA를 활용해) 동일성이 있다. 반면에 '빨간 것' 클래스는 두 엔터티가 같지 않고 빨간색이라는 특성을 공유할 수 있어서 동일성이 없다. 여기에서 동일성 기준identity criterion이 소속성 기준membership criterion과 같지 않다. 소속성 기준은 엔터티가 클래스에 속한지 아닌지를 결정하는 데 도움이 되는 정보이지만, 엔터티를 서로 구별하는 데는 도움이 되지 않는다.

단일성은 어떤 조건에서 클래스의 인스턴스를 전체 엔터티로 간주하는지를 알려준다. 예를 들면, '물 한 동이'는 완전한 객체로 간주할 수 없는 반면 '태평양'은 객체로 간주할 수 있다. '물의 양' 클래스에는 단일 기준이 없지만, '대양大洋' 클래스에는 단일 기준이 있기 때문이다. 경직성과 마찬가지로 **단일성**unity을 띠는 클래스(즉, 모든 인스턴스에 같은 단일성 기준이 있는 전체), **비非단일성**non-unity을 띠는 클래스(즉, 모든 인스턴스가 전체이지만, 가능한 단일성 기준이 다를 수 있음), **반反단일성**anti-unity(준단일성)을 띠는 클래스(즉, 모든 엔터티가 전체일 필요는 없는 클래스)가 있다. 비단일성을 띠는 클래스의 예는 'LegalAgent'다. 이는 서로 다른 단일성 기준이 있는 사람과 조직을 모두 포함할 수 있기 때문이다.

마지막으로, 우리는 C1 클래스의 모든 인스턴스에 C2 클래스의 인스턴스가 존재해야 할 때 C1 클래스가 C2 클래스에 의존한다고 한다. 의존 클래스의 예는 '음식'이다. '음식'의 인스턴스들은 이러한 인스턴스들이 '음식'일 때만 존재할 수 있기 때문이다. 예를 들면, 내일부터 모든 사람이 바나나를 먹지 않는다면 바나나라는 개념은 더는 음식의 인스턴스로 간주하지 않는다. 그렇다고 해서 바나나를 먹지 않는 순간 바나나가 더는 존재하지 않는다는 의미는 아니다. 바나나는 음식의 역할을 멈출 뿐이다.

7장에서는 이러한 네 가지 개념을 적용함으로써 어떻게 함의 관계subsumtion relation를 정의할 때 시맨틱 실수를 피하고 더 높은 시맨틱 정확성으로 모형을 구축하는 데 도움을 받을 수 있는지를 살펴볼 것이다.

3.5 대칭성, 반전성, 전이성

시맨틱 모형화에서 **대칭성**symmetry, **반전성**inversion, **전이성**transitivity[5]은 관계와 관련된 현상이다.

A 엔터티가 대칭 관계 R을 통해 B 엔터티와 관련되었을 때 B가 같은 관계를 통해 A와 관련이 있다고 추론할 수 있다. 예를 들면, 'John이 Jane의 사촌'이라면 'Jane은 John의 사촌'이기도 하다. 반면에 관계 R이 전이성을 띨 때 R이 A 엔터티를 B 엔터티에 연결하고 B 엔터티를 C 엔터티에 연결하면 A도 C에 연결된다. 예를 들면, '파리는 프랑스에 있다'이고 '프랑스는 유럽에 있다'라면 '파리는 유럽에 있다'가 된다. 마지막으로, 모든 A 엔터티가 R1 관계로 B 엔터티와

-----

5 옮긴이_ 'trasitivity'를 이행성으로 번역하는 경우도 많지만, 의미를 나타내기에 적합한 용어로는 전이성과 추이성이 더 바람직해 보이며, 이 책에서는 그중 전이성을 채택해서 번역했다.

관계를 맺고 있는데 B가 A와 R2를 통해 관계를 맺고 있다면, R1 관계가 R2 관계의 역inverse이라고 할 수 있다. 예를 들면, 'John이 Jane의 오빠'이면 'Jane은 John의 여동생'이다.

이러한 이유로 이러한 모든 현상이 시스템을 구축할 때 중요하다. 따라서 시맨틱 모형 구축자는 이를 올바르게 인식하고 필요할 때 모형에 포함해야 한다. 불행히도 이러한 속성이 있는 것처럼 보이는 관계에 실제로는 이러한 속성이 없는 예도 있다(7장 참고).

3.6 닫힌 세계 가정과 열린 세계 가정

닫힌 세계 가정closed-world assumption(CWA)은 주어진 진술이 우리 모형에서 참인지 아닌지 알 수 없을 때 거짓이라고 추론할 수 있다고 말한다. 예를 들어 항공사 데이터베이스에서 여행자에게 좌석이 지정되지 않았다면 해당 여행자가 체크인하지 않았다고 추론할 수 있다. 직관적으로 이 가정은 모형에 들어가는 정보를 완전히 제어할 수 있을 때 의미가 있다. 무모순성consistency(일관성) 규칙과 제약constraint을 적용할 수 있다(여기서는 좌석 할당 없이 체크인을 완료할 수 없음).

반면에 **열린 세계 가정**open-world assumption(OWA)은 주어진 진술이 우리 모형에서 참인지 아닌지 알 수 없다면 타당성에 대한 결론을 도출할 수 없다고 말한다. 예를 들면, 환자의 의료 기록에 특정 알레르기가 언급되지 않았다고 해서 환자가 실제로 알레르기로 고통을 겪지 않는다고 추론할 수는 없다. OWA는 모형에서 명시적으로 참이나 거짓인 진술에서만 따르는 추론inference이나 연역 추론deduction(연역)으로 제한한다. 경험적으로 볼 때, 이는 주어진 순간에 모형이 완전함을 보장할 수 없을 때 의미가 있다.

시맨틱 모형을 개발할 때 지원할 것으로 예상되는 가정을 명확히 해야 이 가정을 지원하는 모형화 프레임워크를 사용할 수 있다. 예를 들면, RDF(S)와 OWL은 OWA를 지원하도록 설계되었으며, 그 결과 다른 언어에서 제약으로 작동하는 공리가 실제로는 추론 규칙으로 작동한다는 결과가 나온다. RDF(S) 모형의 개발자이자 사용자인 여러분이 이 사실을 알지 못하면 바라지 않던 추론 동작이 생길 위험이 있다. 7장에서는 이 함정에 관해 자세히 설명한다.

3.7 의미 변화

의미 드리프트semantic drift6라고도 하는 **의미 변화**semantic change는 용어의 의미와 사용이 시간이 지남에 따라 변경되는 현상으로, 대개 새로운 의미가 초기의 의미와 근본적으로 다른 방식으로 변경된다. 예를 들면, 'awful'이라는 용어는 원래 우리가 오늘날 사용하는 정의(예외적으로 나쁘거나 불쾌한 것)가 아니라 경외감, 감탄이나 경이로움을 불러일으키는 무언가를 가리키는 데 사용했다. [표 3-3]에 이러한 변화의 예가 몇 가지 있다.

표 3-3 세월이 지나며 의미가 변화된 단어

단어	예전 의미	현재 의미
Demagogue	인기 지도자	감정과 편견에 사로잡힌 정치인
Egregious	현저하게 좋은 것	현저하게 나쁘거나 심각한 것
Meat	단단한 음식	동물의 살
Sly	재주가 많은, 영리한, 지식 있는, 현명한	은밀한, 속임수를 쓰는
Prestigious	환상이나 요술과 관련된	존경받는, 영광스러운
Matrix	새끼를 낳을 수 있게 기르던 암컷 동물	선과 공간으로 이뤄진 패턴

의미 변화는 일반적으로 언어적, 심리적, 사회 문화적 힘에서 발생하며(더 자세한 분석은 참고문헌[53] 참조) 레오나르드 블룸필드Leonard Bloomfield[54]와 안드레아스 블랑크Andreas Blank[55]에 따르면 다음 같은 여러 형태를 취할 수 있다.

| 특화(specialization) |

새로운 의미가 원래 의미보다 좁은 경우. 예를 들어 스카이라인skyline은 모든 지평선을 가리키는 데 사용했지만, 현재 미국에서는 대부분 고층 건물로 장식된 지평선을 나타낸다.

| 일반화(generalization) |

새로운 의미가 원래 의미보다 더 일반적인 경우. 이러한 예로는 진공청소기를 들 수 있는데, 청소 용구의 대명사 격인 후버hoover나 웹 검색의 대명사 격인 구글Google같이, 일반 제품이나 작업

---

6 옮긴이_ drift는 '표류하다'나 '떠내려가다'는 뜻과 '동향'이나 '추세' 등의 뜻도 있지만, 언어학에서는 정향(定向) 변화(즉, 지정된 방향으로의 변화)라는 뜻으로 쓰고, 이때 '드리프트'라고 표현한다. 그러나 이 책에서 저자는 정향 변화라기보다는 모든 변화 현상을 의미하는 말로 쓴 것으로 보인다.

에 사용하는 특정 브랜드 이름이 많다.

| 은유(metaphor) |

유사성에 맞춰 변화한 경우. 예를 들면, 브로드캐스트[boradcast]는 원래 '씨앗을 뿌리는 일'을 의미했지만, 라디오와 텔레비전의 출현으로 오디오 및 비디오 신호의 전송을 나타내도록 의미가 확장되었다.

| 환유(metonymy) |

개념 간의 근접성을 기반으로 변화한 경우. 예를 들면, 고대 영어 시대에 악기를 만드는 데 동물의 뿔[horn]을 사용했기 때문에 호른[horn]이라는 용어는 악기 자체의 이름이 되었다.

| 제유(synecdoche) |

전체-부분체 관계[whole-part relation]에 따라 변화한 경우. 한 나라의 수도 이름으로 국가나 정부를 대표하는 관례가 그 예이다.

| 과장(hyperbole) |

더 약한 의미에서 더 강한 의미로 변화한 경우(예: '고통'이 '학살'을 의미할 때).

| 곡언(meiosis, 곡언법) |

더 강한 의미에서 더 약한 의미로 변화한 경우(예: '천둥이 치는 것 같다'라는 말이 '매우 놀랐다'를 의미할 때).

| 자기 반의어(auto-antonymy) |

단어의 의미와 개념을 상보적인 반대 방향으로 변화한 경우(예: cleave라는 단어는 '절단한다'를 의미하기도 하지만, '함께 묶는다'도 의미할 수 있음).

| 민속 어원(folk-etymology) |

이름의 유사성에 기반한 의미 변화(예: 프랑스어 용어 contredanse는 영어 '컨트리 댄스'에서 유래).

| 반어법(antiphrasis) |

개념의 대조적인 측면에 기반한 의미 변화(예: '완벽한 여성'이 '매춘부'를 의미할 때).

> **WARNING_ 논쟁의 여지가 있고 잠재적으로 공격적인 의미 변화에 주의하자**
>
> 단어의 의미는 특정 그룹이나 커뮤니티의 옹호 때문에 시간이 지남에 따라 바뀔 수도 있다. 예를 들면, 게이 gay는 이제 '다채롭고 유쾌한'을 의미하지 않으며 양극성 장애는 조울증을 더 현대적인 방식으로 바꾼 단어다. 이러한 변화 유형이 다른 변화 유형보다 훨씬 더 중요하다. 모형이나 애플리케이션에 포함될 때 불쾌감, 혼란, 분쟁을 일으킬 수 있기 때문이다.

시맨틱 데이터 모형화 문헌에 따르면, 의미 변화semantic change는 일반적으로 엔터티 표현의 세 가지 측면인 a) 엔터티의 레이블label(표호), 즉 엔터티를 표현하는 데 사용되는 용어, b) 엔터티의 내포intention, 즉 엔터티의 특성과 관계로 표현되는 엔터티의 성질, 그리고 c) 엔터티의 외연 extension, 즉 엔터티의 인스턴스 집합(이게 어떤 한 가지 클래스일 때)[56][57]으로 모형화된다.

의미 드리프트에서 엔터티 외연의 기본 역할을 포켄스Fokkens 등의 문헌[58]에서 거론하는데, 이에 따르면 엔터티의 외연은 엔터티의 종류에 따라 다르다고 한다. 실제로 일부 엔터티에는 핵심 의미를 바꾸지 않은 채로 변화할 수 있는 외연이 있다. 예를 들면, '사람'이라는 개념의 외연은 특정한 사람이 태어나거나 죽을 때마다 바뀌지만, 그렇다고 해서 사람이 무엇인지에 관한 우리의 이해를 실제로 바꾸지는 않는다. 한편, 외연이 내포와 밀접하게 연결된 개념들이 있다. 예를 들면, '유럽 연합'이라는 개념은 부분적으로는 소속 회원국들로 정의된다.

> **NOTE_ 용어 충돌**
>
> 시맨틱 모형화 세계에서는 의미 변화를 개념 드리프트concept drift라고도 한다. **개념 드리프트**라는 용어를 머신러닝에서도 찾아볼 수 있는데, 머신러닝 모형이 예측하려고 하는 대상 변수의 통계적 특성이 시간의 흐름에 따라 변화하는 상황을 나타낸다.

의미 드리프트는 일반적으로 서로 다른 시점에서 같은 엔터티의 둘 이상의 서로 다른 버전 간의 의미 차이를 측정하여 감지하고 정량화한다.[57][59][60][61] 두 버전이 서로 유사하지 않을수록 드리프트가 더 커진다.

만일 여러분이 시맨틱 모형의 사용자로서 의미 드리프트를 사용하여 데이터를 처리하려고 할 때는 의미 변화가 문제가 될 만큼 두드러져 보여야 하는데, 이는 모형의 엔터티 의미가 데이터의 의미와 일치하는지를 여러분이 확인할 수 있어야 하기 때문이다. 예를 들면, 여러분은 현시대의 온톨로지를 사용하여 15세기의 역사적 텍스트를 분석하고 싶지 않을 것이다.

반면에 시맨틱 모형의 생성자이자 유지 관리자로서 여러분은 모형의 요소가 빠른 속도로 의미를 변경할 때 의미 변화에 주의해야 한다. 이때 모형을 항상 최신 상태로 유지하는 메커니즘이 있어야 한다. 이는 난도가 높은 일인데, 14장에서 자세히 다루겠다.

3.8 요약

이번 장에서 우리는 인간의 언어와 사고를 특징 짓고 시맨틱 모형의 개발과 적용에 중요한 역할을 하는 몇 가지 일반적인 의미 현상과 언어 현상을 보았다. 모호성, 애매성, 불확실성 같은 일부 현상은 모형 정확성을 크게 낮춘다. 그 밖의 열린 세계 가정이나 전이성 같은 현상들도 올바르게 처리하지 않으면 추론 문제를 일으킬 수 있다. 그리고 우리가 본 마지막 현상이 있는데, 의미 변화 때문에 완벽할 정도로 미세 조정을 하여 마무리를 해 둔 모형일지라도 점차 품질이 떨어지고 유용성을 잃게 될 수도 있다는 점이다. 이러한 현상의 정확한 본질, 개성, 영향을 이해하면 더 효과적인 전략을 수립하여 문제를 해결하고, 개발하고, 사용하는 모형에 미치는 부정적인 영향을 최소화할 수 있다.

이번 장에서 기억해야 할 중요 사항은 다음과 같다.

- 애매성, 부정확성, 모호성, 불확실성은 각기 다른 방법으로 처리해야 하는 서로 다른 현상이다.
- 시맨틱 모형을 생성할 때 정의하는 모든 요소를 모호하지 않은 방식으로 설명하는지 확인해야 한다.
- 시맨틱 모형은 데이터 모호성 해소에 정말 유용할 수 있다. 이는 10장에서 자세히 설명한다.
- 불확실성을 띠는 시맨틱 모형을 개발할 때 불확실성의 본질, 출처, 수준을 모형 사용자에게 알리자. 여러분이 그러한 모형을 사용하게 될 때는 여기서 다룬 정보를 모두 학습해 두자.
- 시맨틱 모형을 개발하거나 사용할 때는 닫힌 가정을 구현하는지 아니면 열린 가정을 구현하는지를 파악하여 이상한 추론이 나오지 않게 하자.
- 시맨틱 모형을 유지하거나 사용할 때 의미 체계 변화의 특성과 속도를 알고 이를 바탕으로 업데이트 주기를 산정하자.

다음 장에서는 일반적으로 시맨틱 데이터 모형의 품질을 평가하는 주요 차원과 방법을 소개할 텐데, 이를 학습하고 나면 이러한 현상의 중요성을 더 잘 이해할 수 있을 것이다.

CHAPTER **4**

시맨틱 모형 품질

이리 와서 너희가 연극을 얼마나 잘하는지 알게 해 다오.

월리엄 셰익스피어^{William Shakespeare}, 『**햄릿**^{Hamlet}』

이 책의 전체 목표는 고품질 시맨틱 모형을 구축하고 사용하도록 돕는 것이므로, 여러분이 이 품질을 측정하는 방법이 무엇인지를 궁금해하는 게 당연하다. 이렇게 하려고 이번 장에서는 각 차원에 대한 기본 지표^{metric}(계량, 메트릭) 및 측정 방법과 함께 시맨틱 데이터 모형을 평가할 때 고려해야 하는 주요 품질 차원을 설명한다.

구체적인 차원과 지표를 살펴보기 전에 시맨틱 모형의 품질을 측정하는 접근 방식이 두 가지라 는 점을 이해해야 한다. 첫 번째 접근 방식은 **애플리케이션 중심**이라고 하며 시맨틱 모형을 사용 했을 때 시맨틱 검색 엔진[62]이나 질의응답 시스템[63] 같은 특정 애플리케이션을 개선한 정도를 측정한다(개선점이 있다면). 그 과정에서 일반적으로 시맨틱 모형 통합 전후의 애플리케이션 효율성을 비교한다.

이 접근 방식의 장점은 모형을 사용함으로써 애플리케이션에 눈에 띄는 이점이 있는지를 즉시 확인할 수 있으므로 사용 적합성을 바로 평가할 수 있다는 점이다. 하지만, 몇 가지 단점이 있 다. 첫째, 그러한 이점이 관찰되지 않는다고 해서 반드시 시맨틱 모형이 낮은 품질이라는 뜻은 아니다. 애플리케이션이 모형을 사용하는 방식에도 문제가 있을 수 있다. 둘째, 모형에 문제가 있더라도 종단 간 품질 점수는 실제로 모형 측면에서 무엇이 잘못되었는지 알려주지 않는다. 셋째, 모형을 여러 다른 애플리케이션에서 동시에 사용할 때 하나를 개선하려고 하면 다른 애 플리케이션이 더 나빠질 수 있다.

시맨틱 모형을 평가하는 두 번째 접근 방식은 **애플리케이션 중립적**이라고 하며 설명하려는 도메인, 데이터와 관련하여 모형의 품질을 측정하는 데 중점을 둔다. 이 접근법의 장점은 측정된 품질이 일관되고 같은 데이터를 사용하는 애플리케이션 간에 전송 가능하다는 점이다. 하지만, 모형을 적용할 모든 애플리케이션에 같은 영향을 미친다는 의미는 아니다.

이번 장의 모든 품질 차원은 모형을 사용하는 애플리케이션과 작업에 크게 의존하는 관련성을 제외하고 애플리케이션 중립적인 품질과 관련된다.

4.1 의미 정확성

의미 정확성semantic accuracy은 모형의 의미 단언semantic assertion이 참으로 받아들여지는 정도로 정의한다. 예를 들어, 이 책을 쓰는 현재 사라지고만 유고슬라비아라는 국가는 디비피디아에 뮤지컬 아티스트[64] 유형의 엔터티로 나타났는데, 이는 분명히 잘못되었다. 반면에 세르비아의 수도는 베오그라드로 정확하게 명시되었다.[65] 따라서 디비피디아에 이 두 가지 단언만 포함된다면 50% 정확하다고 할 수 있다.

이제 시맨틱 모형이 잘못된 단언을 포함하게 되는 몇 가지 이유를 살펴보자.

| 자동 정보 추출(IE) 방법의 부정확성 |

이는 가장 일반적인 이유이며 데이터 공급원에서 의미 단언을 자동 방식으로 추출하는 데 흔히 사용하는 알고리즘의 정확성이 100% 미만이기 때문이다(5장 참조). 그러한 방법이 얼마나 정확하지 않은지는 다음 사례로 짐작해볼 수 있다. 2018년도에 개최된 국제 의미 평가 워크숍 대회에 나온 글에 따르면 상위어hypernym 발견 과제에서 가장 우수한 수행 시스템이 의료 도메인에서는 36%, 음악 도메인에서는 44%의 정밀도를 달성했다.[66]

| 단언이 추출된 데이터 공급원의 부정확성 |

우리가 단언하는 데이터(자동이나 수작업 방식)에 오류가 있을 때가 많다. 예를 들어, 「위키피디아 관계 진술의 정확성 정량화」[67]에서 위키피디아의 진술 중 2.8%가 틀렸다고 추정하는 반면, 2012년에 PR 저널Public Relations Journal에서 수행한 설문 조사에서는 응답자의 60%가 자사나 클라이언트의 위키피디아 기사에 사실 오류나 잘못된 정보가 포함됐다고 했다.[68] 이러한 오류는 사소한 실수에서 기사 텍스트의 의도적인 변경에 이르기까지 다양하다. 후자는 '위키 파괴 행위'라고도 한다.[69]

| 모형화 요소의 의미와 의도된 용법에 대한 오해 |

시맨틱 모형화 언어가 특정 의미와 행동을 염두에 두고 요소를 정의한다고 해서 사람들이 실제 세계에서 언어를 사용할 때 반드시 이 의미를 따른다는 뜻은 아니다. 그러므로 우리는 우리 모형에서 실제로는 동의어가 아닌 동의어, 실제로는 인스턴스에 해당하는 클래스, 별 의미가 없는 논리적 추론으로 끝날 수 있다(7장 참조).

| 전문 지식 및 전문성 부족 |

이는 전문 분야의 시맨틱 모형을 구축하고 적절한 지식을 가진 적절한 사람을 프로세스에 참여시킬 수 없거나 참여하지 않는 상황에 해당한다. 8장에서 볼 수 있듯이 특정 도메인 전문가를 선택하는 방법이 반드시 제일 나은 선택은 아니기 때문에 나는 '이게 맞다'라고 말한다.

| 애매성 |

3장에서 살펴보았듯이 애매한 단언이 있을 때, 어떤 한 집단에 속한 사용자들은 이를 참으로 여기지만, 다른 집단은 거짓으로 여길 수 있다. 그러나 우리가 어떤 한 집단에서 나온 입력값으로 구축한 모형을 다른 집단에서 사용하게 된다면, 사용자 집단은 해당 모형을 부정확하다고 취급할 가능성이 크다.

모형의 정확성을 측정할 때 흔히 쓰는 방법은 한 명 이상의 심사위원에게 진술 표본을 제공하고 참인지 거짓인지 결정하도록 요청하는 것이다. 이러한 사람 기준 판단에 동원되는 사람은 특정 분야 전문가, 모형 사용자(직접 혹은 애플리케이션을 통해 사용), 군중(즉 크라우드 소싱 플랫폼을 통해 참여하는 많은 사람)일 수 있다.[70] 어떤 사람을 심사위원으로 위촉하든지 간에, 특히 애매한 진술에는 진술 당 여러 명의 심사위원을 사용하고 일부 상호 동의 측정치와 함께 정확성 점수를 함께 제시하도록 노력해야 한다.

순전히 수작업 방식으로 정확성 측정을 하는 이 방법을 가속하려고 연구원들은 시맨틱 모형에서 잠재적인 정확성 오류를 자동으로 감지해 내는 방법을 개발했다. 이러한 방법 중 한 집단에서는 통계 기법을 사용하여 이상점, 즉 낮은 빈도, 낮은 상호연결성이나 기타 속성 때문에 잘못될 가능성이 있는 요소를 탐지한다.[71][72][73]

두 번째 집단에 속하는 방법들에서는 논리적 무모순성 규칙과 모형에 이미 정의한 공리를 위반하는 단언assertion을 탐지하는 데 추론을 사용한다.[74][75][76] 예를 들어, `capitalOf` 관계가 City 유형의 엔터티만 Country 유형의 엔터티에 연결할 수 있다는 제약이 모형에 포함되었을 때 이 관계로 다른 유형의 엔터티를 연결하는 모든 단언이 잘못된 것으로 여겨져 이에 맞는 플래그가 지정된다. 물론, 그러한 추론을 실현하려면 모형이 적절하게 공리화되어야 하고 이미 너무 많은 오류를 포함하지 않아야 한다. 하지만, 이런 일이 언제나 가능하지는 않다.

> **WARNING_** **추론된 부정확성에 주의하자.**
> 시맨틱 모형의 정확성을 측정할 때 염두에 두어야 할 점은 추론을 적용할 때 하나의 잘못된 진술이 여러 진술로 이어질 수 있다는 점이다. 예를 들어, 'A 클래스는 B 클래스의 하위 클래스다'라고 잘못 말한 상태에서 A 클래스에 인스턴스가 1만 개 있다면, 추론이 이루어진 후에 A 클래스의 각 인스턴스가 모두 B의 인스턴스이기도 하다는 식의 잘못된 진술을 1만 개나 얻게 될 것이다.

4.2 완비성

시맨틱 모형의 **완비성**completeness은 모형에 포함해야 하는 요소가 실제로 존재하는 정도로 정의할 수 있다. 예를 들어, 모든 유럽 국가를 엔터티로 삼아 모형에 넣어야 하지만 그중 절반만 넣었다면, 이 특정 엔터티 유형의 완비성은 50%다.

관련 문헌들에서는 일반적으로 **스키마 완비성**schema completeness과 **모집단 완비성**population completeness을 구분한다. 첫 번째는 모형이 필요한 모든 클래스, 관계, 속성, 공리를 정의하는 정도degree (등급)를 나타내며, 두 번째는 인디비주얼individual 엔터티들(클래스의 인스턴스들), 관계 단언, 속성값의 완비성을 의미한다. 예를 들어, 노동 시장 온톨로지에 **전문**Profession 클래스나 **기량**Skill 클래스가 포함되지 않는다면 그 스키마는 확실히 불완전하다. 이것이 온톨로지 방식으로 이러한 클래스를 정의하는 경우가 될 수 있기는 하지만, 사실상 온톨로지로는 일자리 시장에서 이용할 수 있는 모든 인디비주얼(개별) 직종과 기량 중에 일부만(즉, 작은 부분집합만) 정의할 수 있을 뿐이다. 이럴 때 우리는 모집단 완비성이 적다고 한다.

이제 시맨틱 모형이 완비되지 못 할 수 있는 몇 가지 이유를 살펴보자.

| 크기 및 복잡성 |

예를 들어, 유럽 국가는 그다지 많지 않아서 쉽게 모형화할 수 있지만, 지구상에 이름이 붙여진 생물종 수는 870만 개로 추정된다.[77] 즉, 너무 크거나 복잡한 도메인이라면 완비하는 데 많은 자원과 노력이 필요하다.

| 자동 정보 추출(IE) 방법의 부정확성 |

우리가 처분할 수 있는 자동 모형 구성 방법이 정확하지 않을수록 허용 가능한 수준의 정확성을 보장하는 데 더 많은 수작업이 필요하다. 이는 분명히 모형을 완성하려는 노력의 속도를 늦춘다.

| 모형을 도출하기에 적절한 데이터 공급원이 없음 |

때로는 좋은 자동 모형 구축 방법이 있지만, 정작 이런 방법을 사용하는 데 필요한 데이터 분량이 적절치 않거나 데이터 유형이 적절치 않을 수 있다(8장 참조). 이런 점이 다시 완비성을 방해한다.

| 애매성 |

도메인(및 모형)에 애매성이 있다는 말은 모순성을 해결하고 여러 진리^{truth}(진실)와 관점을 수용하려면 더 많은 자원을 할당해야 한다는 의미다.

| 도메인 변동성 및 역동성 |

도메인이 빠르게 진화할수록 따라잡고 동기화를 유지하기가 더 어려워진다. 예를 들어, 여러분이 직종과 필요한 기량 간의 관계를 노동 시장 시맨틱 모형에 포함하려고 한다고 가정해 보자. 수천 개의 직종과 기량에 대해 이 관계를 채워야 할 뿐만 아니라, 이를 대부분 완비했을 때 이러한 관계 중 상당수가 유효하지 않을 수 있다. 특정 직종에 필요했던 기량 중에 일부가 더는 필요하지 않게 될 수 있기 때문이다. 이는 우리가 3장에서 본 의미 변화 현상에 해당하며, 14장에서 이를 더 자세히 논의하겠다.

시맨틱 모형의 완비성을 측정하려면 현재 있는 내용과 이상적으로 있어야 하는 내용을 비교해야 한다. 다시 말해, 모형이 완비에 얼마나 가까워졌는지를 언제든지 알려줄 수 있는 금 표준$^{gold\ standard}$(변하지 않는 기준)이 필요하다. 실제로 금 표준을 찾기가 무척 어려우므로 그 대신에 일반적으로 부분적으로만 금 표준이나 은 표준silver standard(변하기 쉬운 기준)을 사용한다.

일부 금 표준에는 모형에 포함해야 하는 지식의 부분집합이 포함된다. 예를 들어, 페르버Färber 등의 논문[78]에서 저자들은 디비피디아, YAGO 등 공개적으로 이용할 수 있는 시맨틱 모형의 완비성을 측정하고 비교하려고 5개 도메인(사람, 미디어, 조직, 지리, 생물학)에서 클래스 41개와 관계 22개가 있는 부분적 금 표준을 만들었다. 마찬가지로 텍스트커널에서 우리 팀은 ESCO를 부분 금 표준으로 사용하여 회사의 지식 그래프 범위에 관한 아이디어를 얻었다. 분명히 이러한 접근 방식은 모형이 완전한지를 알려줄 수 없지만, 불不완비성을 나타낼 수 있다.

은 표준은 또한 모형에 포함해야 하는 지식의 부분집합이지만, 금 표준과는 다르게 아주 정확하지는 않다. 그 대신 모형의 불완전한 측면을 감지하는 데 유용한 합리적인 수준의 품질이 있다고 가정한다. 예를 들면, 파울하임Paulheim과 비처Bizer의 논문[79]에서 저자들은 디비피디아가 완전히 정확하지 않은 다른 모형인 YAGO와 비교하여 적어도 270만 개의 엔터티 타이핑entity typing(엔터티 유형화) 진술을 놓친다고 추정했다.

표준을 사용하는 방법 외에도 추론이나 간단한 휴리스틱을 사용하여 완비성을 평가할 수도 있다. 예를 들면, 최소 기수cardinality 제한이 있는 속성이나 관계가 있을 때는 이 제한을 위반하는 엔터티 수를 쉽게 확인할 수 있다. 또는 인스턴스가 주어진 속성에 대한 평균값을 가질 것으로 예상되는 클래스가 있을 때 큰 평균 편차는 불완전함을 나타낼 수 있다(예: 배우가 한두 명만 출연하는 영화는 무척 드물다).

시맨틱 모형이 어떤 사용 사례 상황에서는 완비되었다고 보이지만, 다른 상황에서는 그렇지 않아 보일 수 있으므로, 완비성은 보통 컨텍스트에 따라 다르게 취급할 수 있다는 점을 알아 두는 편이 바람직하다. 예를 들어, 웹 기반 정보 시스템이라는 컨텍스트에서 볼 때, 비처Bizer의 책[80]에서 예시한 바와 같이, 독일 주식에 관심을 둔 투자자가 볼 때 독일 주식 목록은 완비된 것이겠지만, 유럽 주식을 두루 살펴보고 싶어 하는 투자자에게 독일 주식 목록은 완비되지 않은 것이다.

> **WARNING_** 편향에 따른 부정확성과 불완비성에 주의하자.
> 시맨틱 모형은 잘못된 사실을 언급하거나 중요한 사실을 알지 못하거나 신경 쓰지 않으려고 생략하는 식으로, 개발에 이바지한 사람들의 편견 때문에 부정확inaccurate해지거나 불완비incomplete될 수 있다. 이는 모형을 측정하는 데 사용하는 금 표준에 어떤 종류의 편견이 있을 때도 발생할 수 있다. 8장에서 이 문제를 더 자세히 논의할 것이다.

4.3 무모순성

무모순성consistency(일관성)은 시맨틱 모형에 논리적 모순이나 시맨틱 모순이 없음을 의미한다. 예를 들면, Jane과 Kim이 같은 사람이 아닐 때 'John의 친어머니는 Jane이다'와 'John의 친어머니는 Kim이다'라는 말은 (한 사람의 친어머니는 한 명뿐이므로) 무모순성이 없다. 마찬가지로, 두 클래스가 **서로소**disjoint(즉, 공통 인스턴스를 공유하지 않음)이지만, 특정 엔터티가 이 두 클래스의 인스턴스라고 명시하면 무모순성이 없는 모형이 된다.

무모순성이 없는 모형을 얻게 되는 주된 이유는 어떤 사항을 위반할 때마다 관련 경고를 유발하는 적절한 제약 조건이 없거나 제약 조건이 있어도 적용하지 않기 때문이다. 예를 들면 hasNaturalMother(생모가 있음)가 어떤 엔터티를 최대 한 가지 다른 엔터티와 관련시킬 수 있다고 정의한다면 방금 논의한 모순성inconsistency(비일관성)을 방지할 수 있다.

때때로 우리는 너무 게으르거나 너무 바빠서 제약을 만들지 못하지만, 사용하는 모형화 프레임워크가 본질적으로 제약을 지원하지 않을 수도 있다. 예를 들면, 속성 그래프 패러다임을 구현하는 그래프 데이터베이스인 Neo4j는 다양한 유형의 제약[81]을 지원하지만, 관계 기수에 관한 제약은 지원하지 않는다. 즉, 모형을 Neo4j로 구현하면 이러한 제약을 직접 구현하는 맞춤형 해법이 필요하다.

모형화 프레임워크가 제약 조건의 정의를 지원하지만, 어떤 추론기에 의한 후자의 적용이 계산적으로 너무 복잡해지는 일도 있다. 예를 들어, 프로파일[82]이라고 부르는 OWL2 언어의 일부 변형에서 무모순성 검사는 결정 불가능한 문제, 즉 엔피 난해NP-Hard 문제(즉, 현실적인 시간에 해결할 수 없는 문제)로 알려져 있다.

> **WARNING_** 무모순성을 띠는 모형이 반드시 정확성을 띠지는 않고, 부정확한 모형에 필연적으로 무모순성이 없지도 않다.
>
> 모형의 논리적 제약을 위반하지 않는다고 해서 모형이 반드시 정확성을 띤다는 의미는 아니다. 모호하지 않은 두 문장이 서로 모순될 때 둘 다 사실일 수는 없지만, 둘 다 거짓일 수 있다. 반면에 모순되는 진술이 애매하다면 무모순성이 없다는 뜻이 아니라 경계사례borderline case를 언급할 가능성이 크다.

4.4 간결성

시맨틱 모형의 **간결성**conciseness은 모형이 잉여 요소redundant element를 포함하지 않는 정도를 말한다. 잉여 요소란 모형에 이미 서로 다른 모양으로 존재하지만, 시맨틱으로 같은 형태를 띠는 요소이거나 이제는 모형에 있을 필요가 없는 요소를 말한다(또는 각 요소의 조합을 말한다).

디비피디아에서 발견한 시맨틱 표현 잉여성semantic representation redundancy(시맨틱 표현 중복성)의 예는 사람과 자녀 사이의 관계를 실질적인 차이가 없어 보이는 두 개의 다른 관계, 즉 `dbo:child`[83]와 `dbp:children`[84]로 표현하는 것이다. 마찬가지로 조직 온톨로지(*https:// oreil.ly/6KigL*)에서 에이전트와 조직 간의 소속 관계membership relation는 `org:memberOf`라는 이원 관계binary relation(이항 관계)[85]와 `Membership` 클래스[86]로 표현할 수 있다. 공정하게 말하면 후자는 에이전트, 조직, 역할 간의 n원 관계n-ary relation(n항 관계)를 나타내는 데 사용하도록 명시적으로 적시하지만, 이를 이원 관계나 역할–독립 관계role-independent relation에 사용하는 일을 막지는 않는다.

모형이 간결성을 띠는 이유 몇 가지를 살펴보자.

| 부적절한 거버넌스 때문에 여러 부분이 서로 조정되지 않은 모형화 |

서로 다른 모형 구축자는 동일한 모형화 문제에 서로 다른 모형화 결정을 내릴 수 있으므로 동일한 모형에서 작업할 때는 조정 작업이 필요하다. 예를 들어, n원 관계를 표현할 때 사용할 수 있는 여러 모형화 패턴이 있다.[87]

| 동시에 다양한 애플리케이션에 최적화 |

한 애플리케이션에 필요한 것이 다른 애플리케이션에서는 잉여가 될 수 있다. 예를 들어, 자연어 처리 및 텍스트 분석 작업에 사용하는 시맨틱 모형은 일반적으로 엔터티에 관한 많은 어휘화 용어를 포함할 것으로 예상된다. 그러나 탐색이나 추론에 동일한 모형을 사용할 때 실제로 모든 용어가 필요하지는 않다. 마찬가지로 어떤 애플리케이션에는 엔터티의 성질을 특성으로 모형화하는 편이 더 좋고, 다른 애플리케이션에는 관계로 모형화하는 편이 더 좋을 수 있다.

| '임시' 요소의 존재 또는 제거되지 않은 요소에 대한 임시변통 |

모형을 전달해야 한다는 압박을 받는 바람에 정작 모형을 간결하게 할 시간을 내지 못할 때가 있다. 예를 들면, 우리 모형에 새 엔터티로 추가할 1만 개의 새 용어가 있고 그중 많은 용어가 서로 동의어라고 가정해 보겠다. 이상적으로는 먼저 동의어를 감지하고 함께 묶은 다음에 모형의 엔터티로 추가해야 한다. 이렇게 하는 데 많은 시간이 걸릴 수 있으므로 애플리케이션에서 허용만 한다면, 모든 용어를 별개의 엔터티로 추가하고 나중에 동의어를 관리하도록 할 수 있다. 그 결과 일정 기간 동안에는 모형에 잉여 엔터티가 있게 된다.

| 제거되지 않은 레거시(기존) 요소 |

꽤 오래된 모형에는 도메인, 데이터, 작업과 더는 관련이 없는 요소가 포함될 수 있다. 예를 들어, 노동 시장 도메인에는 일자리나 이력서에서 더는 언급되지 않는 여러 직업과 기술이 있으므로 모형에 포함하지 않는 편이 유익하다.

시맨틱 모형의 간결성은 부정확성이나 불완비성만큼 문제가 되지는 않지만, 자체적인 위험이 뒤따른다.

첫째, 여러분이 간결하지 않은 모형의 작성자이자 소유자라면 잉여성 때문에 유지 관리 부담이 늘어날 뿐만 아니라 모순성이 발생할 위험이 증가한다. 특히 모형에서 서로 구별되는 동일한 요소를 다른 당사자가 유지할 때 더욱더 그렇다. 둘째, 일부 애플리케이션에 모형을 사용하고 필요한 정보가 잉여 요소에 분산되었다는 사실을 알지 못할 때(예: 여러분이 디비피디아 사이트에서 특정 인물의 자녀 정보를 획득하고 싶지만, 관계와 속성 정보가 모두 제공된다는 사실을 모를 때), 여러분은 그중 일부만 얻을 위험이 있다. 셋째, 만약 여러분이 어떤 애플리케이션에 모형을 사용하는데 그것의 정보가 대부분 무관하다면, 애플리케이션에 이 정보가 없을 때보다 더 나쁜 성능을 보일 위험이 있다(10.1.2절 '지식이 여러분을 해칠 때' 참조).

시맨틱 표현 잉여를 감지하는 간단한 방법은 모형이 대답해야 하는 자연어 질문을 고려하고 둘 이상의 동등한 방법으로 형식 쿼리로 변환될 수 있는지 조사하는 것이다. 예를 들면, 지리에 관한 모형에서 `AsianCountry`(아시아 국가) 클래스의 인스턴스이거나 `isLocatedIn`(~에 자리를 잡은) 관계로 `Asia`(아시아)와 관련된 엔터티를 요청하여 아시아 국가 집합을 가져올 수 있다면 잉여성 문제가 있을 수 있다.

또한 중복 요소를 감지할 목적으로 요소의 이름, 속성값, 수신/발신 관계, 이중성duplicity을 나타낼 수 있는 모든 엔터티를 기반으로 다양한 유사성 지표similarity metric(유사도 측정기준)를 적용할 수 있다.

마지막으로, 모형이 사중(死重)dead weight(필요량보다 많은 재화나 정보, 즉 초과부담)을 전달하는지 확인하려고 해당 내용을 금 표준이나 도메인을 반영하는 기타 데이터(예: 텍스트 말뭉치)와 비교하고 모형의 모든 요소도 여기에서 사용할 수 있는지 확인할 수 있다. 예를 들면, 모형에 활발한 신생 회사 엔터티를 포함해야 할 때 주기적으로 뉴스를 읽어 시장에서 여전히 관련성이 있는지를 확인해 볼 수 있다.

하지만, 이 기술은 a) 참조 모형이나 말뭉치가 모형보다 훨씬 더 완전하고 b) 평가 중인 모형이 엔터티 당 어휘가 풍부할 때만 작동하므로 주의해야 하며, 말뭉치에서 엔터티나 관계를 찾지 못하는 이유는 모형에서 표현된 방식과 같은 방식으로 말뭉치에서 표현하지 않았기 때문일 수 있다. 예를 들어, 텍스트커널^{Textkernel}의 팀이 2017년에 수행한 ESCO 평가에서 우리는 대규모 일자리 집합에서 ESCO 직업과 기술을 찾았고, 실제로 어떤 엔터티는 데이터에 그다지 유용하거나 빈도가 높지 않았지만, 다른 엔터티는 단순히 어휘화 용어가 너무 상세해서 발견할 수 없다는 점을 알아냈다.

4.5 시의성

시맨틱 모형의 **시의성**^{timeliness}(시기적절성)은 모형이 현재 버전의 세계를 반영하는 요소를 포함하는 정도로 정의할 수 있다. 예를 들어, 여전히 유고슬라비아를 단일 국가로 간주하고 이 국가가 해체되어 새로 생긴 국가(세르비아, 크로아티아 등)에 관해 전혀 모르는 세계 국가 모형은 시의성을 띤 모형이 아니다.

시의성 있는 모형을 유지하려면 도메인에서 발생하는 변화를 감지해 적절히 조처해야 한다. 즉, 유효하고 관련성이 있는 요소를 추가하고 더는 유효하지 않거나 관련성이 없는 요소를 제거해야 한다는 말이다. 예를 들면, 유고슬라비아처럼 한 나라가 나중에 여러 나라로 나뉠 때 모형에 이런 사항을 추가하고 모형에서 원래 국가를 제거하거나(필요하지 않은 경우) 변경 사항을 반영하는 방식으로(예: FormerCountryclass의 인스턴스로 만들기) 유지해야 한다.

따라서 모형의 시의성은 도메인의 역동성(얼마나 자주 변경되는지 그리고 얼마나 변경되는지)과 이러한 변화를 감지하고 통합하는 유지 관리자의 효율성에 따라 달라진다. 예를 들어, 내가 이 책을 처음 쓴 날(2019년 3월 23일)에 카자흐스탄은 나자르 바예프 전 대통령을 기리려고 수도 아스타나의 공식 명칭을 누르술탄으로 바꿨다. 24시간도 채 지나지 않아 아스타나에 관한 위키피디아 기사가 이에 맞춰 갱신되었으며 거의 즉시 디비피디아 라이브(*https://oreil. ly/qXEiP*, 위키피디아와 항상 동기화되는 디비피디아 버전)에 새 이름이 포함되었다.

모형의 시의성 평가는 현재 상황에 관한 지식과 관련하여 정확성과 완비성을 평가하여 수행할 수 있다. 간접 지표는 도메인의 변동성과 결합한 갱신 빈도 및 분량일 수도 있다. 그러나 이러한 갱신이 오류 수정이나 오래된 지식의 완성이 아니라 현재 상황에 관한 지식과 관련이 있다는 점에 주의해야 한다.

4.6 관련성

시맨틱 모형이 구조와 내용이 주어진 직무task나 입사지원서application에 유용하고 중요할 때 해당 모형은 **관련성**relevancy이 있다고 말할 수 있다. 반대로, 도메인과 관련하여 아무리 정확성과 완비성을 띠었다고 보일지라도 필요한 특정 작업에 쉽게 사용할 수 없거나 효과적으로 사용할 수 없다면 해당 모형은 관련성이 낮다고 말할 수 있다.

이런 일이 발생할 수 있는 한 가지 상황은 모형 속에 도메인 관련 정보가 포함되었지만 정작 직무에 필수적인 정보는 빠져버린 경우다. 예를 들어, 텍스트커널에서 우리는 관련 엔터티와 해당 동의어를 활용하여 이력서 및 일자리에서 기량 엔터티와 직종 엔터티를 자동으로 추출할 때 지식 그래프를 사용한다. 우리가 동일한 작업에 ESCO를 사용하는 것을 고려했을 때는 엔터티 당 사용 가능한 동의어 수가 아주 높은 재현율을 제공하기에 적절하지 않다는 점을 깨달았다.

또 다른 상황은 모형에 직무 관련 정보가 있지만 쉽게 액세스할 수 없는 경우다. 예를 들어, 텍스트커널에서는 노동 시장에서 사용할 수 있는 직종과 기량이 무엇이며 서로 어떻게 관련되는지를 알려주는 시맨틱 모형이 필요하다. 디비피디아를 잠재적인 해법으로 고려했을 때 이러한 엔터티가 많이 포함되지만, 이들 간의 관계는 포함되지 않음을 확인했다. 더욱이 이러한 엔터티는 Profession(직종) 클래스나 Skill(기량) 클래스를 활용해 명시적으로 입력되지 않았으므로 모형에서 직접 검색하기가 정말 어렵다.

어쨌든 간에, 어떤 직무나 입사지원서가 모형과 관련성이 없을 수 있는 주된 이유는 직무나 입사지원에 필요한 사항을 고려하지 않고 모형을 개발했기 때문이다. 이런 일 때문에 모형이 관련성을 띠지 못하게 될 뿐만 아니라 해로운 영향을 미칠 수도 있다(10장 참조).

4.7 이해성

시맨틱 모형의 **이해성**understandability이나 **이해도**comprehensibility는 인간인 소비자가 의미를 오해하거나 의심하지 않고 모형의 요소를 이해하고 활용할 수 있는 용이성을 말한다. 내 경험에 따르면, 이는 곧 품질 차원에 해당하며, 시맨틱 모형 구축자가 이 품질 차원의 중요성과 난이도를 너무나 자주 과소평가하는 경향이 있어서 오히려 모형의 계산적 속성이 더 강조되어 버리게 하는 차원이기도 하다. 이 때문에 잘못된 방식으로 해석하고 사용하는 모형이 될 뿐만 아니라 정확성, 관련성, 신뢰성 같은 다른 품질 차원에서도 낮은 점수를 받게 한다.

낮은 이해성은 주로 모형 설명이 잘못되었거나 부적절해서 발생한다. 물론 모형 사용자가 모형을 이해하려고 충분히 노력하지 않았다고 비난할 수 있지만, 일반적으로 모호하거나 부정확한 요소 이름, 불분명한 공리, 사람이 읽을 수 있는 정의definition의 부족, 문서로 만들어지지 않은 편견과 가정이 문제를 유발한다. 6장에서는 모형의 요소를 설명할 때 가장 흔히 저지르는 실수를 자세히 설명하고 이를 효과적으로 방지하는 요령과 지침을 제공한다.

사람들에게 모형에 관해 직접 물어보고 문서의 모호성 해소 수준, 특이성, 풍부성을 평가하게 해서 모형의 이해성을 평가할 수 있다. 그러나 더 효과적인 접근 방식은 실제로 어떻게 사용하는지 관찰하고 체계적인 오류를 식별하는 것이다. 예를 들어, `rdfs:subclassOf`나 `owl:sameAs` 같은 많은 의미 관계는 매우 자주 잘못 적용되므로 모형 제작자는 모형을 사용하는 방법을 설명하는 데 큰 노력을 기울여야 한다(7장 참조).

4.8 신뢰성

시맨틱 모형의 **신뢰성**trustworthiness은 모형 품질에 관한 사용자의 인식과 신뢰를 나타낸다. 이 (필연적이면서도 주관적인) 인식은 정확성, 완비성, 관련성 같은 그 밖의 품질 차원과 확실히 관련이 있다. 그러나 실제로는 그 밖의 모형보다 덜 정확하지만 여전히 더 신뢰할 수 있다고 간주하는 모형이 있을 수 있다. 그 이유는 신뢰성이 단순히 기술적 개념이 아니라 수학 공식으로 쉽게 표현할 수 없는 사회적, 심리적 차원의 개념이기 때문이다.

모형의 신뢰성(또는 모형의 결여)에 이바지하는 첫 번째 핵심 요소는 평판과 다른 커뮤니티 및 산업에서 모형을 승인하거나 채택한 정도다. 예를 들면, Schema.org는 구글, 마이크로소프트, 야후, 얀덱스가 설립했으며 2015년 100억 개에 이르는 웹 사이트를 조사[88]한 결과에 따르면 웹 사이트의 약 31%가 이 사이트를 사용한다.

두 번째 중요한 요소는 공식 평가 및 경험 보고서의 가용성과 내용이다. 제품을 구매하기 전에 사용자 감상평을 찾을 수 있듯이 시맨틱 모형의 품질을 설명하는 학술 논문, 기술 보고서, 기타 기사를 찾을 수도 있다. 예를 들면, 디비피디아 평가를 페르버[Färber][78], 자베리[Zaveri][89], 아코스타[Acosta][70] 등이 논문으로 다뤘고, 프레이르[Freire] 등[90]은 문화유산 기관의 컬렉션에서 Schema.org 메타 데이터를 분석한 두 가지 사례 연구를 제시한다. 이러한 보고서의 실제 품질 점수, 엄격함과 무모순성, 전달하는 감정은 쉽게 신뢰를 구축하거나 파괴할 수 있다.

세 번째 신뢰성 요소는 모형의 출처, 즉 모형을 구축하고 관리하고 발전시키는 데 관련된 사람, 출처, 방법, 프로세스다. 예를 들어, 엄격하고 빈번한 품질 검사를 통해 전문가만 중앙 집중식으로 모형을 편집하는 일은 느슨하게 관리되는 익명 자원봉사자 커뮤니티에서 개발하는 일과는 상당히 다르다. 마찬가지로 모형이 하나 이상의 데이터 공급원에서 자동으로 추출되는지, 수작업 방식으로 추출되는지는 물론 이러한 공급원 자체가 정형인지, 준정형인지, 비정형인지가 아주 중요하고 신뢰할 수 있는지도 아주 중요하다.

예를 들어, 1980년대에 개발되기 시작한 상식 지식의 대규모 시맨틱 모형인 Cyc(*https://www.cyc.com*)는 전담 전문가 그룹이 독점적으로 편집, 확장, 수정한다. OpenCyc 버전(현재 단종[91])은 Cyc에서 파생되었으며 로컬 미러의 데이터만 데이터 소비자가 수정할 수 있다. 마찬가지로 위키데이터[Wikidata](*https://oreil.ly/7virV*)는 자원봉사자들이 수작업 방식으로 선별하고 확장하는 공동 편집 지식 기반이다. 또한 외부 공급원에서 데이터를 가져올 수 있지만, 커뮤니티에서 승인한 후에만 가능하다. 마지막으로, 디비피디아와 YAGO의 지식은 모두 위키백과에서 추출하지만, 디비피디아는 모든 사용자가 디비피디아 추출 프레임워크(*http://mappings.dbpedia.org*)에 관한 위키백과 정보 상자 서식 작성에 참여할 수 있으므로 커뮤니티 참여와 관련해서는 YAGO와 다르다.

모형에 편견이 깃들어 있고 모형 제작자(전문가이든 아니든)의 이익을 반영한다고 사용자가 믿을 만한 이유가 있다면, 이런 모형은 사용자의 신뢰를 잃을 수도 있다.

마지막으로, 시맨틱 데이터 모형의 실제 품질에 관한 과장이나 허위 표현은 신뢰를 구축하는 데 도움이 되지 않는 게 확실하다. 몇 년 전에 나는 한 회사의 보도자료를 보았다. 그 회사는 10억 개의 단어를 다루는 인적자원 관리 온톨로지를 개발했다고 주장했다. 다소 터무니없는 주장이다. 그리고 나는 개인적으로 90% 정확성을 자랑하지만 실제로는 75%밖에 달성하지 못하는 모형보다는, 60% 정확성을 주장했는데 실제로는 더 높은 정확도를 달성하는 모형을 더 신뢰한다. 8장에서는 애플리케이션에서 사용하기 전에 타사 시맨틱 모형을 자세히 조사하는 일의 중요성을 논의한다.

4.9 가용성, 융통성, 성능

관련 문헌에서 일반적으로 언급되는 세 가지 추가 시맨틱 모형 차원은 **가용성**availability, **융통성**versatility, **성능**performance이다.

가용성은 모형(또는 모형의 일부)이 존재하고, 획득 가능하며, 사용할 준비가 된 정도이며, 융통성은 모형에 액세스하는 다양한 방법과 형태를 나타낸다. 예를 들면, 디비피디아는 RDF 쿼리 언어인 SPARQL(*http://dbpedia.org/sparql*)[92]을 사용해 온라인으로 직접 쿼리하거나 RDF 파일로 내려받을 수 있다. 마찬가지로 ESCO는 웹 서비스 API(*https://oreil.ly/falF3*)와 내려받을 수 있는 RDF 파일 형태(*https://oreil.ly/UEukE*)로 모두 사용할 수 있다.

결과적으로 성능은 애플리케이션(쿼리, 추론, 그 밖의 연산)에서 모형에 액세스하고 사용할 수 있는 효율성 및 확장성과 관련이 있다. 따라서 우리가 사용하기로 한 모형화 프레임워크나 언어의 성격(예: OWL의 일부 변형에서 추론은 확장할 수 없다고 알려짐)과, 이러한 프레임워크에서 사용할 수 있는 기술 스택(예: 저장 기술과 도구, 쿼리 언어, 추론기)에 크게 의존하는 차원인 것이다.

이 책의 나머지 부분에서는 이 3차원에 관해 많이 논의하지 않을 것이다. 그렇게 하는 대신에 시맨틱 모형의 내용과 구조에 영향을 미치는 함정과 딜레마에 초점을 맞출 것이다.

4.10 요약

이 '좋은'이라는 말이 무엇을 의미하고 어떻게 측정할 수 있는지를 알지 못하면 여러분이 구축하거나 사용하는 시맨틱 모형이 좋은지 알 수 없다. 이를 위해 이번 장에서는 모형의 품질을 판단할 때마다 고려해야 하는 주요 품질 차원과 이러한 차원을 측정하는 데 사용하는 주요 지표와 방법을 살펴보았다. 또한 각 차원에 대한 나쁜 모형 품질의 가장 일반적인 원인을 보았다. 이를 사용하여 자체 모형 품질 문제의 원인을 조사하고 발견할 수 있다.

일반적으로 모든 차원의 시맨틱 모형에서 고품질을 달성하는 일은 몹시 어려운 작업일 수 있다. 어쨌든 모형 품질 관리 문제를 다시 살펴보고 일반적인 함정을 피하는 방법을 배우게 된다.

이번 장에서 기억해야 할 중요 사항은 다음과 같다.

- 애매성과 주관성을 띠게 되면 모형의 진술이 진리라는 동의를 받기 어렵다. 애매성을 띤 모형의 정확성을 측정할 때는 이런 점을 염두에 두자.
- 완비성은 움직이는 표적이라서 정확하게 측정하기 어렵다. 금 표준을 사용해 보려고 할 수는 있겠지만, 실제로 사용하기는 거의 불가능하다. 대부분은 부분 표준이나 휴리스틱으로 작업해야 한다.
- 시맨틱 모형 내에서 이뤄지는 추론이 시맨틱의 부정확성을 배가하고 전파할 수 있다. 추론을 제한하거나 부정확한 단언을 찾아 수정함으로써 부정확성을 줄일 수 있을 것이다.
- 무모순성을 띠는 모형이 반드시 정확하지는 않으며 부정확한 모형이라고 해서 반드시 무모순성이 없지는 않다.
- 항상 모형의 관련성에 주의를 기울이자. 모형의 채택과 성공에 아주 중요하다.
- 인간 이해성의 정도degree of human understandability가 큰 모형을 갖는 일의 중요성과 어려움을 과소평가하지 말자.
- 시맨틱 모형의 신뢰성은 단순히 정확성이나 완비성의 문제가 아니다. 이는 수학적 공식으로 쉽게 표현할 수 없는 사회적, 심리적 차원의 개념이다.

이제 시맨틱 모형을 개발하는 방법을 논의하는 다음 장으로 가 보자.

CHAPTER 5

시맨틱 모형 개발

도그버트:
깊이 파고든다면 신의 뜻도 알아낼 수 있을 거야.

스콧 애덤스 Scott Adams, 『**딜버트**Dilbert』

지금까지 시맨틱 모형을 무엇으로 구성할 수 있는지, 개발 및 사용 중에 어떤 현상이 우리와 관련되어야 하는지, 사용하기 전에 평가해야 하는 품질 차원은 무엇인지를 살펴보았다. 이번 장에서는 시맨틱 모형의 개발 과정에 중점을 두고 관련 과제, 단계, 활동을 살펴보고 각각에 사용할 수 있는 방법론과 기술 지원을 알아본다.

여러분이 제작자가 아니라 주로 시맨틱 모형의 소비자라면 이번 장은 개발 과정이 얼마나 어려운지 이해하고 모형 제작자가 실제로 필요한 모형을 구축하는 데 도움을 줄 것이다.

5.1 개발 활동

시맨틱 데이터 모형의 개발과 관련된 단계와 활동을 정의하려는 시맨틱 모형화 문헌에는 몇 가지 방법론과 수명 주기가 있다.[93] 일부는 몇 가지 높은 수준의 활동만 처방하고 다른 일부는 더 상세하고 구체적인 작업을 포함한다. 일부는 특정 유형의 모형이나 모형화 프레임워크에 고유하지만, 다른 일부는 더 일반적이다. 일부는 더 중앙집권적인 철학을 기반으로 하지만, 다른 일부는 더 협력적인 철학을 기반으로 한다. 일부는 포괄적인 기술과 도구를 지원하는 일을 즐기고 다른 일부는 그렇지 않다.

시맨틱 모형 구축자라는 경력을 쌓아 오는 동안 나는 이러한 방법론 중 여러 가지를 (학술적이지 않은) 프로젝트에 적용할 기회를 얻었다. 내가 배운 세 가지 큰 교훈은 다음과 같다.

- 문제에 맞지 않으면 기존 방법론을 문제에 적용할 수 없다. 항상 반대 방향이어야 한다. 즉, 문제의 컨텍스트와 현실을 사용하여 방법론을 조정해야 한다. 이는 당연해 보이지만, 잊을 때가 많다.
- 시맨틱 데이터 모형화 프로젝트는 일회성 공학 프로젝트가 아니다. 구축하는 모형은 관련성과 유용성을 유지하려고 지속해서 노력해야 한다.
- 시맨틱 데이터 모형화 프로젝트를 기술만으로 진행하기는 어렵다. 사업 측면, 전략 측면, 조직 측면을 모두 고려해야 한다.

즉, 이제부터 우리는 모든 시맨틱 모형 개발 프로젝트에서 무대를 구성하고, 어떤 모형을 구축할지를 결정하고, 모형을 구축하고, 모형이 좋은지 확인하고, 모형을 유용하게 만들고, 모형을 오래 지속하게 한다는 여섯 가지 활동을 반복해 가며 접근하려 한다. 각 활동이 무엇을 수반하는지 살펴보자.

5.1.1 무대 구성

여러분은 선호하는 시맨틱 모형화 편집기를 열거나 칠판에서 도형을 그리기 전에 먼저 실제로 모형 개발에 적합한 전략을 정의하고 성공적으로 실행하는 데 필요한 모든 것을 갖추었는지 확인해야 한다. 이는 본질적으로 다음 같은 다섯 가지 핵심 질문으로 (그리고 가능한 한 많은 명확하고 만족스러운 답변을 얻는 것으로) 이어진다.

- 무엇을 만들고 있는가?
- 왜 만들고 있는가?
- 어떻게 구축하고 있는가?
- 누가 만들고 있는가?
- 누가 관리하는가?

첫 번째 질문은 사소해 보일 수 있지만, 그렇지 않다. 예를 들면, 고객이 지식 그래프를 작성해 달라고 요청한다고 가정해 보겠다. 여러분은 다음 (서로 상당히 다른) 정의 중 어떤 것을 염두에 두고 있다고 생각하는가?

- 지식 그래프는 정보를 획득하고 온톨로지에 통합하고 추론을 적용하여 새로운 지식을 도출한다.[94]
- 지식 그래프는 관련 정보의 검색을 쉽게 하는 데이터베이스와 유사한 구조다.[95]
- 지식 그래프는 (i) 주로 그래프로 구성된 실제 엔터티와 그 상호 관계를 설명하고, (ii) 스키마에서 엔터티의 가능한 클래스 및 관계를 정의하고, (iii) 잠재적으로 서로 임의의 엔터티를 상호 연관시킬 수 있으며, (iv) 다양한 국소 도메인을 다룬다.[96]
- 지식 그래프는 특정 도메인이나 조직과 관련된 모든 종류의 네트워크로 상상할 수 있다. 이는 추상적인 개념과 관계에 한정되지 않고 문서나 데이터셋 등을 포함할 수도 있다.[97]
- 지식 정보를 RDF 그래프로 정의한다. RDF 그래프는 각 RDF가 3중항[78]인 RDF 3중항triple 집합으로 구성된다.
- 지식 그래프는 엔터티, 의미 유형, 속성, 엔터티 간의 관계로 구성된 대규모 네트워크다.[98]

실제로 조직이나 프로젝트의 모든 사람이 온톨로지, 택소노미, 지식 그래프나 기타 종류의 의미 데이터 모형이 무엇인지 알거나 동의한다고 기대할 수 없다. 여러분이 무슨 말을 하는지 모르는 사람도 있을 것이고, 어떤 회의에서 관련 내용을 읽거나 들은 사람이 있을 수도 있고, 각자의 배경에 따라 여러분과 다른 방식으로 이해하기도 할 것이다. 시맨틱웹 사용자는 RDF 및 연결된 데이터, 언어학자 및 NLP 사용자는 워드넷, 데이터 사용자는 다른 데이터베이스를 생각할 것이다.

여러분의 임무(및 도전)는 어떤 정의가 올바른지를 논쟁하는 데 있는 것이 아니라(물론 모형이 Knowledge Graph 엔터티를 시맨틱으로 정의해야 할 때가 아니라면), 여러분의 고객이 정말로 말하고자 하는 의미를 잘 이해한 다음에 이를 모든 이해 관계자에게 효과적으로 전달하기에 알맞은 이야기를 하나 이상 만드는 데 있다.

> **WARNING_** 특히 이전에 개발된 시맨틱 모형이 조직에 없었던 경우에 '무엇'이 단순히 모형과 관련이 있는지 아니면 지원 기술 및 프로세스와 관련된 것인지 항상 명확히 해야 한다.

이제 '무엇'은 '왜', 즉 모형이 달성하려는 기술 및 비즈니스 목표와 밀접하게 연결된다. '왜'는 모형 개발을 정당화하는 데 그다지 필요하지 않지만 (아직 비즈니스 사례를 만드는 단계에 있지 않는 한) 대부분의 요구사항과 과제에 관한 대략적인 첫 번째 아이디어를 제공한다.

예를 들면, 여러분은 전자 상거래 웹 사이트 사용자가 탐색하는 데 사용할 수 있는 제품 범주의 택소노미를 원할 수 있다. 그렇다면 여러분의 주요 과제는 모든 사용자에게 직관적이고 실제로 제품의 검색 가능성을 높이는 방식으로 이러한 범주를 정의하는 것이다. 그러나 챗봇에 중요한 전문 지식을 제공하고 챗봇의 자연어 상호 작용 능력을 높이는 시맨틱 모형을 원할 수도 있다. 이때 모형은 3장에서 본 모호성, 애매성 및 기타 현상의 뉘앙스를 처리하고 챗봇이 사용자 요청을 해석해서 이에 대한 답변을 더욱더 효과적으로 생성하도록 해야 한다. 어찌 되었든지 간에 모형의 목표가 더 구체적이고 명확할수록 성공 확률이 높아진다.

'무엇'과 '왜' 다음에는 '어떻게'가 나온다. '어떻게'란 구체적인 조치와 방법을 포함한 세부 계획이 아니라 모형 개발의 기반이 되는 전반적인 철학이나 원칙, 전략적 방향이다. 예를 들어, 나는 텍스트커널에서 처음 몇 달 동안 회사의 지식 그래프의 '단계를 구성'하면서 개발을 이끄는 세 가지 주요 원칙을 정의했다.[99]

| 그래프의 범위, 그래프의 구조, 그래프의 내용은 소프트웨어 제품이 분석하고 처리하는 데 필요한 실제 데이터와 이러한 제품이 그래프를 사용하여 더 효과적일 수 있는 방식에 따라 결정된다. |

다시 말하면, 온톨로지에 정의된 모든 엔터티, 속성, 관계는 데이터의 도메인과 관련될 뿐만 아니라 제품의 기능에서 구체적인 임무를 수행해야 한다.

| 그래프의 요소는 다양한 정형 및 비정형 데이터 공급원을 마이닝하여 생성(및 정기적으로 업데이트)된다. |

예상 규모(수천 개의 엔터티와 진술)와 인재 채용 범위의 변동성이 매우 높았기 때문에 하향식 접근 방식, 전문가 중심 접근 방식으로 모형을 구축하는 일을 비용과 확장성이라는 측면 때문에 우리는 실행하기 어려웠다. 그래서 우리는 이 일을 완전히 수작업으로만 수행하는 대신에 시맨틱 요소의 자동 마이닝에 도움이 되는 방법과 도구에 투자하기로 했다.

| 자동 마이닝 접근 방식은 품질 보증 및 지속적인 개선에 대한 인간 내부 접근 방식으로 보완된다. |

최고의 자동 시맨틱 마이닝 알고리즘조차도 구체적인 하위 작업에 따라 상당한 수준의 부정확성이 발생할 수 있다(다음 절 참조). 그러므로 텍스트커널의 지식 그래프에서 가능한 한 최고 품질을 보장하려고 마이닝 프로세스에 사람의 판단을 통합해서 알고리즘이 자신의 판단을 충분히 확신할 수 없거나 신뢰할 수 없는 상황을 처리했다.

이러한 원칙은 여러분이 해결하려고 하는 여러분의 조직, 도메인, 문제에 적용되지 않을 수 있다. 수집할 데이터양이 많지 않거나, 매우 높은 정확성이 필요하지 않거나, 사람의 개입 없이 모형 개발을 완전히 자동화할 수 있을 때도 있다. 자신의 원칙을 잘 표현해서 모든 관련 이해 관계자에게 전달하는 한 괜찮다.

'어떻게'라는 질문은 기대치를 조정하고 근본적인 오해를 방지하는 데도 좋은 방법이다. 12년 전, (산업계에서 요구하는 강도에 맞춰 온톨리지를 자동으로 구축하는 방법과 도구를 찾기가 아주 어려웠던 시절에) 고객에게 온톨로지 유지 관리 전담팀을 구성해야 한다고 말했을 때 고객이 "이걸 자동화하면 어떨까요?"라고 내게 되물었던 일이 아직도 생각이 난다.

어찌 되었든지 간에 '어떻게'에 대한 답변에 따라 '누가'(즉, 모형 개발에 참여할 사람들)를 결정하는 일이 크게 달라진다. 예를 들어, 여러분의 전략이 상당한 수준의 전문 인력 투입을 수반할 때는 특정 도메인 전문가를 채용해야 한다. 많은 양의 비정형 데이터를 활용해 시맨틱 마이닝을 하는 목표가 있다면 자연어 처리 전문가와 머신러닝 전문가가 필요하다. 그리고 여러분의 모형이 크게 공리화되어 자동 추론을 할 수 있게 되기를 기대한다면, 형식 논리를 사용해 일을 할 줄 아는 사람을 구해야 한다. 11장에서는 시맨틱 모형 개발팀을 구성할 때 피해야 할 함정을 자세히 설명한다.

마지막으로, '누가 관리하는가'라는 질문은 모든 프로젝트 관리 프레임워크가 가르치는 유명한 '이해 관계자 분석' 즉, 시맨틱 모형이 참여하거나 영향을 미칠 모든 사람(또는 팀)의 식별과 프로젝트 참여, 관심, 영향 수준에 따른 그룹화일 뿐이다. 여러분이 복잡한 환경에서 작업하고 시맨틱 모형이 다양한 제품, 프로세스와 사람에 영향을 미칠 것으로 예상된다면 이러한 분석이 특히 중요하다.

5.1.2 구축할 모형을 결정하기

단계를 설정했다면 **모형의 요구사항을 지정**하여 여러분이 정확히 바라는(그리고 가능한) 개발 가능 엔터티의 세부 정보를 살펴볼 때다. 여기에는 일반적으로 모형에서 원하는 데이터의 종류, 답변할 수 있는 질문의 종류, 다루려는 도메인, 지원하려는 애플리케이션이나 사용자가 기대하는 품질 수준과 차원이 포함된다. 예를 들면 이렇다.

- 나는 영화, 역사, 문학에 관한 모형을 원한다.
- 나는 영화의 모든 등장인물과 함께 영화의 원작 도서에서 상응하는 등장인물을 말해주는 모형을 원한다.
- 나는 20세기와 유럽 전체를 아우르는 모형을 원한다.

- 나는 뉴스 기사가 언급하는 사람들을 자동으로 식별하고 모호하지 않게 하는 데 사용할 수 있는 모형을 원한다.
- 나는 영어, 프랑스어, 이탈리아어 데이터에 적용할 수 있는 모형을 원한다.
- 나는 데이터 분석 플랫폼과 콘텐츠 추천 시스템에서 모두 사용할 수 있는 모형을 원한다.
- 나는 정확성이 90% 이상인 모형을 원한다.

일부 요구사항은 다른 요구사항보다 더 애매하고 개방적이며, 좋은 모형화 프로세스라면 개발에 착수하기 전에 이러한 요구사항을 더 엄격하게 정의할 수 있어야 한다. 예를 들어, 영화 관련 모형 구축 요청 사항에는 충분한 정보가 실려 있지 않아서, 아마도 기간이나 지리적 범위 등의 파라미터를 더 알아야 한다고 생각하게 될 것이다.

이러한 요구사항과 함께 사용해야 하는 표현 프레임워크, 고려해야 할 추론 복잡성 및 확장성, 모형에 맞추고 동기화해야 하는 타사 모형 같은 '비기능적' 요구사항도 얻을 수 있다.

어쨌든, 여러분은 다음 세 가지에 대비해야 한다.

첫째, 무엇인가를 '수집'하는 일을 연습할 게 아니라, 아무도 모르거나 말하지 않을 요구사항에 대한 '조사' 및 '발견'에 중점을 두고 전반적으로 연습해야 한다는 점이다. 요구사항을 수동적으로 기다린다면 너무 늦을 것이다(자세한 내용은 8장 참조).

둘째, 여러분은 동시에 충족할 수 없을 정도로 서로 어긋나는 요구사항을 듣게 될 수 있다(예: 꼭 사용해야 하는 모형화 언어가 지원하지 않는 특정 추론 작업을 지원하려 하는 경우 같은 것). 사실, 이 책에 나오는 전반적인 '딜레마' 부분들이 그러한 갈등을 다룬다. 어쨌든 이러한 충돌을 가능한 한 빨리 해결해야 한다.

셋째, 사용할 수 있는 기술과 자원을 참작할 때 불가능하거나 충족하기 몹시 어려운 요구사항(예: 95% 정밀도로 모형의 동의어를 완전히 자동으로 추출할 수 있게 해 달라고 요구하지만, 알고리즘이 그보다 훨씬 더 나쁜 성능을 보이는 경우)을 생각보다 더 자주 접하게 될 수 있다. 이를 해결하려면 계획 및 프로젝트/제품 관리 목적으로도 실행 가능성과 우선순위 분석을 해서 요구사항 목록을 늘 보완해야 한다. 모형 규격과 관련된 함정과 딜레마에 관한 자세한 내용을 8장과 13장에서 확인할 수 있다.

5.1.3 모형 구축

모형에 관한 구체적인 요구사항을 확보했다면 이제 실제로 계속해서 구축해야 한다. 즉, 이러한 요구사항을 가장 잘 충족하는 모형화 요소를 선택해서 정의하고 조합하며, 여러분이 결정한 원칙과 방법론과 기술을 컨텍스트에 따른 제한 및 제약 조건에 맞춰 따르고 구현함으로써 가장 적절하고 효과적으로 구축할 수 있다.

이러한 일은 모형의 시맨틱 표현 요구사항을 깊이 파고들어 후자의 구조와 내용에 관한 결정을 내려야 하는 활동이다. 예를 들어, '나는 영화에 나오는 모든 등장인물에 대해 말해줄 뿐만 아니라 원작 도서에서 상응하는 등장인물을 말해주는 모형을 원한다'라는 요구사항을 고려하면 모형에 FilmCharacter 클래스, BookCharacter 클래스, isEquivalentTo라는 인스턴스 간 관계가 필요하다고 결정할 수 있다. 또는 '나는 영어, 프랑스어, 이탈리아어 데이터에 적용할 수 있는 모형을 원한다'는 요구사항을 고려하여 모든 요소에 이 세 가지 언어로 된 이름과 어휘화가 필요하다고 결정할 수 있다.

이는 또한 여러분이 **지식 습득**^{knowledge acquisition}(지식 획득)을 위한 메커니즘과 프로세스, 즉 적절한 공급원(전문가, 데이터, 사용자 등)으로부터 여러분의 모형에 들어가는 엔터티의 생성, 관계 등의 요소들을 설계하고 구현해야 하는(이것들이 아직 자리 잡지 않았다면) 활동이다.

예를 들어, 디비피디아 프로젝트에서 큰 부분은 위키피디아 기사에서 특정 데이터를 추출하는 소프트웨어 모듈 세트인 디비피디아 추출기를 개발하는 일이었다.[100] 마찬가지로 텍스트커널에서는 지식 그래프를 개발하고 제공하는 일과 함께 빈 일자리에서 새로운 직종 엔터티와 기량 엔터티를 발견하는 반자동 프레임워크를 개발했다. 그리고 ESCO에서는 지리적으로 분산된 특정 도메인 전문가가 ESCO의 콘텐츠를 공동으로 개발할 수 있도록 필요한 프로세스를 정의하는 작업이 많았다.[101]

마지막으로 정리하자면, 구축 활동이란 모형과 관련한 초기 요구사항들이 대부분 실현할 수 없거나 서로 상충한다는 점을 파악하고 나서 해당 요구사항을 재검토해서 수정하는 활동이다.

5.1.4 좋은 모형인지 확인하기

무엇을 만들든 어떤 방식으로 만들든 항상 허용 가능한 품질인지 확인해야 한다. 따라서 이 활동은 모형에 가장 중요한 품질 차원과 지표를 자세히 정의하고(4장 참조) 이러한 지표를 측정하는 데 필요한 메커니즘과 프로세스를 구현하는 것이다.

또한 어떤 측정기준과 지표가 더 중요한지를 결정(그리고 초기 기대치와 요구사항을 수정)해야 하는 활동이기도 하다. 예를 들어, 모형의 일부 요소에 대해 높은 수준의 정확성과 완비성을 모두 달성할 수 없으며 하나를 희생해야 한다는 점을 인식할 수 있다. 9장에서는 이러한 품질 절충에 관해 논의한다.

5.1.5 모형을 유용하게 만들기

주어진 요구사항을 100% 충족시키는 고품질 시맨틱 모형을 구축했다고 가정해 보겠다. 실제 사용자와 시스템이 모형을 활용하고, 모형이 적절한 이점을 사용자와 시스템에 제공하지 않는 한, 모형이 실제로는 쓸모가 없다.

경력을 쌓아 오면서 나는 아주 완벽할 정도로 우수한 모형을 전혀 사용하지 않는 상황이나, 사용할지라도 정작 별다른 차이점을 일구어내지 못하는 상황을 여러 번 겪었다. 세부적인 이유는 사례마다 달랐지만, 주된 이유는 단 한 가지로 요약할 수 있었다. 모형을 이용할 애플리케이션에 해당 모형을 통합하는 데 필요한 (그리고 보통 상당한) 노력을 더 기울이지 않았고 모형과 애플리케이션이 함께 잘 작동하는지를 확인해 보지도 않았다는 점이다.

따라서 '모형을 유용하게 만들기'라는 활동은 다음 같은 작업에 중점을 둔다.

- **모형을 사용할 애플리케이션에서 (성가시지만 아주 중요한) 작동 방식의 세부 사항을 이해한다.** 이상적으로는 모형의 초기 단계부터 시작해야 하지만, 흔히 이미 개발한 모형을 들어본 적이 없는 새로운 애플리케이션에 적용하라는 요청을 받게 된다.
- **모형과 이러한 애플리케이션 사이의 비호환성 지점(기술적, 개념적, 기타)을 식별하고 이를 극복하는 방법을 모형과 애플리케이션 측 모두에서 개발한다.** 예를 들어, 나는 몇 년 전에 비즈니스 온톨로지를 시맨틱 태깅 시스템에 통합해서 뉴스 기사에서 회사 엔터티를 언급한 내용을 감지하는 프로젝트에서 작업했다. 첫 번째 품질 검사에서 시스템이 모형의 높은 수준의 모호성을 처리할 수 없음이 분명해져서 시스템에 사용할 완전히 새로운 모호성 해소 모듈을 실제로 개발해야 했다.
- **서로 다른 애플리케이션이나 사용자가 동일한 모형에서 요구하는 상충하는 요구사항을 처리한다.** 다른 이해관계자는 다른 애플리케이션과의 충돌과 절충을 인식하지 않고 다른 일방적 요구사항을 제공할 가능성이 크다. 이러한 갈등을 파악하고 조정하는 일이 여러분의 임무다.
- **모형 강화 애플리케이션의 종단 간 품질을 측정하고 개선 사항을 확인한다.** 이는 일반적으로 모형 통합 전후의 애플리케이션 효율성을 비교하여 수행한다. 어찌 되었든지 간에 이러한 개선 사항을 확인하고 입증해야 한다.

5.1.6 모형 마무리하기

모형을 일부 운영 환경에 성공적으로 배포하고 이미 사용자에게 가치를 제공하기 시작한 후에도 여러분의 일은 끝나지 않는다. 효과적이면서도 지속적인 개선과 변경 관리 프로세스 및 메커니즘을 설정하여 모형의 수명을 보장해야 한다.

이러한 메커니즘이 필요한 이유는 세 가지다. 첫 번째는 모형의 첫 번째 버전이 완벽하고 사용자의 불만이 전혀 없을 가능성이 매우 낮다는 점이다. 즉, 피드백을 수집하고 개선을 실행하는 체계적인 방법이 필요하다. 이 책에서 언급한 대부분의 (공개) 모형에는 모든 새 버전에서 수정하려고 하는 알려진 품질 문제가 있다.

두 번째 이유는 모형이 나타내는 도메인 및 데이터의 변화와 관련하여 모형을 시의적절하게 유지해야 한다는 점이다(4.5절의 '시의성' 품질 차원 참조). 도메인이 불안정하고 의미 드리프트에 취약할수록 시간이 지남에 따라 관련성이 없어질 위험이 커진다.

세 번째 이유는 모형 요구사항의 잠재적인 변경이다. 완전히 다른 도메인에서 확장하거나, 다른 모형화 언어로 표현하거나, 새로운 표준에 대응하거나, 새로운 유형의 애플리케이션에서 사용할 수 있도록 만들라는 요청을 받을 수 있다.

14장에서는 모형과 환경에 가장 잘 맞는 진화 전략을 만드는 기술과 함께 시맨틱 모형 진화와 관련된 딜레마에 관해 논의한다.

5.2 어휘, 패턴, 모범 모형

시맨틱 모형화는 공유 가능성과 공통 이해에 관한 것이다. 따라서 누군가가 이미 만들어 놓은 요소를 다시 발명하는 일 없이(즉, 바퀴 따위를 재발명하는 일 없이), 할 수만 있다면 기존 시맨틱 자원을 재사용하면 잠재적으로 개발 과정을 가속화하고 시맨틱 상호운용 가능성을 높일 수 있다. 이러한 일이 발생할 수 있는 상황은 8장에서 검토하지만, 그 전에 우리가 사용할 수 있는 자원의 종류를 살펴보겠다.

5.2.1 상위 온톨로지

최상위 수준 온톨로지top-level ontology 또는 기초 온톨로지foundation ontology라고도 부르는 상위 온톨로지upper ontology는 특정 문제나 도메인과는 무관하며 더 많은 도메인별 모형화 요소의 높은 수준의 도메인 중립 범주로 사용되는 아주 일반적인 개념과 관계를 설명한다. 여러 시맨틱 모형을 동일한 상위 온톨로지에 연결하면 이들 사이에 더 나은 시맨틱 상호운용성이 있을 수 있다는 아이디어가 있다.

[그림 5-1]과 [그림 5-2]에서 DOLCEDescriptive Ontology for Linguistic and Cognitive Engineering(언어 및 인지 공학을 위한 설명 온톨로지)[102]와 BFOBasic Formal Ontology(기본 형식 온톨로지)[103]라는 두 가지 기본 온톨로지에 정의된 기본 범주를 볼 수 있다.

일반적으로 상위 온톨로지는 정의하는 개념이 더 추상적이고 본질적으로 인식론적이므로 개발하기 어렵다. 더욱이, 오늘날 사용되고 있고 널리 받아들여지고 있으며 포괄적일 뿐만 아니라 표준화되기까지 한 온톨로지는 없다. 이러한 이유로 모형에 적합한 상위 온톨로지를 선택하는 일과, 그리고 나서 모형을 여러분이 선택한 상위 온톨로지와 연계하는 일에 상당한 노력을 기울여야 할 수 있다.

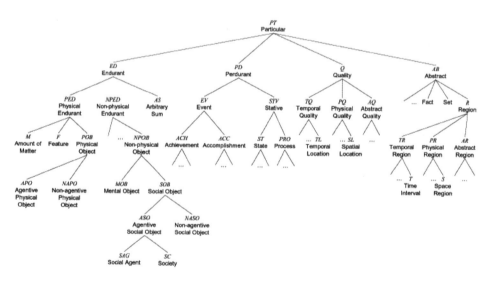

그림 5-1 DOLCE 내에 있는 기본 범주들의 택소노미

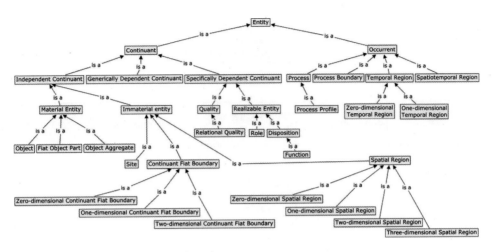

그림 5-2 BFO 내에 있는 기본 범주들의 택소노미

5.2.2 디자인 패턴

시맨틱 데이터 모형화의 컨텍스트에서 **디자인 패턴**은 반복되는 모형화/디자인 문제나 시나리오에 재사용할 수 있고 입증된 해법이다. 디자인 패턴의 목표는 모형 구축자가 자신의 컨텍스트와 상황에 쉽게 적응/적용하도록 바로 사용할 수 있는 서식을 제공하여 작업 속도를 높이도록 돕는 데 있다.

예를 들어, 여러분이 OWL 온톨로지를 개발 중이고 'John이 캘리포니아에서 Jane과 결혼했다'라는 사실을 나타내려 한다고 가정해 보겠다. OWL에는 삼원 관계[ternary relation]나 고위 관계[higher-degree relation]를 정의할 수 없다는 알려진 한계가 있으므로 이 가정은 문제가 될 것이다.

여기에서 married 관계는 세 가지 엔터티와 관련이 있다. 이러한 한계를 극복하려면 W3C[104]에서 제안한 n원 관계[n-ary relation] 모형화 패턴을 사용할 수 있다. 이는 married 관계를 클래스(예: Wedding)로 표현하고 John과 Jane 간의 특정 결혼식을 이원 관계[binary relation]를 사용해 캘리포니아에 연결할 수 있는 이 클래스의 인스턴스다. [그림 5-3]은 이 표현을 보여준다.

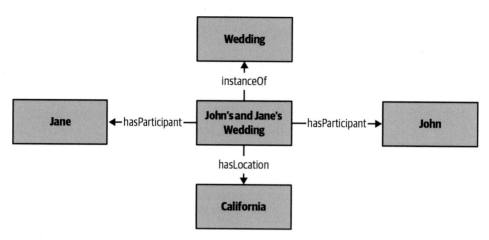

그림 5-3 n원 관계 패턴의 예

시맨틱 모형화 패턴의 특징은 다음과 같다.

| 설계된 문제나 상황의 종류 |

예를 들면, 표현 언어가 특정 구성을 직접 지원하지 않는 문제를 해결하도록 설계한 패턴이 있다(예: 방금 본 n원 관계 패턴). 이들은 특정 관심 도메인에는 독립적이지만, 표현에 사용하는 논리적 형식주의의 표현성에 의존한다. 또한 더 견고하고 깨끗하며 유지 보수하기 쉬운 모형을 얻는 것이 목표인 '우수 사례' 패턴도 있다. 그리고 다양한 도메인에서 구체적인 모형화 문제에 대한 해법을 제공하는 패턴이 있다.

| 도메인 및 적용 범위 |

예를 들면, 특정 도메인domain(분야)에 적용할 수 있는 패턴[105][106]과 산업 및 도메인에 걸친 보편적인 패턴[107]이 있다.

| 표현되거나 적용 가능한 모형화 언어 |

예를 들면, 주로 E-R 모형과 관계형 데이터베이스 모형으로 작업할 때 실버스톤Silverston의 『The Data Model Resource Book』[105]이나 헤이Hay의 『Data Model Patterns』[108]에서 설명한 패턴이 유용할 수 있다. 반면에 OWL을 애용한다면 W3C의 'Semantic Web Best Practices and Deployment Working Group'[109], 맨체스터 대학교의 글[110],

OntologyDesignPatterns.org 포털(*http://ontologydesignpatterns.org/*)에서 몇 가지 패턴을 찾을 수 있다. 그러나 OWL 모형에 호환되는 요소가 포함되는 한 OWL 모형에 관계형 패턴을 적용하는 일을 방해하는 것은 없다.

일반적으로 시맨틱 디자인 패턴은 모형화 언어의 기본 요소보다 높은 수준의 빌딩 블록을 제공하며 모형 구축자가 모든 것을 처음부터 새로 만들지 않아도 되므로 작업 속도를 높여준다. 또한 신중하게 고려한 패턴은 테스트하지 않은 사용자 지정 해법보다 정확하고 견고할 가능성이 크다. 반면에, 특히 문제가 잘 정의되지 않으면 문제에 정확히 맞는 패턴을 찾기가 어려울 수 있다.

5.2.3 표준 모형과 참조 모형

표준 시맨틱 데이터 모형이나 참조 시맨틱 데이터 모형은 일부 도메인이나 산업, 커뮤니티에서 널리 적용하는 일반적으로 합의된 모형이다. 이러한 모형은 일반적으로 표준 기관, 기술 공급 업체, 실무 커뮤니티 등의 조직에서 정의하고 유지하고 관리한다. [표 5-1]은 여러 도메인에서 널리 사용하는 표준 데이터 모형을 보여준다.

표 5-1 표준 모형과 참조 모형의 예

모형	관리 기관	설명
SNOMED 임상 용어	세계 보건 의료 용어 표준 개발 기구 (SNOMED International)	임상 문서 및 보고에 사용하는 코드, 용어, 동의어, 정의를 제공하는 체계적으로 구성된 의학 용어 모음
Schema.org	Schema.org 커뮤니티 그룹	웹 페이지에 나오는 구조화된 데이터 마크업용 공통 메타 데이터 스키마 세트
국제 표준 직업 분류(ISCO)	국제 노동기구	노동 및 일자리 정보를 정리하는 국제 노동기구 분류 구조
금융 산업 비즈니스 온톨로지(FIBO)	EDM 위원회	금융 산업의 기반을 형성하는 계약 및 계약에 포함된 법적 구조, 권리 및 의무의 공식 모형
HL7 참조 정보 모형(HL7 RIM))	보건의료 정보 표준화 위원회(HL7)	특정 임상이나 관리 컨텍스트에 필요한 데이터 콘텐츠를 표현하고 HL7 메시지 필드에서 전달하는 정보 사이에 존재하는 의미와 어휘 연결의 명시적 표현을 제공함

5.2.4 공개 모형 및 데이터셋

마지막으로 표준이나 패턴의 상태를 주장하지 않고도 웹에서 공개적으로 사용할 수 있는 모형이 있다. 특징적인 예인 링크드 오픈 데이터Linked Open Data[111]는 RDF와 OWL로 표현되고 자유로운 재사용을 허용하는 오픈 라이선스에 따라 출시하는 상호연결된 시맨틱 모형과 데이터셋의 큰 집합이다. [표 5-2]에서는 몇 가지 속성 링크드 오픈 데이터셋을 찾을 수 있으며 [그림 5-4]에서는 이 집합의 2011년 개요를 볼 수 있다.

표 5-2 링크드 오픈 데이터로 사용할 수 있는 데이터셋

데이터셋	설명
DBpedia	위키피디아에서 추출한 데이터를 포함하는 데이터셋
GeoNames	전 세계 7백만 개 이상의 장소 및 지리적 기능에 관한 정보
Diseasome	알려진 장애–유전자 연관성으로 연결된 4,300개의 장애 및 질병 유전자 데이터셋
CrunchBase	사람, 회사, 제품을 설명하는 데이터셋
Eurostat Countries and Regions	유럽 국가 및 지역에 관한 통계 정보
MusicBrainz	아티스트와 앨범에 관한 데이터

규모가 작지만, 유사한 공개 시맨틱 모형 집합은 링크드 오픈 보캐뷰러리즈Linked Open Vocabularies [112][113]이다. 이 집합 내의 모형은 대부분 인디비주얼 엔터티가 아닌 클래스를 포함하며 모형 구축자가 모형의 내용을 구성할 때보다는 모형의 구조를 구성하는 데 더 도움을 받게 하려는 것이다. 예를 들면, 뮤직 온톨로지Music Ontology[114]의 클래스, 관계, 속성을 사용하여 여러분이 지닌 노래를 시맨틱으로 설명할 수 있지만, 여러분은 구체적인 노래 및 아티스트와 관련된 엔터티를 찾을 수는 없을 것이다.

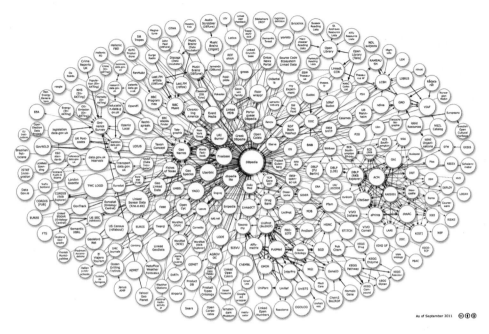

As of September 2011

그림 5-4 2011년 링크드 오픈 데이터 개요

5.3 시맨틱 모형 마이닝

우리가 개발(및 유지)하려는 시맨틱 모형이 잠재적으로 아주 클 때는 사람들만으로 개발하는 접근 방식은 너무 비싸고 시간이 많이 소요될 수 있다. 예를 들면, Cyc를 생각해 보자. 2017년에 발명가인 더글러스 레넷Douglas Lenat은 Cyc의 누적 개발 비용(당시 2,100만 개의 명세서 포함)이 1억 2,000만 달러에 도달했다고 추정했다.[115] 반면에 영문판 디비피디아는 내용을 주로 위키백과에서 자동으로 추출한다는 사실 덕분에 더 적은 시간과 비용으로 4억 건의 진술에 도달했다.[115] 물론 이 차이가 두 모형의 비교 품질을 나타내지는 않는다. 그러나 이는 개발 과정을 확장하고 더 효율적으로 만드는 시맨틱 모형 마이닝의 긍정적인 효과다.

시맨틱 모형 마이닝은 제한된 사람의 노력으로 모형의 데이터에서 용어, 엔터티, 관계 등의 요소를 수집하고 통합하는 작업으로 정의할 수 있다. 이는 일반적으로 정보 추출, 자연어 처리, 머신러닝, 정보 검색 도메인의 방법과 기술을 사용해 수행하는 작업이며, 마이닝하려는 시맨틱 요소의 종류, 원하는 데이터, 이용할 수 있는 최첨단 방법, 알고리즘, 도구 등에 따라 다양한 형태를 취할 수 있다.

이번 절에서는 시맨틱 모형 마이닝과 관련된 기본 작업, 주요 차원과 함께 이를 해결하는 데 사용하는 주요 방법과 도구를 살펴본다. 8장에서 이러한 방법을 실제 환경에서 효과적으로 적용하는 방법에 관한 자세한 설명을 찾을 수 있다.

5.3.1 마이닝 작업

2장에서 본 모형화 요소를 고려할 때 시맨틱 모형 개발 과정의 측면을 자동화하는 데 도움이 되는 네 가지 주요 정보 추출 작업이 있다.

| 용어 추출 |

모형의 도메인과 관련이 있고 중요하며 잠재적으로 엔터티와 관계 등의 요소를 나타낼 수 있는 주어진 데이터 공급원(일반적으로 말뭉치)에 있는 용어에서 자동으로 추출하는 작업이다. 일반적으로 상향식으로 모형을 구축하고 어떤 종류의 요소가 필요한지 알지 못할 때 일반적으로 수행하는 작업이다.

| 엔터티 추출 |

주어진 데이터 공급원에서 사람, 조직, 위치와 같은 특정 엔터티 유형의 엔터티를 나타내는 용어를 자동으로 추출하는 작업이다. **엔터티 인식**entity recognition이라고도 하며 추출한 용어를 알려진 엔터티 유형에 할당한다는 점에서 용어 추출과 다르다. 따라서 모형에서 필요한 엔터티 유형을 이미 알고 인스턴스화 하려고 할 때 이를 수행한다. 예를 들면, 텍스트커널에서는 전문 기술을 나타내는 (이전에는 알려지지 않은) 엔터티를 발견하려고 정기적으로 구인 정보를 마이닝한다.

| 관계 추출 |

주어진 데이터 공급원에서 동의어, 의미 포함, 시맨틱 관련성이나 모형에서 원하는 기타 관계 같은 다른 엔터티나 기타 요소 사이에 유지되는 관계를 자동으로 추출하는 작업이다.

| 규칙 추출과 공리 추출 |

주어진 데이터 공급원에서 추론 목적으로 사용할 수 있는 복잡한 공리와 규칙을 자동으로 추출하는 작업이다.

예를 들어, 역사적 사건을 설명하는 시맨틱 모형을 개발 중이며 위키피디아[116]에 다음 같은 텍스트가 있다고 가정해 보겠다.

> 워털루 전투는 당시에 네덜란드 연합 왕국의 통치를 받던 벨기에 내의 워털루 지역 근처에서 1815년 6월 18일 일요일에 치러졌다. 나폴레옹 보나파르트의 지휘하에 있는 프랑스 군대는 내가 이끌던 제7다국적군의 두 군대, 즉 웰링턴 공작이 지휘하는 영국 주도 연합군과 블뤼허 야전 사령관이 지휘하는 프로이센 군대에 패배했다.

이 텍스트에 용어 추출 도구를 적용하면 블뤼허 야전 사령관, 프로이센 군대, 제7다국적군, 나폴레옹 보나파르트, 전투, 지휘 같은 용어를 되찾을 가능성이 크다. 모두 우리 모형에 들어갈 수 있는 좋은 잠재적 엔터티와 관계다. 또한 성능이 좋은 엔터티 추출 시스템을 사용할 수 있다면 나폴레옹 보나파르트가 사람, 워털루 지역, 제7다국적군 유형의 엔터티라는 정보도 얻을 수 있다. 그리고 이러한 엔터티 간의 잠재적인 관계를 발견할 목적으로 일부 알고리즘을 적용하면 '워털루는 벨기에에 있다', '블뤼허 야전 사령관은 프로이센 군대의 사령관이었다'라는 사실을 추출할 수 있다.

> **NOTE_ 언급 수준 추출 대 전역 수준 추출**
>
> 정보 추출(IE)이라는 용어는 문헌에서 종종 전역 수준global-level 정보 추출이나 언급 수준mention-level 정보 추출을 지칭하는 데 사용한다. 전역 수준의 정보 추출 시스템은 정확히 어디에서 발견했는지 신경 쓰지 않고 일부 입력 데이터를 가져와 별개의 엔터티, 관계 등의 요소 목록을 생성할 것으로 예상된다. 반면에 언급 수준의 정보 추출 시스템은 의미 요소뿐만 아니라 발견된 정확한 데이터(예: 문장)도 반환한다. 시맨틱 모형 마이닝에는 일반적으로 전역 수준의 정보 추출 시스템이 필요하다. 이는 이러한 목적으로 언급 수준 시스템을 사용할 수 없음을 의미하지는 않지만, 우리의 작업에 맞게 조정해야 한다.

이러한 작업을 수행해야 하는 표준 순서가 없다는 점을 명심해야 한다. 앞의 예에서 우리는 먼저 관계 검색 시스템을 적용하고 관계 진술을 얻은 다음 이러한 문의 주체와 대상이 어떤 종류의 엔터티인지 결정했다. (이것이 더 효과적인지는 또 다른 이야기이며) 이는 인디비주얼individual

(개별자, 개체, 개별) 정보 추출 알고리즘과 도구에서 시맨틱 마이닝 파이프라인을 개발하는 일, 즉 모형에 가장 적합한 구성과 오케스트레이션을 만드는 문제다.

또한 이러한 작업의 효과는 다음과 같은 여러 요인에 따라 달라진다.

| 대상 정보의 복잡성 |

예를 들어, 일반적으로 엔터티 유형을 식별하는 일보다 텍스트에서 두드러진 용어를 찾기가 더 쉽다. 마찬가지로 더 복잡한 관계(예: 이벤트)보다 이원 관계를 추출하기가 더 쉽다.

| 대상 정보의 특이성 |

예를 들면, 일반적으로 동의어에 해당하는 엔터티를 식별하는 일보다 의미상 유사한 엔터티를 식별하기가 더 쉽다. 마찬가지로 사람이 어떤 식으로든 위치와 관련이 있음을 확인하는 편이 일반적으로 이 관계의 정확한 성격을 찾기보다 쉽다.

| 사용할 수 있는 입력 데이터의 적절성 |

예를 들어, 엔터티의 동의어나 하위어를 뉴스 기사보다는 백과사전 본문에서 찾는 편이 더 쉽다. 마찬가지로 특정 직업에 가장 필요한 기술을 결정하는 요인을 뉴스보다 구인 정보 말뭉치에서 찾기가 더 쉽다.

| 사용할 수 있는 입력 데이터의 정형화 정도 |

예를 들면, 워털루 전투를 다룬 본문 그 자체를 사용하는 대신에 위키피디아 페이지에서 따로 제공하는 각 정보 상자를 사용했다면(그림 5-5 참조) 나폴레옹 보나파르트가 해당 전투에 참여했던 지휘관 중 한 명이었다는 정보를 훨씬 쉽게 추출할 수 있다.

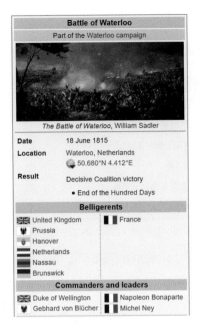

그림 5-5 워털루 전투에 관한 위키피디아 정보 상자

대부분의 정보 추출 시스템이 앞서 언급한 작업을 처리하는 데 사용하는 다양한 접근 방식과 기술을 살펴보겠다.

5.3.2 마이닝 방법 및 기법

모든 정보 추출 시스템의 공통 구성 요소는 입력 데이터에서 원하는 정보를 추출하는 데 사용할 수 있는 추출 패턴(또는 추출 규칙) 집합이다. 이러한 시스템은 일반적으로 이러한 패턴들을 획득하는 방법이 다르다.

수작업 방식으로 패턴 및 규칙을 만드는 방법

비록 패턴을 획득하는 방법이 서로 다르다는 점을 모든 사람이 인정하지 않더라도(요즘 모든 사람이 머신러닝을 하므로), 많은 정보 추출 시스템은 여전히 언어학자, 특정 도메인 전문가 등의 전문가들이 세심하게 수작업 방식으로 생성해 만든 추출 규칙과 패턴에 의존한다.

잘 알려진 예는 텍스트에서 일반 특정 관계의 인스턴스를 인식하는 데 사용할 수 있는 어휘 구문 패턴 집합인 허스트 패턴^{Hearst pattern}이다(표 5-3 참조).

표 5-3 is-a 관계를 추출하는 허스트 패턴

패턴	출현 예
X 그리고 그 밖의 Y(X and other Y)	사원, 보물 그리고 그 밖의 중요한 건물들
X 또는 그 밖의 Y(X or other Y)	타박상, 상처, 부러진 뼈 또는 그 밖의 부상
Y, 예를 들면 X(Y such as X)	사회과학, 예를 들면 고고학이나 심리학
X 같은 Y(Such Y as X)	로스나 벨로 같은 작가들
X를 포함한 Y(Y including X)	캐나다와 영국을 포함한 관습법 국가들
Y, 그중에서도 특히 X(Y, especially X)	유럽 국가들, 그중에서도 특히 프랑스와 스페인

다른 공통 관계에 관한 유사한 패턴 집합은 아라우스^{Araúz} 등[117]이 정의했다. (표 5-4 참조)

표 5-4 부분체–전체, 원인–결과, 위치 관계를 추출하는 패턴

부분체–전체	원인–효과	위치
WHOLE is comprised/ composed/ constituted (in part) of/by PART ('전체'는 '부분체'로 구성된다/형성된다/조성된다)	CAUSE (is) responsible for EFFECT ('원인'이 '결과'를 일으킨다)	ENTITY (is) connected/delimited to/by PLACE ('엔터티'가 '위치'에 이어져/한정되어 있다)
PART comprises WHOLE ('부분체'가 '전체'를 구성한다.)	CAUSE causes/produces/··· EFFECT ('원인'이 '결과'를 유발한다/산출한다/...)	ENTITY (is) found/built/··· in/ on/··· PLACE ('엔터티'가 '위치'에(에서) 발견된다/건축되어져 있다)
PART composes WHOLE ('부분체'가 '전체'를 형성한다)	CAUSE leads/contributes/ gives (rise) to EFFECT ('원인'이 '결과'를 이끌어 낸다/유발한다/불러온다)	ENTITY (is) formed/forms in/ on/··· PLACE ('엔터티'가 '위치'에 자리잡고 있다)
PART is/constitutes (a/ the/···) part/ component/··· of WHOLE ('부분체'는 '전체'의 한/어떤 부분/성분이다)	CAUSE–driven/–induced/– caused EFFECT ('원인'이 '결과'를 주도한다/유도한다/만든다)	ENTITY (is) extended/extends (out) into/ parallel/··· (of/to) PLACE ('엔터티'가 '위치'로 확장된다/확장한다)

이러한 패턴이 인기 있는 주된 이유는 단순성 때문이다. 생성할 수 있고 시험할 수 있으며 사용자 맞춤형으로 정의할 수 있는 속도 도메인이 잘 정의되고 텍스트 구조를 쉽게 예측할 수 있을 때 높은 정확성을 제공한다. 반면에 다른 도메인이나 텍스트 유형으로 쉽게 이전할 수 없으며 있음 직한 모든 인스턴스에 대한 적용 범위가 일반적으로 낮으며 너무 많은 수작업이 필요할 수 있다.

지도학습 방식 머신러닝 방법

유용한 추출 패턴을 작성하기는 어렵고 시간이 많이 필요한 일일 수 있으므로 여러 접근법은 지도학습 방식 머신러닝, 즉 사람이 레이블을 지정한 학습 데이터를 사용하여 추출 규칙을 자동으로 학습하는 방법에 중점을 둔다. 워틸루 예시를 지도학습 방식으로 접근하고 싶다면 이 같은 여러 텍스트를 가져와서 인간 주석자가 그 안에 있는 엔터티와 관계를 표시하도록 해야 한다. 그런 후에 이 데이터를 사용하여 보이지 않는 텍스트에서 엔터티와 관계를 자동으로 감지하는 데 사용할 수 있는 지도학습 방식 머신러닝 모형을 학습한다.

예를 들어, 스탠퍼드 개체명 인식기Stanford Named Entity Recognizer 시스템[118]은 7가지 엔터티 유형(위치, 사람, 조직, 돈, 백분율, 날짜, 시간)을 인식하는 머신러닝 모형을 제공하며, MUCMessage Understanding Conference(메시지 이해 회의) 데이터셋이라고 알려진 주석이 달린 뉴스와이어 기사 집합을 사용해 훈련되었다.[119] 다른 분야에서 비슷하게 사용하는 접근 방식으로는 생의학 엔터티(단백질, DNA, RNA, 세포 등)[120] 및 노동 시장 엔터티(직위, 기량, 회사 등)의 추출이 포함된다.[121]

지도학습 방식 시스템의 주요 장점은 인간이 보거나 표현하지 못하는 복잡한 추출 패턴을 학습할 수 있다는 점이다. 또한 적절한 훈련 데이터를 사용할 수 있는 한 다른 도메인에 쉽게 적용할 수 있다. 하지만 이 훈련 데이터는 생성하는 데 큰 비용이 들 수 있다. 그리고 훈련이 매우 특정한 도메인이나 텍스트 유형에서 수행되었을 때 이러한 시스템은 편견을 통합하여 다른 도메인에서 동등하게 효과적이지 않을 수 있다.

준지도학습 방식 머신러닝 방법

준지도학습(또는 약한 지도학습) 방법은 다음과 같이 작동한다. 먼저 소수의 레이블이 지정된 시드 데이터를 사용하여 큰 말뭉치에서 초기 패턴 집합을 추출한다. 그 후에 이러한 패턴을 사용하여 더 많은 레이블이 지정된 데이터를 자동으로 생성하고 다시 반복해서 새 패턴을 추출한다.

이 접근법의 특징적인 예는 연구 프로젝트의 하나로 카네기 멜런 대학교에서 개발한 NELL[Never-Ending Language Learner]이라는 시스템이다.[122] NELL은 2010년 1월에 약 800개의 클래스(예: Person, SportsTeam, Fruit, Emotion) 및 관계(예: playsOnTeam, playsInstrument)의 초기 온톨로지로, 클래스와 관계당 10~20개의 인스턴스로 운영을 시작했다. NELL은 매일 입력 엔터티 유형의 새로운 예를 나타내는 명사구(예: George Washington은 사람이자 정치인)와 입력 관계의 인스턴스에 해당하는 명사구 쌍을 찾아 구조화되지 않은 웹페이지에서 새로운 인스턴스를 추출한다(예: Jason Giambi와 Yankees 쌍은 playsOnTeam 관계의 인스턴스다). 이러한 새로운 인스턴스는 증가하는 지식 기반[123]에 추가되고 NELL의 추출기를 재훈련하는 데 사용한다. NELL은 여전히 운영 중이며 이 책을 작성하는 시점에 1,100개의 클래스 및 관계에 대한 280만 개의 단언 인스턴스를 축적했다.

이러한 기술의 주된 동기는 레이블이 있는 데이터를 만드는 데 필요한 수작업을 줄이고 큰 노력을 들일 필요 없이 일반적으로 쉽게 사용할 수 있는 레이블이 없는 대량의 데이터를 활용하는 것이다. 그러나 중요한 위험은 **오차 전파**다. 초기 단계에서 추출 오차가 발생하면 이후 단계에서 잘못된 시드를 선택하게 되어 더 많은 실수가 발생하고 전체 추출 프로세스의 정확성이 떨어진다. NELL 시스템은 사람이 지도하지 않은 채로 6개월 동안 실행되어 모형 클래스 및 관계의 75%에서는 매우 높은 정밀도를 달성했지만, 나머지 25%에서는 매우 낮은 정밀도를 달성했다. 따라서 초기 종잣값[seed]의 선택은 아주 중요하다. 말뭉치에 포함된 지식을 정확하게 반영하지 않으면 추출 품질이 낮을 수 있다.

원격 지도학습 방식 머신러닝 방법

원격 감독[distant supervision]의 기본 개념은 기존 시맨틱 모형을 활용하여 레이블이 지정된 데이터를 자동으로 생성하고 이를 기존의 지도학습 알고리즘용 훈련 데이터로 사용하는 것이다.

예를 들어, 민츠[Mintz] 등[124]은 주로 사용자 참여 활동을 통해서 수집한 데이터가 있는 대규모 협업 지식 기반인 프리베이스[Freebase]에서 나온 저자들로,[125] 900만 개의 이름 있는 엔터티 사이의 관계 300개와 각 관련 엔터티 쌍에 대해 레이블이 없는 대형 말뭉치에 포함된 모든 문장을 식별했다. 그런 후에 이 문장을 사용하여 관계 분류기를 훈련했다. 그들의 직관(및 가정)은 알려진 프리베이스 관계에 참여하는 한 쌍의 엔터티를 포함하는 모든 문장이 어떤 방식으로든 관계를 표현할 가능성이 있다는 것이다.

이러한 방법의 분명한 이점은 데이터에 레이블을 지정하려고 수작업 방식으로 노력할 필요가 없으며 큰 말뭉치에 적용할 수 있다는 점이다. 또한 기존 시맨틱 모형에 이미 정의된 관계를 추출하므로 정보가 없거나 무모순성이 없는 관계를 생성할 가능성이 적다.

반면에 몇 가지 단점이 있다. 예를 들어, 민츠Mintz 등의 관계 추출 시스템[124]을 고려해보면 다음과 같다.

- 동일한 두 엔터티가 동일한 말뭉치에서 여러 다른 방식으로 관련되어 학습 데이터에 잘못된 예를 추가할 수 있다.
- 여러 엔터티가 모호하다. 즉, 엔터티 쌍으로 문장에 태그를 지정하는 알고리즘이 애매성 관련 실수를 자주 하게 되면 학습 데이터와 머신러닝 모형에 전파된다.
- 사용된 시맨틱 모형의 여러 엔터티 관계가 실제로 잘못되어 학습 데이터가 잘못된다.

또한 원격 지도학습 방식(즉, 원격 감독 학습 방식)은 주어진 지식 기반의 고정된 관계 집합으로 제한되므로 새로운 도메인에 적응하기가 몹시 어려울 수 있다.

비지도학습 방식 머신러닝 방법

비지도학습 방식 정보 추출 방법에는 레이블이 지정된 데이터를 사용한 훈련이나 신중하게 만든 규칙이 필요하지 않다. 그 대신 통계적 의미론과 비지도학습 방식 머신러닝 도메인의 레이블이 없는 대량의 데이터와 알고리즘/기술에 의존해서 의미 있는 패턴을 발견한다. 따라서 이러한 방법은 일반적으로 추출할 대상 요소를 미리 지정할 수 없거나 적절한 양의 레이블이 지정된 데이터나 수작업 규칙을 얻기가 너무 어려울 때 사용한다.

이 철학의 예는 하세가와Hasegawa 등의 글[126]에 있으며, 저자는 다음과 같은 방법으로 신문 기사 말뭉치 내에서 (이미 알려진) 이름 있는 엔터티 쌍 사이의 관계를 발견한다. 첫째, 엔터티로 말뭉치를 태그한다. 그런 후에 하나 이상의 문장에서 동시에 출현하는 각 엔터티 쌍에 대해 누적된 컨텍스트, 즉 모든 동시 출현에서 엔터티 사이에 나타나는 모든 고유 단어 집합을 찾는다. 그다음 누적된 컨텍스트 간의 코사인 유사도[127]를 계산하여 이러한 엔터티 쌍을 함께 군집화한다. (원하는) 결과는 얻은 군집에 동일한 관계로 연결된 엔터티 쌍이 포함된다는 것이다.

더 유명한 예는 큰 텍스트 말뭉치를 입력으로 받아 각 용어를 실수 벡터에 대응하는 신경망 기반 시스템인 Word2Vec[128]이다. 이러한 벡터(워드 임베딩이라고도 함)[7]의 계산은 말뭉치에서 공통 컨텍스트를 공유하는 용어가 더 가까운 벡터를 갖는 방식으로 수행된다. 이 이면에 있는 직관은 두 용어에 아주 비슷한 이웃이 있다면 의미가 상당히 유사하거나 적어도 관련이 있다는 점이다. 따라서 Word2Vec을 사용하면, 예를 들어 벡터의 코사인 유사도를 계산하여 시맨틱으로 관련된 용어를 식별할 수 있다. [표 5-5]는 구글 뉴스 말뭉치[129]에서 학습된 Word2Vec 모형이 생성한 의미상 유사한 용어의 예를 보여준다.

표 5-5 Word2Vec을 사용한 의미상 유사한 용어의 예

용어	가까운 용어 상위 10개
플라톤	소크라테스, 아리스토텔레스, 헤겔, 니체, 고대인, 칼 마르크스, 철학자, 마르크스, 괴테, 고대 그리스
온톨로지	시맨틱, 택소노미, 스키마, 시맨틱웹, 메타, 컨텍스트, 계산, 연관, 생물 정보학, 의미론
생물학	생화학, 분자 생물학, 생물 과학, 생물학, 생리학, 과학, 발달 생물학, 분자 유전학, 진화 생물학, 미생물학
소설	논픽션, 소설, 픽션, 소설가, 소설들, 공상 과학 소설가들, 문학가, 문학, 그래픽 소설, 로맨스 소설
자동차	차량, 자동차, SUV, 미니 밴, 트럭, 자동차, 포드 포커스, 혼다 시빅, 지프, 픽업트럭
좋다	대단하다, 나쁘다, 뛰어나다, 괜찮다, 멋지다, 훌륭하다, 환상적이다, 더 좋다, 탄탄하다, 형편없다

비지도 접근 방식의 분명한 장점은 학습에 주석이 달린 데이터가 필요하지 않으며 큰 노력 없이 아주 많은 데이터에 쉽게 적용할 수 있다는 점이다. 반면에, 추출하는 정보는 무모순성이 없고 정보가 없으며, 특정 엔터티나 관계 또는 기타 요소에 대응하고 모호하지 않게 하기가 어려울 수 있다. 예를 들어, [표 5-5]에서 생물체와 관련된 용어 그룹에는 동의어('생물학'), 더 광의broader(廣意)인 엔터티('과학'), 더 협의narrower(狹意)인 엔터티('미생물학')가 포함된다. Word2Vec에는 이들을 구별할 방법이 없다.

----

7 옮긴이_ 워드 임베딩(word embedding)을 '단어 매장체'라고 할 수 있다.

5.4 요약

이번 장에서는 시맨틱 모형 개발 과정의 개요를 살펴보고 이를 구성하고 지원하는 방법을 보여줌으로써 책의 '기본' 부분을 마쳤다. 5.1.1절 '무대 구성'에서 5.1.6절 '모형 마무리하기'에 이르기까지 여러분이 포함해야 하는 활동은 물론, 프로세스를 가속할 수 있는 기존 시맨틱 자원과 정보 추출 방법의 종류를 확인했다.

이번 장에서 기억해야 할 중요 사항은 다음과 같다.

- 시맨틱 데이터 모형화 프로젝트는 일회성 공학 프로젝트가 아니다. 우리가 구축하는 모형에는 관련성과 유용성을 유지하려는 지속적인 노력이 필요하다.
- 시맨틱 데이터 모형화 프로젝트에 순수하게 기술적인 측면만 있을 때는 거의 없다. 사업 측면, 전략 측면, 조직 측면을 고려해야 한다.
- 모형의 컨텍스트와 현실을 사용하여 개발 전략과 방법론을 조정하자.
- 오해를 방지하고 기대치를 관리하려면 '무엇을', '왜', '어떻게'라는 질문에 대한 구체적인 답변을 촉구하자.
- 바퀴를 재발명하지 말고 가능하다면 기존 시맨틱 자원을 재사용할 수 있는지 확인하자. 하지만 기존 시맨틱 자원에 전적으로 의존하거나 액면 그대로 받아들이지 말자.
- 머신러닝과 정보 추출 방법을 활용하여 데이터에서 모형을 마이닝하자. 개발 과정을 자동화하고 확장하는 데 큰 도움이 될 수 있다.

이제 2부인 '함정'으로 이동하여 잘못된 시맨틱 모형을 초래하는 일반적인 실수와 잘못된 관행을 식별하고 방지하는 방법을 배울 때가 되었다.

함정

2부에서는 시맨틱 데이터 모형을 개발해 적용할 때 흔히 빠지기 쉬운 함정을 자세히 살펴보고 이를 효과적으로 피하는 방법과 기술을 구체적으로 거론한다.

Part II

함정

CHAPTER 6

나쁜 설명

내 언어의 한계는 내 세계의 한계를 의미한다.

루트비히 비트겐슈타인 Ludwig Wittgenstein

시맨틱 모형을 개발할 때, 우리는 **기계적 해석 가능성**(다른 요소와의 관계, 논리 공리, 추론 규칙 등)을 목표로 하는 측면과 아울러 인간 해석 가능성(요소 이름, 텍스트 정의, 사용 지침, 기타 문서)에 이바지하는 측면을 정의한다. 시맨틱 모형의 생성자로서 우리는 기계적 해석 가능성 측면에 많은 중점을 두지만, 인간이 명확하게 이해하는 시맨틱 모형을 만드는 일의 중요성과 어려움을 자주 과소평가한다. 반대로, 시맨틱 모형 사용자로서 우리는 실제로 무엇에 관한 시맨틱 모형인지 오해할 확률을 과소평가하여 결국 잘못된 방식으로 사용하게 된다. 이는 아마도 데이터 공급자와 소비자가 시맨틱 모형에 대해서 각기 서로 다른 의미를 부여함으로 인해서 생기는 의미 격차가 존재한다는 점이 가장 큰 이유일 것이다.

이번 장에서는 이름이나 글로 쓴 정의나 그 밖에 사람이 읽을 수 있는 정보 유형을 사용해 시맨틱 모형의 요소를 설명할 때 범하는 몇 가지 일반적인 실수를 드러내고 이러한 설명의 품질을 개선하는 요령과 지침을 제공한다.

6.1 나쁜 이름 부여

시맨틱 모형화에 관한 강의를 하거나 채용 면접을 할 때 내가 가장 좋아하는 질문은 다음과 같다. 회사의 고객을 모형화하고 이러한 클라이언트가 실제 사람이거나 다른 회사일 수 있다고 가정한다. [그림 6-1]에 두 가지 시맨틱 모형 중에 왼쪽 것이 더 적절한가, 아니면 오른쪽 것이 더 적절한가?

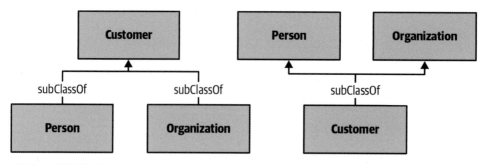

그림 6-1 모형화 딜레마

왼쪽 모형은 Customer(고객) 클래스와 Person(사람) 및 Organization(조직)이라는 두 하위 클래스가 있음을 제안한다. 반면에 오른쪽 모형은 Customer 클래스가 Person 클래스의 하위 클래스일 뿐만 아니라 Organization 클래스의 하위 클래스여야 함을 제안한다. 사람들은 대부분 왼쪽 모형이 올바른 모형이라고 대답하려다가 함정이 도사리고 있다는 점을 알아채고는 의견을 제시하기를 주저하게 된다. 그리고 실제로 두 모형이 모두 틀렸다는 함정이 있다. 이유를 살펴보겠다.

오른쪽 모형은 자연어로 표현해보면 '모든 고객은 사람인 동시에^{at the same time} 조직이다'라고 할 수 있다. 그러나 각 사람은 조직이 될 수 없으므로 불가능하다(1인 회사라면 이는 사람이 아니라 회사로 보아야 한다). 반면에 왼쪽 모형은 '사람과 조직이 모두 고객이다'라고 할 수 있다. 이는 도메인에 사람이나 조직이 없거나 고객이 아닌 데이터가 있음을 의미하므로 문제가 된다. 후자의 잘못된 모형화 예는 잘못된 이름을 지정한 사례 중 한 가지일 뿐이다.

모형화 요소의 이름은 인간 사용자가 요소의 내용을 이해하는 데 도움이 되지 않는다면 좋은 게 아니고, 잘못된 해석으로 이어진다면 더욱더 좋은 게 아니다. [그림 6-1]의 왼쪽 모형에서 Person 클래스는 실제로는 모형 구축자가 모든 사람이 아닌 물리적인 고객 클래스를 나타내기를 원했으므로 이름을 잘못 지었다. Organization 클래스도 마찬가지다. 따라서 이 두 클래스를 이루는 각 클래스의 더 정확한 이름은 각각 PrivateCustomer, CorporateCustomer여야 하고 훨씬 더 나은 모형은 [그림 6-2]에 나오는 이름이다. 해당 분야에서 고객이 되는 사람과 조직에만 관심이 있을 때도 마찬가지다.

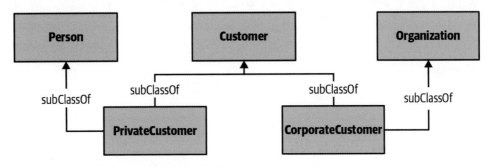

그림 6-2 [그림 6-1]에 있는 모형화 딜레마의 해결책

6.1.1 나쁜 사례 구성해보기

시맨틱 모형화 전문가가 설계한 모형에서도 잘못된 이름을 부여하는 일이 생각보다 자주 발생한다. 예를 들면, SKOS 프레임워크가 의미 포함을 모형화하려고 정의하는 관계는 skos:broader라고 한다. 이는 관계의 의도된 방향에 관한 정보를 제공하지 않는 이름으로 확실히 모호하다. 즉, 'A skos:broader B'이면 A가 B보다 더 광의[broader]인 것이고 그 밖의 경우도 마찬가지다. 그런데 SKOS 규격에서는, broader라는 낱말에 대해서 'has broader concept(개념이 더 넓다, 광의이다)'으로 읽어야 한다는 메모를 추가해 그 뜻을 명확히 했다. 즉, '치즈 skos:broader 유제품'이라는 식으로 말해야 한다는 말이다. 그럴지라도 여전히 관계에 대한 이름을 지을 때는 더 명확히 했어야 했다.

잘못된 이름을 부여하는 일과 비슷한 사례가 Schema.org와 디비피디아 같은 인기 있는 공개 시맨틱 모형 및 데이터셋에서도 발견된다. 예를 들어, 디비피디아의 agent[135] 클래스에는 '건축 구조나 선박 등을 구축하는 비용'으로 정의되는 cost라는 속성이 있다. 이 정의에 더 적합한 속성 이름은 hasConstructionCost나 이와 유사한 표현이다. cost(비용)라는 용어가 이 정의보다 훨씬 더 일반적이기 때문이다.

또 다른 예로는 Schema.org에서 가져온 ExerciseAction[136] 클래스와 이 클래스와 관련된 두 가지 관계인 sportsEvent 및 sportsTeam를 들 수 있다. sportsEvent는 '위치[location]의 하위 속성이며, 이 행동이 발생한 스포츠 행사'로 정의되며, sportsTeam은 '참가자의 하위 속성이며, 이 행동에 참여한 스포츠 팀'으로 정의된다. 두 관계를 나타내는 이름에는 부모 관계와 정확한 의미를 반영하지 않고 있다는 문제가 있다. 이제 위치 측면이 명확하게 전달되므로 '행동 A SportsEvent B'보다 '행동 A isLocatedAt SportsEvent B'라고 하는 편이 더 정확하다. 마찬가지로 hasParticipatingSportsTeam은 sportsTeam 관계가 의도한 의미를 더 정확하게 전달한다.

6.1.2 나쁜 이름을 부여하는 이유

일반적으로 잘못된 요소 이름은 모호하거나 부정확하거나 불필요하게 애매다. 3장에서 보았듯이 모호성은 이름에 다른 의미와 해석이 있을 때 발생한다. 다음은 시맨틱 모형에서 모호한 이름을 자주 사용하는 몇 가지 이유다.

| 다르게 해석될 수 있다는 점을 모른다. |

예를 들면, 기술에 무심한 사람은 파이썬이 프로그래밍 언어라는 사실을 모를 수 있다.

| 다르게 해석한 내용이 시맨틱 모형의 사용 분야나 적용하는 일과 관련이 없으며, 사용자가 이름의 의미를 안다고 가정한다. |

예를 들어, 모형에 컴퓨터 과학과 관련된 엔터티만 포함되었을 때 파이썬이 뱀 종류를 참조한다고 생각하는 사람은 아무도 없다.

| 요소의 의미를 컨텍스트에서 유추할 수 있다고 가정한다. |

예를 들어, 방문한 관계를 통해 Santiago Bernabeu라는 이름의 엔터티와 관련된 Barcelona라는 이름의 엔터티가 있다면, 컨텍스트에서 Barcelona는 축구팀을 나타내고 Santiago Bernabeu는 경기장을 나타냄을 컨텍스트에서 추론할 수 있다.

반면에 부정확성은 요소의 이름이 모형 구축자가 표현하려는 것과 유사하지만, 본질적으로 다른 것을 나타낼 때 발생한다. 흔히 이름은 원래 그러해야 하는 것보다 더 일반적이거나 혹은 더 구체적이며, 때로는 전혀 무관한 이름인 경우도 있지만, 대체로 이름이라는 것은 무엇인가를 아주 정확히 나타내지는 못할지라도 대체로 그 무엇인가를 비교적 잘 나타내는 경우가 더 많다. 이 현상의 주된 이유는 인간이 흔히 쓰는 말이 확실히 부정확한 것임에도 불구하고 인간은 나름대로 자연어를 사용해 자신을 표현할 수 있을 뿐만 아니라, 사람끼리 서로를 이해하는 데 익숙해지기도 하기 때문이다.

예를 들면, 어떤 사람이 여러분에게 '어떤 차를 운전하는가?'라고 묻는다면 여러분은 '1234 번 호판을 단 차를 운전한다'라고 대답하지 않고 '아우디 A4를 운전한다'라고 대답할 가능성이 크다. 그 이유는 아우디 A4가 실제로 운전하는 특정 차가 아니라 자동차 모델명임을 알고 있지만, 질문자가 '자동차'라는 단어를 사용할 때 실제로 '자동차 모델명'을 의미한다고 추측했기 때문이다. 이런 식으로 대답해도 대체로 맞아들겠지만, 설혹 틀렸더라도 질문자는 질문을 명확히 해서 다시 질문을 할 것이고 그러면 여러분은 아주 정확한 답변을 할 수 있을 것이다. 그러나 시맨틱 모형에서는 항상 사용자와의 상호 작용이나 컨텍스트가 풍부하지 않기 때문에 만일 여러분이 어떤 클래스를 만들어야 하는데 그 클래스의 인스턴스들로 자동차 모델들이 있어야 한다면 여러분은 해당 클래스의 이름을 Car(자동차)라고 짓기보다는 CarModel(자동차 모형)이라고 짓는 편이 안전할 뿐만 아니라 더 정확한 이름이 된다.

또 다른 예로는 택소노미taxonomy(분류법, 분류 체계, 분류학) 측면에서 바라본 이 책의 목차가 있다. 이 목차에는 '딜레마'라는 제목을 단 1개 부(즉 3부)와 '표현성 딜레마'라는 제목을 단 1개 장(즉, 12장)이 있다. 나는 처음에는 12장의 제목을 '표현성'으로 하려고 했는데, 이는 여러분이 3부 제목인 '딜레마'가 나온 다음에 12장의 제목을 보게 될 테니 이를 바탕으로 12장에서 무슨 내용을 다룰지를 이해할 수 있을 것이라고 기대했기 때문이다. 하지만, 어떤 사람이 3부 제목을 보지 않은 채로 12장을 보려 한다면 '표현성'이라는 제목만으로는 12장이 무슨 내용으로 채워졌는지를 정확히 알기 어려웠을 것이다.

일반적으로 요소 이름이 완전히 잘못되었을 때, 더 일반적이거나 더 구체적일 때, 밀접하게 관련되지만 정확히 같지는 않은 것을 참조할 때 해당 이름은 부정확한 것이 되고 만다. [표 6-1]은 이름을 부여하는 일과 관련해 잘못된 모형화를 하는 경우와 그나마 더 나은 모형화를 하는 경우를 보여준다.

표 6-1 시맨틱 모형 요소의 이름으로 쓰기에 나쁜 것과 더 나은 것

자연어 표현	잘못된 모형화	더 나은 모형화
'미국은 민주주의 국가다'	'민주주의'라는 클래스를 만들고 '미국'이라는 엔터티를 해당 클래스의 인스턴스로 만들기	'민주주의 국가'라는 클래스를 만들고 '미국'이라는 엔터티를 해당 클래스의 인스턴스로 만들기

'Jane은 딥러닝에서 높은 점수를 받았다'	'딥러닝'이라는 엔터티를 하나 만들고 이를 '높은 점수 취득'이라는 관계를 통해 'Jane'이라는 엔터티에 관련시키기	'딥러닝 과정'이라는 엔터티를 만들고 이를 '높은 점수 취득'이라는 관계를 통해 'Jane'이라는 엔터티와 관련시키기
'바르셀로나가 산티아고 베르나베우를 방문했다'	'바르셀로나'라는 엔터티를 만들고 '방문자' 관계를 통해 '산티아고 베르나베우' 엔터티와 관련시키기	'바르셀로나 FC'라는 엔터티를 만들고, '방문자'라는 관계를 통해 '산티아고 베르나베우 스타디움'과 관련시키기

6.1.3 명료함 추구

텍스트커널에 근무할 때 나는 처음 몇 달 동안 회사의 시맨틱 검색 소프트웨어에서 **쿼리 구문분석 및 확장**query parsing and expansion에 사용하는 시맨틱 모형을 발견하는 일을 했다. 검색어 확장은 사용자의 검색어(예: '자바')를 의미상 유사한 용어(예: 'C#')로 확장하여 사용자의 입력 용어를 포함하지 않는 관련 문서를 계속 검색할 수 있도록 하는 검색 기술이다. 이를 달성하기 위해 모형에는 이미 전문가가 정의하고 사용자 데이터에서 마이닝한 양질의 의미상 관련 용어가 많이 포함되어 있었다. 하지만 문제가 있었다. 모형을 개발하고 유지 관리하고 사용하는 데 관련된 거의 모든 사람이 자바와 C#을 '동의어'로 여겼는데, 이는 분명히 사실이 아니다(자바와 C#이 서로 비슷한 언어이기는 하지만, 서로 다른 존재다). 게다가 더 나빴던 점은 모형 내의 관계를 실제로 나타내는 이름은 belongsTo였는데, 이는 다소 추상적이어서 유익하지 않으며 자주 혼란을 일으킬 만한 이름이었다.

우리 팀에서는 상황을 개선하려고 두 가지 일을 했다. 상대적으로 쉬운 첫 번째 작업은 모형의 표현과 문서 내의 관계 이름을 expandsInSearchQuery에 속하도록 변경하는 일이었다. 두 번째이자 어려운 작업은 확장 관계를 동의어로 간주하지 않도록 사람들의 머릿속에 새겨진 이름을 바꾸는 일이었다. 결국 우리는 점진적으로 그러나 꾸준히 모든 커뮤니케이션에서 공식적이고 비공식적인 새 이름을 홍보함으로써 이를 달성했다.

시맨틱 모형에 잘못된 이름을 사용하지 않으려면 명확성clarity과 정확성accuracy을 위해 지속해서 조사하는 방법을 배워야 하며 자신부터 시작하여 명확성을 향해 (부드럽지만, 단호하게) 나아가야 한다. 다음은 이를 수행하는 몇 가지 기술이다.

- 언제나 어떤 한 가지 요소의 이름이 다른 것(즉 해당 요소와 관련된 요소들이나 그 밖의 정의)으로부터 고립되게 하고, 단 한 사람이라도 이 이름을 다른 식으로 해설할 가능성을 최대한 합법적인 방식으로 생각해 보자. 물론 여러 사람이 다른 식으로 해석할 여지에 대해서도 그렇게 해야 한다. 이렇게 하기가 부담스럽다면 그 대

안으로 한 개 이상의 말뭉치에서 해당 이름을 검색해 보고(구글 검색을 해 보면 더 좋다) 얼마나 다양한 의미가 제시되는지 살펴보자.

- **이름에 두 가지 이상의 해석이 있을 때는 다른 해석이 도메인 내에 있지 않거나 발생할 가능성이 별로 없더라도 더 구체적인 이름을 부여하자.** 이는 모형에 모호한 요소 어휘화가 포함되어서는 안 된다는 의미가 아니라 엔터티의 주된 이름이 모호하지 않아야 함을 의미한다. 예를 들어 여러분의 엔터티가 FC 바르셀로나라면, 해당 엔터티와 관련된 엔터티들 때문에 의미가 분명해 보이더라도 '바르셀로나'라는 용어를 이름으로는 사용하지 않을지라도 레이블로는 사용해도 무방하다.

- **요소에 대한 정의를 사용할 수 있을 때는 이름과 요소를 서로 비교하자.** 정의가 이름보다 더 일반적이거나 더 구체적인 것을 표현한다면 후자를 변경해야 한다.

- **모형 구축자, 주석자, 개발자, 사용자가 실제로 요소를 사용하는 방법을 연구하자.** 예를 들어 주어진 관계에 대해 인간이 만든 단언의 대부분이 잘못되면, 관계를 나타내는 이름 중에 문제 있는 이름이 원인일 수 있다.

- **극단적인 경우까지 물어보자.** 예를 들어 비용이라는 속성이 있을 때는 이 이름에 생각할 수 있는 다양한 유형의 비용이 모두 포함되는지 물어보자.

- **어떤 관계에 이름을 부여할 때는 동사구를 사용하고 방향을 명확하게 하자.** 예를 들어 우리기 SKOS에서 보았듯이 hasBroader는 borader보다 더 나은 이름이다.

6.2 정의를 생략하거나 나쁜 정의를 부여하기

더운 여름밤에 여러분이 친구와 함께 술집에서 술을 마시고 있다고 상상해 보자. 어느 시점에 여러분의 직장 동료가 여러분의 시스템에서 벌레를 찾아 내었고 여러분이 그것을 처리해야 했기 때문에 어제 초과 근무를 할 수밖에 없었다고 친구들에게 말했다고 해 보자. 친구들의 반응은 어떠할까?

1. 친구들은 여러분이 질병에 걸렸다고 생각하고 의사에게 진찰을 받았는지를 묻는다.
2. 여러분이 소프트웨어 공학자로 일한다는 점을 알고 있던 친구들은 **벌레**라는 말이 여러분의 일과 관련된 어떤 용어라고 추측하지만, 정확히 그 용어가 무엇을 의미하는지는 모른다.
3. 친구들 또한 소프트웨어 공학자라서 소프트웨어라는 컨텍스트에서 볼 때 **벌레**라는 말이 '오류, 결함, 장애 또는 컴퓨터 프로그램이나 시스템의 결함 때문에 잘못되거나 예상치 못한 결과가 발생하거나 의도하지 않은 방식으로 동작하게 되는 것'임을 안다.

친구가 첫 번째 방식으로 반응한다면 버그라는 용어를 모호하지 않게 하는 데 필요한 컨텍스트가 충분치 않다는 의미이며, 예를 들면 소프트웨어 버그라는 용어를 사용하여 더 구체적으로 만들어야 한다는 의미이다. 즉, 더 나은 엔터티 이름을 사용해야 한다. 그러나 친구가 두 번째 방식으로 반응한다면 문제는 용어의 모호성이 아니라 이러한 컨텍스트에서 용어의 의미를 이해하는 데 필요한 전문 지식이 부족하다는 사실이다. 즉, 친구가 좋은 정의를 놓치고 있는 것이다.

6.2.1 정의가 필요할 때

몇 년 전에 나는 두 가지 택소노미^{taxonomy}(분류법, 분류 체계)를 병합하는 프로젝트를 진행했다. 이를 위해 우리는 병합해야 하는 두 가지 택소노미에서 동의어 엔터티를 식별하는 몇 가지 의미 일치 알고리즘을 개발했다. 알고리즘이 100% 정확하지는 않았기 때문에 식별된 동의어는 몇 가지 신뢰도 측정에 따라 순위를 매겼으며 이를 제공받은 주석자^{annotator}(애노테이터) 그룹이 정확성을 확인하거나 거부했다. 주석자에게서 받은 의견은 모두 한 가지 중요한 문제에 초점을 맞추었다. 그들은 구글 등의 검색 엔진에서 주석을 추가해야 하는 엔터티의 의미를 검색하는 데 많은 시간을 소비했다. 그들은 언제나 엔터티가 무엇을 의미하는 것인지를 그 이름만 보고 이해하기가 힘들었기 때문이다. 우리의 주석자들에게는 특정 분야 전문가만큼의 전문 지식이 없었으므로 이는 우리가 예상한 상황이었다.

모든 모형 이해 관계자(제작자, 유지 관리자, 사용자)에게 동일한 배경이나 전문 지식이 있다고 합리적으로 기대할 수 없을 때에는 시맨틱 모형 안에 있는 요소들을 각기 글로 잘 정의해 두어야 한다. 특히 외부인이 이해하기 어려운 특수 용어와 각종 개념어가 난무하는 고도로 전문화된 분야와 커뮤니티에서 특히 그렇다. 여기에는 다음이 포함된다.

| 특정 분야에서만 사용하며 상식이 아닐 가능성이 큰 고도로 전문화된 용어 |
예를 들어, 'Agonal'은 의료 분야에서 사용하는 용어로 환자 상태의 중대한 부정적인 변화를 나타낸다.

| 약어 |
예를 들어, 군사 분야에서 'AWOL'은 '휴가를 내지 않은 채로 결석하는 일'을 나타내며 누군가가 있어야 할 곳에 없지만, 탈영할 의도는 없음을 나타낸다.

| 특정 분야에서 특수한 의미가 있는 일반 용어나 다른 분야에서 쓰는 용어 |

예를 들어, 금융 분야에서 쓰는 '지급 능력'이라는 용어는 '개인이 지급하는 세금액은 개인의 부에 대한 세금이 부과할 부담 수준에 따라 달라져야 한다는 경제 원칙'을 나타낸다.[137]

이러한 상황이라면 도메인 한정자domain qualifier(도메인 한정사)를 포함하여 더 나은 이름을 제공하는 편이 더 좋지만, 언제나 그것만으로 충분하지는 않다. 여러분이 벌레를 찾았다고 말하는 대신에 버그(소프트웨어)를 찾았다고 말했다면 더 좋았겠지만, 그럴지라도 소프트웨어 전문가가 아니라면 여전히 친구들은 여러분이 벌레나 버그라고 지칭하는 엔터티의 의미를 파악하기 어려울 것이다.

6.2.2 정의를 생략하는 이유

여러분이 다양한 공개 시맨틱 모형을 검사해 본다면, 적용 범위와 품질 측면에서 볼 때 정의를 사용하는 방식이 일관되지 않음을 알 수 있다. 예를 들면, Eurovoc(*https://oreil.ly/THTTs*)은 그 안에 포함된 용어의 정의나 설명을 제공하지 않지만 ESCO는 제공한다. 반면 디비피디아는 포함된 인스턴스 수준 엔터티를 대부분 정의하고 있지만(rdfs:comment 속성을 활용해), 대부분의 스키마 요소(즉 클래스나 관계, 속성)에 대해서는 정의하고 있지 않다. 예를 들어, 여러분은 Broadcaster라는 클래스가 '라디오나 텔레비전 프로그램의 제작이나 전송을 담당하는 조직'[138]임을 알 수 있지만, 나루토 캐릭터[139]가 무엇인지에 관한 정보는 얻지 못할 것이다.

그런데, 시맨틱 모형에 정의가 빠질 수 있는 이유가 몇 가지 있다.

| '누구나 다 알 만한 것'이라고 가정하는 일 |

우리가 잘 아는 분야에 대한 시맨틱 모형을 구축할 때, 우리는 모든 사람에게 동일한 배경지식이 있으므로 모형에 포함된 모든 것을 이해할 수 있다고 가정하는 경향이 있다. 잘못된 이름은 이런 가정의 결과이며 이로 인해 정의를 내리지 않거나 조잡한 정의를 내리는 결과도 내게 된다.

| 어려움과 비용 |

정의할 요소가 많고 해당 요소에 관한 정의를 가져오는 데 사용할 만한 자동 메커니즘이 없다면 수작업 방식으로 정의하는 데 비용이 너무 많이 들 수 있다. 더욱이 정의할 요소가 다소 추상적이고 애매하다면 정확하고 합의된 정의를 내리기가 어려울 수 있다.

| 선택 사항 |

많은 시맨틱 모형화 프레임워크에서는 정의를 시맨틱 모형의 핵심이 아닌 선택 요소로 간주한다.

| '추론에 이바지하지 않는' 태도 |

대부분의 논리학자와 지식 표현 전문가가 보기에 엔터티를 설명한 글은 관계 및 공리나 규칙만큼 추론이나 추리에 이바지하는 게 아니라서 그다지 쓸모가 없는 것으로 비춰진다. 글로 설명한 내용은 a) 여러분의 모형을 주로 자동화된 추론에 사용해야 하며 b) 모형과 상호 작용할(소비용뿐만 아니라 정비용으로도) 사람들이 큰 노력 없이 모형을 이해할 수 있다고 확신할 때만 유효한 인수다.

6.2.3 좋은 정의와 나쁜 정의

아예 정의를 내리지 않은 경우보다 문제가 덜한 경우는 나쁜 정의를 내리는 경우인데, 나쁜 정의란 부정확하거나 모호하거나 애매한 이름과 마찬가지로 부정확하거나 모호하거나 (불필요하게) 애매한 정의를 말한다. 예를 들어, IPTC^{International Press Telecommunications Council}의 서브젝트 코드 택소노미^{Subject Code Taxonomy}(*https://oreil.ly/nlxS0*)에서 '물고기를 양식하거나 잡는 일'[140]로 정의된 **fishing industry**(어업) 부분을 생각해 보자. 해당 택소노미에서는 어업이라는 개념을 나타내는 이 이름 중에서도 fishing(어로 활동) 부분만 다루고 industry(산업)는 다루고 있지 않으므로 이는 부분적으로만 정확한 정의다.

유사하게, 동일한 택소노미에 나오는 **staticistic**(통계)[141]이라는 개념은 '온도, 기압, 강수위, 습도, 만조 및 썰물 등 같은 날씨에 대한 수치적 사실'로 정의된다. 개념의 이름이 날씨 특이성을 의미하지 않으므로 이 또한 부정확한 정의다. [표 6-2]는 IPTC 택소노미에서 좋은 정의와 나쁜 정의의 추가 예를 보여준다.

표 6-2 IPTC 용어의 좋은 정의와 나쁜 정의.

좋은 정의	나쁜 정의
무용: 움직임을 통해 감정이나 의도를 표현하는 일	영화: 예술과 오락의 한 종류인 영화
신문: 세계의 일상적인 역사와 기능, 만화 등을 보여주는 일간 간행물이나 주간 간행물	예보: 단기나 장기 미래의 날씨 추세 예측
살인: 어떤 사람이 다른 사람을 죽이는 일	대체 에너지: 대체 에너지 사업
오염: 유해할 수 있는 도메인에서 원치 않는 물질의 방출	보석: 의류 액세서리.
농장: 유제품, 과일, 가축(예: 소, 어류)을 포함한 식료품 생산을 위한 농업 지역	교통: 교통 신호나 경고

정의의 일반적인 문제는 순환성^{circularity}이다. 즉, 어원학적으로나 형태학적으로 관련된 용어만을 사용하여 용어를 정의하는 문제가 있다. 예를 들어, IPTC에서 **Poetry**(시)[142]는 '시적 표현의 예술, 구조, 형태'로 정의되어 있는데, 이로 인해 '시적인'이라는 형용사보다는 '시'라는 명사로 초점이 맞춰지게 된다. 이러한 방식으로 개념을 정의할 수는 있지만, 이상적으로 볼 때 정의는 그 자체로 존립해야 한다. 따라서 디비피디아의 정의가 훨씬 더 나을 것이다. '시는 언어의 미학적이고 운율 속성(예: 음운의 미학적 요소, 음향의 상징성, 운율)을 사용하여 산문 형태로 드러나는 표면적 의미를 감춰진 의미로 대체하거나 표면적 의미에 감춰진 의미를 보태는 문학 형식이다.'[143]

순환성을 확인하려면 정의의 기본 단어를 확인하여 정의 중인 용어를 바로 되돌려서 다시 가리키는 것이 있는지 확인해야 한다. 만약 두 개의 엔터티가 서로 단독으로 정의되거나 어느 한쪽 편 위주로 정의된다면, 독자가 두 가지 정의 중 하나를 이해할 수 있는 근거가 사라지고 만다.

> **WARNING_ '클래스가 아닌' 방식으로 클래스를 정의하는 일**
> 정의와 관련된 일반적인 실수는 어떤 인스턴스가 있어야 하는지 명확하지 않은 방식으로 클래스를 정의하는 일이다. 예를 들어, 우리의 모형에 민주주의라는 엔터티를 민주적인 국가들의 클래스로 사용하기를 원한다면, 이를 '최고 권력이 시민을 대표할 사람들을 선출할 수 있는 시민 단체에 있는 정치 체제'라고 정의하는 일은 해당 엔터티가 국가여야 한다는 중요한 정보를 숨긴다. 따라서 이보다 정확한 정의는 '... 시민 단체에 있는 정치 체제가 지배하는 국가'다.

6.2.4 정의 획득 방법

시맨틱 모형에 관한 정의를 생성하는 네 가지 방법이 있다. 첫 번째는 전문가 팀을 고용하여 여러분을 돕게 하는 방법이다. 직무와 이에 필요한 기량이라는 개념 모두에 대한 ESCO를 구축할 때 유럽위원회에서 이 방법을 사용했다. 이는 기존 정의를 찾기 어려울 만큼 아주 전문화된 분야에서 운영하거나 '전문가'가 정의를 승인해야 할 때 채택하는 것이 합리적이며 비용이 많이 들고 확장 불가능한 접근 방식이다.

두 번째 방법은 이미 사용 가능한 사전, 용어집 등의 공급원에서 필요한 정의를 있는 그대로^{as is} 가져오는 것이다. 예를 들면, 전문 분야가 소프트웨어면 스택 오버플로^{Stack Overflow} 태그(*https://stackoverflow.com/tags*)에서 많은 관련 기술의 좋은 정의를 찾을 수 있다. 주로 석유나 가스 분야에 관심이 있다면 슐룸베르거^{Schlumberger}의 가스산업 용어집^{Oilfield Glossary}(*https://www.glossary.oilfield.slb.com*)이 아주 유용할 수 있다. 하지만, 이러한 공급원을 재사용할 때는 다음 세 가지를 알아야 한다.

| 공급원의 저작권 |

원하는 목적으로 자원을 사용하지 못할 수도 있다.

| 공급원의 품질과 신뢰성 |

IPTC에서 보았듯이 모든 공개 정의가 좋지는 않다.

| 공급원의 전문 분야 특이성 |

전문 용어집은 사용자가 특별히 예상하거나 원하지 않는 매우 구체적인 방식으로 모호하거나 일반적인 용어를 정의하기도 한다. 예를 들어 인베스토피디아^{Investopedia}에 따르면 Elasticity(탄력성)라는 용어는 '개인, 소비자, 생산자가 수요나 가격이나 소득 변화에 따라 공급되는 양을 변경하는 정도를 나타낸다[145]라고 하는데, 이는 물리학 분야 용어가 필요한 시점에서 이 용어집을 사용해서는 안 된다는 말이다.

정의를 얻는 세 번째 방법은 관련 전문 알고리즘과 기술을 사용하여 텍스트에서 정의를 추출하는 것이다.[146][147][148][149] 이러한 접근 방식 대부분은 수작업 방식으로 제작되거나 반자동으로 학습되는 사전 구문 패턴이나 특징에 의존하는 상징적 방법을 사용한다.[150][151][152] 패턴은 '~을 참조(refers to)', '다음 내용으로 정의됨(is defined as)', '~라는 것은(is a)' 같은 단순한 단어 열일 수도 있고 더 복잡한 단어 열이나 품사나 청크일 수 있다.

이러한 시스템은 기술 관련 교과서나 의료 분야 교과서에서 볼 수 있는 강력한 구조(글꼴이 다르다거나 그 밖의 정형화 요소가 있는 경우)가 있는 본문에서 가장 잘 작동한다. 예를 들어, 대부분의 수학 교과서에서는 본문에 명시적으로 정의를 표시하며 흔히 일반화된 형식을 따른다. 프로그래밍 자습서처럼 구조화되지 않은 본문에서는 일반적으로 더 비공식적으로 표현하므로 어떤 문장이 정의인지 식별하기가 훨씬 더 어려울 수 있다.

모형의 요소에 관한 정의를 생성하는 네 번째 방법이자 겉보기에 직관에 반하는 것처럼 보이는 방법은 보유 중인 시맨틱 모형이나 기타 사용 가능한 시맨틱 모형에서 이를 합성하는 것이다. 예를 들어, 모형에 'JavaDeveloper subclassOf SoftwareDeveloper(자바 개발자는 소프트웨어 개발자의 하위 클래스임)'와 'JavaDeveloper specializesIn Java Programming Language(자바 개발자는 자바 프로그래밍 언어에 특화됨)' 관계가 포함된다고 가정해 보자. 그런 후에 안드로우초포울로Androutsopoulos 등[153]이 설명한 것 같은 방법을 사용한다면 이 두 관계를 '자바 개발자는 자바 프로그래밍 언어를 전문으로 하는 일종의 소프트웨어 개발자' 같은 정의로 결합하고 말로 표현할 수 있다.

이러한 방식으로 외연적 정의extensional definition(완전하다고 알고 있는 요소의 모든 인스턴스를 나열), 직시적 정의ostensive definition(요소 인스턴스의 부분집합 나열), 내포적 정의intensional definition(함의, 동의어, 인스턴스화나 기타 관계를 구두로 표시)를 생성할 수 있다. 직시적 정의와 내포적 정의의 주요 과제는 요소의 의미에 더 많이 이바지하는 인스턴스나 관계를 결정하는 것이다. 예를 들어, '자바 개발자는 일종의 소프트웨어 개발자다'라는 말은 '자바 개발자의 평균 급여는 $50,000이다'보다 정의적 컨텍스트에서 더 유용하다.

6.3 애매성 무시

3장에서 살펴보았듯이 애매성vagueness은 클래스, 관계 같은 요소의 외연을 정확하게 결정하기 어렵게 하는 현상이다. 시맨틱 모형을 구축할 때 공학자와 특정 도메인 전문가는 애매한 술어를 흔하게 사용하며 이는 애매한 정의가 있는 요소를 포함하는 공개적으로 사용 가능한 여러 온톨로지에서 분명하다.

예를 들어, 영화가 속한 장르와 영화를 연결하는 디비피디아의 hasFilmGenre 관계는 애매하다. 대부분의 장르에는 명확한 적용 기준이 없으므로 특정 장르에 속하는지 아닌지를 결정하기 어려운 영화가 있기 때문이다. 애매한 클래스의 다른 예로는 Cyc의 FamousPerson(유명인)과 BigBuilding(큰 건물), 비즈니스 역할 온톨로지[154]에 있는 Competitor(경쟁자)가 포함된다.

이 예에서 주목해야 할 점은 애매한 엔터티의 의도된 의미를 명확히 하는 추가 정의가 없다는 것이다. 예를 들면, 유명인이라는 개념의 정의에는 누군가가 유명하다고 판단하는 데 필요한 명성의 수준이 없다. 이로 인해 문제가 발생할 수 있다.

더 구체적으로 말해서, 시맨틱 모형에 애매한 요소가 있으면 이를 개발하고 유지하고 사용하는 사람들 사이에 모순성이 발생할 수 있다. 이러한 상황을 실제 프로젝트에서 겪은 적이 있는데, 특정 분야 전문가들로 구성된 우리 팀이 전력 시장 온톨로지를 개발하는 동안 Critical System Process(필수 시스템 프로세스)나 Strategic Market Participant(전략적 시장 참여자) 같은 개념을 정의하는 데 상당한 어려움에 직면했다. 특정 분야 전문가들에게 중요한 모범 업무절차 사례를 제공하도록 요청했을 때 특정 업무절차의 적격성 여부에 관한 논쟁이 있었다. 전문 분야가 상이했던 각 전문가들은 업무절차 중요도에 관한 기준이 다를 뿐만 아니라 누구도 이 중 어느 기준이 분류에 충분한지 결정할 수 없었다. 즉, 문제는 비판적인 술어의 애매성이었다.

의견이 일치하지 않더라도 서로 합의를 하거나 투표를 함으로써 극복할 수 있기는 하지만, 더 많은 사용자가 시맨틱 모형을 변경하거나 확장하거나 사용함에 따라 의견 불일치를 피하기 어렵게 된다. 예를 들어, 여러분이 전사적 온톨로지를 개발하는 중에 Strategic Client(전략적 고객) 개념을 인스턴스화 해야 한다고 가정해 보자. 우선 주어진 고객이 회사를 위해 생성하는 수익 금액을 기준으로 사용하여 인스턴스를 제공하는 회사의 임원에게 물어보자. 그런 후에 새로운 연구개발 담당 이사가 회사에 합류하여 연구개발 전략을 수립하려고 회사의 지식 관리 시스템에서 이 개념의 인스턴스를 참조한다고 해 보자. '전략적'이라는 용어에 대한 자체 적용 가능성 기준이 다른 경영진이 사용하는 기준과 일치하지 않을 때 반환된 전략적 고객 목록을 사용하면 잘못된 결정을 내릴 수 있다.

이러한 예를 일반화한, 애매성 문제가 발생할 수 있는 몇 가지 일반적인 유즈케이스use case(사용 사례, 용례) 시나리오는 다음과 같다.

| 애매한 클래스나 애매한 관계를 인스턴스화 |

특정 도메인 전문가가 애매한 클래스나 애매한 관계의 인스턴스를 정의하도록 요청하면 특정 엔터티가 인스턴스를 구성하는지에 관한 의견 차이가 발생할 수 있다.

| 애플리케이션에서 애매한 사실을 사용 |

시스템이 애매한 사실로 추론할 때 이러한 사실에 동의하지 않는 사용자에게는 출력이 최적이 아닐 수 있다. 예를 들면, 추천 시스템이 'John은 코미디 영화를 좋아한다'와 '영화 A는 코미디다'라는 사실을 알고 있다면 이 시스템은 'John은 영화 A를 좋아할 것이다'라고 추론할 수 있다. 그러나 John은 영화 A가 실제로 코미디 영화라는 점에 동의하지 않을 수 있다. 이는 매우 애매하고 주관적인 진술일 수 있기 때문이다.

| 애매하게 설명된 데이터 통합 |

여러 공급원에서 데이터를 병합해야 할 때 애매한 특정 요소를 병합하면 모든 사용자가 올바르다고 간주하지는 않는 데이터가 발생할 수 있다(예: 앞에서 언급한 Strategic Market Participant의 두 가지 서로 다른 인스턴스 집합).

| 설명이 애매한 시맨틱 모형 재사용 |

데이터 실무자가 특정한 시맨틱 데이터 모형이 자신의 요구에 적합한지 결정해야 할 때, 애매한 요소의 엔터티는 결정을 더 어렵게 만들 수 있다. 왜냐하면 이러한 요소의 의미가 자신의 응용 컨텍스트와 호환되는지에 대한 확률을 선험적으로 평가하기가 상당히 어려울 수 있기 때문이다.

> **WARNING_ 애매한 특징과 데이터로 머신러닝 모형을 훈련하기**
>
> 머신러닝 모형을 학습하여 영화 평점 예측 시스템을 개발해야 하는데 사용하려는 특징이 애매하거나 훈련용 데이터에 애매한 값이 있다고 상상해 보자. 예를 들면, 영화가 개봉한 정확한 연도나 10년이라는 값이 들어 있지 않고 old(고전)나 new(신작) 같은 속성만 있다고 해 보자. 아니면 영화에 출연한 정확한 배우 정보 대신에 부울 속성인 includesFamousActors(유명 배우 포함)만 있다고 해 보자. 이때 예측 모형은 학습 데이터에 반영된 '신작', '고전', '유명 배우'의 해석을 학습하지만, 학습된 시스템을 적용하려는 다른 데이터에서는 반드시 그렇지는 않다.

6.3.1 애매성은 버그라기보다는 일종의 특징

노력을 더 기울여 모든 것을 선명한 방식^{crisp way}(경계를 명확히 하는 방식 즉, 보통집합을 정의하는 것 같은 방식)으로 정의하기만 하면 모형의 애매성에서 비롯한 부정적인 영향을 피할 수 있다고 생각하기가 아주 쉽다. 실제로 이렇게 될 수도 있지만, 사용자가 여러분이 기울인 노력과 같은 노력을 기울일 것이라고 확신할 수 있는가? 이런 일이 생기지 않는 세 가지 상황을 살펴보겠다.

첫 번째 상황에서 사용자는 마드리드에서 '적당한 가격'과 '이국적인 요리'를 제공하는 레스토랑을 찾고 싶어 한다고 가정해 보자. 데이터베이스에 저장된 레스토랑은 요리(프랑스, 중국, 스페인 등)와 가격대를 유지한다고 가정한다. 시스템이 사용자의 질문에 답하려면 두 가지, 즉 어떤 요리가 이국적이라고 할 수 있는지와 어떤 가격이 적당한지를 알아야 한다.

이러한 지식의 명백한 컨텍스트 의존성(예: 중국인에게 중국 요리는 이국적이지 않음)을 제외하고, 시맨틱 모형 구축자가 해결해야 할 더 일반적인 문제는 cheap(저렴한 가격에 낮은 품질을 제공하는) 식당과 moderate(적절한 가격에 적절한 품질을 제공하는) 식당 간에 경계선을 긋는 곳이나 exotic(이국적인) 음식과 non-exotic(이국적이지 않은) 음식 사이의 경계선을 긋는 곳에 숨어 있다. 이는 moderate(적절한)라는 술어와 exotic(이국적인)이라는 술어 모두 애매하기 때문이다. 사실, moderate 술어는 가격 차원에 따라 정도 애매성^{degree vagueness}을 지니지만, exotic 애매성에는 조합 애매성^{combinatory vagueness}이 있다(요리를 이국적인 음식으로 분류하는 데 필요한 기준을 명확하게 정의할 수 없다).

전통적인 시스템과 모형에서는 엄격한 경계를 부여하거나(예: 20유로 이상을 적절한 가격 기준으로 삼고, 그 이하일 때는 저렴한 가격으로 분류) 일부 경계를 참과 거짓에 둘 다 속한다고 분류(예: 특정 요리를 이국적인 요리이면서도 이국적이지 않은 요리로 분류)하는 일이 일반적으로 발생한다. 두 번째 해법을 사용하면 어떤 레스토랑이 경계선인지를 결정해야 하므로 문제가 실제로 해결되지 않는다. 반면에 첫 번째 해법의 문제점은 시스템이 사용자와 잠재적으로 관련이 있는 결과를 검색하지 못할 수 있다는 점이다(예: 19.90유로 가격으로 레스토랑을 찾지 못함).

두 번째 시나리오는 잠재적인 프로젝트에 대한 제안 요청(RFP)을 받고 경쟁 제안을 준비하는 데 시간과 노력을 할애할 가치가 있는지 결정하려는 사업 관리자를 포함한다. 이 결정을 위해 해당 관리자는 제안이 성공할 확률을 평가하고, 제안서에 필요한 사업 및 기술 분야가 회사의 핵심 역량 분야 내에 속하는지, 잠재적 프로젝트의 예산이 매우 많은지, 프로젝트 경쟁이 강할지나 약할지 등, 자신의 회사에 관한 여러 가지를 알아야 한다.

이상적으로 생각한다면 관리자는 전문 지식, 프로젝트, 직원 및 경쟁사에 관한 회사의 지식을 염두에 두는 일부 지능형 시스템에서 이러한 질문에 대한 답을 찾기를 바랄 것이다. 그러나 이렇게 하려면 시스템에 핵심 역량 분야, 강하거나 약한 경쟁자, 많거나 적은 예산을 구성하는 요소에 관한 정의가 있어야 한다. 그러나 이러한 모든 술어(핵심 역량, 강력한 경쟁자, 많은 예산)는 애매하므로 레스토랑 예에서 본 문제와 동일한 문제가 발생한다.

마지막으로, 직업 검색 엔진을 사용하여 자신의 전문 경력에 가장 잘 맞는 일자리를 찾는 구직자를 상상해 보자. 경력 속성 중 하나는 자바 개발 도메인에서 경력을 2년 쌓았다는 것이다. 시스템 데이터베이스에 어느 정도 숙련된 자바 개발자(정확한 연수를 지정하지 않음)를 요구하는 일자리가 있을 때 시스템은 경력 2년이 '적당한 경험'이라는 요건을 어느 정도 충족하는지 알아야 한다. 물론 후자는 애매한 용어이므로 동일한 문제가 다시 발생한다. 여기서 유일한 차이점은 애매성이 쿼리에 포함되지 않고 내용(일자리)에 포함된다는 점이다.

6.3.2 애매성을 감지하고 설명하기

여러분이 지닌 모형의 애매성에 관해 이야기하지 않는 합법적인 이유는 여러분의 모형에 애매성이 없어야 한다는 사실 때문이다. 즉, 모든 모형의 요소가 경계사례를 위한 여지를 남기지 않게 선명한 정의crisp definition를 내리고 있어야 하기 때문이다. 이렇게 하는 게 가능하지 않거나 바람직하지 않으면 최소한 모형의 사용자에게 애매성이 있음을 경고해야 한다. 이를 위해 네 가지를 수행해야 한다.

1. 이름이나 정의를 통해 애매한 의미가 있는 모형 요소를 식별한다. 이를 수작업으로 수행해도 되고, 모형이 너무 크다면 다음 단원에서 설명하는 자동화된 애매성 감지 방법을 사용해도 된다.
2. 이러한 요소가 정말로 애매한지 아니면 의미가 아주 선명함에도 그저 애매한 방식으로 정의되어서 그런 것인지를 조사한다(6.1절 '나쁜 이름 부여' 참조).
3. 애매성 유형, 잠재적 차원, 적용 가능성 컨텍스트를 지정하여 요소의 애매한 의미를 가능한 한 구체적으로 조사하고 만든다.
4. 요소의 설명과 문서에 명시적으로 언급하여 3단계에서 추가한 규격을 모든 사람이 아는지 확인하자.

간단한 애매성 감지기

2014년에 동료와 나는 애매한 용어 어감과 애매하지 않은 용어 어감을 구분하는 분류기를 학습하여 애매한 시맨틱 모형 요소를 자동으로 식별하는 방법을 개발했다.[155] 예를 들어, 온톨로지 클래스 strategicClient(전략적 고객)를 '회사에 대한 가치가 높은 고객'으로 정의하면 애매한 것으로 특징지어지지만, AmaricanCompany(미국 회사)를 '미국에서 법적 지위가 있는 회사'로 정의하면 애매한 것으로 특징지어지지 않는다. 분류기는 워드넷에서 신중하게 구성된 애매하고 모호하지 않은 어감 예제를 사용하여 지도학습 방식으로 훈련되었다.

특히 우리는 형용사 어감 2,000개로 구성된 데이터셋을 만들었는데, 그중 1,000개는 정의가 애매했고 나머지는 애매하지 않았다. 이러한 어감의 표본은 3장의 [표 3-1]에 있다. 어떤 텍스트를 애매한 것으로 분류하거나 그렇지 않다고 분류하는 작업은 매우 주관적일 수 있으므로, 우리는 세 사람에게 데이터셋 정의의 부분집합(100개)에 주석을 달도록 요청하여 이 데이터셋을 구성하고 주석자 간 동의를 측정했다. 평균 쌍별 JPA^Joint probability of agreement(동의의 결합 확률)는 0.81이고 코헨^Cohen의 카파^Kappa[156]는 0.64이며, 둘 다 합리적인 합의를 나타낸다.

우리는 이 데이터셋의 첫 80%에 해당하는 부분(즉, 애매한 사례 800개와 애매하지 않은 사례 800개)을 사용하여 각 사례를 나타내는 단어 주머니^bag of words(단어 가방)를 사용해 이항 분류기를 훈련했다. 데이터의 나머지 20%(즉, 애매한 사례 200개와 애매하지 않은 사례 200개)를 테스트 집합^test set(테스트 셋)으로 사용했다. 정확성은 84%로 상당히 높게 나타났다.

우리는 애매한 온톨로지적 정의를 탐지하는 분류기의 효과와 잠재력을 평가하려고 CiTO에 적용해 보았다. 전문가의 '애매함/애매하지 않음' 분류를 시스템 출력과 비교하려고 다음과 같이 작업했다. CiTO에서 44개의 관계를 선택했고(예를 들어, 관계와 그 역을 모두 피함으로써 잉여를 방지함) 세 명으로 이뤄진 판정단이 해당 관계들이 애매한지 아닌지를 수작업으로 분류하게 했다. 결국 27개의 애매한 관계와 17개의 애매하지 않은 관계를 얻었으며 그 표본은 3장의 [표 3-2]에 있다.

그런 후에 관계를 글 형식으로 정의한 내용에 이전 단원의 훈련된 애매성 분류기를 적용했다. 그 결과는 매우 고무적이었다. 44개 관계 중 36개는 '애매함/애매하지 않음' 관계(82%), 애매한 관계에 대해 74%, 애매하지 않은 관계에 대해 94%로 정확하게 분류되었다.

애매성과 주관성 조사

애매성은 주관성subjectiveness 및 정서적 극성sentiment polarity과 관련이 있지만(분극화된 단어는 보통 애매하고 애매한 단어는 일반적으로 주관적이므로) 주관적인 진술이라고 해서 항상 애매성을 띠는 것만은 아니므로 전문성을 지니고 조심스럽게 다뤄야 한다.

이런 직관이 적절한지 확인하려고 나는 참고문헌 [157]에 나오는 주관적 어감 분류기를 사용해서 애매한 어감은 주관적이지만 애매하지 않은 어감은 객관적이라고 가정하여 애매한 용어나 애매하지 않은 용어를 주관적으로나 객관적으로 분류했다. 특정 분류기는 오피니언 파인더OpinionFinder 시스템(*https://oreil.ly/gbvRK*)의 일부였으며, 데이터셋의 형용사 어감 2,000개에 적용한 결과는 다음과 같다. 애매한 어감 1,000개 중 167개만이 주관적이라고 분류되었고 993개는 애매하지 않은 어감 1,000개 중에서 나왔다. CiTO 관계에 오피니언 파인더를 적용했을 때도 유사한 결과를 발견했다. 전체 44개 중 18개(40%)가 정확하게 분류되었으며, 애매하지 않은 관계에 대해서는 94%의 정확도를 보였지만, 애매한 관계에 대해서는 7%에 불과했다.

물론 이러한 수치가 주관성 탐지 시스템으로서의 오피니언 파인더의 품질을 반영하지는 않지만, 주관성 같은 방식으로 애매성을 다루는 일이 실제로 효과적이지 않다는 점을 보여준다.

애매성 설명

애매성에 관한 설명문을 작성할 때는 엔터티가 실제로 애매한지를 가장 먼저 명시해야 한다. 이는 애매해 보이는 요소에 애매하지 않은 정의가 있을 때가 많으므로 중요하다(예: '키가 180cm 이상인 사람'으로 정의한 TallPerson). 그렇다면 이 요소는 주어진 온톨로지에서 애매하지 않으며 이를 명시적으로 언급해야 한다.

명시적으로 표현해야 할 두 번째로 중요한 애매성 속성은 유형type이다. 3장에서 살펴보았듯이 애매성은 정량적 애매성(즉, 정도 애매성)과 정성적 애매성(즉, 조합 애매성)의 두 가지 이상의 보완 유형에 따라 설명할 수 있다. 이 유형을 기반으로 애매한 특정 요소에 관해 다음을 명시적으로 문서화하면 아주 유용하다.

| 요소의 애매성 유형 |

어떤 요소에 정량적 애매성이나 정성적 애매성이 있는지를 아는 일은 중요하다.

애매성은 다른 사람들이 정성적 애매성을 가진 것으로 간주할 수 있으며 그 반대의 경우도 마찬가지이다. 예를 들어, 어떤 회사에서 한 고객을 전략적 고려 대상으로 분류하고자 할 때, CEO가 고객의 연구개발 예산액만을 분류 요인으로 삼아야 한다는 점을 명시하지 않는다고 가정해 보자. StrategicClinet(전략 고객)라는 클래스는 CEO로 인해서 연구개발 예산액이라는 차원에서 볼 때 정량적으로 애매성을 띠어 애매한 클래스가 되었지만, 애당초 '전략'이라는 용어 자체가 일반적으로 정성적 차원에서 볼 때 애매성을 띤 용어이므로 회사 내 여러 구성원이 해당 용어에 대해서 동일한 견해를 보이기는 쉽지 않을 것이다.

| 요소의 정량적 애매성의 차원 |

요소가 정량적으로 애매할 때는 의도한 차원을 명시적으로 설명해야 한다. 예를 들면, CEO가 고객이 전략적으로 분류되기 위해서는 R&D 예산이 유일한 관련 요소여야 한다고 명시하지 않는다면, '전략'이라는 용어의 애매성이 사실은 다차원이어서 그렇다는 관점을 회사 내 여러 구성원들이 공유하기는 어려울 것이다.

또한 애매성은 주관적이고 컨텍스트context(맥락, 문맥, 상황)에 의존한다. 첫 번째는 동일한 애매성을 띤 애매한 엔터티를 다른 사용자가 다르게 해석하는 상황과 관련이 있다. 예를 들어, 두 회사 중역의 StrategicClient 엔터티에 관한 기준이 서로 다를 수 있다. 하나는 이 고객이 창출한 매출액이고 다른 하나는 운영되는 시장이다. 이와 유사하게, 컨텍스트 의존성은 동일한 사용자에 의해서도 다른 컨텍스트에서 다르게 해석되거나 적용되는 동일한 애매한 엔터티와 관련이 있다. 연구원들의 전문성과 경험에 비추어 판단하자면, 업계에서 연구원을 고용하는 일은 학계에서 연구원을 고용하는 일과 다르다.

따라서 가능하면 애매한 요소의 출처와 해당 요소가 정의되거나 애매한 방식으로 사용되는 적용 가능성 컨텍스트를 명시적으로 설명해야 한다. 특히, 컨텍스트는 i) 요소의 애매성에 관한 설명(즉, 동일한 요소가 한 컨텍스트에서는 애매하고 다른 컨텍스트에서는 애매하지 않을 수 있음)이나 ii) 정량적 유형을 갖는 애매성 설명과 관련된 차원(즉, 동일한 요소가 한 컨텍스트에서는 차원 A에서 애매하고, 다른 컨텍스트에서는 차원 B에서 애매할 수 있다)에 의존할 수 있다. [표 6-3]은 애매한 관계를 설명한 예를 보여준다.

표 6-3 애매한 관계에 관한 설명 표본

요소	애매성의 본질
isNearTo	거리 차원에 따른 정도 애매성
isFunctionalPartOf	전체 기능 대비 특정 기능의 기여도 차원에 따른 정도 애매성

isCompetitorOf	경쟁사의 사업 분야와 경쟁사의 목표 시장의 차원에 따른 정도 애매성
belongsToCategory	주어진 카테고리에 속하는 데 필요한 조건들 사이에 뚜렷한 차별이 없으므로 조합 애매성
isExpertAt	주제 관련 지식수준의 차원에 따른 정도 애매성

이러한 설명의 목표는 애매성을 없애거나 모든 사람과 상황에 맞는 모형을 만드는 데 있지 않다. 목표는 애매성과 그 속성을 명시하여 모형 사용자가 놀라지 않고 모형을 안전하게 사용할 수 있는 시기와 방법을 명확하게 하는 데 있다. 반면에 애매성의 영향을 줄이는 데 도움이 되는 퍼지화fuzzification 및 컨텍스트화contextualization 같은 기술이 있다. 이 기술들은 12장과 13장에서 살펴보겠다.

사례 연구: 비즈니스 프로세스 온톨로지의 애매성 감지

비즈니스 프로세스 관리business process management(업무절차 관리)에서 **프로세스 지식**process knowledge이라는 용어는 프로세스의 제어 흐름과 그 내용, 즉 정의가 참조할 수 있는 모든 인공산물artifact을 설명하는 정보를 나타낸다. 이러한 인공산물은 일반적으로 프로세스의 비즈니스 환경 및 조직 컨텍스트에서 파생되고 표현된다. 애매한 정보와 지식은 프로세스 지식의 세 가지 차원인 구조, 도메인, 조직 컨텍스트에 모두 나타날 수 있다.

이 점을 설명하려고 우리는 과거에 두 가지 비즈니스 프로세스 지식 사례를 고려하고 분석한 연구를 수행했다.[158] 첫 번째 사례는 SUPER 프로젝트에서 개발한 일련의 일반적인 비즈니스 프로세스 관련 온톨로지와 관련이 있으며, 실제 시맨틱 비즈니스 프로세스 모형화 시나리오에서 재사용할 수 있는 지식 스키마 역할을 하도록 만든 것이다.[154] BPMOBusiness Process Modeling Ontology, BGOBusiness Goals Ontology, BROntBusiness Roles Ontology, BMOBusiness Motivation Ontology를 포함하는, 이러한 온톨로지들의 분석 업무에는 이전 단락의 정의에 따라 애매하게 해석될 수 있는 요소를 식별하는 일이 포함되었다. 우리는 어떤 한 가지 요소가 애매한지 애매하지 않은지를 분류하는 기준을 경계사례borderline case의 개수에 두지 않고 그저 경계사례들의 잠재적 존재 여부에 두었다. 즉, 우리는 요소에 경계사례가 하나만 있을 수 있다고 해도 애매하다고 간주했다는 말이다.

이 분석의 결과를 [표 6-4]에 요약해두었으며, 여기에서 애매하다고 식별한 요소의 표본과 관련 애매성에 관한 간략한 설명도 적어두었다. 쉽게 알 수 있듯이 애매하다고 식별한 요소는 각 온톨로지(예: hasBusinessGoal 관계)에서 매우 중심적이므로 많은 관련 애플리케이션 시나리오에 나타날 것으로 예상된다. 더욱이, 요소의 정의(예: Desired Result)에서 'desired' 같은 애매한 용어를 사용하면 실제로는 이러한 온톨로지에 거의 무한한 수의 애매한 온톨로지 요소가 있을 수 있으며, 이는 애매한 용어와 애매하지 않은 요소를 결합한 결과일 것이다(예: 충성도 높은 고객, 전문 분석가).

표 6-4 비즈니스 프로세스 온톨로지의 애매한 요소

요소	온톨로지	애매성 설명
Managerial Role(경영 역할)	BROnt	어떤 사람이 경영 역할을 한다고 간주하는 데 필요한 조건 사이에 뚜렷한 차별이 없어서 발생하는 조합 애매성
CompetitorRole(경쟁자 역할)	BROnt	조직이 공유하는 비즈니스 영역의 수와 경쟁자가 되는 목표 시장의 차원에 따른 정도 애매성
hasBusinessDomain(사업 분야 있음)	BPMO	어떤 것이 주어진 영역에 속하는 데 필요한 조건들 사이의 뚜렷한 구별이 부족해서 생기는 조합 애매성
Strategic Goal(전략 목표)	BGO	전략적인 목표를 달성하는 데 필요한 조건 사이의 뚜렷한 차별점이 없어서 생기는 조합 애매성
Desired Result(바라던 결과)	BMO	만족도에 관한 기준을 정하지 않았거나 애매할 때는 조합 애매성, 이러한 기준이 산술적일 때는 정도 애매성

두 번째 사례는 우리 팀이 의사 결정 지원 시스템의 일부로 모형화해야 했던 입찰 요청 평가용 비즈니스 프로세스와 관련이 있다. 입찰 요청은 특정 비용이나 요율로 상품이나 서비스 조달에 관한 서면 제안을 요청하는 일부 조직의 공개 요청이다. 기업의 입찰 채권 평가는 입찰을 받기 위한 경쟁 입찰을 준비하는 데 자원을 투입해야 하는지를 결정하는 과정을 말한다. [그림 6-3]은 이 비즈니스 프로세스를 설명하는 그림이다.

우리가 이 프로세스를 분석할 때는 어떤 측면(구조, 전문 지식 등)에 애매한 속성이 있는지를 식별하는 일이 포함되었다. 결과는 다음과 같이 요약할 수 있다. 첫째, 특정 조치를 결정하는 프로세스의 다양한 결정 조건 중 일부가 애매하다. 예를 들어, 요청을 추진하는 결정을 내릴 때 충족해야 할 두 가지 기준은 i) 프로젝트 예산이 '높음'이고 ii) 회사의 경험이 '적절'하다는 점이다. 이 두 가지 경우 모두 경계사례가 있을 수 있는데, 예산의 경우에는 예산이 높다고 여길 수 있는 임곗값이 정확히 얼마인지가 불확실하고(정도 애매성), 경험의 경우에는 어떤 회사가 특정 분야에서 적절한 경험을 했다고 간주하는 데 필요한 프로젝트 진행 횟수와 진행 기간이 불확실하기 때문이다(2개 차원에 걸친 정도 애매성).

둘째, 전체 프로세스의 다양한 단계를 수행하는 데 필요한 기본 조직과 전문 분야 지식 부분도 애매하다. 예를 들어, 입찰의 잠재적 경쟁을 평가하려면 회사의 경쟁사에 관한 지식이 필요하다. 그러나 그 밖에도 경계선에 발을 딛고 있는 경쟁자라고 할 수 있는 회사들이 있을 수 있는데, 이는 주로 경쟁자인지 아닌지를 구분하는 기준이 명확하지 않아서(조합 애매성) 생기는 현상이다. 회사의 전문 분야 관련 지식에 관해서도 비슷한 주장을 할 수 있다.

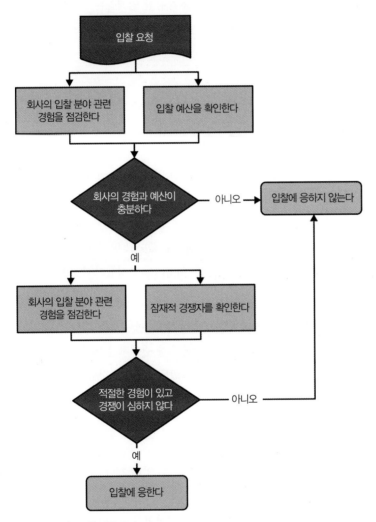

그림 6-3 입찰 요청 평가 과정

업무 처리 과정이 애매하다는 점을 논외로 하더라도, 이 두 번째 사례를 통해서 우리는 이러한 애매성을 제대로 고려하지 않으면 업무 처리 과정에서 발생할 수 있는 잠재적인 문제가 생길 수 있음을 알 수 있다. 동일한 업무 처리 과정을 수행하는 사람들이 다양한 지식을 각자 다른 방식으로 해석하기 때문에 다른 결과를 낼 가능성이 크다(예: '충분'하다고 간주하는 예산이 얼마인지, 어떤 회사가 경쟁업체인지). 그리고 이는 불충분한 측정이나 구체적인 업무 규정 부족의 문제가 아니라 인간의 애매한 사고에서 비롯한 내재적인 문제라는 점에 유의해야 한다. 예를 들어, 경쟁업체가 동일한 업종과 서비스에 동일한 고객을 보유한 업체라는 업무 규정이 있더라도, 경쟁업체로 간주하려면 특정 회사가 보유해야 하는 유사한 고객이나 서비스의 최소 개수는 얼마인가 하는 의문이 남는다.

6.4 편견과 가정을 문서화하지 않음

몇 년 전에 나는 고객의 택소노미를 검토하면서 tester라는 용어가 Software Tester 엔터티의 레이블이지만, Car Tester나 Drug Tester 같은 다른 유사한 엔터티의 레이블은 아니라는 점을 알게 되었다. 택소노미 작성자에게 이에 관해 물으니, 택소노미를 사용한 애플리케이션이 모호성을 처리할 수 없어서 각 용어를 단일 엔터티에 할당하기로 했다고 말했다. 또한 tester는 용어가 90%의 시간 동안 Software Tester를 지칭하는 데이터를 측정했기 때문에 이를 용어의 기본 의미로 선택했다.

이 일 때문에 나는 짜증이 났지만, 모형 제작자가 만든 선택 때문은 아니었다. 이런 선택 결과가 어디에도 문서화되어 있지 않아서 짜증이 났고, 모든 관련 이해 관계자가 이를 인식하지 못한 채 다른 유사한 선택이나 가정, (어쩌면) 편견이 모형에 통합되었는지를 걱정해야 했다.

6.4.1 적을 가까이 두기

실제 시맨틱 모형화 중에는 환경에 따라 발생하고 대개 통제할 수 없는 제한 사항을 기반으로 결정과 선택을 내려야 할 때가 많다. 이는 a) 우리가 양심적으로 그 일을 하고 b) 그 일을 모든 관련 당사자에게 알리는 한 합리적이라고 여겨져 완벽하게 받아들여질 수 있다. tester 사례를 보면, 택소노미를 사용하는 애플리케이션이 10%의 시간 동안 용어를 잘못 해석해도 허용되는 품질 수준이라면 문제가 되지 않는다. 문제는 모호성 해소 지침을 모르는 모형화 팀에 새로운 사람이 tester를 다른 엔터티의 어휘화로 추가할 때 발생할 수 있다.

일반적으로 시맨틱 모형에 문서화되지 않는 정보는 다음과 같다.

| 제약 및 제한 |

예를 들면, 여러 상위 관계(또는 어떤 한 가지 개념이 그보다 더 광의인broader 개념 두 가지 이상에 연결되었을 때)는 택소노미(즉, 분류 체계)의 원리에 따라 허용되지 않으며, 엔터티의 레이블은 대소문자를 구분해야 하고 단어 4개를 넘지 않아야 한다.

| 컨텍스트 의존성 |

예를 들면, 개념이나 관계는 애플리케이션 X나 사용자 Y, 위치 Z에만 적용된다.

| 기원 |

예를 들면, 모형은 데이터 공급원 X, 지식 추출 도구 Y, Z 수의 특정 도메인 전문가를 사용하여 채워졌다.

| 품질 |

예를 들면, 관계 X에 관한 진술들의 정밀도가 85%라거나, 프랑스어의 석유 및 가스 도메인 범위가 25%에 불과하다.

| 적용 가능성 |

예를 들면, 모형 X는 시맨틱 검색에 최적화되었지만, 탐색에는 최적화되지 않았다.

| 디자인 결정 및 잠재적 편견 |

예를 들면, X 도메인에 특화된 어떤 모형은 완비성보다는 정확성에 최적화되었으며 하위 도메인인 Y와 관련된 엔터티에 대한 편향이 있다.

이러한 정보를 모형의 일부로 사용하지 않으면 사용 가능성이 떨어지고 실수하기 쉬우며 유지 관리 및 발전이 더 어려워진다.

6.5 요약

이번 장에서는 인간이 어떻게 다른 사람이 이해하기 힘들고 제대로 사용하기 어려운 시맨틱 데이터 모형을 만드는지를 다뤘다. 잘못되거나 오해의 소지가 있는 이름을 요소에 지정하고, 중요한 정의를 생략하고, 진리가 이원적binary (이항적)이라고 가정하거나, 편향과 가정을 문서화하지 않는 일은 모두 여러분이 시맨틱 모형을 사용할 때 알아야 하는 관행이자 모형을 구축할 때 피해야 하는 관행이다.

이번 장에서 기억해야 할 중요 사항은 다음과 같다.

- 컨텍스트에 따라 모호하거나 부정확한 이름을 이해하는 인간의 능력을 과대평가하지 말자. 시맨틱 모형 요소의 이름을 지정할 때 가능한 한 구체적이고 명확해야 한다.
- 글로 작성된 정의를 무시하지 말고 이를 일반적이지 않은 지식에 사용한다.
- 애매성을 무시하거나 결함으로 취급하지 말자. 이를 감지한 다음, 피할 수 없다면 문서화하자.
- 모형에 스며든 편견, 가정, 설계 시 결정 사항 등을 감추거나 과장하지 말고 모든 관련 이해 당사자에게 이에 관해 알린다.

다음 장에서는 인간에서 기계로 초점을 옮겨서, 인간 모형 구축자가 자신이 바라던 대로 시맨틱 모형화 언어와 프레임워크를 올바르게 사용하지 못할 때 프레임워크가 어떻게 잘못된 추론을 하게 되는지를 살펴본다.

CHAPTER 7

잘못된 의미

단어는 놀랍도록 탄력적이다. 잘못 발음하거나 철자를 틀리거나 오용하거나 잘못 번역할 수 있다. 가장 정확한 전문 용어조차도 동사나 형용사, 속어나 관용구로 확장될 수 있으며, 원래 의미와 정확히 반대되는 의미를 지니게 되는 날이 올 때까지 그 의미가 한없이 확대될 수 있다. 내 말에 유념하자. 그렇게 될 수 있으니까!

론 브래킨 Ron Brackin

2장에서는 얼마나 많은 시맨틱 모형화 언어와 프레임워크가 특정 의미와 동작을 염두에 두고 미리 정의된 특정 모형화 요소를 제공하는지 살펴보았다(예: 클래스 함의용 rdfs:subClassOf 나 엔터티 상호연결interlinking용 skos:exactMatch). 그런데도 모형 구축자가 언어를 사용할 때 항상 이 의미를 따르지는 않는다. 하위어hyponym를 동의어synonym로 정의하거나, 인스턴스를 클래스로 정의하거나, 비전이적 관계를 전이적 관계로 정의하는 일은 모두 문제가 있는 모형으로 이어지는 일반적인 시맨틱 오류의 예다.

이번 장에서는 시맨틱 모형을 구축하거나 사용할 때 예상해야 하는 가장 일반적인 실수를 모아서 이를 방지하는 지침과 휴리스틱을 제공한다.

7.1 나쁜 동일성

시맨틱 모형화에서 동일성identity은 두 요소의 의미가 동일한지를 결정하는 문제를 나타낸다. 도메인과 요소의 종류에 따라 이는 몹시 어려운 작업이 되기도 하며, 신중하게 처리하지 않으면 잘못된 추론을 생성하는 부정확한 시맨틱 모형으로 이어질 수 있다. 왜 이런 일이 발생하는지, 일반적인 함정을 어떻게 피하는지 알아보겠다.

7.1.1 나쁜 동의어집

2장에서 보았듯이 어휘화 관계는 시맨틱 모형(엔터티, 관계, 속성 등)의 요소를 자연어로 표현하는 데 사용할 수 있는 하나 이상의 용어와 관련시킨다. 결과적으로 이러한 용어는 서로 동의어로 해석된다.

사람들(따라서 모형)이 실제로 의미가 동일하지 않은 동의어 용어로 정의할 때 문제가 시작된다. 예를 들어, [표 7-1]에서 ESCO와 바벨넷(*https://babelnet.org/*)(위키백과, 워드넷 등의 자원을 통합하는 대규모 다국어 백과사전 및 시맨틱 네트워크)에서 발견되는 이코노미스트와 아스널 FC의 레이블을 생각해 보자. 이에 따르면 이익 분석가는 노동 경제학자와 동의어이며 아스널 FC는 맨체스터 유나이티드와 동의어이다.

따라서 여러분이 구직자이고 ESCO 기반 시맨틱 검색 엔진을 사용하여 이익 분석가의 일자리를 찾을 때 경제학자의 일자리도 찾아낼 수 있게 된다(반대 상황도 마찬가지다). 또 다른 예를 들자면, 여러분이 맨체스터 유나이티드 팬이고 여러분이 사용하고 있는 바벨넷 기반의 지능형 비서를 이용해 다음 경기 표를 예약하기를 원한다면 '맨체스터'라는 말 대신에 '런던'이라는 말을 사용해도 될 것이다. 즉, 동의어는 (거의) 의미의 상호 교환성을 의미하므로 올바르게 이해하지 못하면 서로 의미가 다른 두 용어를 완전히 동등한 것으로 잘못 간주할 수 있다.

표 7-1 여러 공개 시맨틱 모형에서 발견한 동의어의 예

모형	엔터티	동의어
ESCO	Economist(경제학자)	경제 과학 연구원, 매크로 분석가, 경제 분석가, 경제학 연구 과학자, 노동 경제학자, 사회 경제학자, 이익 분석가, 계량경제학자, 경제 연구원, 경제물리학자, 경제 과학자, 경제학 학자, 경제 연구 분석가
ESCO	Chief Executive Officer(대표이사)	선임 임원, 회장, CEO, 전무 이사, 사장
Wordnet	Chief Executive Officer(대표이사)	최고 운영 책임자
Babelnet	Arsenal FC(아스널 축구 구단)	레드 데빌스, 아스널 FC, 디아블로스 로호스, 맨체스터 유나이티드
ESCO	Coach clients(고객 지도)	고객 관리, 고객 준비, 고객 감독
KBpedia	Accountant(회계사)	전문 회계사, 자격을 갖춘 회계사, 공인 회계사, 주판알 튕기는 사람

그런데 자동 동의어 감지는 무척 어렵고 여전히 부정확한 작업이므로 내용을 수작업으로 골라서 수집하지 않는 바벨넷 같은 모형에는 잘못된 동의어가 포함될 것으로 예상된다. 다음은 사람이 일일이 확인할지라도 시맨틱 모형이 잘못된 동의어를 만들어내고야 말 수 있는 몇 가지 이유다.

| 용어가 필요하지만, 새 엔터티를 만들고 싶지는 않다. |

이상적인 시맨틱 모형에서 용어의 모든 고유한 의미는 각각 완전히 정의되고 다른 엔터티와 관련되는 서로 다른 엔터티로 모형화된다. 그러나 여러 가지 이유로 우리는 모형에 엔터티가 너무 많은 상황을 원하지 않을 수 있다. 한 가지 이유는 개발 부담이나 유지 관리 부담 때문이다. 용어를 기존 엔터티의 레이블로 추가하는 일은 새 엔터티를 만드는 일보다 훨씬 적은 작업이다. 예를 들면, ESCO에서 이익 분석가^{Interest Analyst}가 별개의 엔터티가 되려면 고유한 텍스트 정의, 27개 언어로 된 레이블, 관련 필수 및 선택적 기술 집합이 필요하다. 또 다른 이유는 애플리케이션 제약이다. 내가 일한 택소노미 프로젝트에서는 사용자가 애플리케이션의 사용자 인터페이스에서 탐색하기에 너무 번거롭지 않도록 택소노미에 5,000 ~ 6,000개 이상의 엔터티가 포함되지 않아야 한다는 명시적인 요구사항이 있었다.

| 동의어와 검색 확장 유사성을 혼동한다. |

택소노미로 작업해 본 사람들은 **동의어 고리**^{synonym ring}, 즉 검색 목적으로 동등하게 취급하는 용어 그룹을 알 것이다. 예를 들면, 사용자가 'J2EE'라는 용어를 입력하면 이 용어가 동의어 고리를 사용해 전송되어 동등한 용어가 있는지 확인한다. 'J2EE'에는 'Java 2 Enterprise Edition'을 동의어로 사용한다. 검색 엔진은 메타 데이터에 'J2EE' 또는 'Java 2 Enterprise Edition'이 포함된 모든 문서를 검색하고, 검색자는 두 용어를 모두 검색한 것처럼 전체 관련 문서 집합을 가져온다. 그런데 동의어 고리는 검색 애플리케이션에 최적화되어 있는 것이므로, 이럴 때 동의어가 아니라 단순히 유사한 용어를 추가하고 싶을 수도 있다. 예를 들어, 여러분이 채용 담당자이고 자바 관련 지식이 있는 후보를 원하지만 찾을 수 없을 때는 철학과 원칙이 아주 비슷한 C++를 다룰 줄 아는 사람이면 족하다고 여길 수 있다. 그러나 자바와 C++를 동의어로 간주하는 일은 완전히 잘못된 것이다.

| 우리는 '거짓 짝'을 알지 못한다. |

거짓 짝이란 서로 비슷해 보이지만 의미가 크게 다른 두 용어(서로 언어가 달라야 함)를 말한다. 예를 들어, 영어 embarrassed(당황한)와 스페인어 embarazada(임신)가 거짓 짝에 해당한다. 또한 sensible은 영어에서는 '합리적'이라는 의미지만, 프랑스어와 스페인어에서는 '민감함'을 의미한다. 이러한 용어는 (다국어) 시맨틱 모형에서 동의어로 나타날 수 있다. 일반적으로 이런 일은 사람의 실수 때문에 벌어지지만, 문자열 유사성 지표에 크게 기반을 둔 자동 동의어 감지 방법 때문이기도 하다. [표 7-2]에 몇 가지 예가 있다.

| 컨텍스트 의존성을 잊거나 무시한다. |

일부 용어는 실제로 일부 컨텍스트에서는 동의어일 수 있지만, 다른 컨텍스트에서는 그렇지 않을 수 있다. 예를 들면, big과 large는 크기와 숫자를 참조할 때 같은 의미로 사용할 수 있지만, 중요도를 참조할 때는 사용할 수 없다. 또한, 미국 영어에서 vacation은 국경일과 종교적인 휴일을 포함하여 많은 사람이 축하하는 날을 의미한다는 점에서 holiiday와는 다르다. 그러나 영국 영어에서는 흔히 같은 의미로 사용한다(예: 'I am going on holiday next week').

| 자신의 전문 분야나 상황에서 미묘하지만 중요한 의미의 차이를 인식하지 못한다. |

예를 들어, 대부분 사람에게 바이올린violin과 피들fiddle은 같은 의미다. 그러나 여러분의 모형을 클래식 음악 연주자들이 사용한다면, 포크 음악과 관련해서 바이올린이라는 용어를 사용하지 않으려고 할 것이다.[159] 마찬가지로 기업 세계에 익숙하지 않은 사람은 최고경영자와 최고운영책임자(워드넷의 동의어)의 차이를 곧바로 뚜렷하게 구별해내기 쉽지 않을 것이다.

표 7-2 영어와 다른 언어 간의 '거짓 짝'의 예

영어 용어	거짓 짝
Ambulance(구급차)	Ambulanz(독일어): 응급실
Rat(쥐)	Rat(독일어): 충고/조언
Stadium(운동장)	Stadion(독일어): 무대
Excited(흥분된)	Excite(프랑스어): 눈을 뜬
Pain(고통)	Pain(프랑스어): 빵
Library(도서관)	Librairie(프랑스어): 서점
Travel(여행)	Travail(프랑스어): 직업/일
Compromise(타협)	Compromiso(스페인어): 위임/책임
Preoccupied(열중한)	Preocupado(스페인어): 관심 있는/걱정되는
Lecture(강의)	Lectura(스페인어): 읽기

모형에 문제가 있는 동의어가 생기는 일을 방지하려면 다음 같은 일을 해 볼 수 있다.

1. 모형의 동의어 생성, 유효성 검사, 유지 관리를 담당하는 사람에게 모든 종류의 시맨틱 유사성을 찾으려는 것이 아니라 가능한 한 많은 다른 컨텍스트에서 동등한 의미를 찾는다는 사실을 전달해야 한다. 즉, 사람들이 동의어의 의미 유사성 임곗값이 매우 높아야 한다는 점을 이해하고 의심스러울 때는 더 많은 증거와 확증을 찾아야 한다.

2. 두 명 이상의 심사위원이 동의어의 유효성을 검사하고 상호 합의 지표를 사용하여 경계사례를 감지하자. 동의성synonymy(同意性)[8]은 애매한 관계이므로 의견 불일치를 일으키기 쉽다는 점을 기억하자.

3. 심사위원이 동의성, 하위성hyponymy 및 단순한 관련성의 차이점을 이해하고 참조용으로 사용할 몇 가지 비非동의어non-synonym 사례를 제공하자.

4. 동의어를 쌍pairwise으로만 평가하지 말고 집합set으로 평가하자. 이렇게 하면 모순성을 방지하고 컨텍스트를 더 잘 이해할 수 있다. 예를 들어, A와 B, B와 C, C와 A라는 세 쌍의 후보 동의어 용어가 있다고 가정해 보자. 그러나 이들은 별도로 심사위원에게 제공된다. 그러면 같은 심사위원조차도 세 쌍 중 두 쌍이 실제로 동의어이지만, 세 번째 쌍은 동의어가 아니라고 결정할 가능성이 있다. 그렇게 하는 대신에 심사위원이 모든 후보를 함께 검토하면 이상점outlier을 더 쉽게 찾아낼 수 있다.

5. 모형에 적용하기로 한 동의어에 관한 기준, 가정, 편향을 항상 문서화해야 한다. 예를 들면, 도메인이나 애플리케이션에서 리눅스의 서로 다른 배포판(페도라나 우분투 등)을 구별하는 데 신경 쓰지 않고 이 모두를 서로 별개 엔터티가 아닌 엔터티들을 어휘화한 것lexicalizations of the entity으로 표현하기로 할 수 있다. 관련된 모든 사람(모형 구축자나 사용자)이 이 사실을 안다면 괜찮다. 또한 이러한 지침이 모형 전체에 일관되게 적용되는지 확인하자.

6. 동의어가 실제로 동의어인지 확신할 수 없다면 동의어라고 부르지 말자. 텍스트커널 지식 정보에서 엔터티를 어휘화lexicalize(항목화)하는 관계에 rdfs:Label 대신 hasAttractor라는 이름을 지정했다. 정확히 100% 동의어로만 채우지 않았기 때문이다.

마지막으로 하나 이상의 외부 시맨틱 모형에서 모형의 데이터를 재사용할 때 동의어에 대한 후자의 가정에 특히 주의하자(표 7-1 참조).

7.1.2 잘못된 대응 및 상호연결

2장에서 논의했듯이 대응 관계는 다른 시맨틱 모형에 속하는 요소를 연결하는 데 사용한다. 인기 있는 대응 관계는 owl:sameAs(OWL 온톨로지 모형화 언어에서)로, 두 개 이상의 엔터티가 실제로 동일한 것을 참조함을 표시하는 데 사용한다. 다른 사람, 조직 및 커뮤니티에서 독

---

8 옮긴이_ 문맥에 맞춰 synonymy를 절 제목에서는 '동의어집'으로 여기서는 '동의성'으로 번역했다.

립적으로 개발한 모형과 데이터셋을 서로 연결할 때 유용하고 필요하다. 모두가 동일한 이름을 엔터티에 사용했다고 합리적으로 기대할 수 없기 때문이다.

실제로 owl:sameAs는 서로 연결된 데이터 세계에서 상호연결 목적으로 광범위하게 사용되었다. 예를 들어, 영문 디비피디아[160]에서 파리시를 나타내는 엔터티는 링크드 지오 데이터 LinkedGeodata[161] 및 뉴욕 타임스 링크드 오픈 데이터New York Times Linked Open Data를 포함한 다른 모형의 26개 엔터티와 동일한 것으로 표시된다. 그런데도, 핼핀Halpin 등이 쓴 논문[162]에서 언급했듯이, '링크드 데이터 커뮤니티 내에서 이러한 owl:sameAs의 사용이 특히 추론과의 상호 작용과 관련하여 다소 부정확할 수 있다'는 의심이 도사리고 있다.

보다 구체적으로, 핼핀Halpin 등이 쓴 논문[162]에서는 이전 단원에서 분석한 나쁜 동의어 문제인 owl:sameAs를 오용하는 두 가지 사례를 식별한다. 링크link (연계)된 엔터티는 아주 유사하지만, 서로 같지 않거나 특정 컨텍스트에서만 동일한 것을 참조한다. 그러나 그들은 링크된 엔터티가 동일한 것을 참조하지만, 한 모형에 있는 속성과 관계를 다른 모형에서 반드시 수용할 수 있지는 않을 때 발생하는 세 번째 오용 사례도 식별한다. 이 현상을 **참조 불투명도**referential opacity라고 한다.

참조 불투명도의 문제는 사이코프Cycorp의 모형 구축자인 데이비드 백스터David Baxter가 owl:sameAs[163] 사용과 관련하여 2009년에 퍼블릭 링크드 오픈 데이터Public Linked Open Data 메일링 리스트에 보낸 이메일에서 가장 잘 설명된다. 해당 이메일에서 백스터는 OpenCyc 개념을 워드넷의 유의어 사전synset에 연결하고 싶었지만, 후자는 OpenCyc에 맞지 않는 단언들을 포함한다고 언급했다. 예를 들어, 백스터는 자신이 OpenCyc에 India (인도)라는 개념을 제공하고 이를 워드넷의 유의어 사전과 연결하기를 바랐지만, 이 사전에는 '…은 NounSynset (명사형 유의어 사전)의 한 인스턴스다'라거나 '"…은 인도 공화국 1'이라는 WordSense (어의)를 담는다" 같은 단언들이 있었는데, 이는 OpenCyc 측에 아무런 의미를 만들어내지 못했다.

> **WARNING_ OWL 및 SKOS 팬들에게 알려주는 상호연결 시의 함정들**
> OWL을 모형화 언어로 사용할 때 owl:sameAs를 사용해 두 클래스를 연결하는 일은 owl:equivalent Class로 연결하는 일과 크게 다르다는 점을 알아야 한다. 전자는 두 클래스가 실제로 같다고 말하고 후자는 클래스의 외연이 동등하다는 단언에 불과할 뿐이다. 또한 owl:sameAs를 사용하려면 클래스를 인디비주얼로 취급해야 한다. 즉, 클래스 동등성equality은 문제 추론 성능이 있는 OWL의 변형인 OWL Full에서만 표현할 수 있다. 또한 owl:sameAs는 언뜻 skos:exactMatch와 동일하게 보이지만, 그렇지 않다. 두 리소스를 owl:sameAs와 연결하면 동일한 리소스로 간주하고 이러한 리소스와 관련된 모든 명령문이 병합된다. skos:exactMatch는 명령문 병합을 요구하거나 암시하지 않으므로 이는 의도된 사용법이 아니다.

원하지 않는 요소와 추론 때문에 모형이 '오염'되는 일을 방지하려면 다음 같은 일을 해 볼 수 있다.

| 다른 모드에 연결하기 전에 두 번 생각하자. |

대부분은 모형 구축자가 외부 모형(특히 공개 모형)에 대응 관계를 추가하는 이유는 이것이 좋은 관행으로 여겨지며 링크드 데이터^{Linked Data} 및 시맨틱웹의 비전을 드러내기 때문이다. 이는 고귀한 일이지만, 항상 비즈니스 사례를 지원하지는 않는다. 모형을 외부 모형에 연결하여 얻을 수 있는 이점이 잠재적인 위험과 유지 관리 비용보다 많이 들지 않는다면 그럴 가치가 없다. 예를 들어, 텍스트커널에서 우리는 지식 그래프를 ESCO에 대응시키기로 전략적으로 결정했다. ESCO는 유럽의 공공 고용 기관 간의 공유 표준이 될 것이다. 반면에, 우리는 디비피디아이나 다른 지역사회 기반 모형과 아무런 연관성이 없다. 13장에서는 이 딜레마를 더 자세히 논의한다.

| 외부 모형의 의미를 주의 깊게 확인하자. |

텍스트커널이 제공하는 놀리지 그래프^{Knowledge Graph}를 ESCO에 대응시키기 전에 우리는 후자를 자세히 분석하여 해당 의미가 그래프와 호환되는지 확인했다. (외부 모형이 불투명하거나 잘 문서화되지 않을 수 있어서) 이런 일이 늘 쉽지만은 않지만, 필요한 일이다. 8장에서는 재사용을 하고 상호연결^{interlinking}을 할 목적으로 시맨틱 모형을 자세히 조사하는 프레임워크를 제공한다.

| 외부 모형에서 가져오는 엔터티를 신중히 처리하자. |

외부 모형에 대응한다고 해서 모든 설명이 모형에 참이거나 유효하다고 받아들여야 한다는 의미는 아니다. 예를 들면, 이전 단원에서 살펴보았듯이 직업이라는 개념에 관한 ESCO의 레이블은 실제로 서로 동의어가 아니다. 따라서 텍스트커널의 놀리지 그래프에 나오는 직업이라는 개념을 ESCO의 개념에 대응시키지만, 레이블을 자동으로 가져오지는 않는다.

| 'skos:closeMatch' 유혹을 피하자. |

`owl:sameAs`나 `skos:exactMatch`는 상당히 엄격한 시맨틱을 지니고 있어서 'skos:closeMatch' 같은 애매한 변형을 사용하여 완화하려고 시도할 수 있다. 그러나 이러한 애매성이 더 많은 오용, 모순성, 잘못된 추론을 유발할 가능성이 크다. 따라서 애매성을 효과적이고 효율적으로 처리할 수 있다고 확신하지 않는 한 이를 도입하지 말아야 한다.

7.2 나쁜 하위 클래스

2장에서 우리는 시맨틱 모형의 중요한 요소가 클래스 함의^{class subsumption}(클래스 포괄) 관계임을 보았다. 이는 A 클래스가 B 클래스의 하위 클래스라면 A를 인스턴스화하는 모든 엔터티도 B의 인스턴스라는 논리적 의미가 있다. 이런 관계를 잘못 사용해서 문제가 있는 추론 동작이 생길 때가 많다. 이러한 오용이 발생하는 다양한 상황과 이를 방지하는 방법을 살펴보겠다.

7.2.1 하위 클래스로 만드는 인스턴스화

클래스 위계 구조에서 발견되는 매우 일반적인 문제는 인스턴스화 관계 대신에 하위 클래스화 관계를 활용해 각 엔터티 유형에 엔터티를 연결하는 것이다.

예를 들어, 케이비피디어에서 캐나다의 캘거리시는 도시(City)의 하위 클래스이고 그리스의 아테네 파르테논 신전은 육상 지표(Landmark)[164]의 하위 클래스다. 캘거리와 파르테논은 인디비주얼 엔터티를 대표하기 때문에 클래스가 될 수 없으므로 이는 완전히 잘못되었다.

SNOMED(*https://oreil.ly/t3R7c*)에서 공장 노동자(Factory Worker)나 비서(Secretary) 같은 여러 직종을 직종(Occupation) 클래스의 하위 클래스로 표시함을 발견했다. 즉, 추론기를 적용하면 개인^{individual person}(인디비주얼인 사람)에 해당하는, 이러한 직종의 모든 인스턴스도 직종이라고 추론할 수 있게 된다.

우리가 이 실수를 하는 데는 몇 가지 이유가 있다.

| 'is a' 표현의 모호성 |

인스턴스화와 하위 클래스화 관계는 'is a' 패턴(예: 'John is a football Player'와 'A Football Player is a Athlete')으로 표현할 수 있으며, 이는 관계 추출 시스템과 인간 모형 구축자 모두에게 혼란스러울 수 있다.

| 2차 클래스를 허용하지 않음 |

2차 클래스^{second-order class}는 다른 클래스를 인스턴스로 삼는 클래스다(예: 인간(Human)은 생물종(Species)의 한 가지 인스턴스다). OWL-DL 같은 일부 모형화 언어에서는 추론 복잡성 때문에 이러한 클래스를 정의할 수 없다. 이는 흔히 모형 구축자가 1차 클래스와 2차 클래스를

모두 포함하는 유일한 방법은 어느 한 가지 클래스를 나머지 한 가지 클래스의 하위 클래스로 만드는 것이라고 생각하게 한다.

| 하나의 엔터티가 두 가지 어감을 갖게 정의함 |

민주주의라는 용어는 '전 국민, 즉 국가의 모든 적격 구성원에 의한 정부 체계' 또는 '민주주의 체계의 지배를 받는 국가'를 지칭할 수 있다. 이 두 어감이 비슷해 보이지만, 정확히 같지는 않다. 첫 번째는 주로 통치 체계(또는 그 변형)를 설명하고 두 번째는 주로 상태를 설명한다.

| 하위 클래스 위계구조가 더 협의인 위계구조나 더 광의인 위계구조와 같다고 가정함 |

2장에서 살펴보았듯이, 인스턴스화와 의미 포함 관계는 모두 위계 관계이며, 택소노미에서 명시적으로 구분할 필요가 없고, 어떤 종류의 공식적인 추론도 동반하지 않는다. 반면에 하위 클래스 위계구조는 택소노미 작업에 익숙할 때 즉시 인식하지 못할 수 있는, 다른 것보다 더 형식적인 의미와 논리적 의미가 있다.

| 오해의 소지가 있는 모형화 지침 |

많은 논문, 자습서, 도서에서 100% 정확하지 않은 시맨틱 모형화 지침을 찾아볼 수 있다. 예를 들어, 디스크립션 로직스^{Description Logics}와 OWL에서 '개념'이라는 용어를 '클래스'라는 용어와 같은 의미로 사용해서 '개념'이 항상 '클래스'로 모형화되어야 하며 '인스턴스'로 모형화되지 않아야 한다는 착각을 준다. 마찬가지로, 인기 있고 자주 인용되는 온톨로지 개발 자습서 하나에는 '인디비주얼인 인스턴스⁹는 지식 기반에서 표현되는 가장 구체적인 개념'이며 '개념이 자연적인 위계 구조를 형성하면 클래스로 표현해야 한다'라고 쓰여 있다. 하지만, 이 두 진술은 모두 틀렸다.[165]

하위 클래스화 관계^{subclassing relation}로 위장한 인스턴스화 관계^{instantiation relation}를 감지하는 가장 간단한 방법은 하위 클래스의 인스턴스가 상위 클래스의 인스턴스인지 확인하는 것이다. 하위 클래스에 대한 인스턴스를 찾을 수 없다면 처음부터 클래스로 모형화하지 않았어야 한다(예: 케이비피디어 예제의 'Parthenon'). 반면에 하위 클래스의 인스턴스를 찾을 수 있지만, 이러한 인스턴스가 상위 클래스의 인스턴스가 아니면 관계는 하위 클래스의 인스턴스가 아니다.

----

9 원문에서는 individual instances여서 '개별 인스턴스'라고 번역해도 되지만, 의미를 정확히 드러내려고 '인디비주얼인 인스턴스'로 번역했다. 즉, '더 쪼개어 볼 수 없는 인스턴스'라는 의미를 명료하게 나타내려고 이렇게 했다.

또 다른 기술은 'is a' 대신에 'is a kind' 패턴으로 하위 클래스 관계를 표현하고 그것이 의미가 있는지 확인하는 방법이다. 그렇지 않다면 관계는 인스턴스화 관계일 가능성이 크다. 예를 들면, '인간은 일종의(is a kind) 생물 종'이라고 말할 수 없고 '파르테논은 일종의(is a kind) 육상 지표'라고 말할 수 없다.

또한 OntoClean 방법론 중의 한 가지로 3장에서 처음 본 동일성identity이라는 개념을 사용하고 두 클래스가 동일성 기준을 공유하는지 확인할 수 있다. 동일성은 두 엔터티가 같은지 결정하는 문제를 의미하므로 두 클래스가 인스턴스에 대해 다른 동일성 기준을 제공하면 어느 한 엔터티가 다른 엔터티를 포함할 수 없다. 예를 들어, 두 사람이 동일 직종에 근무하게 되는 일도 있으니 직종(Occupations)은 사람(Person)과 동일성 기준이 다르다.

마지막으로, 6장의 지침을 적용하여 더 정확하고 명확한 방식으로 클래스 이름을 지정하고 정의해서 오해를 방지할 수 있다. 예를 들면, 민주주의를 통치 체계로 사용하는 국가로 사용할 클래스에는 이름을 민주주의(Democracy)보다는 민주주의_국가(DemocraticCountry)로 지정하는 편이 더 효과적이며 정확하다. Democracy를 통치 체계로 해석할 수 있어서 앞서 설명한 2차 클래스 함정으로 이어지기 때문이다.

7.2.2 하위 클래스 역할을 하는 부분체

하위 클래스 관계의 또 다른 일반적인 오용은 부분체–전체 관계part-whole relation를 나타내는 데 사용하는 것이다. 엔진이 자동차의 부분이라고 말하는 대신에 엔진이 자동차의 하위 클래스라고 말하는 상황이 그러한 예다. 이는 명백히 잘못된 표현이지만, 몇 가지 이유로 그런 식으로 표현하고는 한다.

- 하위 클래스는 부분집합에 비유할 수 있는데, 어떤 집합의 한 부분집합은 해당 집합의 부분체이다. 집합의 각 부분체와 집합을 이루고 있는 멤버의 부분체들 간의 차이를 제대로 구별할 수 있다면 이러한 혼란을 극복할 수 있다.
- 부분체–전체 관계는 일반적으로 위계를 형성하며 인스턴스화에서처럼 OWL 같은 언어로 구현할 때 클래스와 하위 클래스를 사용해서만 모형화할 수 있다는 착각을 하게 된다.

그렇다면 클래스 기반 모형화 언어에서 부분체–전체 관계를 효과적으로 모형화하려면 어떻게 해야 할까? 이는 정말로 우리의 부분을 클래스로 표현해야 하는지, 아니면 인디비주얼로 모형화할 수 있는지에 달려 있다. 후자라면 관계의 일부를 정의하고 이를 사용하여 이러한 인디비주얼들을 직접 연결할 수 있다. 반면에, 클래스를 연결하려면 W3C[166]나 참고문헌[167][168]에서 제안한 패턴 같은 좀 더 복잡한 표현 패턴을 사용해야 한다. 이러한 복잡성의 이유를 예로 들어 보면, '엔진은 자동차의 한 부분(부품)이다'라는 말은 '자동차의 모든 인스턴스는 엔진 인스턴스를 부분(부품)으로 포함한다(포함해야 한다)'고 말하는 것과 같으며, 이 진술은 이원 관계로 간단히 표현할 수 없다.

7.2.3 경직되지 않은 클래스의 하위 클래스로 경직된 클래스가 쓰이는 경우

6장에서는 시맨틱 모형화 요소의 잘못된 명명 문제를 Customer(고객) 클래스가 Person(개인) 클래스와 Organization(조직) 클래스를 하위 클래스로 삼는 예를 활용해 입증했다(그림 6-1의 왼쪽 모형 참조). 그러나 잘못된 이름을 지정하는 일과는 별도로 이 예제는 '경직된rigid 클래스의 하위 클래스로 경직되지 않은non-rigid 클래스를 나타내기'라는 시맨틱 오류를 보여 준다.

특히 Customer 클래스는 엔터티가 존재하는 것을 중단하지 않고 인스턴스가 되는 것을 중지할 수 있어서 경직되어 있지 않다(3.4절 '경직성, 동일성, 단일성, 의존성' 참조). 반면에 Person 이라는 엔터티는 기본적으로 이 클래스의 인스턴스이며 Organization에도 동일하게 적용된다. 따라서 Customer가 Person의 상위 클래스라는 말은 후자의 모든 인스턴스가 본질적으로 전자의 인스턴스임을 의미한다. 이는 명백히 잘못되었다.

Bacterium(박테리아) 클래스와 InfectiveAgent(감염원) 클래스에 대해서도 동일한 주장을 할 수 있다. InfectiveAgent는 경직성을 띠지 않는데, 이는 여기에서 **에이전트**agent가 어떤 사건에서 인과적인 부분을 담당하는 엔터티들을 지칭하므로 에이전트는 존재의 중단 없이 이 부분을 담당하는 일을 멈출 수 있기 때문이다. 따라서 Bacterium의 상위 클래스이다라는 말은 모든 박테리아가 본질적으로 감염원임을 의미하며 이는 특정 상황에서만 발생하므로 정확하지 않다. 요컨대, 경직된 클래스는 경직되지 않은 클래스를 상속해야 하므로 경직된 클래스의 하위 클래스가 될 수 없다. [표 7-3]에는 경직된 클래스와 경직되지 않은 클래스가 나란히 나온다.

표 7-3 경직된 클래스와 경직되지 않은 클래스

경직된 클래스	경직되지 않은 클래스
사람	교사
조직	고객
과일	음식
국가	참가국
엔진	자동차 부품

우리가 이러한 실수를 많이 하는 주된 이유는 어떤 임무를 수행할 수 있는 대체 가능한 클래스(예: Customer, InfectiveAgent)를 하위 클래스화를 사용하여 나타내려고 하기 때문이다. 그러나 하위 클래스–상위 클래스 관계는 상위 클래스의 인스턴스일 가능성이 있는 하위 클래스의 엔터티에 관한 것이 아니라 분명히 그 인스턴스인 엔터티에 관한 것이다.

7.2.4 호환되지 않는 동일성 기준이 있는 공통 상위 클래스

이제 Customer 클래스가 Person 및 Organization의 하위 클래스여야 함을 제안하는 [그림 6-1]의 올바른 모형을 다시 살펴보겠다. 이 표현은 고객의 모든 인스턴스가 동시에 Person과 Organization의 인스턴스라는 뜻이다. 두 상위 클래스가 분리되었으므로 이는 명백히 잘못되었다. 즉, 인스턴스에 호환되지 않는 ID 기준을 제공하기 때문이다.

즉, 모형에 둘 이상의 상위 클래스가 있는 클래스면 항상 호환 가능한 동일체identity[10]가 있는지 확인해야 한다. 그렇지 않은 상황에서 문제를 해결하는 한 가지 방법은 [그림 6-2]에 설명한 대로 모형을 리팩터링하는 것이다. 즉, 클래스(여기서는 Customer)를 상속하는 여러 동일체 개수만큼에 해당하는 여러 클래스(여기서는 PrivateCustomer와 CorporateCustomer)로 나누라는 말이다.

---

10 옮긴이_ identity는 보통 '동일성'으로 번역하나, 여기서는 동일성을 띤 클래스를 의미하므로 '동일체'로 번역했다.

7.3 나쁜 공리와 나쁜 규칙

동일성 관계와 하위 클래스 외에도 특정 유형의 공리axiom와 규칙rule에서 문제가 있는 모형화가 관찰된다. 몇 가지 특징적인 상황을 살펴보겠다.

7.3.1 위계 관계를 전이 현상으로 보고 정의하는 일

위계hierarchy를 정의할 때, 우리는 'A가 B보다 협의이고 B가 C보다 협의라면 A도 C보다 협의이다'라는 식으로 생각을 전이하는 경향이 있다. 예를 들면 이렇다.

- 포유류는 동물이고 고양이가 포유류이므로 고양이는 동물이다.
- 알베르트 아인슈타인은 물리학자이고 물리학자는 과학자이므로 알베르트 아인슈타인은 과학자다.
- 암스테르담은 네덜란드의 부분이고 네덜란드는 유럽의 일부이므로 암스테르담은 유럽의 부분이다.

그런데도 이러한 종류의 추론이 무의미한 단언으로 이어질 때가 있어서 위계 구조의 전이성 transitivity을 항상 당연한 것으로 간주하여서는 안 된다.

- 알베르트 아인슈타인은 물리학자이고(is-a) 물리학자는 전문가이지만(is-a) 알베르트 아인슈타인이 전문가와 같은 의미는 아니다(is-not-a).
- '탈것'은 '자동차'보다 광의이고(is-broader) '자동차'는 '자동차 바퀴'보다 광의이지만, '탈것'이 '자동차 바퀴'보다 광의인 것은 아니다.
- 암스테르담은 네덜란드의 일부이며(is-part-of) 네덜란드[11]는 유엔의 일부이지만, 암스테르담은 유엔의 일부가 아니다.

이러한 추론이 의미가 없는 한 가지 이유는 추론의 관점에서 볼 때 절대 결합할 수 없는 여러 유형의 관계를 결합하기 때문이다. A가 B의 일부라는 사실은 '자동차 바퀴'의 예에서 알 수 있듯이 B보다 더 일반적인 모든 것의 일부part-of라는 의미는 아니다. 그러나 위계가 하나의 관계로만 구성되더라도 전이성은 보장되지 않는다. 예를 들어, 아인슈타인이 전문가라면 두 가지 결합 관계는 모두 인스턴스화 관계다.

특히 관심을 끄는 부분은 관계의 일부로, 이를 기본적으로 전이적이라고 생각할 때가 많지만, 문제가 될 때가 많다. 암스테르담이 유엔의 일부라 하는 예와 함께 다음 같은 예도 생각해 보자.

---

11 옮긴이_ 원서에는 브라질로 되어 있지만, 문맥에 맞춰 바로 잡았다.

- 심장은 음악가의 부분체이고 음악가는 오케스트라의 부분체이다. 그렇다면 심장은 오케스트라의 부분체인가?
- 수소는 물의 일부이고 물은 냉각 시스템의 일부이다. 그렇다면 수소가 냉각 시스템의 일부인가?
- 집에는 문이 있고(has-a) 문에는 손잡이가 있다. 그렇다면 집에 손잡이가 있는가?
- 열매껍질은 사과의 부분체이고 과일은 음식 재료의 일부이다. 음식 재료는 요리 비결의 일부인가?

다시 말하지만, 이러한 추론이 이치에 맞지 않는 한 가지 이유는 우리가 2장에서 본 다른 유형의 부분체-전체 관계, 즉 성분체-통합체Component-Integral, 소속체-수집체Member-Collection, 조각체-일단체Portion-Mass, 원료체-물체Stuff-Object, 기능체-활동체Feature-Activity, 국소체-구역체Place-Area를 혼합한 결과라는 점이다. 예를 들어, 음악가의 심장 예제는 성분체-통합체 관계와 소속체-수집체 관계를 결합했기 때문에 무효하다. 또 다른 이유는 이러한 유형 중 일부는 격리되더라도 항상 전이적이지 않기 때문이다. 예를 들면, 소속체-수집체 관계는 결코 전이적이지 않지만, 집과 손잡이의 예에서 성분체-통합체가 때로는 비전이적임을 알 수 있다.

SKOS와 전이성

SKOS 모형화 프레임워크는 이번 단원에서 본 전이성 문제를 매우 잘 예측하며 skos:broader와 skos:narrower를 기본 전이 관계로 정의하지 않는다. 그렇게 하는 대신에 skos:broaderTransitive와 skos:narrowerTransitive라는 두 관계를 활용해 전이성 추론을 지원한다. 그러나 이러한 관계는 skos:broader와 skos:narrower의 전이적 초관계transitive super-relations로 정의되며 실제로 문제가 있는 추론으로 이어질 수 있다.

예를 들어, 'Amsterdam skos:broader TheNetherlands'와 'TheNetherlands skos:broader UnitedNations'를 기술하면, 추론기는 'Amsterdam skos:broaderTransitive TheNetherlands'와 'TheNetherlands skos:broader UnitedNations'를 추론할 텐데, 이는 관계 A를 통해 관련된 두 가지 엔터티 또한 초관계 B를 통해 관련이 있기 때문이다. 그러나 skos:broaderTransitive의 전이성은 'Amsterdam skos:broaderTransitive UnitedNations'를 추론하는 데 도움이 될 것이다.

이는 본질적으로 관계의 이름에서 알 수 있으므로 skos:broaderTransitive 단언들이 항상 전이적이라고 가정해서는 안 된다는 점을 의미한다. 대신 광의 관계나 협의 관계가 실제로 전이적이라고 확신할 때만 이 관계를 애플리케이션에서 사용하자!

7.3.2 애매한 관계를 전이 현상으로 보고 정의하기

전이성은 위계 관계뿐만 아니라 애매한 관계에서도 문제가 된다. 예를 들어, `isNearTo`(~에 가깝다)라는 관계는 이탈리아가 그리스에 가깝다고 간주하고 그리스는 터키에 가깝다고 간주할 수 있지만, 이탈리아는 터키에 가깝다고 간주하지 않을 수 있다. 또는 회사의 A 고객이 동일한 수익을 창출하기 때문에 B 고객과 유사할 수 있고 B 고객이 동일한 산업에 속한 C 고객과 유사할 수 있지만, A 고객은 수익과 산업이라는 두 가지 측면에서 모두 C와 다를 수 있으므로 A와 C는 그다지 유사하지 않을 수 있다.

다시 말해서, 애매성 때문에 전이성이 파괴된다는 의미이며, 이는 애매한 관계의 차원과 응용 가능성 기준이 명확하지 않고, 그러므로 관련 엔터티들로 구성된 각기 다른 쌍이 서로 잠재적으로 다를 수 있기 때문이다. 바로 이러한 이유로 SKOS는 사용자들에게 `skos:related`는 전이적 관계가 아니며 그렇게 하면 '원치 않는 결과를 초래할 수 있다'라고 명시적으로 경고한다.[169]

7.3.3 보완적인 애매한 클래스

OWL에서는 `owl:complementOf` 관계로 어떤 한 클래스를 다른 클래스의 보충물complement[12]로 정의할 수 있다. 예를 들어, `ChildlessPerson` 클래스를 `Person`의 인스턴스와 `Parent`의 보완 인스턴스인 엔터티 집합으로 정의할 수 있다. 즉, 클래스 자체의 구성원이 아닌 엔터티로 정확히 구성되므로 클래스의 보충물은 논리적 부정에 해당한다. 그러나 클래스가 애매하면 논리적 부정이 반드시 보충물과 같지는 않다.

예를 들면, `HappyPerson` 클래스를 생각해 보자. `UnhappyPerson` 클래스를 보충물로 정의하는 방법으로 부정된 버전을 표현할 수 있다. 또 다른 방법은 보충 클래스의 이름을 `NotHappyPerson`으로 지정하는 것이다. 이를 바탕으로 두 가지 질문이 발생한다.

- `HappyPerson`과 `NotHappyPerson`의 인스턴스 집합은 정말 상호 배타적인가?
- `NotHappyPerson`과 `UnhappyPerson`의 인스턴스 집합은 실제로 동일한가?

두 질문에 대한 답은 '반드시 그렇지는 않다'이다. 첫 번째 질문에서 'happy(행복)'의 애매성은 사람이 행복한지 아닌지 명확하지 않은 경계선 상황이 있음을 의미한다. 따라서 누군가가

---

12 옮긴이_ 이 용어가 언어학에서는 '보어'에 해당하고, 컴퓨터 과학에서는 '보수'에 해당한다.

행복하다고 명시적으로 언급하지 않았으므로 행복하지 않다는 추론은 항상 올바르지는 않다.

두 번째 질문과 관련하여, 참고문헌[170]에서 설명한 최근 연구에서 저자는 애매한 단계적 술어의 두 가지 흥미로운 행동을 관찰했다. 첫째, 형태학적 반의어(예: 'unhappy')는 진정한 반의어(예: 'sad')나 명시적 부정(예: 'not happy')과 동일하게 작동하지 않는다. 특히 이러한 반의어는 같은 화자가 가까이에서 발언할 때 그렇다. 유사하게, 형태학적 반의어의 부정어(예: 'not unhappy')가 항상 원래의 술어(예: 'happy')와 같지는 않다. 즉, 애매성이 관련되어 있을 때 보완 클래스의 이름을 결정하는 방식이 큰 차이를 만들 수 있다(6장 참조).

7.3.4 제약 조건에 대한 잘못된 추론 규칙

우리가 RDF(S)나 OWL을 사용해 시맨틱 모형을 구축할 때 우리는 주어진 관계에 대해 도메인domain과 범위range, 즉 이 관계의 잠재적인 주체subject와 객체object가 속할 수 있는 클래스를 정의할 수 있다. 따라서 예를 들면, wasBornIn 관계에서는 Person을 도메인으로 정의하고 Location을 범위로 정의할 수 있다. E-R 모형화에 익숙하다면 이 패턴을 확실히 알아차릴 것이다. 그러나 큰 차이가 있다. RDF(S)에서는 도메인과 범위 공리가 제약 조건이 아니라 추론 규칙으로 동작한다.

더 구체적으로 살펴보자면, 어떤 한 가지 관계인 R의 도메인이 C1 클래스로 표현되고 R의 범위가 C2 클래스로 표현된 상황에서 여러분이 C1 클래스나 C2 클래스의 인스턴스가 아닌 두 가지 엔터티를 관계 R로 연결시킬지라도 여러분의 추론기는 그런 식의 연결에 별다른 이의를 제기하지 않을 것이다. 그렇게 하는 대신에 여러분의 추론기는 주체 엔터티가 C1의 인스턴스이고 객체 엔터티가 C2의 인스턴스라고 추론할 것이다. 즉, 'Amsterdam wasBornIn Ajax'라고 무의미하게 말하면 Amsterdam은 Person의 인스턴스로 추론이 되어 버리고 Ajax는 Location의 인스턴스로 추론이 되어 버린다는 말이다.

이는 시맨틱웹Semantic Web 언어가 열린 세계 가정open-world assumption을 염두에 두고 설계되어서 생기는 일인데, 이는 추론과 연역 추론을 모형에서 명시적으로 참이나 거짓인 진술을 기반으로만 수행할 수 있음을 의미한다(3장 참조). 이 가정은 일반적으로 모형과, 모형을 적용하는 애플리케이션에 예상치 못한 영향을 끼치거나 잠재적으로 해로운 영향을 미칠 수 있으므로 선택한 모형화 언어에 '작게 쓰인 글씨'를 항상 주의 깊게 읽어야 한다.

7.4 요약

이번 장에서는 모형 구축자로서 시맨틱 모형화 언어나 프레임워크가 제공하는 요소를 이해하고 올바르게 사용하지 못하고 결과적으로 부정확한 모형을 만드는 몇 가지 상황을 다루었다. 이러한 실패의 몇 가지 일반적인 이유와 이를 예상하고 방지하는 데 유용한 관행을 확인했다.

이번 장에서 기억해야 할 중요 사항은 다음과 같다.

- 항상 모형화 프레임워크의 성질이나 특색뿐만 아니라 사용할 수 있는 각 요소의 사용 방식과 동작 방식을 이해해야 한다.
- 의미 추론은 논리 추론과 같지 않다. 논리 규칙에 대한 입력이 잘못되면 출력도 잘못된다.
- 동의어 관계나 동등성 관계에 주의하자. 겉에 드러나 보이는 것만큼 간단하지 않다.
- 하위 클래스화를 남용하지 말자. 모든 개념을 클래스로 모형화하거나 모든 위계 관계를 하위 클래스로 모형화할 필요가 없다.
- 위계 관계가 항상 전이되지는 않는다.
- 제약으로 위장한 추론에 주의하자.

다음 장에서는 모형화 프레임워크를 올바르게 사용하지 않아서가 아니라 올바른 요구사항을 얻거나 적절한 지식 습득 메커니즘을 구현하지 못해서 구조와 내용이 잘못된 모형으로 이어지는 함정에 관해 계속 설명한다.

CHAPTER 8

잘못된 모형 규격 및 지식 습득

"물라, 방에서 반지를 잃어버려 놓고는 왜 그걸 마당에서 찾고 있는 거예요?"
물라가 수염을 쓰다듬으며 말했다. "방이 너무 어둡고 잘 보이지 않아서 그렇소. 이 안뜰 쪽이 훨씬 밝게 비추어지고 있어서 여기서 반지를 찾아보려 하오."

『Classic Tales of Mulla Nasreddin』

5장에서 보았듯이 시맨틱 모형 구축을 시작하기 전에 모형의 요구사항을 지정하여 정확히 무엇을 개발할지를 결정해야 한다. 또한 모형을 구축하는 동안 이러한 요구사항을 충족하는 모든 엔터티, 관계 및 기타 모형 요소를 제공할 적절한 지식 습득 메커니즘을 설계하고 구현하고 적용해야 한다.

안타깝게도 우리는 이 두 가지 활동을 차선책으로 수행하여 사용자에게 거의 가치를 제공하지 않는 값비싼 모형을 만들고 만다. 이번 장에서는 이러한 활동과 관련하여 몇 가지 문제가 있는 관행을 설명하고 이를 개선하는 방법에 관한 유용한 통찰을 제공한다. 이러한 많은 관행과 통찰(예: 데이터 규격 및 선택)은 시맨틱 모형 개발뿐만 아니라 모든 종류의 데이터 과학 프로젝트에 적용할 수 있다.

8.1 잘못된 것을 구축하는 일

2016년 초에 틱스트커널에 합류했을 때 나는 담당 업무인 지식 그래프 구축을 시작하기를 너무 열망했다. 입사한 지 한 달만에 나는 그래프에 관한 주요 요구사항을 수집하고 포함해야 하는 요소를 지정했다. 그 후 6개월 동안 이러한 요소들을 다양한 출처에서 반자동으로 마이닝하고 통합함으로써 그래프에 내용을 보탰다. 작업 결과, 엔터티 수천 개와 허용 가능한 정확성을 보이는 풍부한 지식 그래프를 얻었다.

그다음으로는 이 그래프를 텍스트커널의 이력서 및 일자리 파싱 및 검색 제품에 통합함으로써 성능을 실제로 높이는 데 도움을 주는 작업을 했다. 통합하는 일과 성능을 높이는 일이 모두 아주 어려웠고 처음 예상했던 것보다 훨씬 더 오랜 시간이 걸렸다. 왜 그랬을까? 그래프를 올바르게 지정하지 못해서 아무도 사용할 수 없는 무언가를 만들었기 때문이다. 여러분에게도 그런 일이 일어났다면 계속 읽어 나가 보자.

8.1.1 우리가 잘못된 규격을 얻게 된 이유

텍스트커널 입사 초기에 내가 저지른 주요 실수는 다음과 같이 요약할 수 있다.

| 요구사항을 정확히 충족하지 않는 모형의 기능을 지정했다. |

예를 들어, 모형에서 용어 간의 매우 엄격한 동의어 관계를 구현하지만 모형을 사용하는 시맨틱 검색 시스템은 실제로 정밀도보다는 시스템의 재현율을 최적화할 수 있도록 동의성synonymy에 대한 해석을 느슨하게 해야 했다.

| 모형 사용에 중요한 기능을 지정하지 않았다. |

예를 들어, 모형을 사용하는 이력서 파싱 시스템에서 처리할 수 있는 수준보다 훨씬 더 깊이 있는 직업 엔터티의 위계를 모형에서 구현했다(narrowerThan이라는 위계 관계를 사용).

| 실제로 모형 사용에 해로운 기능을 지정했다. |

예를 들어, 나는 파싱 시스템이 효과적으로 모호성 해소를 할 수 있게 하는 대신 모형의 엔터티를 더 어휘화하는 식으로, 파싱 시스템의 재현율을 높이기보다는 정밀도를 더 줄인 적이 있다.

| (아직) 아무에게도 필요하지 않았거나 사용할 수 없었던 기능을 지정했다. |

예를 들어, 특정 직업이 구직 시장에서 요구하는 전형적인 기술을 나타내는 모형에 관계를 추가하고 채웠지만, 그 당시 우리 제품 중 어느 것도 실제로 이 관계를 생산적으로 사용할 수 없었다.

돌이켜 보면 이런 일이 일어난 이유를 몇 가지 생각할 수 있다.

우선, 특히 의미 요소와 현상과 관련하여 요구사항 수집 단계에서 모호성 해소와 특수성을 요구하지 않았다. 사람들은 애플리케이션에 동의어가 필요하다고 말했지만, 그들이 실제로 의미하고 원하는 것은 검색 확장 목적으로 사용할 의미상 관련 용어였다. 사람들은 지식 그래프의 엔터티가 위계적으로 관련되기를 원한다고 말했지만, 이 위계에는 최대 깊이가 필요하다는 점을 언급하는 점을 말해 주지 않았다. 그리고 사람들은 정확히 어떻게 사용할지도 모른 채로 그래프에 특정 요소가 있으면 좋겠다고 말할 것이다.

내가 누군가를 비난하려는 게 아니라 현실이 그렇다는 점을 말하고 싶은 것이다. 우리는 모두 암시적 가정, 편견 및 사물에 관한 해석을 사용하여 일상 업무를 수행하므로 이러한 모순성이 발생하는 것은 자연스러운 일이다(추가 예제는 [표 8-1] 참조). 이 책의 앞부분에서는 데이터 모형화 도메인에서 우리가 모두 사용하는 용어가 얼마나 모호하고 다재다능하며 애매할 수 있는지를 보았다. 동시에 우리는 이러한 모순성을 예상하고 이를 수정하는 방법을 배워야 한다.

표 8-1 시맨틱 데이터 모형에 대해 표현된 특징과 바라던 특징

사람들이 하는 말	가장 가능성이 큰 의미
모형에 법률 도메인 엔터티가 포함되기를 원한다.	모형에 법률 도메인 엔터티가 포함되길 원하지만, 미국법 체계만 해당한다.
모형이 스페인어로 어휘화되기를 원한다.	모형이 스페인에서 사용하는 모든 언어로 어휘화되기를 원한다.
모형이 영화를 배우와 연관시키기를 원한다.	모형이 영화를 인기를 끄는 배우와 관련시키기를 원한다.
모형을 추론에 사용하기를 원한다.	모형을 귀납적 추론에 사용하기를 원한다.
시맨틱 검색에 모형을 사용할 수 있기를 원한다.	방금 사들인 특정 검색 시스템에서 모형을 사용할 수 있기를 원한다.
우리의 가장 큰 문제는 업무 용어의 모호성이다.	가장 큰 문제는 업무 용어의 애매성이다.

두 번째 문제는 의도된 애플리케이션과 어울릴 만한 형태로 지식 그래프를 지정하지 않았다는 점이다. 그렇게 하는 대신에 우리는 그래프가 다루어야 하는 도메인과 데이터에만 집중하였고 나중에 가서야 애플리케이션 측면까지 고려했다. 그렇게 함으로써 처음에 내린 주요 설계 결정을 결국 취소하게 만든 중요한 요구사항과 제약 조건을 놓쳤던 것이다.

세 번째 문제는 상충하는 요구사항을 예상하지 못했다는 점이다. 사람과 팀은 편향되고 일방적인 요구사항을 제시하면서도 다른 애플리케이션과의 충돌이나 상반 관계를 인식하지 못할 때가 많다. 그리고 동시에 모든 애플리케이션을 고려하지 않아서 한 애플리케이션에는 의미가 있지만, 그 밖의 애플리케이션에 적용할 때는 문제가 있음이 나중에 가서야 드러나게 된 특징을 고려하지 않은 채로 지식 그래프를 자주 지정하고 구현했다. 물론 내가 처음부터 규격 프로세스에 관련된 모든 이해 관계자를 인식하고 참여시키지 못했으니 잘못은 모두 내 탓이었다.

마찬가지로 내가 유산과 역사를 거의 무시했다는 사실이 문제였다. 회사에 도착하자마자 사용 중인 현재 시맨틱 모형을 조사한 결과 특정 설계 결함이 있음을 발견했다. 그러나 이러한 결함이 어떻게 생겨났는지 이해하려고 하는 대신에 이 모형을 무시하고 처음부터 새로운 모형을 정의했다. 하지만 이러한 결함 중 상당수는 불행히도 여전히 적용 가능한 특정 애플리케이션 제약 조건을 고려하여 취해진 의도적인 설계 결정이었음을 나중에 발견했다.

마지막으로, 잘못된 규격의 주된 이유는 지식 그래프가 처리해야 하는 문제점에 대한 오해였다. 나는 최근에 작업했던 시맨틱 모형화 프로젝트에서 나는 당면한 문제와 도전들을 새 프로젝트에 똑같이 적용할 수 있고 중요하다고 (잘못) 추측했다. 이렇게 가정하는 바람에 지식 그래프의 특정 특징이 잉여되거나 우선순위가 잘못되었었다.

8.1.2 올바른 규격을 얻는 방법

시맨틱 모형에 대한 올바른 규격을 얻는 과정이 절대 쉽고 부드럽지만은 않다. 인내심, 겸손함, 호기심, 적극적인 태도가 필요하다. 또한 처음부터 모든 요구사항을 얻는 일은 거의 없으므로 필연적으로 반복할 수밖에 없는 과정이다.

어떤 상황에든 3단계로 작업하는 편이 가장 좋다. 먼저 모형의 컨텍스트와 환경을 자세히 이해한 다음에 필요한 특징과 속성을 지정하고 마지막으로 각 요구사항의 중요성과 실행 가능성을 평가한다.

모형의 컨텍스트 조사

필요한 특징과 속성을 기록하고 문서화하기 전에 먼저 모형을 개발하고 적용할 환경을 이해해야 한다. 그렇게 하려면 다음 질문을 해야 한다.

- 시맨틱 데이터 모형을 사용할 것으로 예상하는 시스템이나 애플리케이션은 무엇이며 누가 개발하고 유지하는가?
- 이러한 시스템이 현재 사용하는 시맨틱 모형은 무엇이며 누가 개발하고 유지하는가?
- 데이터 및 의미론과 관련하여 각 시스템의 문제점은 무엇인가?
- 이러한 문제점이 과거에 언급된 적이 있는가? 만일 그랬다면, 어떤 식으로 언급되었고 어떤 결과를 가져왔는가?

첫 번째 질문은 모형의 가장 중요한 이해 관계자, 즉 모형을 사용할 애플리케이션을 식별하는 일에 관한 질문이다. 모형의 성공은 대부분 이러한 애플리케이션의 성공과 직접적인 관련이 있으므로 작동 방식과 필요한 사항을 적절하게 이해해야 한다. 따라서 이를 개발하고 유지 관리하는 사람들이야말로 모형에 관한 요구사항을 가장 잘 제시할 수 있는 사람들인 것이다.

이상적으로는 서로 충돌하는 요구사항이 너무 많지 않도록 모형이 단일 애플리케이션을 지원해야 한다. 그렇지 않고 애플리케이션이 둘 이상이면, 하나에만 집중하고 다른 애플리케이션은 나중으로 미뤄두고 싶은 유혹이 생길 수 있다(특히 관련 경험이 없을 때). 다른 애플리케이션의 우선순위를 지정하고 그중 하나만으로 시작할 수 있더라도 조만간 모형에 영향을 미칠 수 있는 모든 것을 레이더에 넣어 미래의 놀라움을 방지해야 한다.

또한 모형을 사용할 모든 애플리케이션을 미리 알아두면 규격 프로세스를 더 잘 구성하는 데 도움이 된다. 예를 들어, 텍스트에서 엔터티를 인식해 내고 모호성을 해소하는 시맨틱 모형을 구축할 때마다 나는 이미 모형에 있어야 할 일반적인 속성 집합뿐 아니라, 이러한 속성 중 일부가 (내비게이션이나 시맨틱 검색 같은) 다른 애플리케이션과 어떻게 충돌하는지도 미리 알아둔다. 따라서 규격을 논의할 때면 나는 이러한 속성과 그 가능성에 초점을 맞춘다.

두 번째 질문은 시맨틱 데이터 모형을 대체하거나 개선하기 전에 어떤 시맨틱 데이터 모형이 어떤 방식으로 쓰이는지에 관한 현재 상태를 이해하는 것에 관한 질문이다. 이러한 모형을 완전히 버리는 것은 좋은 생각이 아니며, 그렇게 하는 대신에 개발자, 유지 보수자, 사용자로부터 개발 이력, 설계 원칙, 결정 및 타협, 강점과 약점을 알아 내어 이해해야 한다. 이를 통해 약점을 극복하고 강점을 유지하도록 모형을 현실적으로 설계하는 방법에 관한 귀중한 통찰력을 얻을 수 있다.

세 번째 질문은 초점에 관한 것이다. 시맨틱 모형은 다양한 방식으로 애플리케이션의 효율성을 높일 수 있지만, 그중 일부만 중요하거나 바람직할 수 있다. 예를 들어, 엔터티 인식 및 모호성 해소 시스템은 텍스트에서 잠재적 엔터티 언급mention들을 감지하는 작업(인식)과 각 언급에 대한 올바른 엔터티를 결정하는 작업(모호성 해소)에서 모두 시맨틱 모형을 활용할 수 있다 (10장 참조). 그러나 회사에서 사용하는 특정 시스템에서는 모호성 해소 효과가 부족해서라 기보다는 특정 도메인의 용어와 엔터티를 적용하는 범위가 좁다는 이유 때문에 더 많은 문제를 겪을 수 있다. 물론, 여러분은 문제점이 무엇인지 그리고 그에 따른 고충이 어느 정도인지에 관 해서 서로 다르면서도 상충하는 의견을 거의 항상 듣게 될 것이다.

마지막으로 네 번째 질문은 똑같은 역사를 반복하지 않도록 역사를 아는 일과 관련이 있다. 자 원이나 기법, 우선순위가 부족하여 의미론과 관련된 불만 사항을 아직 해결하지 못했을 수 있 다. 그러나 이를 해결하려는 시도가 있었지만, 기술적인 문제나 조직상의 문제 또는 기타 장애 물 때문에 실패했을 수도 있다. 여러분은 모형의 규격을 조정하고 그에 따라 디자인할 수 있도 록 이러한 장애물을 알고 싶을 것이다.

> **NOTE_ 사람들이 사용하는 용어를 관찰하고 해석하기**
> 시맨틱 모형 수명 주기 전반에 걸쳐, 특히 규격 단계에서 데이터 모형 및 의미론을 논의할 때 모형의 이해 관
> 계자가 사용하는 용어에 주의를 기울여야 한다. 사람들은 똑같은 사물을 서로 다른 용어로 부르기도 하고, 서
> 로 다른 사물을 서로 같은 용어로 부르기도 하므로(이에 관해서는 2장을 참조하자) 사람들이 모두 한 가지 언
> 어를 사용하고 있는지를 확인해 보아야 한다.

특징과 속성을 지정하기

모형의 컨텍스트를 정확하고 완벽하게 이해한 후에는 식별된 문제점을 완화하는 데 필요한 구 체적인 기능과 속성을 살펴볼 차례다. 문헌에는 이를 위해 사용할 수 있는 많은 공식 및 준공식 프레임워크와 기술(예: 브레인스토밍, 문서 분석, 포커스 그룹, 인터뷰 등)이 있다. 그러나 나 에게는 시맨틱 모형 규격 프로세스의 시작점이 **핵심 엔터티 유형**core entity type의 식별이어야 했다.

'핵심'이란 한두 문장으로 모형을 설명할 때 사용할 엔터티 유형을 의미한다. 예를 들면, ESCO 의 제작자는 모형을 '기량, 역량, 자격, 직종의 유럽 다국어 분류'라고 설명한다. 이는 ESCO에 포함된 주요 엔터티 유형뿐만 아니라 지리적 범위도 명시적으로 설명하므로 훌륭한 설명이다.

핵심 엔터티 유형을 식별할 때 중요한 점은 너무 높거나 낮지 않은 올바른 일반성 수준에서 수 행하는 것이다. 예를 들어, 운동선수나 배우 같은 특정 유형의 사람을 모형으로 삼으려면, 핵심 엔터티 유형은 사람이 아니라 운동선수와 배우이거나(결국 모형에서 클래스 사람을 정의하더

라도) 더 구체적인 유형의 운동선수나 배우여야 한다. 너무 일반적으로 시작하면 필요하지 않은 요구사항이 발생할 위험이 있다. 너무 구체적으로 시작하면 반복적인 요구사항이 많이 발생할 위험이 있다.

다음 단계는 이러한 핵심 엔터티 유형에 대해 모형에 포함할 정보를 지정하는 것이다. 이는 **역량 질문**, 즉 모형이 답변을 제공할 수 있어야 하는 자연어로 표현된 질문을 통해 가장 잘 수행된다. 이해 관계자와 협력하여 이러한 질문을 형성함으로써 시맨틱 모형화의 전문가가 아니어도 모형이 원하는/필요한 요소(관계, 속성, 공리, 기타 엔터티 유형 등)를 말할 수 있다.

예를 들면, 피자에 관한 질문과 직종에 관한 표본 역량 질문이 포함된 [표 8-2]를 생각해 보자. '미국에 있는 데이터 과학자의 평균 급여는 얼마인가?'라는 질문을 생각해 본다면 우리는 모형에 개별 직종의 급여 정보를 포함해야 하며 이 정보가 국가별로 필요하다는 점을 즉시 이해할 수 있다. 마찬가지로 '나폴리 피자의 재료는 무엇인가?'는 질문을 고려한다면 이 모형에서는 특정 피자 유형(나폴리, 마르게리타 등)과 마찬가지로 유형별로 서로 다른 음식 재료를 정의해야 함을 나타낸다.

표 8-2 피자 및 직종에 관한 역량 질문

피자에 관한 질문	직종에 관한 질문
견과류가 들어 있지 않은 피자는 무엇인가?	미국 데이터 과학자의 평균 급여는 얼마인가?
마르게리타 피자의 무게는 얼마인가?	경제학자의 전문 분야는 무엇인가?
세 가지 이상의 재료를 공유하는 피자는 무엇인가?	정량 분석가에게 필요한 기량은 무엇인가?
세 번째로 인기가 적은 피자 토핑은 무엇인가?	1980년대에 유럽에서 수요가 있었던 직종은 무엇인가?
나폴리 피자의 재료는 무엇인가?	4년 이상 공부해야 하는 전문 직종은 몇 개나 있는가?
한 종류의 고기를 사용하는 피자는 무엇인가?	지난 20년 동안 연습생이 가장 크게 준 직종은 무엇인가?

> **WARNING_ 조기 모형화**
>
> 역량에 관한 질문들을 정의할 때 여러분은 해당 질문에 답하는 데 정확히 필요하고 모형 속에 들어 있어야 하는 요소가 무엇인지부터 생각하기 쉽다(예: 직종별 급여 정보를 속성으로 표현할지 아니면 별개의 엔터티로 표현할지 고려). 이는 일반적이며 잠재적으로 유용한데, 상충하는 요구사항을 식별하고 대체 해법을 탐색하는 데 도움이 되는 탐색 요소가 초기 단계에 있을 때가 꽤 많기 때문이다. 그러나 모든 요구사항을 수집하려는 목표에서 초점을 잃지 않도록 주의해야 하며 이해 관계자가 따라갈 수 없거나 신경 쓰지 않는 지나치게 기술적인 토론에 끌어들여 이해 관계자를 소외시키지 않도록 주의해야 한다.

사람들은 역량에 관한 질문을 자연어로 표현하므로 초기 형식이 필연적으로 불완전하거나 애매하거나 모호하다. 가능한 한 명확하게 만들고 적절하다면 일반화하고 빠진 부분을 채우는 일이 여러분의 임무다.

예를 들어, '1980년대 유럽에서 어떤 직종에 대한 수요가 가장 많았는가?'라는 질문을 볼 때, 나는 그것을 쓴 사람에게 물어볼 세 가지를 즉시 떠올릴 수 있다.

1. '수요가 많은'이라는 술어는 애매한데, 이처럼 애매한 술어를 어떻게 하면 정확하게 정의할 수 있으며, 특정 직종 측면에서 보았을 때 그러한 정의가 참인지 거짓인지를 어떻게 판단할 수 있을까?
2. '유럽'이란 대륙을 의미하는가 아니면 유럽 연합을 의미하는가?
3. 대륙(질문에서 유럽의 사용이 의미하는 바와 같이), 국가, 지방 등을 사용하면 역량 질문에 대한 답변을 지리적으로 세분화할 수 있는가?

실제로 조사 목적으로 하는 질문은 이해 관계자들이 여러분에게 말하지 않을 수도 있는 모형에 관한 제약 조건이나 한계 및 특수 요건을 발견하는 것이 목표여야 하는데, 이는 이해 당사자가 그러한 것들이 관련 있다고 생각하지 않거나 당연하게 여겨왔을 것이기 때문이다. 특히 특정 애플리케이션이나 시스템에서 여러분의 모형을 사용해야 하는 경우, 용법을 자세히 학습해 두면 드러나지 않은 요구사항을 많이 찾아낼 수 있다.

타당성 및 중요성 평가

여러분이 수집할 수 있는 시맨틱 모형 관련 요구사항을 모두 다 똑같이 실행할 수 있는 것도 아니고 똑같이 중요한 것도 아니다. 예를 들면, 획득 공급원(데이터 및 사람)을 사용할 수 없거나 비용이 지나치게 소요되는 언어로 모형 엔터티를 어휘화하라는 요청을 받을 수 있다. 마찬가지로, 엔터티를 5개 언어로 어휘화하라는 요청을 받았지만, 그중 두 개만 정말 중요하고 특정 언어의 우선순위가 높을 수도 있다. 여러분은 타당성을 평가하고 이해 관계자들에게 알리고 그들이 어떤 게 더 중요한지를 결정해 주기를 바랄 것이다.

일반적으로 시맨틱 모형 요구사항의 실행 가능성에 영향을 미치는 두 가지 주요 요인이 있다.

| 원하는 대로 사용할 수 있는 모형화 언어 및 프레임워크의 기능과 제약 |

이러한 요인들은 일반적으로 모형의 구조 및 추론 동작과 관련된 요구사항에 영향을 끼친다. 이들 중 일부는 프레임워크에서 직접 지원되고 일부는 조정이 약간 필요하며 일부는 완전한 사용자 정의가 필요하다. 예를 들어, 2007년에 나는 그리스 역사 문서용 시맨틱 검색 시스템 개발과 관련된 프로젝트를 진행했다. 어떤 사람들이 어떤 이벤트에 참여했는지 같은, 여러 다른 엔터티 관계를 시스템의 기본 시맨틱 모형에 포함해야 한다는 요구사항이 있다고 해 보자. 그러나 내가 사용해야 했던 모형화 프레임워크는 '관련된' 관계 하나만 지원할 수 있었다.

| 지식 습득 자원 및 도구/프로세스의 가용성, 품질, 비용 |

이러한 요인들은 일반적으로 모형의 내용 및 표현력과 관련된 요구사항에 영향을 끼친다. 충분한 자원과 아주 효과적인 방법 및 아주 효과적인 처리 과정이 일부 콘텐츠에 부여되는 반면에 그 밖의 콘텐츠에는 부여되지 않을 수 있다. 예를 들어, 방금 언급한 그리스 역사 프로젝트에서 나는 그리스 역사 문헌에 적용할 수 있고 이와 관련된 인물과 장소와 사건을 언급하는 데 필요한 엔터티를 자동으로 마이닝하는 데 쓸 엔터티 인식 시스템을 갖추지 못했다. 그래서 나는 이러한 사건과 인물을 수작업 방식으로 정의한 소규모 역사 졸업생 팀에 의존해야 했다. 이는 물론 모형의 크기와 적용 범위에 영향을 미쳤다.

> **WARNING_ 과장 광고를 조심하세요**
> 많은 시맨틱 및 데이터 기술 공급업체(때로는 학계)가 방법과 도구를 사용하여 시맨틱 모형을 구축하기가 매우 쉽다고 말한다. 이는 사실이지만 오해의 소지가 있다. 실제로 '어떤' 모형을 비교적 쉽게 구축할 수 있지만, 그게 반드시 여러분이 바라던 모형이 아닐 수 있다.

타당성과 비교해 모형 요구사항의 중요성은 사용 가능한 자원과 기술에 덜 의존하고 전략과 비즈니스 요소에 더 많이 의존한다. 특정 분야나 시장 또는 애플리케이션은 필연적으로 다른 것보다 더 중요하다. 따라서 이는 이해 관계자만이 제공할 수 있는 정보이며 유용하고 영향력 있는 무언가를 구축하려면 실제로 노력을 기울여야 한다.

물론, 무엇이 중요하고 얼마나 중요한지에 관한 모순된 의견을 예상해야 한다(게다가 '중요한'은 애매한 술어다). 내가 이 책을 쓰는 동안에도 텍스트커널에서는 여전히 지식 그래프에 소프트 스킬을 포함하는 것이 유용한지에 관한 논쟁을 벌이고 있다.

> **NOTE_ 요구사항의 중요성이 품질 전략을 주도**
> 모형 요구사항의 상대적 중요성을 알면 따라야 할 품질 전략을 결정할 때도 도움이 된다. 다른 더 중요한 요구사항을 희생하면서 중요도가 낮은 요구사항의 품질을 최적화하면 실패하기 쉽다.

실행 가능성과 중요성의 조합은 우선순위를 설정하는 데 항상 도움이 된다. 명확한 우선순위를 지정하지 않으면 일반적으로 시간과 자원이 낭비되기 때문이다. 하지만 내가 '해 내기 쉬운 일'의 폭정이라고 부르는 것을 알아 두어야 한다. 이론적으로 요구사항의 실현 가능성은 일반적으로 비즈니스 전략과 우선순위에 따라 달라지므로 중요성과 무관하다. 하지만 실제로는 쉬운 요구사항이 가장 높은 우선순위를 차지하고 어려운 요구사항은 뒤로 밀려난다. 지속해서 연기되는 요구사항이 모형에 상당한 기술적 부채를 유발하지 않는 한 괜찮다. 예를 들면, 나는 자원이 제한되어 있고 도전적이지만 중요하지 않은 분야에서는 모형을 확장하지 못하더라도 신경 쓰지 않는다. 현재 품질 문제를 일으키는 방식으로 유지 관리되는 모형이 있으면 신경을 쓰지만, 유지 관리 프로세스를 개선하는 데 시간을 할애하는 대신에 계속 콘텐츠를 추가할 뿐이다.

8.2 나쁜 지식 습득

시맨틱 모형의 요구사항을 적절하게 지정했더라도 올바른 지식 습득 메커니즘을 사용(또는 개발)하지 않으면 개발하기가 어려워질 수 있다. 예를 들어, 우리가 모형의 규격에서 용어들 사이의 동의성 관계를 갖고 싶음을 분명히 했을지 모르지만, 결국 우리는 상호 관련된 용어만 얻게 된다. 또는 우리가 모형 엔터티의 텍스트 정의를 얻고 싶어 하지만, 추출용으로 선별한 데이터 내에서는 찾을 수 없을 경우도 있다. 이런 일은 우리가 잘못된 지식 공급원과 획득 방법을 사용할 때 벌어지는 일이다.

8.2.1 잘못된 지식 공급원

시맨틱 모형을 개발할 때는 주로 데이터와 사람이라는 두 가지 유형의 요소 공급원을 사용한다. 데이터는 다음 네 가지 방법으로 사용할 수 있다.

| 모형을 원래 모습 그대로(as-is) 추가할 수 있는 시맨틱 모형 요소의 공급원 |
이는 기존 데이터베이스, 온톨로지, 택소노미 및 기타 시맨틱 데이터 모형의 경우이며 추가 처리가 거의 없이 엔터티나 관계 같은 요소의 일부나 전체를 재사용할 수 있다.

| 시맨틱 모형 요소를 추출할 수 있는 데이터 공급원 |

이는 텍스트 말뭉치, 대화형 로그, 위키나 일부 시맨틱 모형 마이닝 방법을 적용하여 모형의 요소를 파생할 수 있는 기타 데이터의 경우다.

| (준)지도학습 방식 시맨틱 모형 마이닝 방법에 대한 훈련 예제 |

이는 데이터 안에 이미 들어있는 시맨틱 요소들을 사용해 주석을 추가한 데이터의 경우이며, 시맨틱 모형 마이닝을 위한 지도학습이나 준지도학습 방법으로 훈련하는 데 사용할 수 있다.

| 원격 지도학습 방식 모형 마이닝 방법의 요소 공급원 |

이는 원격 지도distant supervision에 사용할 수 있는 기존 시맨틱 데이터 모형의 경우다. 즉, 지도학습 방식으로 모형을 마이닝하는 데 필요한 학습 데이터를 자동으로 생성하기 위한 것이다.

반면에 사람은 주로 다음과 같이 활용된다.

| 시맨틱 모형 요소의 제공자, 큐레이터, 유지 보수자 |

이는 거의 처리 없이 모형에 통합할 수 있는 용어, 엔터티, 관계 등의 요소를 제공하도록 사람들에게 직간접적으로 요청하는 경우다. 여기에는 자동 시맨틱 모형 마이닝 방법의 출력을 검증하도록 요청하는 일이 포함된다. 시맨틱 모형 구축자는 아니더라도 이들의 입력은 중요하다.

| 훈련 데이터의 주석자 |

이는 텍스트나 그 밖의 데이터 내에 있는 시맨틱 요소에 대한 언급을 식별해 낸 다음에 이를 바탕으로 주석annotation을 달도록 사람들에게 요청하고, 이렇게 해서 생성한 데이터를 (준)지도 방식 훈련용 사례로 사용하는 경우를 말한다.

그런데 언론 분야에는 언론인은 취재원만큼만 좋다는 말이 있다. 이런 원리는 시맨틱 모형화의 세계에도 똑같이 적용된다. 즉, 우리가 모형을 구축하는 데 이용하는 데이터의 품질과 동원하는 인력의 수준에 모형의 품질이 좌우된다는 말이다. 이처럼 데이터와 인력에 필수인 요소가 부족하거나, 오해의 소지가 있고 혼란스러우며 오류가 발생하기 쉬운 방식으로 데이터와 인력을 공급한다면, 모형의 품질과 개발 효율성이 모두 떨어질 것이다. 언제 어떤 식으로 이런 일이 벌어지는지 살펴보자.

데이터가 잘못되었을 때

시맨틱 정보의 공급원으로서 데이터에는 세 가지 잠재적인 문제가 있다. 첫째, 데이터에 포함되어 있는 정보기 시맨틱적으로(의미상) 부정확할 수 있다. 5장과 7장에서 이미 살펴보았듯이 위키피디아, 디비피디아, SNOMED 등과 같이 공개적으로 사용할 수 있는 여러 데이터 공급원에는 사실과 시맨틱 오류가 모두 들어있다. 적절한 관리 없이 이러한 공급원을 사용하면 동일한 오류를 모형으로 전송할 위험이 있다.

둘째, 여기에 포함된 정보가 정확하더라도 우리에게 필요하거나 지정한 정보는 아닐 수 있다. 예를 들어, 기술 개념의 자연어 정의 모형에 대해 마이닝을 원하지만, 일반적으로 이러한 정의를 포함하지 않은 이력서 및 구인 정보에 관한 데이터만 사용 가능할 수 있다. 또는 특정 직업에서 가장 수요가 많은 기술을 찾고 싶지만, 수요 측면이 아닌 노동 시장에서 기술의 공급 측면을 반영하는 이력서에 관한 데이터만 사용 가능할 수 있다. 이러한 부적절한 공급원을 사용하면 존재하지 않는 것을 찾으려고 하는 시간과 자원(예: 이력서의 정의)을 낭비하게 될 뿐만 아니라 모형에 부정확한 단언들을 추가할 위험이 있다(예: 공급된 사례들을 사용해 직종과 기량 간의 수요 관계를 채우는 방식).

셋째, 데이터 공급원에 포함된 정보가 정확하고 자사 규격과 일치하기는 하지만, 정확하고 효율적으로 추출하기 어려운 방식으로 제공되었을 수 있다. 이는 주로 데이터 공급원의 정형화 정도가 낮은 반면에 모호성 정도나 언어적 변형의 정도나 복잡성의 정도는 매우 큰 경우에 해당하는데, 이런 경우에 마이닝 방법의 적용이 아주 비효율적이라는 점이 입증되었다. 다시 말하지만, 여기에서 말하는 위험이란 '쉬운' 데이터를 사용하면 절약할 수 있었을 시간과 자원을 낭비하고 추출된 요소가 부정확할 가능성을 높이는 일을 말한다.

이제 문제가 되는 데이터 공급원을 사용하게 되는 몇 가지 이유를 살펴보자.

| 결국 우리는 그다지 신뢰할 수 없는 데이터를 맹목적으로 신뢰한다. |

우리는 적절한 깊이와 폭으로 데이터 공급원을 조사하는 데 시간을 할애하지 않고는 한다. 우리는 주로 제작자의 자격 증명과 제공하는 문서를 기반으로 품질이나 적합성을 평가하는 편이다. 그러나 이 문서는 특히 품질, 편견, 디자인 선택 같은 측면에서 지나치게 추상적이며 부정확하고 애매하고 불완전할 때가 많다. ESCO를 예로 들면, 모형의 구조와 내용 그리고 개발 방법과 품질관리 방법론에 관한 문서는 많지만 정확성과 적용 범위를 구체적으로 나타내는 수치는 어디에도 없다.

| 모형의 의미를 아주 정확하게 지정하고 설명하지 않는다. |

정확성과 적합성을 높이려고 기꺼이 데이터 공급원을 자세히 조사하더라도 모형에 어떤 요소가 있어야 하는지에 관한 생각이 부정확하거나 모호하거나 너무 애매하다면 여전히 잘못된 작업을 수행하게 된다. 예를 들면, 애매한 클래스인 Strategic Client(전략적 고객)를 인스턴스화 하기 위한 데이터를 찾을 때 클래스 사용자가 마음에 둔 애매성 차원과 인스턴스화 기준을 명시적으로 정의하지 않는다면(그 방법은 6장 참조), 이러한 차원이나 기준과 호환되지 않는 데이터를 선택할 수 있다.

| '이쪽이 훨씬 밝게 비추기 때문에'라는 함정에 빠진다. |

우리는 모형의 도메인이나 애플리케이션 컨텍스트와 관련된 많은 데이터를 처리할 수 있으므로 우리의 작업에 맞지 않더라도 반드시 사용해야 한다고 생각하고는 한다. 데이터를 아주 손쉽게 얻었든지(따라서 우리는 이런 데이터부터 활용해야 한다), 아니면 무척 어렵게 큰 비용을 치르고 얻었든지(따라서 우리는 이런 데이터를 최대한 활용할 수 있어야 한다) 간에 어쨌든 데이터를 사용해야 한다고 생각하는 문제가 생긴다.

그렇다면 모형에서 잘못된 데이터를 사용하지 않으려면 어떻게 해야 할까? 우선, 대상 요소의 의미를 명확하게 지정한 후에 사용할 데이터를 선택하는 습관을 들이자. 모형의 도메인과 아무리 관련이 있어 보이더라도 이미 보유한 데이터에 바로 뛰어들고 싶은 유혹을 피하자. 이렇게 데이터에 곧바로 뛰어드는 게 유용할 때도 있겠지만, 여러분이 찾고자 하는 내용을 정확히 알고 있지 않으면 정확한 곳으로 뛰어들 수 없는 법이다.

또한 얼마나 호환되고 신뢰할 수 있는지에 상관없이 정확성, 의미 호환성, 시맨틱 추출 용이성을 위해 여러분이 사용하려는 데이터를 자세히 조사하는 습관을 만들어야 한다. 악마는 자고로 겉모습을 속인 채 흔히 세부적인 내용 속에 숨어 들어 있게 마련이므로 데이터 문서(사용 가능하다면)를 비판적으로 읽고 직접 조사하고 필요에 가장 적합한 것을 신중하게 선택적으로 사용해야 한다.

표 8-3 디비피디아의 잘못된 추상 엔터티 클래스

엔터티	클래스
http://dbpedia.org/resource/Supervised_learning	http://dbpedia.org/ontology/Software
http://dbpedia.org/resource/Macroeconomics	http://dbpedia.org/ontology/Organisation
http://dbpedia.org/resource/Accounting	http://dbpedia.org/ontology/Company
http://dbpedia.org/resource/Drama	http://dbpedia.org/ontology/single
http://dbpedia.org/resource/First-order_logic	http://dbpedia.org/ontology/Book

사람들이 틀렸을 때

데이터와 마찬가지로 사람들은 (모형 도메인의 전문가라고 하더라도) 부정확하거나 부적절한 의미 정보 공급원이 될 수 있다. 예를 들어, 노동 시장과 교육 및 훈련 분야 전문가들만 모여 콘텐츠를 도출한 모형인 ESCO를 다시 생각해 보자. 이 전문가들이 제공해야 하는 정보 중에는 특정 직종에서 일할 때 필요한 지식, 기량, 역량이 있었다. 우리는 이미 [표 1-1]에서 일부 데이터 관련 직종에 관한 이러한 '필수' 지식의 몇 가지 예를 보았다. 여러분은 그들이 만들어 낸 ESCO 모형의 품질을 어떻게 생각하는가?

개인적으로 볼 때, 이 모형에 들어있는 정보 중 일부는 아주 정확하지는 않다. 예를 들면, ESCO에 따르면 데이터 과학자에게 필수적으로 요구되는 기량이 RDF 질의 언어Resource Description Framework Query Language(자원 기술 프레임워크 질의 언어. 즉 시맨틱 데이터베이스 질의 언어)이며 지식 공학자에게는 웹 프로그래밍이다. 내가 이 문장들을 작성할 당시, Resource Description Framework Query Language(그리고 이 용어의 축약어인 'RDF Query

Language')를 링크드인에서 검색하면 (링크드인 플랫폼에 등록한 약 30만 명의 데이터 과학자 중) 64명의 이력서가 나오지만 (데이터 과학자 일자리가 5만 개나 되는 반면에) 이에 해당하는 일자리는 검색되지 않았다. 마찬가지로 요구사항으로 'web programming'을 언급하는 지식 공학 일자리를 검색하면 결과가 나오지 않는다. 이것들이 필수 기량들임에도 불구하고 정작 일자리 개수가 꽤 적은 편이다.

전문가일지라도 부정확할 수 있다는 또 다른 사례를 아로이오Aroyo와 웰티Welty의 글[172]에서 설명한다. 여기서 의료 전문가와 비전문가에게 문장들 속에서 인과 관계를 감지하도록 요청했다. 놀랍게도, 저자들은 전문가가 비전문가보다 어떤 관계도 표현되어 있지 않은 어떤 한 문장 안에서 관계들을 찾아낼 가능성이 훨씬 더 크다는 사실을 발견했다. 예를 들면, '혈우병과 혈우병 관절 병증의 관계를 확인한 최초의 의사'라는 문장 속에는 혈우병과 혈우병 관절 병증 간의 인과 관계가 명시적으로 설명되어 있지 않음에도 불구하고 의료 전문가들은 한 가지 인과 관계를 주석으로 달았다.

어쨌든 전문가(및 일반 사람들)가 시맨틱 정보의 잘못된 공급원이 되는 세 가지 주요 이유가 있다.

| 우리가 모형을 정확히 정의하지 않거나 전문성과 기량을 혼동하는 경우 |

데이터를 선택하는 일과 마찬가지로, 우리가 모형을 정확하게 명시하고 설명하지 않을 때, 그리고 전문 지식이 일종의 단일한 기량이라고 잘못 믿는 때도 이런 일이 일어날 수 있다. 예를 들면, 중세 유럽의 역사적 사건에 관한 모형이라고 해서 모든 역사 전문가가 똑같이 도움이 된다는 의미는 아니다. 사람들은 특정 분야에서는 고도로 전문적인 반면에 그 밖의 분야에서는 완전한 초보자일 수 있다.

| 전문가들이 실제로는 우리에게 필요한 지식과 전문성을 갖추지 못하고 있음에도 불구하고 우리가 그 점을 인식하지 못하는 경우 |

이상적으로는 사람, 특히 전문가가 전문성의 한계를 알고 있을 것이라 기대하지만, 안타깝게도 항상 그렇지는 않다. 여러 심리학 연구를 통해 과신은 인간의 판단에서 가장 흔한 (그리고 잠재적으로 심각한) 문제 중 하나라는 점이 알려졌다. 무능한 사람은 너무 무지하여 자신이 해당 주제를 잘 안다는 식으로 착각하는 경우가 많고(더닝 크루거 효과Dunning-Kruger effect로 알려진 현상), 유능한 사람은 특정한 방식으로 세계를 보는 일에 집착하면서 자신의 견해를 온 세상이 받아들일 것이라는 식으로 생각한다.

| 전문가들이 인지 편향이나 행동 편향에 민감한 경우 |

그러한 편향 중 하나는 소위 가용성 편향인데, 이에 따르면 사람들은 소수의 표본을 바탕으로 나온 결과를 너무 신뢰하면서, 사건 사례의 재현성에 근거하여 사건의 발생 빈도를 추정하는 경향이 있다. [표 1-1]에서 본 문제가 있는 직종-기량 쌍은 이러한 편향의 결과일 가능성이 크다. [표 8-4]는 시맨틱 모형화에서 인간의 판단에 영향을 미칠 수 있는 추가적인 편향을 보여 준다.

표 8-4 시맨틱 모형화에서 인간의 판단에 영향을 미치는 인지 편향 및 행동 편향

편향	설명
집단사고	집단의 구성원이라는 입장에 서서 모든 대안적 관점을 비판적으로 평가하기보다는 갈등을 최소화하면서 합의에 도달하려는 경향.
자기 모순	같은 정보를 두 번 평가할 때 다른 대답을 하는 경향. 일반적으로 정보의 애매성 정도와 컨텍스트 의존성 정도가 클 때 관찰된다.
욕구 편향	바람직한 결과에 더 높은 확률을 할당하고 원하지 않는 결과에 더 낮은 확률을 할당하는 경향.
확인 편향	정보를 검색하고, 해석하고, 우리의 선입견을 확인하는 방식으로 기억하는 경향.
구별 편향	두 가지 옵션을 개별적으로 평가할 때보다 동시에 평가할 때 더 유사하지 않다고 보는 경향.
프레이밍 효과	동일한 정보를 제공하는 방식에 따라 동일한 정보에서 다른 결론을 도출하는 경향.
피그말리온 효과	다른 사람들의 기대가 우리의 판단에 영향을 미치도록 하는 경향.
순진한 현실주의	우리가 주변 세상을 객관적으로 보는 반면에 우리와 뜻이 맞지 않는 사람들은 정보가 없거나, 게으르거나, 비합리적이거나, 편견이 있다고 믿는 경향.
정보 공유 편향	모든 구성원에게 이미 익숙한 정보를 토론하는 데 더 많은 시간과 에너지를 소비하는 경향. 그리고 일부 구성원만 아는 정보에 관해서는 토론하지 않는 경향.
거짓 인과성 편향	첫 번째 사건이 두 번째 사건을 일으켰다는 증거로 순차적 사건을 인용하는 경향.
행동 편향	특히 시간제한이 있을 때 높은 모호성이나 애매성에도 불구하고 행동하는 경향.
모호성 편향	결과를 더 잘 알 수 있는 선택지를 더 선호하는 경향.
고정 편향	이미 알려졌거나 처음에 표시한 정보의 영향을 받는 경향.

그렇다면 모형에 적합한 사람을 확보하려면 어떻게 해야 할까? 데이터 공급원과 마찬가지로 대상 모형의 의미를 명확하게 지정하고 필요한 전문성을 정확히 갖추고 있는지를 확인한 후에만 선택하자. 입력의 다양성이 거의 항상 더 강력한 결과를 가져오므로 최대한 다양하고 독립적인 관점을 얻는 것을 목표로 하자. 이는 여러분이 상담을 받으려는 사람들에게서 찾을 수 있

는 편향에 관한 내용일 뿐 아니라 여러분이 처음부터 올바른 사람에게 묻지 않음으로써 끌어들이게 되는 편견에 관한 내용이다.

무엇보다 전문가를 자세히 살펴보는 게 중요하다. 즉, 자격이나 역할만 보고 채용하지 말고, 지식을 시험해 보고 체계적인 오류와 편견이 있는지에 주의하자. 완전히 편견 없는 사람을 찾을 가능성도 희박할 뿐만 아니라 그런 사람을 찾는 게 여러분의 목표는 아니다. 여러분의 목표는 이러한 편견과 그 강도를 인식해서 지식 습득 방법을 조정하는 것이다. 이를 수행하는 방법을 알고 싶다면 이 책을 계속 읽어 나가자.

8.2.2 잘못된 획득 방법 및 도구

시맨틱 모형에 대해 우리가 처리할 수 있는 데이터의 품질과 인력의 숙련도가 높더라도 잘못된 수집 방법과 도구를 적용하면 시맨틱 모형을 개발하기가 여전히 어려울 수 있다. 어떻게 이런 일이 벌어지고 이런 일을 어떻게 하면 피할 수 있는지 살펴보자.

모형 마이닝 도구 및 프레임워크에 대한 오해

몇 년 전에 나는 텍스트커널 팀의 지식 마이닝 직을 맡을 지원자들을 대상으로 면접한 적이 있었는데, 면접 문항 중에는 '동의어 추출 문제에 어떻게 접근할 것인가?'가 있었다. 실망스럽게도 대부분은 '다루기 쉬운 Word2Vec을 사용하자'라고 했다.

5장에서 보았듯이 Word2Vec은 큰 텍스트 말뭉치를 입력으로 받아 그 안에 있는 용어를 의미적으로 관련이 있는 그 밖의 용어를 식별하는 데 사용할 수 있게 실수 벡터를 대응시키는 신경망 기반 시스템이다. 연구원과 실무자가 여러 자연어 처리 및 정보 추출 효율성을 향상하는 데 도움이 된 아주 중요하고 유용한 도구다. 하지만, 동의어 추출의 기본 해법은 아닌데, 그럴 만한 이유가 있다.

| 동의어만 제공하는 게 아니다. |

Word2Vec은 유사한 단어를 나타내는 경향이 있지만, 학습하는 유사성에는 순수한 동의성뿐만 아니라 반의성, 상위성 및 그 밖의 유사성도 포함된다(예는 [표 5-5] 참조). 따라서 동의성만 원할 때 다른 것을 필터링할 방법이 필요하다.

| 용어 어감을 구별하지 않는다. |

Word2Vec에는 동일한 용어의 다른 의미를 구별하는 표준 방법이 없다. 훈련하는 텍스트 말뭉치의 동일한 용어에 두 가지 이상의 어감이 포함되어도(예: 과일과 회사로서의 'Apple' 모두) 이 용어에 여러 의미를 인코딩할 하나의 벡터만 얻을 수 있다. 따라서 용어와 말뭉치가 모호하다면 Word2Vec을 모호성 해소 기술로 보완해야 한다.

'그냥 Word2Vec이나 사용하자'라는 대답과 관련한 문제는 특정 도구가 요청한 작업을 완전히 해결할 수 없다는 점이 아님에 주목해 주기 바란다. 문제는 이러한 대답을 한 사람들이 분명히 그 기능을 오해했다는 점이다. 이는 우리가 모두 자주 빠지는 일반적인 함정이며 (최악의 경우에는) 부정확한 모형을 생성하거나 (최상의 경우에도) 많은 시간과 자원을 낭비하는 차선의 모형 마이닝 방법과 도구를 사용하게 한다.

이러한 오해는 방법이나 도구가 무엇을 할 수 있는지, 그리고 얼마나 잘할 수 있는지 이해하는 데 충분한 시간과 노력을 기울이지 않기 때문에 발생하기도 한다. 우리는 이 관련성을 비판적으로 자세히 조사하지 않고 문제와 관련이 있어 보이는 익숙한 도구에 지나치게 의존하는 경향이 있다. 이는 흔한 인지 편향에 해당하는데, 일반적으로 '망치만 있으면 모든 것이 못처럼 보인다'는 말로 표현할 수 있는 현상이며, 이런 현상을 '매슬로의 망치'라고도 한다.

방법과 도구를 오해하는 두 번째 이유는 기능과 효과 측면에서 볼 때 부정확하고 불완전한 제작자 제공 설명과 문서다. 예를 들면, 샬라비[Shalaby] 등의 논문[121]에서 설명한 엔터티 인식 시스템을 생각해 보자. 2017년, 나는 텍스트커널에서 구축하던 지식 그래프에 쓸 기량 엔터티들을 자동으로 발견하는 데 이를 사용하려고 했다. 특정 시스템은 단일 용어를 입력으로 사용하여 **직종, 기량, 회사, 학교**를 나타내는지를 결정했다. 용어가 이러한 네 가지 엔터티 유형 중 하나에 속했다는 점을 시스템이 충분히 확신하지 않으면 시스템은 Unknown을 반환했다.

제작자가 보고한 실험에 따르면 시스템의 평균 정밀도는 94%, 평균 재현율은 96%였다. 이 수치는 매우 인상적이며 인간이 출력을 검증할 필요 없이 시스템을 완전히 자동 방식으로 사용할 수 있음을 나타낸다. 불행히도 이는 사실이 아니다. 이 시스템을 내 입력 용어로 적용했을 때, 내가 측정한 정밀도는 60%에서 75% 사이였고(내가 답을 돌려주기 전에 시스템이 갖기를 원하는 최소 신뢰에 따라 달라짐), 재현율은 85%에서 15% 사이였다.

시스템 평가에 방법론적 결함이 있었기 때문에 그러한 차이가 난다는 점을 나중에 발견했다. 제작자가 사용한 테스트 데이터셋에 Unknown(알 수 없음) 범주에 속하는 용어가 없기 때문이었다. 그 결함으로 인해 본인의 평가를 통해서만 확인한 부정확한 효과가 보고되었다.

일반적으로 모형에 대한 시맨틱 정보 추출 프레임워크나 도구의 적합성을 제작자가 겨우 몇 번 정도만 행한 실험(일반적으로 이 정도 횟수만으로는 충분한 실험이라고 볼 수 없음)을 통해 도출한 효율성 점수로 판단하는 방법은 좋은 생각이 아니다. 이러한 점수가 위조되었기 때문이 아니라 대상 요소나 입력 데이터의 유형 같은 작업 속성의 변화에 매우 민감할 수 있기 때문이다.

예를 들어, 호파르트Hoffart 등의 논문[173]에서 AIDA 개체명 해소 체계AIDA named entity resolution system의 효과는 AIDA-YAGO2 데이터셋에서 83%, 로이터-21578에서 62%로 나타났다. 멘데스Mendez 등의 논문[174]에서도 마찬가지다. 디비피디아 Spotlight(또 다른 개체명 해소 체계)의 효과는 155,000개의 위키 링크 표본 집합에 적용했을 때는 81%로 나타났고 뉴욕 타임스 문서의 35개 단락으로 이뤄진 집합에 적용했을 때는 56%로 나타났다. 다른 논문[175]에서 Spotlight는 AIDA/CO-NLL-TestB 데이터셋([173]에서 생성됨)에서 34%의 F1 점수를 획득했다. 마지막으로 AGDISTIS 시스템[175]은 AQUAINT(Corpus of English News Text) 데이터셋([176]에서 생성됨)에서 76%, AIDA/CO-NLL-TestB 데이터셋에서 60%, IITB 데이터셋에서 31%를 기록했다([177]에서 생성됨).

다시 말해서, 특정 시나리오에서는 시맨틱 추출 도구가 만족할 만한 성능을 보일지라도 그게 다른 시나리오에서도 신뢰할 만한 성능 예측 변수가 되지 않는다는 점이다. 다르게 말하면 시나리오의 속성이 변경될 때 시스템 성능이 저하될 가능성이 높은 경우가 더 흔하다는 말이다. 따라서 항상 자신의 데이터를 사용하고 모형의 현실을 반영하는 자체 조건에서 도구를 테스트해야 한다.

또한 도구의 효과 점수가 사용 여부를 결정할 때 적용하는 유일한 기준이 되어서는 안 된다. 그렇게 하는 대신에 다음 질문에 포괄적이고 설득력 있는 답변을 제공할 수 있는 프레임워크를 찾아야 한다.

- **도구가 정확히 지원하는 추출 작업과 의미는 무엇인가?** 이 질문의 목표는 도구가 수행하려는 정확한 작업을 지원할 수 있는지와 그 정도를 결정하는 것이다. '텍스트 자원에서 지식 추출하기' 또는 '시맨틱웹을 위한 기계 읽기' 같은 일반적인 태그 라인과 설명은 특히 관련 용어의 과부하를 고려할 때 충분하지 않다. 그렇게 하는 대신에 도구가 지원하는 입력/출력 및 추출된 의미를 명확하고 완전하게 정의해야 한다.
- **도구가 약속한 의미를 제공하는가?** 도구가 동의어를 제공하겠다고 약속하고서 하위어를 제공한다면 좋지 않다. 도구가 여러분에게 클래스를 주겠다고 약속하고서 인디비주얼individual(개별자, 개체)을 주는 때도 좋지 않

다. 일반적으로 도구가 7장에서와 같은 시맨틱 표현 함정에 빠지는 상황을 조심해야 한다.

- **도구가 편견을 피하는 데 성공하는가?** 도구가 편향된 의미 정보를 추출할 때(편향된 데이터로 학습했기 때문일 수 있음), 이를 사용하면 편향이 시맨틱 모형에 전달된다. 예를 들어, Word2Vec은 성차별적 고정관념이 데이터에서 머신러닝 모형으로 이동하는 방식의 예로 자주 인용된다.[178]

- **도구에서 기대할 수 있는 효과 범위와 조건은 무엇인가?** 이 질문으로 도구가 몇 번의 실험에서 달성한 정밀도/재현율 점수(또는 기타 평가 지표)보다 더 많은 것을 배우고자 한다. 도구의 성능에 대해 명확하게 표현되고 훈련을 받은 일반화가 필요하며, 여기에는 알려진 강점과 약점 및 최상의 성능과 최악의 성능에 관한 조건이 포함된다. 예를 들어, 도구가 일부 유형의 입력 데이터(예: 의견이 있거나 정의가 있는 텍스트)에서는 잘 작동할지라도 유형이 달라지면 전혀 작동하지 않을 수도 있다는 점을 알아야 한다.

- **도구를 사용하는 데 필요한 재료와 요리법은 무엇인가?** 이는 도구를 설치하거나 실행하는 방법의 기술적 세부 사항이나 라이선스, 가격 옵션에 관한 질문이 아니다. 여러분은 최상의 결과를 얻도록 도구를 사용하는(혹은 사용하지 않는) 방법에 관한 방법론적 지침과 모범 사례를 찾아야 한다. 이는 미들웨어 도구에 특히 중요하다. 다재다능하고 구성 가능하며 특정 사용 인스턴스에 맞게 조정하려면 특정 절차와 전문 지식이 필요하다.

- **도구의 성능 문제를 해결/최적화하려면 어떻게 해야 하는가?** 이는 후자가 여러분의 사례나 데이터에 만족하지 않다고 입증되었을 때 도구의 성능을 개선하고 문제를 해결하는 방법에 관한 아주 중요한 질문이다. 일부 도구는 입력과 출력만 지정하는 블랙박스일 수 있지만, 성능에 영향을 미치도록 구성할 수 있는 사용자 노출 매개변수가 있는 도구도 많다. 두 유형 모두 도구 제작자는 도구의 지식 추출 주제와 기본 이론을 연구하지 않은 공학자가 문제가 있는 성능을 진단하고 명시적인 지침 없이는 성능을 개선하는 방법을 알아내기가 어렵다는 사실을 깨닫지 못할 때가 많다.

- **도구를 어떻게 운영하고 유지하는가?** 이 질문으로 특정 도구를 자체적으로나 더 큰 파이프라인의 일부로 운영 환경에 배치하는 데 필요한 사항과 유지 관리가 얼마나 쉬운지 이해하려고 한다. 예를 들면, 도구를 서비스로 제공할 때 이를 사용할 수 있는 최신 상태로 유지하려면 얼마나 신뢰할 수 있는지 알아야 한다. 또는 도구가 특정 데이터나 시맨틱 모형을 사용할 때 도구의 성능이 저하되지 않도록 얼마나 자주 어떤 방식으로 업데이트해야 하는지 알아야 한다.

이러한 질문은 고려할 가치가 있고 사용 가능한 지식 추출 도구와 이를 사용하는 방법을 결정하는 데 도움이 된다(예: 자체 실험을 수행하거나, 제작사에 연락해 파일럿 프로젝트를 설정하거나, 즉시 구매하거나, 사용권을 사서 사용).

FRED 조사

몇 년 전에 나는 다국어 자연어 텍스트에서 RDF/OWL 온톨로지를 자동으로 생성하는 도구인 FRED(*https://oreil.ly/7UcCd*)를 평가했다.[179] 내가 사용한 평가 방식은 정량적이기보다는 정성적이었으며 도구의 체계적인 오류와 편견을 감지하는 데 중점을 두었다. 결과는 다음과 같았다.

| 아주 비슷한 입력에 서로 다른 출력을 보임 |

예를 들어, 시스템에 '알렉스는 그리스 역사를 공부했다'라는 문장을 분석하라고 했을 때 시스템은 그리스 역사를 인디비주얼 엔터티로 여겼지만, '알렉스는 그리스 문학을 공부했다'라는 문장을 분석했을 때는 그리스 문학을 일종의 클래스로 여겼다.

| 동일한 엔터티의 동사/명사 변형의 다른 모형화 |

예를 들어, '마리아는 프로젝트 관리하기 전문가'라는 문장에서 FRED는 프로젝트 관리하기라는 용어를 이벤트 엔터티로 모형화하지만, '마리아는 프로젝트 관리 전문가'라는 문장에서 프로젝트 관리라는 용어를 클래스로 모형화했다.

| 거의 항상 인스턴스-클래스 관계로 is-a 패턴 모형화 |

예를 들어, '웹 개발자는 웹 사이트를 구축하는 전문가다'라는 문장에서 웹 개발자라는 용어는 전문가 클래스에 속하는 인디비주얼 엔터티로 모형화되었다. 마찬가지로, '거시 경제학자는 큰 그림을 보는 경제학자'라는 문장에서 거시 경제학자는 인디비주얼 엔터티이자 경제학자 클래스의 인스턴스로 모형화되었다.

| 잘못 식별된 클래스에 대한 인공 엔터티 생성 |

예를 들어, '폴은 우수한 머신러닝 방법을 아는 시맨틱 모형 구축자다'라는 문장에서 FRED는 머신러닝 클래스의 인스턴스인 `learning_1` 엔터티가 있음을 제안한다. 그러한 인스턴스는 없으며 머신러닝이 실제로는 클래스가 아니라 개별 엔터티다.

| 동사로 표현되지 않는 사건을 인식하지 못함 |

예를 들어, '우리는 프로젝트를 4개월에 걸쳐 진행했다'라는 문장에서 FRED는 언급된 사건을 정확하게 식별하지만, '4개월에 걸친 프로젝트 시행'과 '시행에 4개월이 걸린 프로젝트 시행' 같은 문장에서는 언급된 사건을 정확히 인식하지 못한다.

| 엔터티를 인디비주얼 엔터티가 아닌 클래스로 (잘못) 모형화하는 편향 |

평가에 사용한 거의 모든 예에서 FRED는 프로젝트 관리와 머신러닝 같은 인스턴스를 클래스로 가질 수 없는 엔터티를 모형화하는 경향이 있다.

| 불필요한 복잡성 |

예를 들어, 'John은 프로젝트 관리 전문가다'라는 문장을 주면 인간 모형 구축자는 John이라는 엔터티와 프로젝트 관리라는 엔터티를 생성하고 isExpertIn 관계를 활용해 이들을 관련시킬 가능성이 크다. 반면, FRED는 [그림 8-1]에 표시한 모형을 제작했는데, 이는 전문가 클래스의 한 가지 인스턴스에 해당하는 John 엔터티와 관련된 상황이 있으며, 이러한 상황은 프로젝트 관리의 한 예인 것과 관련이 있음을 시사한다.

FRED와 관련된 논문이나 문서에 언급되지 않은 이러한 결과를 바탕으로 나는 내가 진행하던 프로젝트에서는 FRED를 사용하지 않기로 했다.

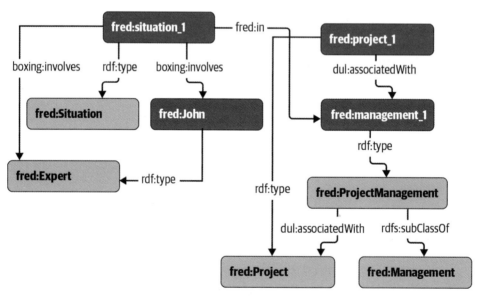

그림 8-1 'John is expert in project Management(John은 프로젝트 관리 전문가다)'라는 문장을 FRED가 시맨틱으로 모형화하는 방법

인간참여[13]의 실패

잘못된 도구와 프레임워크를 사용하여 데이터에서 의미 정보를 추출할 때처럼, 우리는 사람들에게서 지식을 습득할 때 나쁜 관행을 따른다. 우리가 자주 범하는 실수는 다음과 같다.

- **사람들에게 모호하거나 부정확한 질문을 한다.** 예를 들어, A와 B라는 두 엔터티가 있고 A가 B의 하위 클래스인지 알고 싶다고 가정하자. 'A는 B인가?'라고 물으면 A가 B의 인스턴스일 때도 긍정적인 대답을 얻을 수 있다. 더 좋은 질문은 'A는 B의 한 종류인가?'이다. 하지만, 가장 좋은 질문은 실제로 'A의 모든 인스턴스가 B의 인스턴스인가?'이다. A와 B가 실제로 클래스인지도 확인한다. 어쨌든 질문의 표현에 매우 주의하자.

- **특히 애매한 상황에서 적절한 지침과 지원 정보를 제공하지 않는다.** 예를 들어, 특정 역사적 기간에 특정 사건이 얼마나 중요한지 역사 전문가에게 물어볼 때, 염두에 둔 중요 기준과 차원을 제공하지 않다고 가정해 보겠다. 역사 전문가들은 아마도 여러분의 기준과 양립할 수 없는 대답을 생각하는 데 너무 많거나 너무 적은 시간을 할애할 것이다.

- **합의를 위해 밀어붙인다.** 모순성이 시맨틱 해석의 자연적 속성이라는 점을 받아들이기보다, 작업이 잘못 정의되었거나 인간 심사위원이 충분한 훈련이나 전문 지식이 부족해서 품질이 좋지 않다는 표시로 간주할 때가 많다. 물론 그럴 수도 있지만, 우리가 사람들에게서 뽑아내려는 정보가 애매하거나 모호하므로 모형에서 특별한 방식으로 다뤄야 할 수도 있다. 즉, 모순성은 소음이 아니라 신호다.

- **충분한 관점을 수집하지 않는다.** 인간의 지식을 끌어내는 데 필요한 시간과 비용 때문에 한 사람 이상에게 동일한 질문을 하지 않을 때가 많다. 비용 절감 외에도 이 접근 방식은 우리가 절대 얻지 못할 중요한 정보가 될 수 있는 모순성 가능성을 제거한다.

- **사람들을 앞세우지 않는다.** 주석 작업은 매우 반복적이고 지루할 수 있다. 따라서 사람들을 앞세우지 않은 채로 사람들에게 많은 주석을 달게 한다면, 작업 중간에 사람들이 불안해하다가 일을 그만두는 바람에 정작 우리에게 가장 중요한 정보를 얻지 못할 가능성이 크다.

- **우리는 그들의 입장에 서 있지 않다.** 주석이나 지식 추출 과정을 설계한 뒤 우리가 먼저 시도해보지 않을 때가 많지만, 그렇게 해봐야 한다. 왜 그럴까? 업무 처리 과정을 우리가 겪어 보아야만 진정으로 과정의 장점과 단점을 이해할 수 있을 테고, 이에 따라 과정을 개선할 방법을 알아낼 수 있기 때문이다.

8.3 규격 및 지식 습득 이야기

2015년에 나는 ABSA[aaspect-based sentiment analysis] (관점 기반 감정 분석) 작업을 지원하는 의미 모형을 개발하는 프로젝트에 참여했다. ABSA는 저자가 제품이나 사람 같은 특정 엔터티의 특

---

13 옮긴이_ 사물인터넷이나 인공지능 등의 분야에서 제어 루프 안에 인간 활동이 있게 하는 경우를 말한다. 영어로는 휴먼인더루프(humans in the loop)라고도 부르며, HITL이라는 약자로 표시하기도 한다. 이는 인공지능 윤리, 인공지능 통제 등의 다양한 관련 문제를 다루는 일에 있어서 주요 개념이 되고 있다. 인간참여가 득이 될 수도 있고 해가 될 수도 있는데, 이 책의 본문에서는 주로 해가 되는 측면을 논의하고 있다.

정 기능과 속성에 관해 표현한 감정을 추출할 목적으로 텍스트를 분석하는 오피니언 마이닝 프로세스다. 텍스트 내에서 논의 엔터티 측면의 정확하고 완전한 식별과 이러한 관점에 수반되는 평가 표현은 이 프로세스의 효율성에 중요한 역할을 한다. 그런데도 어떤 엔터티를 관점으로 간주할 수 있고 어떤 평가 표현이 그것들을 특징짓는지는 주로 당면한 도메인domain (분야)에 달려 있다. 따라서 도메인별 관점-평가-극성 관계를 제공하고 구체적인 도메인과 시나리오에서 더 효과적인 ABSA를 위해 (재)사용할 수 있는 시맨틱 모형이 필요했다.

8.3.1 모형 규격 및 디자인

모형 규격을 다음처럼 역량에 관한 질문으로 구성했다.

- **주어진 도메인에서 관점의 역할을 할 수 있는 엔터티, 즉 감정을 표현할 수 있는 엔터티는 무엇인가?** 특정 도메인(예: 영화)의 모든 엔터티 속성이 반드시 의견의 대상이 되지는 않는다(예: 영화 장르에 긍정적이거나 부정적인 의견을 표현하는 일은 다소 드물다). 따라서 어떤 엔터티가 잠재적인 관점인지를 사전에 알면 비가변 엔터티가 필터링되므로 ABSA의 정밀도를 높일 수 있다.

- **특정 관점에 관한 감정을 표현하는 데 사용할 수 있는 평가 표현은 무엇인가?** 예를 들어. 레스토랑의 Food(식품) 관점에서는 tasteless(맛없음)라는 특징이 있을 수 있고 Price(가격) 관점에서는 expensive(비싸다)는 특징이 있을 수 있다는 식으로 말할 수 있다. 어떤 표현이 어떤 관점과 어울리는지 알면 단순히 암시적 관점의 증거로 이러한 표현을 사용함으로써 관점을 더 잘 식별해 낼 수 있다.

- **주어진 관점에 관한 평가 표현의 일반적인 극성은 무엇인가?** 예를 들어, 식당의 '가격이 높다'라는 말은 일반적으로 부정적이지만 '기준이 높다'라는 말은 긍정적이다. 즉, i) 평가 표현식의 극성은 속성화하는 관점으로부터 분리할 수 없으며 ii) 이 도메인별 극성을 알면 텍스트 내에서 관점의 감정을 더 정확하게 식별하는 데 도움이 된다.

이러한 질문을 바탕으로 우리는 SKOS 모형화 프레임워크를 사용하여 관점aspect과 평가evaluation와 극성polarity 간의 관계를 나타내는 [그림 8-2]의 모형을 정의했다.

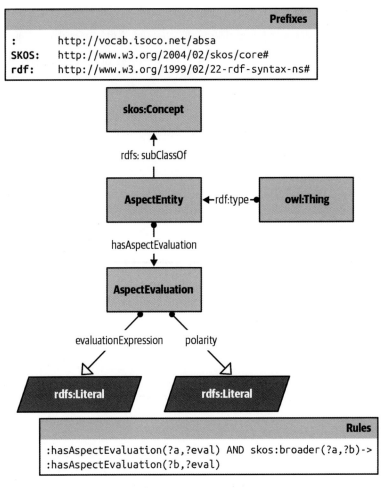

Prefixes

```
:        http://vocab.isoco.net/absa
SKOS:    http://www.w3.org/2004/02/skos/core#
rdf:     http://www.w3.org/1999/02/22-rdf-syntax-ns#
```

Rules

```
:hasAspectEvaluation(?a,?eval) AND skos:broader(?a,?b)->
:hasAspectEvaluation(?b,?eval)
```

그림 8-2 관점–평가–극성 온톨로지

모형의 주요 요소는 다음과 같다.

| AspectEntity 클래스 |

주어진 도메인에서 의견이나 감정을 표현할 수 있는 성질로 구성된다. 도메인이 이미 시맨틱 모형으로 표현되면 이러한 성질은 클래스(예: 레스토랑, 위치, 음식, 작가, 배우)이거나, 인디비주얼(예: 스테이크, 윈도우 8)이거나, 관계(예: hasSubject, hasLocation, serviceFood, hasOperatingSystem)이거나, 속성(예: 가격, 용량, 크기)일 수 있다. 우리는 Aspect 클래스를 skos:Concept의 하위 클래스로 모형화해서 이러한 일반성을 포착했다. 이 모형화 방법을 선택한 또 다른 이유는 이러한 관점을 이용함으로써 우리는 자식 노드가 부모 노드의 더 구체적인 관점인 택소노미들을 형성할 수 있다는 점이다(예: 리눅스가 운영 체제보다 더 구체적임). SKOS의 broader(광의) 관계와 narrower(협의) 관계는 그러한 택소노미의 표현을 효과적으로 가능하게 한다.

| AspectEvaluation 클래스 |

주어진 관점이 가정할 수 있는 평가를 설명하고 평가 표현(예: 맛있음) 및 극성 점수(예: 긍정)로 구성된다.

| hasAspectEvaluation 관계 |

관점을 가정할 수 있는 하나 이상의 평가에 연결한다.

| hasEvaluationExpression 속성 |

주어진 관점 평가의 평가 표현이다.

| hasPolarity 속성 |

주어진 관점 평가에서 평가 표현의 극성이다. 이는 '긍정적' 또는 '부정적' 같은 범주형 값이거나 일부 감정 척도의 숫자일 수 있다.

예를 들어, 레스토랑 도메인과 Food라는 엔터티를 생각해 보자. 레스토랑 이용후기에서 음식을 '맛있음'이나 '괜찮음'으로 속성화할 수 있다. 전자는 긍정적인 감정을 표현하고 후자는 중립적인 감정을 표현한다. 모형을 사용하여 이 정보를 다음과 같이 나타낼 수 있다.

```
@prefix : <http://vocab.isoco.net/absa/> .
@prefix ex:<http://example.org/> .
ex:DecentFood a :AspectEvaluation ;
:evaluationExpression "decent":
:polarity "neutral".
ex:TastyFood a :AspectEvaluation
:evaluationExpression "tasty":
:polarity "positive".
ex:Food a :AspectEntity ;
:hasAspectEvaluation ex:DecentFood ;
:hasAspectEvaluation ex:TastyFood ;
```

또한, 관점 택소노미에서 자식 관점들은 일반적으로 부모가 가정할 수 있는 평가를 상속한다. 예를 들면, 'tasty'라는 용어는 Food 엔터티뿐만 아니라 수프나 닭고기 같은 특정 음식에도 적용할 수 있다. 따라서 이러한 공통 평가를 적용할 수 있는 가장 일반적인 관점에만 할당하고 추론을 활용해 자식 관점이 상속하도록 하는 편이 합리적이다. 이를 촉진하려고 A 양식이 E를 가진다면 A의 모든 협의의 관점도 이 평가를 지닌다는 규칙을 정의했다.

8.3.2 모형 모집단

모형을 구상 엔터티와 관계로 채우려고 우리는 [그림 8-3]에 설명한 반자동 프로세스를 설계하고 구현했으며 다음 두 가지 목표를 달성하도록 설계했다.

1. 주어진 도메인에서 이미 알려진/확인된 측면에 관한 평가 표현(및 극성)의 발견.
2. 이전에 알려지지 않았던 측면을 포함하는 측면 평가 극성 삼중항 발견.

두 목표 모두 대상 도메인에 관한 의견이 있는 문장(예: 레스토랑 이용 후기)을 입력 데이터로 선택했다. 첫 번째 목표에 필요한 두 번째 입력은 알려진 도메인 관점 엔터티 집합이다. 이를 고려할 때 채우기 프로세스는 다음과 같이 작동했다. 첫째, 의견을 표현하지 않는 문장을 걸러내려고 말뭉치 문장을 주관성 감지 시스템으로 처리했다. 그런 다음, 이러한 의견이 있는 문장 중 알려진 관점 엔터티를 언급하는 문장을 식별하려고 개체명 해소 시스템을 적용했다.

그 후 모든 문장에 관계 추출 시스템을 적용하여 관점과 평가 표현의 쌍을 추출했다. 추출한 쌍의 순위를 매기고 프로세스의 정밀도/재현율을 미세 조정하는 매개 변수로 말뭉치 내에서 추출한 쌍의 TF-IDF 점수를 사용했다. 이는 컬렉션이나 말뭉치의 문서에서 단어가 얼마나 중요한지를 반영하는 수치 통계이며[180] 값이 클수록 추출된 쌍이 정확하다는 확신이 더 커진다.

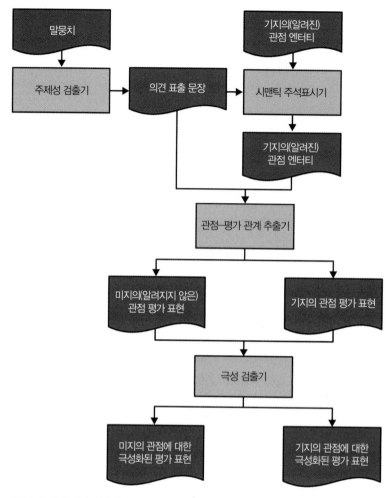

그림 8-3 관점–평가–극성 온톨로지 모집단 파이프라인

프로세스의 마지막 단계에는 추출된 각 쌍의 극성을 결정하는 일을 포함했다. 이를 위해 긍정적인 관점 평가가 대부분 긍정적인 컨텍스트에서 나타나고 그 반대도 마찬가지라는 가설을 세웠다. 이를 고려하여 쌍 극성을 다음과 같이 계산했다.

1. 각 고유 쌍에 대해 (문장 모음에서) 감지된 텍스트 컨텍스트를 수집했다(문장당 한 컨텍스트).
2. 각 컨텍스트에 대해 극성 점수를 도출하려고 기존 도구를 사용해 감정 분석을 수행했다.
3. 이 점수의 평균을 쌍에 할당했다.

그런 후에 편광된 관점 평가 쌍을 모형에 통합했다. 이미 알려진 관점과 관련된 주어진 추출 쌍에 대해 AspectEvaluation 클래스의 인스턴스를 만들고 추출된 평가 표현식을 할당했다. 평가 표현식이 둘 이상의 관점에서 공유되면 가장 일반적인 관점에만 할당되었다.

또한 동일한 택소노미 수준에서 관점 간에 공유된 일반성 표현, 즉 더 일반적인 관점을 참조할 수 있는지를 수작업 방식으로 확인했다. 예를 들어, tasty(맛있음)라는 표현은 말뭉치에서 특정 음식만 속성화되었더라도 Food 관점과 연결되어야 한다. 그럴 때 표현은 좀 더 일반적인 관점으로 옮겨졌다. 이전에 알려지지 않은 관점을 포함하는 추출된 쌍에서는 처음에 새로 발견된 관점을 수작업 방식으로 검증해야 했지만, 우리는 유사한 방식으로 작업했다.

모집단 프로세스 평가

우리는 모형 모집단 프로세스의 타당성과 효율성을 평가하려고 우리가 개발한 관련 도메인 온톨로지와 수작업 방식으로 식별한 관점 엔터티를 사용하여 레스토랑 도메인에 적용했다. 또한 레스토랑 이용후기 문장 2,000개로 이뤄진 말뭉치와 [그림 8–3]에 표시한 파이프라인의 구체적인 구현을 사용했다.

구현된 파이프라인에서 주관성 감지는 OpinionFinder 덕분에 쉬워졌고 시맨틱 주석은 우리가 자체 개발한 개체명 해소 도구를 사용해 수행되었다. 관점–평가 추출 부분은 의존성 문법을 사용하여 관계 발생 패턴을 학습한 패턴 기반 프레임워크[181]를 활용하여 텍스트에서 새로운 관계를 추출하는 데 적용했다. 표적치 간의 관계 쌍 형태로 미리 주석을 달아 둔 문장이 필요했고, 프레임워크는 이 문장들을 훈련용 입력치로 사용해야 했다. 그래서 우리는 레스토랑 이용후기가 실려 있는 말뭉치 속 문장들에 대해 여러 관점과 평가 표현을 (수작업으로) 주석 처리했다. 마지막으로 극성 감지 부분에는 스탠퍼드 정서 분석 도구Stanford Sentiment Analysis Tool(https://oreil.ly/p1dGH)를 사용했다.

첫 번째 평가 작업은 이전에 알려진 관점(즉, 도메인 온톨로지에서 확인한 관점)과 알려지지 않은 관점 모두에서 관점–평가 쌍 추출 프로세스의 정밀도와 재현율을 측정하는 것이었다. 정확하게 추출된 쌍과 총 추출된 쌍의 비율로 정밀도를 측정하고, 정확하게 추출된 쌍과 말뭉치의 총 실제 쌍의 비율로 재현율을 측정했다. 이 측정을 수행하려고 문장 2,000개 중 75%를 관계 추출 컴포넌트에 대한 훈련용 데이터로 사용하고 25%를 테스트용으로 사용했다.

이 처리를 거쳐 [그림 8–4]의 정밀도 재현율 곡선을 얻었다. 하나는 기지known 측면을 포함하는 관점–평가 쌍의 추출에 관한 곡선이고 다른 하나는 미지[unknown] 측면을 포함하는 쌍에 관한 곡선이다. 곡선의 각 점은 추출된 쌍의 TF-IDF 점수에 다른 임곗값을 사용하여 얻은 정밀도와 재현율의 다른 조합에 해당한다.

보다시피 시스템은 기지의 관점에 대해 80%, 미지의 관점에 대해 72%라는, 꽤 높은 정밀도를 달성했지만, 후자에서는 재현율이 상대적으로 작았다. 이는 주로 우리가 사용한 말뭉치와 그것이 포함된 관점–평가 패턴의 학습 난이도 때문이었다. 이를 확인하려고 LEILA(*https://oreil.ly/p7x7z*)라는 또 다른 패턴 기반 관계 추출 도구를 사용했는데 아주 비슷한 결과를 얻었다.

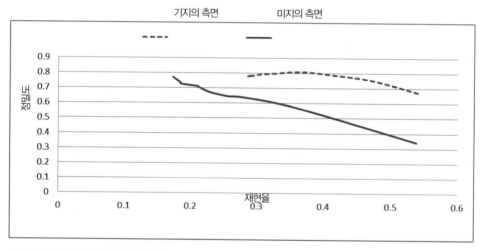

그림 8-4 관점–평가 쌍 추출을 위한 정밀도–재현율 곡선

어쨌든 임곗값이 높을수록 정밀도 수준이 높아진다고 나타났으며, 이는 특정 매개 변수를 사용하여 시스템 출력의 크기와 품질을 제어할 수 있음을 의미한다. 적은 수의 올바른 결과가 반환되면 임곗값을 낮춰서 그 수를 늘릴 수 있으며, 잘못된 결과가 많이 반환되면 임곗값을 높여 정밀도를 높일 수 있다.

쌍 극성 감지의 정확성을 평가하려고 데이터셋에서 발견한 문장과 함께 56개의 (고유한) 관점–평가 쌍을 고려했다. 쌍당 문장 수는 3에서 10 사이였다. 그런 후에 이러한 쌍의 극성을 수작업 방식(두 사람의 판단 사용)과 자동 방식(이전 절에서 설명한 컨텍스트 극성 계산 방식 사용)을 모두 동원해 정했다. 수작업에 의한 할당 방식과 자동 할당 방식을 비교해 보니 자동 할당 접근 방식의 정확도가 80%인 것으로 나타났다.

8.4 요약

이번 장에서는 시맨틱 모형을 지정하고 이 모형에 관한 지식을 얻는 방법과 관련한 몇 가지 함정을 다루었다. 컨텍스트를 이해하지 못하고 이해 관계자와의 상호 작용에서 매우 명확하고 철저하며 지속적이지 않음으로써 잘못된 모형을 구축할 위험이 있음을 보았다. 또한 올바른 규격을 사용하더라도 잘못된 지식 습득 공급원과 방법을 선택하고 사용하여 잘못된 모형으로 끝나기도 함을 확인했다.

이번 장에서 기억해야 할 중요 사항은 다음과 같다.

- 요구사항 수집 중에 모호성을 해소하고 특수성을 얻도록 압박하자.
- 도메인과 데이터에만 집중하지 말자. 모든 모형의 의도된 애플리케이션에 중심 역할을 부여하자.
- 편향되고 상충하는 요구사항을 예측하자.
- 유산과 역사를 부시하지 말자.
- 항상 실행 가능성과 중요성을 평가하자.
- 과대광고를 조심하자. 훌륭하고 유용한 시맨틱 모형을 구축하는 일은 일반적으로 어렵다.
- 원하는 의미를 명확하게 지정한 후 모형 요소의 지식 공급원과 획득 방법을 선택하자.
- 지식 공급원과 방법을 (자격만 살펴보지 말고) 자세히 조사한다.
- 편견을 인식하고 이를 무력화하거나 투명하게 만드는 데 필요한 조처를 한다.

다음 장에서는 시맨틱 모형 개발의 또 다른 중요한 측면인 품질 관리로 초점을 전환하고 필요한 품질의 모형을 구축하는 데 방해가 되는 여러 가지 오해와 함정을 설명한다.

CHAPTER 9

나쁜 품질 관리

관리자에게 목표를 수치로 알려 주면 관리자는 목표를 달성해 나가는 과정에서 회사를 무너뜨려야 할지라도 목표를 달성하려 할 것이다.

에드워즈 데밍W. Edwards Deming

시맨틱 데이터 모형(및 해당 문제에 관한 모든 제품)의 품질은 규격 및 개발 과정에서 발생한 실수뿐만 아니라 해당 품질을 측정하고 관리할 때 따르는 나쁜 관행의 영향을 받는다. 측정하기로 선택한 측정기준, 이러한 측정에 사용하는 지표 및 이러한 지표의 값을 해석하는 방법은 성공한 모형과 성공하지 못한 모형 사이에 큰 차이를 만들 수 있다. 이번 장에서는 몇 가지 일반적인 문제 품질 관련 관행을 설명하고 이를 방지하는 방법을 제안한다.

9.1 품질을 상반 관계로 취급하지 않음

우리는 모두 시맨틱 모형이 100% 정확하고 완전하고 시기적절하고 관련성이 있기를 원하지만, 이런 일이 가능하지 않거나 현실적이지 않은 경우가 많다. 그에 대한 이유(시맨틱 모형화가 인간에 의한 인간 활동이라는 사실과는 별개로)는 4장에서 본 품질 차원(정확성, 완비성, 무모순성 등) 간에 몇 가지 절충점이 있기 때문이다. 모든 모형에서 동시에 모형의 품질을 극대화하기가 어렵다.

이러한 상반 관계의 문제는 (그것이 존재한다는 사실 자체가 아니라) 때때로 그 엔터티를 무시하거나 잊어버리고 이를 관리하는 구체적인 전략을 세우는 데 시간을 할애하지 않는다는 점에 있다. 우리가 흔히 직면하게 되는 품질 상반 관계를 살펴보자.

9.1.1 의미 정확성 대 완비성

4장에서 보았듯이 의미 정확성semantic accuracy은 모형의 의미 단언semantic assertion이 참으로 받아들여지는 정도이고 완비성completeness은 모든 필수 단언required assertion이 모형에 존재하는 정도이다. 우리가 얼마나 빨리 모형을 완성할 수 있는가는 우리가 얼마나 빠르게 새로운(또는 정확한) 지식을 모형에 추가할 수 있는지에 달려 있는데, 특히 우리가 다루려는 도메인이 넓고 빠르게 발전할 때라면 더욱 그렇다.

그런데 완비성과 정확성을 정의한 데 따르면 이 둘은 서로에게 실제로 의존하지 않으며 다른 하나가 높든 낮든 상관하지 않는다. 예를 들면, `EuropeanUnionMemberState` 클래스를 포함하고 이 클래스의 인스턴스를 실제로 유럽 연합의 회원국인 27개 국가와 회원국이 아닌 100개 국가로 정의하는 모형을 가정해 보겠다. 따라서 이 모형의 정확성은 매우 낮지만(약 21%) 완비성은 100%이다. 반대로, 동일한 모형이 클래스의 두 인스턴스만 정의한다고 가정한다. 정확성은 100%이지만, 완비성은 7%에 불과하다.

두 차원 사이에 양의 상관관계가 부족하다는 점은 모형 개발자에게 유혹적이지만 위험한 선택지가 뒤따르게 된다. 즉, 우리가 정확성을 잘 제어할 수 없게 하는 위험과, 우리가 더 다양한 지식을 확인하지 않은 채로 모형에 뛰어드는 일을 허용함으로써 모형의 완비성을 가속하게 하는 위험 말이다. 이런 상황이라면 정확성은 떨어질 수 있지만, 완비성은 확실히 향상된다.

우리가 사용할 수 있는 자동 지식 습득 메커니즘이 매우 정확하고 모형의 도메인이 상대적으로 작고 정적일 때 이 상반 관계는 그다지 문제가 되지 않는다. 어찌 되었든지 간에 완비성이 정확성보다 더 중요한지와 얼마나 중요한지에 관한 전략적 결정을 내려야 한다.

9.1.2 간결성 대 완비성

시맨틱 모형을 완성하려고 서두르는 일도 부정적 방식으로 간결성에 영향을 미치는데, 잉여 요소를 감지하고 피하거나 제거하는 데 필요한 시간이 부족하기 때문이다.

예를 들면, 엔터티가 1만 개 있는 모형에 추가로 용어를 1만 개 추가하려고 한다고 가정해 보자. 이를 수행하는 가장 간결한 방법은 다음 단계를 포함한다.

1. (동의어 감지를 활용해) 각 용어를 가져와서 어휘화되는 기존 엔터티(있다면)를 식별하고 이를 모형에 추가한다.
2. 나머지 용어를 가져와서 동의어로 그룹화하고 각 그룹을 모형의 고유한 엔터티로 추가한다.

이 작업에 사용할 수 있는 기술 지원(예: 매우 효과적인 동의어 탐지기)에 따라 이 두 단계에는 상당한 시간과 노력이 들어갈 수 있다. 그렇게 하는 대신에 동의어 감지 및 그룹화 단계를 건너뛰고 모든 용어를 별개의 엔터티로 추가하기로 선택했다면 모형은 여전히 정확하고 확실히 더 완전하지만, 모든 면에서 덜 간결해진다.

간결성이 완비성과 상충할 수 있는 또 다른 이유는 후자가 주관적이고 상황에 따라 달라서 특정 요소가 잉여되는지를 결정하기 어렵기 때문이다. 예를 들어, 텍스트커널에서 만든 지식 그래프 제품을 구입한 사람들은 기술 지원을 받는 일을 모형을 구입한 데 따른 불필요한 부담으로 간주하고는 돈을 더 이상 지불하지 않은 채 노동 시장 데이터의 빈도가 특정 임곗값 미만인 엔터티를 그래프에 포함하기를 원하지 않았다. 그러나 외부인의 입장에서는 이러한 엔터티가 없는 그래프는 불완전한 것이라고 볼 만한 상황이었다.

결과적으로 간결성–완비성 딜레마를 모형과 덜 관련되게 만드는 유일한 방법은 효과적인 잉여성redundancy 감지 메커니즘을 개발하고 관련 기준과 임곗값에 동의하는 것이다.

9.1.3 간결성 대 이해성

명확하고 합의된 잉여성 기준 없이 시맨틱 모형의 간결성에 너무 많은 초점을 맞추는 일도 인간 사용자가 모형의 요소를 이해하고 활용할 수 있는 용이성ease을 저해할 가능성이 크다.

예를 들어, 몇 년 전에 내가 참여한 온톨로지 개발 프로젝트에서 고객들은 클래스가 아닌 엔터티에 글로 작성된 정의를 추가하는 일을 명시적으로 금지했다. 그들은 또한 엔터티의 이름이나 어휘화한 명칭을 네 단어 이상으로 하면 너무 장황해지므로 피해야 한다고 생각했다. 이는 약어로 나타낸 엔터티의 온전한 이름을 추가할 수 없음을 의미했기 때문에(예: ADHD(주의력 결핍 과잉행동 장애), DARE(약물 남용 저항 훈련)), 사람들이 이러한 두문자어를 보고 무슨

뜻인지 알 수 있기를 바라야 했다.

일반적으로 간결성과 이해성 사이의 최적 지점을 찾는 일은 까다로운 작업이며 시맨틱 모형화 프로젝트에서 마찰을 일으킬 때가 많다.

9.1.4 A 컨텍스트와의 관련성 대 B 컨텍스트와의 관련성

시맨틱 모형을 여러 애플리케이션 시나리오에서 사용할 때 한 가지 시나리오에만 연관되게 하면 실제로 다른 시나리오에서는 유용하지 않거나 해로울 수 있다. 이는 시나리오마다 서로 다르고 잠재적으로 충돌할 수 있는 요구사항이 있을 때 발생한다. 예를 들면 이렇다.

- A라는 애플리케이션은 모호성을 크게 신경 쓰지 않고 풍부한 엔터티 어휘화가 필요하지만, B라는 애플리케이션에는 최소한의 모호한 모형이 필요하다.
- A라는 클라이언트는 완비성과 관계없이 더 정확한 모형을 원하고 B라는 클라이언트는 정확성과 관계없이 더 완전한 모형을 원한다.
- 모형을 A라는 리전region[14]에 전개할 때는 애매성 정도와 상호 합의 정도에 상관없이 모든 진술에 대한 하나의 진리를 정의해야 하고, B라는 리전에 배치할 때는 의견과 관점의 다양성을 반영해야 한다.
- 애플리케이션 A는 모형 내에서 복잡한 추론 공리와 규칙을 정의해야 하지만, 애플리케이션 B는 성능 일부를 희생하지 않고는 이러한 요소를 처리할 수 없다.

관련성 상반 관계의 특별한 어려움은 모형을 사용할 다른 컨텍스트의 시작부터 인식하지 못해서 때로는 거기에 있다는 사실조차 모른다는 점이다. 일을 더 잘 예측할 수 있게 하는 유일한 방법은 처음부터 잘 정의한 시맨틱 모형 전략을 갖는 것이다. 그러한 전략을 만드는 일이 바로 다음 장의 주제이다.

> **NOTE_ 여러 모형을 사용해 구조한다?**
> 일부 품질 균형은 동일한 모형의 여러 버전을 생성하여 해결할 수 있으며 각 버전은 다른 차원에 더 많은 초점과 가중치를 부여한다. 그러면 어려운 결정을 내리지 않아도 되지만, 여러 모형을 유지하고 발전시켜야 하므로 작업 부하가 확실히 증가한다. 따라서 이 접근 방식은 추가 모형의 유지 관리를 실제로 '아웃소싱'할 수 있을 때 적합하다. 예를 들어, 텍스트커널에서는 품질 우선순위가 다른 고객용으로 지식 그래프의 사용자 정의 버전을 만들 때도 있지만, 나중에 해당 버전의 유지 관리 책임을 고객이 맡을 때만 그렇게 할 것이다.

---

14 옮긴이_ 특정 지역을 서비스 범위로 삼아 클라우드 서비스를 제공하는 클라우드 시스템. 이 시스템은 전체 클라우드 시스템의 일부다.

9.2 품질을 위험과 이익에 연결하지 않음

지금까지 나는 많은 공공 모형의 품질에 관해 불평해 왔지만, 솔직히 말해서, 이러한 모형의 모든 사용자가 나에게 동의할 것이라고 확신할 수 없다. 이러한 불만이 유효하지 않아서가 아니라, 누군가에게는 전혀 중요하지 않고 무관한 부분일 수도 있기 때문이다.

예를 들어, 텍스트커널에서 내가 맡았던 일과 관련지어 말하자면, 수집한 엔터티들로 이뤄진 어휘집에 엄밀히 동의어가 없었기 때문에 나는 ESCO 모형을 내 모형에 쉽게 연결하기 어려웠고, 이는 중요한 문제였다. 그러나 구직 포털에서 탐색 목적으로 ESCO를 사용해 보려는 사람이라면 이게 별 문제가 되지 않을 것이다.

마찬가지로 95%의 정확성을 보이는 생물 의학 온톨로지는 제퍼디 퀴즈 쇼에서 승리하려고 노력하는 IBM의 왓슨에게는 크게 유용할 수 있다. 그러나 이 온톨로지를 의학 진단 시스템 일부로 사용한다면 부정확한 사실에 해당하는 5% 때문에 극도로 위험해질 수 있다.

다시 말해서, 이익과 위험에 대해서 구체적으로 언급하지 않은 채로 품질을 단지 지푯값의 집합으로 취급하는 일이 기술적으로 잘못된 일은 아니지만, 모형의 실제 가치를 평가하는 데 도움이 되지 않을 뿐만 아니라, 품질 개선 작업의 우선순위를 정하는 일이나 앞서 살펴본 상반 관계를 관리하는 데도 도움이 되지 않으므로 다소 무의미한 일일 수 있다. 모형의 정확성을 10% 높이고 나중에 사업 수익에 대한 이바지도가 0이라는 점을 깨닫는 데 많은 양의 자원을 소비한다고 상상해 보자.

따라서 시맨틱 모형의 품질을 적절하게 측정하고 관리하려면 다음 사항이 중요하다.

- **모형의 어떤 측면과 품질 차원이 성공이나 실패에 어느 정도까지 이바지하는지 안다.** 이상적으로 이는 모형 수명의 전략 계획 및 규격 단계에서 발생해야 한다.
- **이러한 차원과 위험/이점을 반영하는 지표 및 측정 프로세스를 선택한다.** 문헌에서 나온 기성 품질 지표를 사용하는 방법은 꽤 유혹적일 수 있지만, 중요한 것은 여러분의 모형과 컨텍스트의 특정한 속성에 맞춘 지표를 사용하며, 품질에 관한 신뢰할 수 있고 실행 가능한 정보를 주는 지표를 사용하는 일이다. 다음 단원에서는 이러한 지표를 선택할 때 피해야 할 함정을 자세히 설명한다.
- **이러한 지표의 잠재적인 값을 관련 위험/이익의 일부(정보에 입각한) 정성적 추정이나 정량적 추정에 연결한다.** 예를 들어, 여러분은 (적절한 연구를 통해) 생의학 온톨로지의 약물-질병 관계 진술을 프랑스 제약 산업에 배포할 때 최소 80%에 이르는 정확성이 필요하다고 결정한다. 또는 15세기에 아시아 지역에서 발생한 역사적 사건들을 다룬 여러분의 지식 그래프의 적용 범위가 좁고 개선으로 인한 이점도 빈약한 점이 괜찮다고 결정한다.

9.3 올바른 지표를 사용하지 않음

시맨틱 모형화 문헌에서 시맨틱 모형 품질을 측정하기 위해 제안된 대규모 지표 풀을 찾을 수 있다.[182] 그러나 이들 모두가 우리가 실제로 측정해야 하는 것에 항상 유용하거나 적합하지는 않다.

한 가지 이유는 가능한 한 많은 객관적인 품질 속성을 포착하려고 애플리케이션 컨텍스트 외부(특히 학계)에 많은 지표가 정의되기 때문이다. 또한 시맨틱 모형이 구조, 목표, 형식 수준에서 매우 이질적일 수 있으므로 실제로 이식 가능한 지표의 정의를 어려운 작업으로 만들기 때문이기도 하다.

어찌 되었든지 간에 기존 품질 지표를 자세히 조사하고 모형의 속성과 컨텍스트에 맞게 조정해야 한다. 이에 도움이 되도록 잘못된 의미 체계 품질 지표의 가장 일반적인 몇 가지 사례를 살펴보겠다.

9.3.1 지표를 잘못 해석해서 사용하는 일

제안된 시맨틱 품질 지표의 한 가지 문제는 때때로 실제 의미가 아닌 다른 의미로 제시된다는 점이다. 이러한 지표의 예는 OntoQA 프레임워크에서 제안한 IR^{Inheritance Richness}(상속 풍부성)이다.[183]

IR은 시맨틱 모형의 클래스에 적용되며 클래스당 평균 하위 클래스 수로 정의된다. 제안된 해석은 상속 풍부도 점수가 낮은 모형은 특정 도메인을 세부적으로 다루고 점수가 높은 모형은 세부 수준이 낮은 광범위한 일반 지식을 나타낸다.

이 해석의 문제를 확인하려고 영화 엔터티와 이들이 속한 장르를 설명하는 시맨틱 모형을 시네마 도메인에 생성한다고 가정한다. 이를 위한 옵션은 주로 두 가지가 있다.

1. Film 한 개를 정의한 다음에 장르(예: ComedyFilm, ActionFilm)만큼 많은 하위 클래스를 정의하고, 각 개별 영화를 해당 하위 클래스의 인스턴스로 만들어 그것이 속한 장르에 연결한다(그림 9-1 참조).
2. Film 클래스와 FilmGenre 클래스를 정의하고, 개별 영화와 장르를 나타내는 인디비주얼 엔터티들로 인스턴스화하고, 개별 영화를 hasGenrelation을 활용해 그것이 속한 장르에 연결한다(그림 9-2 참조). 또한 narrowerThan 관계를 사용해 장르 엔터티를 위계적으로 구성하자.

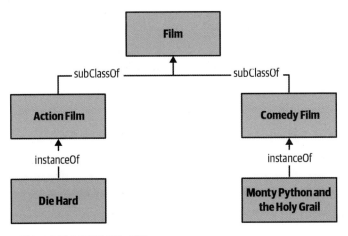

그림 9-1 클래스로서의 Film 장르

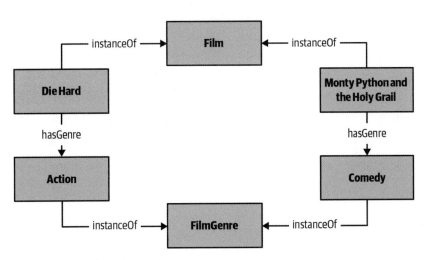

그림 9-2 인디비주얼로서의 Film 장르

각 표현에는 장단점이 있지만(자세한 내용은 12장 참조) 둘 다 정확히 동일한 인디비주얼 엔터티로 채워지면 도메인 범위는 정확히 같다. 다른 것보다 더 상세하거나 더 일반적인 것은 없다. 그러나 두 번째 표현은 IR이 0인 반면 첫 번째 표현의 풍부성은 적어도 장르 엔터티의 수만큼 될 것이다(모두 Film의 하위 클래스이므로). 따라서 지표에 제안된 해석은 실제로 적용되지 않는다.

일반적으로 순전히 구조적 지표에서 모형의 시맨틱 품질에 관한 결론을 도출할 때, 특히 동일한 의미를 표현하는 방법이 여러 개 있을 때는 정말 주의해야 한다.

9.3.2 비교 가치가 거의 없는 지표 사용

IR 지표의 주요 문제점은 도메인의 의미를 설명할 때 클래스가 인디비주얼individual(개별자, 개체)보다 더 중요하다고 가정한다는 점이다. 이는 많은 엔터티가 실제로 의미를 변경하지 않은 채로 각기 클래스나 인디비주얼로 표현될 수 있다는 사실을 무시하는 경향이 있는 문헌의 여러 다른 지표에서 관찰된 문제점이다. 결과적으로 이러한 지표는 둘 이상의 모형의 품질을 비교하는 수단으로 거의 가치가 없다.

예를 들면, OntoQA의 다른 두 가지 지표인 **평균 모수**Average Population(AP)와 **클래스 풍부도**Class Richness(CR)를 살펴보겠다. AP는 모형의 인디비주얼 엔터티 수를 클래스 수로 나눈 값으로 정의한다. 이 값이 적다면, 이 수는 지정된 모든 전문 지식을 표현하기에는 모형 안에 있는 인디비주얼들이 충분하지 않음을 나타낸다. CR은 인스턴스가 있는 클래스 수를 총 클래스 수로 나눈 값으로 정의한다. 모형의 CR이 매우 낮다면 모형에 지정된 모든 지식을 예시하는 요소가 모형에 없는 것이다.

이제 [그림 9-1]과 [그림 9-2]의 두 모형을 다시 생각해 보면서, 두 모형이 각기 영화 인디비주얼 엔터티 1만 개와 장르 100개를 포함한다고 가정해 보자. 차이점은 첫 번째 모형 안에 들어 있는 장르는 클래스 엔터티이고 두 번째 모형에 들어 있는 장르는 인디비주얼이라는 점이다. 그러면 첫 번째 모형의 AP는 5,050(인스턴스 10,100개를 두 클래스로 나눈 값)이 되고 두 번째 모형의 AP는 100(인스턴스 1만 개를 클래스 100개로 나눈 값)이 된다. 따라서 이 지표에 따르면 두 모형이 정확히 동일한 지식을 포함하지만, 첫 번째 모형은 두 번째 모형보다 훨씬 더 잘 채워진다.

CR 지표에서도 동일한 딜레마가 발생한다. 장르의 절반에 대해 데이터에 관련 영화가 없다고 가정하면 [그림 9–1]의 모형에는 50%의 CR이 있고 [그림 9–2]의 모형에는 100%의 CR이 있다. 두 번째 모형이 첫 번째 모형보다 낫다는 오해의 소지가 있다.

9.3.3 임의값에 대한 임곗값이 있는 지표 사용

값이 관련 위험이나 이익의 추정과 연결되지 않은 품질 지표를 사용하는 일보다 더 나쁜 것은 이러한 연결을 갖는 일이다. 이에 관한 예는 OQuaRE 온톨로지 품질 프레임워크이다.[184]

OQuaRE의 시맨틱 모형 품질 지표는 ISO/IEC 25000: 2005 표준(SQuaRE라고도 함)의 소프트웨어 품질 지표를 수정한 것이다. 다음은 이러한 지표 중 일부다.

| 클래스 풍부성(CROnto) |

클래스당 평균 인스턴스 수

| 속성 풍부성(RROnto) |

속성 수를 관계 및 속성 수로 나눈 값

| 가중 메서드 수(WMCOnto) |

클래스당 평균 속성 및 관계 수

| 자식 클래스 수(NOCOnto) |

평균 직접 하위 클래스 수

| 얽힘(TMOnto) |

클래스당 평균 부모 클래스 수

흥미롭게도 각 지표의 잠재적 값은 1~5 범위의 품질 점수 집합과 연결된다. 1점은 값이 '허용되지 않음'을 의미하고 3점은 '최소 허용'을 의미하며 5점은 '요구사항 초과'를 의미한다. [표 9–1]은 지표당 값–점수 연결을 보여준다.

표 9-1 OQuaRE 지표, 값, 품질 점수

지표/점수	허용되지 않음	최소 허용	요구사항 초과
CROnto	[0,20]%	(40–60]%	〉80%
RROnto	[0,20]%	(40–60]%	〉80%
WMCOnto	〉15	(8,11]	⇐5
NOCOnto	〉12	(6,8]	[1,3]
TMOnto	〉8	(4–6]	[1,2]

이러한 연관성의 문제점은 컨텍스트에서 벗어나 있고 완전히 자의적인 것으로 보인다는 점이다. 우리가 모두 모형의 클래스당 부모가 적을수록 품질이 더 높다는 데 동의하더라도 허용되는 최대 숫자가 8이라는 데 동의하기는 거의 불가능하다. 평균 직접 하위 클래스 수와 기타 지표에도 동일하게 적용된다.

명확하게 말하면 [표 9-1] 같은 테이블을 모형 및 품질 지표에 대해 정의하는 일이 절대적으로 필요하다. 실제로 모형의 여러 부분이나 애플리케이션 컨텍스트에 이러한 테이블을 많이 정의해야 할 수도 있다. 하지만, 어찌 되었든지 간에 정의한 값–점수 대응을 모형의 모든 이해 관계자가 이해하고 동의하며 수락했는지 확인해야 한다.

9.3.4 실제 품질 신호인 지표를 사용

시맨틱 모형 품질 문헌에서 제안한 몇 가지 지표는 주어진 차원에서 모형이 얼마나 좋거나 나쁜지를 실제로 정량화하기보다는 오히려 모형이 좋거나 나쁠 확률을 정량화하고 있다.

예를 들어, 자베리Zaveri 등(2015)은 모형의 시맨틱 정확성 관련 지표가 특정 통계 분포에서 벗어난 특이치의 수, 즉 특정 통계 분포에서 벗어난 진술이라고 제안한다.[182] 이 제안의 문제는 시맨틱 모형의 모든 이상점이 확실히 잘못되었다고 가정한다는 점이다. 항상 그렇지는 않다. 모형의 구조, 내용, 도메인에 따라 이상값이 일반적으로 잘못될 가능성이 클 때가 있다. 따라서 모형에서 오류를 감지하는 데 사용할 수 있지만, 품질 보고에는 사용할 수 없다.

지표로 위장한 품질 신호의 또 다른 예시를 참고문헌[78]에서 찾을 수 있는데, 여기서 저자들은 지식 그래프의 데이터를 획득한 방식을 기반으로 지식 그래프의 신뢰성을 측정하려고 한다. 특히 다음과 같이 제안한다.

- 전문가와 등록된 사용자가 데이터를 선별하고 수작업 방식으로 삽입한 지식 그래프의 신뢰도 점수는 1이다.
- 개방형 자원봉사자 커뮤니티에서 데이터를 선별하고 수작업 방식으로 삽입한 지식 그래프의 신뢰도 점수는 0.75이다.
- 데이터가 수작업 방식으로 선별되었지만, 구조화된 데이터 공급원에서 자동으로 삽입된 지식 그래프의 신뢰도 점수는 0.50이다.
- 데이터가 구조화된 데이터 공급원에서 자동으로 선별되고 삽입된 지식 그래프의 신뢰도 점수는 0.25이다.
- 데이터가 구조화되지 않은 데이터 공급원에서 자동으로 선별되고 삽입된 지식 그래프의 신뢰도 점수는 0이다.

이 점수 체계에는 항상 사실이 아닌 신뢰도 기준의 상대적 중요성을 가정한다는 문제가 있다. 전문가가 항상 커뮤니티보다 객관적이지는 않고, 수작업 방식 삽입이 항상 자동 삽입보다 정확하지는 않으며, 구조화된 공급원을 구조화되지 않은 공급원보다 신뢰할 수 없을 때도 있다.

시맨틱 모형을 개발할 때 나는 수작업 방식으로 전문가와 함께 구축했다는 이유만으로 100% 신뢰할 수 있을 것이라는 기대를 절대로 하지 않는다. 마찬가지로 재사용하려고 시맨틱 모형을 자세히 조사할 때 전문가가 구축했다는 이유만으로 신뢰하지는 않는다(ESCO에 관한 나의 불만 사항을 다시 참조하라). 나는 이러한 요소를 작업에 도움이 될 신호로 사용한다. 모형을 반자동 방식으로 구축했을 때 사용자에게 신뢰성을 확신시키려면 추가 작업이 필요하다는 점을 알고 모형이 수작업 방식 큐레이션을 받은 적이 없다는 점을 안다면 모형을 평가할 때 더욱더 철저하게 할 것이다.

요컨대, 모형이 얼마나 좋은지나 나쁜지를 알려주는 지표와 모형이 나쁘거나 좋을 수 있음을 알려주는 신호 사이에는 미묘하지만 중요한 차이가 있다. 신호를 사용하여 품질 문제를 감지하되 품질 보고에는 사용하지 말자.

9.3.5 애매한 단언의 정확성을 선명한 방식(crisp way)으로 측정

3장에서 살펴보았듯이, 애매한 단언vague assertion의 진리는 주관적이고 상황에 따라 달라질 수 있다. 즉, 같은 심사위원일지라도 어떨 때는 참이라고 판단했다가 어떨 때는 거짓으로 판단할 수 있다. 이는 애매한 단언을 포함하는 시맨틱 모형의 정확성을 측정할 때, 진정한 단언의 비율을 계산하는 것만으로는 오해의 소지가 있다는 점을 의미한다.

실제로 애매한 단언의 정확성을 측정할 때 범하는 네 가지 주요 실수가 있다.

| 컨텍스트를 제공하지 않고 판단을 요청한다. |

컨텍스트는 항상 중요하지만, 누군가에게 애매한 진술*vague statement*의 진리를 판단하도록 요청할 때 더욱더 중요하다. 컨텍스트를 제공하지 않으면 심사위원은 자신이 지닌 임의의 컨텍스트를 우리에게 알리지도 않은 채로 제멋대로 생각하면서 사용할 가능성이 크다. 따라서 우리가 받게 될 판단은 모형의 의도된 의미와 일치하지 않을 것이다.

| 단언당 심사위원을 한 명만 사용한다. |

이 접근 방식의 문제점은 모형의 정확성에 대한 일방적인 주관적인 평가를 받게 되며 모순성이 있는지 절대 알 수 없다는 점이다. 이를 방지하려면 단언당 여러 명의 심사위원을 사용하여 이러한 심사위원이 모형의 사용자를 대표하는지 확인해야 한다.

| 심사위원을 여러 명 사용하지만, 합의에 도달하도록 강요한다. |

이 접근법은 잠재적인 모순성을 감지하고 심사위원이 경계사례*borderline case*에 관해 더 신중하게 생각하고 진리 기준과 컨텍스트에 부합하게 한다는 점에서 단일 심사위원 접근법보다 낫다. 그런 의미에서 최종 정확성 점수는 더 많은 의견을 반영하고 현실에 더 가깝다. 그런데도 이 접근 방식은 오해나 중요하지 않은 의미 구분 때문에 발생하는 '가벼운' 모순성에만 의미가 있다. 모형의 단언들이 논쟁의 여지가 클 때 합의를 강요하는 일은 심사위원이 합의 편향에 취약하게 만들 뿐이며 최종 정확성 점수는 현실을 반영하지 않기 때문에 위험하다. 이를 방지하려면 심사위원이 동의하지 않는 단언에 관해 토론하도록 하는 일이 중요하지만, 합의에 도달하도록 강요하는 대신에 이러한 토론의 결과를 사용하여 모형을 개선한다(예: 애매한 진술을 컨텍스트화).

| 모순성을 보고하지 않고 정확성을 보고한다. |

심사위원이 동의하지 않더라도 정확성 점수를 계산할 때 의견 차이를 피할 방법이 여러 가지 있다. 예를 들어, 어떤 단언에 대해 모든 심사위원이 참이라고 말할 때(위험 회피 접근법), 절반 이상이 참이라고 말할 때(위험에 더 취약한 접근 방식), 적어도 한 명이 참이라고 말할 때(위험에 더욱더 취약한 접근 방식) 우리는 그러한 단언을 참으로 간주할 수 있다. 그러나 세 가지 접근 방식 모두 모순성에 정량화를 제공하지 않으므로 위험이 얼마나 작거나 큰지를 실제로는 전달하지 않는다. 이로 인해 가능한 정확성 점수에 비해서 보고된 정확성 점수는 덜 의미 있고 실행 가능성이 더 적다.

심사위원 간의 모순성은 모호함, 지식 부족, 편견, 심지어 피로 같은 애매성 이외의 요인 때문에 발생할 수 있다는 점을 기억해야 한다. 따라서 그 성격을 조사하고 애매성과 관련된 부분만 분리하고 정량화하는 일이 아주 중요하다.

9.3.6 모형 품질을 정보 추출 품질과 동일시

자동 정보 추출 방법이나 도구를 사용하여 시맨틱 모형을 개발할 때, 우리는 이러한 방법과 도구를 사용해 우리 모형이 얼마나 좋은지를 확실히 알 수 있다. 하지만 우리 모형도 이러한 방법만큼 좋아지거나 나빠지리라고 가정하면 잘못된 길로 접어들게 된다.

그 이유 중 하나는 모형의 품질이 모형을 파생하는 지식 공급원의 품질에 따라 달라지기 때문이다. 이러한 공급원이 부정확하거나 관련이 없다면(관련 예는 8장 참조) 우리가 사용하는 추출 방법이 아무리 효과적이더라도 모형도 어려움을 겪을 것이다.

이러한 함정의 예는 자베리^{Zaveri} 등의 논문(2013)[89]에서 찾을 수 있는데, 저자는 디비피디아의 정확성에 관한 사용자 주도 평가를 수행하고나서 부정확한 진술의 11.93%만을 보고했다. 그러나 여기서 사용한 평가 방법론을 자세히 살펴보면 사용자들에게 진술이 정확한지 묻지 않고 진술이 출처(즉, 위키피디아 정보 상자)에서 올바르게 추출되었는지를 묻는다.[70] 즉, 위키피디아가 100% 정확하다는 사실을 받아들이지 않는 한 잘못된 진술의 비율이 실제로 11.93%보다 높을 수 있다.

모형 품질이 추출 품질과 같지 않을 수 있는 두 번째 이유는 두 가지를 측정하는 방법이 다르기 때문이다. 예를 들면, 텍스트에서 위치 엔터티를 감지할 때 정밀도가 70%이고 재현율이 60%인 NER^{named entity recognition}(개체명 인식) 시스템을 사용하여 모형의 Location 클래스를 채운다고 가정해 보자. 이럴 때 모형이 이 클래스에 대해 이러한 정확성과 완비성을 지닐 수 있는가? 대답은 반드시 그렇지는 않다는 것이다.

70%의 정밀도란, 텍스트에 '바르셀로나'가 20번 포함되었다면 이러한 엔터티 중 14개는 정확하고 6개는 잘못되었다고 예상됨을 의미한다. 그러나 우리 모형에는 엔터티가 한 개만 필요하므로 모형에 엔터티를 추가해야겠다고 확신하기 전에 우리가 찾아야 하는 출현 횟수에 따라서 정밀도가 달라진다. 한 번의 출현으로 충분하다면 잘못될 확률은 실제로 70%이다. 그러나 10

번의 출현이 필요할 때는 오류 확률이 훨씬 낮다.

유사한 추론을 재현율에 적용할 수 있다. 엔터티를 추가하기 전에 더 많은 엔터티를 찾아야 할 수록, 특히 엔터티의 빈도가 낮을 때 결국 추가할 가능성이 줄어든다. 그리고 물론, NER 시스템의 재현율은 우리가 적용하는 말뭉치에 포함된 엔터티에 대해 계산되는 반면 모형의 완비성은 도메인의 엔터티에 대해 계산된다는 점을 잊지 말자. 즉, 재현율이 100%인 NER 시스템을 사용하더라도 말뭉치에 도메인의 모든 엔터티가 포함되지 않으면 모형이 완비되지 않는다.

9.4 요약

시맨틱 모형이 우리에게 필요한 품질을 보장하는 일은 모형화 실수를 하지 않는 문제 또는 최적의 도구 및 자원을 사용하는 문제일 뿐만 아니라 해당 품질을 측정하고 관리하는 올바른 방법을 사용하는 문제이기도 하다. 이번 장에서는 품질을 일련의 상반 관계로 취급하지 않고, 구체적인 위험과 이점에 연결하지 않으며, 적절한 측정기준을 사용하여 측정하지 않으면 모형이 실패하고 자원이 낭비될 수 있음을 배웠다.

이번 장에서 기억해야 할 중요 사항은 다음과 같다.

- 품질을 위험과 이점에 연결하자. 그렇지 않으면 의미 없는 숫자만 있게 된다.
- 품질을 상반 관계라는 관점에서 보면서 어떤 품질이 더 많은 이점을 제공하는지 결정하자.
- 품질 신호를 수집하되 이를 지표로 사용하지 말자.
- 실행할 수 있는 정보를 제공하는 지표를 사용하자.
- 모형이 누구에게도 해를 끼치지 않도록 품질을 관리하자.

다음 장에서는 시맨틱 모형 개발과 관련된 함정보다는 그러한 모형을 애플리케이션에 통합하고 사용할 때 범하는 실수에 더 초점을 맞춰 보겠다.

CHAPTER 10

잘못된 애플리케이션

컴퓨터는 쓸모가 없다. 컴퓨터는 여러분에게 답만 줄 수 있다.

파블로 피카소 Pablo Picasso

지금까지는 주로 시맨틱 모형의 개발과 관련된 함정을 보았다. 이번 장에서는 관점을 바꿔 이러한 모형을 애플리케이션에 적용할 때 자주 발생하는 실수를 살펴본다. 실수는 모형이 애플리케이션이 작동하는 동일한 도메인이나 데이터 종류에 대해 설계되었기 때문에 그 의미가 직접 적용할 수 있고 유익하다고 가정하는 데 따른 것이다. 실제로는 다음과 같다.

- 모형의 요소가 애플리케이션의 시맨틱 요건을 다루는 것처럼 보이지만, 모형을 쓸모없게 만들거나 심지어 해를 끼치는 미묘하지만 결정적인 차이가 있다.
- 모형의 요소가 애플리케이션의 시맨틱 요건을 다루지만, 모형에는 잉여될 뿐만 아니라 실제로 애플리케이션에 해로운 추가 요소가 있다.

지금부터 이러한 두 가지 문제가 시맨틱 모형의 두 가지 일반적인 응용, 즉 **엔터티 해소**entity resolution와 **시맨틱 관련성 계산**semantic relatedness calculation에서 어떻게 발생하는지, 그리고 상황에 따라 어떻게 해결하는지를 살펴본다.

10.1 잘못된 엔터티 해소

엔터티 해소란 텍스트 내의 엔터티에 관한 언급mention을 감지하고 주어진 의미 모형에서 해당 엔터티에 대응하는 정보 추출 작업을 말한다. 예를 들면, 1997년 영화 〈스틸Steel〉에 관한 IMDb 감상평에 나오는 다음 텍스트를 생각해 보자.

> **수익 감소는 어떠한가?** BATMAN AND ROBIN에서 George Clooney는 Arnold Schwarzenegger와 싸웠다. SPAWN에서는 Michael Jai White 대 John Leguizamo였다. 이번 여름의 세 번째이자 아마도 마지막 영웅물의 확장판인 STEEL에서 Shaquille O'Neal은 지구를 뒤흔들고, 세계를 뒤흔들고, 초거대 악의 위협에 맞서려고 첨단 기술을 동원해 수작업으로 만든 갑옷을 입고 Judd Nelson?

디비피디아를 시맨틱 모형으로 사용하는 이 텍스트에 엔터티 분석 시스템을 적용하면 이상적으로는 [표 10-1]에 표시된 엔터티를 얻을 수 있다.

표 10-1 〈스틸〉 감상평 예제의 디비피디아 엔터티

엔터티 언급	디비피디아 엔터티
BATMAN AND ROBIN	http://dbpedia.org/resource/Batman_&_Robin_(film)
George Clooney	http://dbpedia.org/resource/George_Clooney
Arnold Schwarzenegger	http://dbpedia.org/resource/Arnold_Schwarzenegger
SPAWN	http://dbpedia.org/resource/Spawn_(1997_film)
Michael Jai White	http://dbpedia.org/resource//Michael_Jai_White
Shaquille Odia.o	http://dbpedia.org/resource//Shaquille_O%27Neal
John Leguizamo	http://dbpedia.org/resource/John_Leguizamo
STEEL	http://dbpedia.org/resource/Steel_(1997_film)
Judd Nelson	http://dbpedia.org/resource/wiki/Judd_Nelson

이 작업의 일반적인 문제는 모호성ambiguity이다. 즉, 용어가 여러 다른 엔터티를 참조할 때 발생하는 상황이다(3.1절 '모호성' 참조). 예를 들어, 앞의 텍스트에서 'STEEL'이라는 용어를 이론적으로만 보면 이 이름을 지닌 화학적 화합물[185]을 가리키는 것일 수 있다. 유사하게, 'SPAWN'이라는 용어는 만화 캐릭터[186]나 수생 동물이 물에 방출하거나 침착시킨 난자와 정자의 생물학적 개념을 나타낼 수 있다.[187] 어떤 참조가 올바른지 결정하는 것이 엔터티 해소 시스템의 주요 과제이다.

10.1.1 엔터티 해소 시스템이 시맨틱 모형을 사용하는 방법

엔터티 해소 시스템은 일반적으로 네 가지 유형의 입력 사항을 사용해서 텍스트에서 엔터티 언급을 감지하고 모호함을 해소한다.

- 엔터티 해소를 수행할 텍스트 집합
- 탐지 및 모호성 해소disambiguation를 할 대상 엔터티 집합
- 각 엔터티가 고유한 식별자와 이를 자연어로 표현하는 데 사용할 수 있는 용어 세트가 있는 엔터티 시소러스
- 텍스트에서 모호한 엔터티 언급의 모호성 해소를 위한 컨텍스트적 근거가 되는 일부 지식 자원

마지막 입력 사항은 밀러Miller와 찰스Charles의 강력한 컨텍스트 가설에서 파생했으며, 의미가 유사한 용어가 유사한 컨텍스트에서 자주 사용된다.[188] 주어진 엔터티에 대해 이러한 컨텍스트는 일반적으로 일부 참조 텍스트에서 엔터티를 '둘러싸는' 용어[189][174]들로 구성되거나 일부 시맨틱 모형[173]에서 이와 관련된 엔터티로 구성된다. 예를 들면, 영화 엔터티 Steel과 Spawn의 모호성 해소 컨텍스트에는 starring(출연)이라는 디비피디아 관계[190]로 표현한 것처럼 영화에 출연한 배우를 포함할 수 있다.

이러한 입력 사항들이 주어지면 엔터티 해소 시스템은 두 단계로 작동한다.

1. 엔터티 시소러스는 엔터티를 참조할 수 있는 텍스트 용어에서 추출하는 데 사용한다. 결과는 각각 후보 엔터티 집합에 연결된 용어 집합이다.
2. 컨텍스트 근거 지식 자원은 각 용어에 대해 가장 가능성이 큰 엔터티를 결정하는 데 사용한다(모호성 해소).

두 번째 단계에서는 근거 지식 자원evidence knowledge resource이 주석이 달린 텍스트로 구성되었다면 입력 텍스트의 용어 텍스트 컨텍스트와 주석이 달린 텍스트의 후보 엔터티 컨텍스트 간의 유사성을 계산하여 모호성 해소를 수행한다. 컨텍스트 증거가 시맨틱 모형일 때 그래프 관련 측정을 사용하여 모호한 용어의 텍스트 컨텍스트 내에서 발견된 엔터티가 형성한 그래프와 각 후보 엔터티의 '이웃' 엔터티가 형성한 하위 그래프 간의 유사성을 결정한다. 어찌 되었든지 간에 컨텍스트가 가장 유사한 후보 엔터티를 올바른 것으로 간주한다.

10.1.2 지식이 여러분을 해칠 때

엔터티 해소 시스템의 효과는 모호성을 해소할 텍스트의 내용과, 근거로 사용하는 의미 데이터

간의 정렬 정도에 따라 크게 달라진다. 즉, 모형의 요소는 모호성을 해소할 텍스트의 도메인을 포함해야 하지만, a) 도메인에 속하지 않거나 b) 도메인에 속하지만, 텍스트에 나타나지 않는 다른 추가 요소를 포함해서는 안 된다.

이것이 중요한 이유를 보여주는 예로, 우리가 2015년으로 돌아가서 뉴스 기사에서 '호날두가 레알 마드리드에서 2골을 득점했다'라는 텍스트를 받았다고 가정해 보겠다. 디비피디아를 사용하여 이 텍스트에서 호날두라는 용어의 모호성을 해소할 때 사용할 수 있는 유일한 컨텍스트적 근거는 레알 마드리드라는 엔터티이지만, 의미론 측면에서 볼 때 호날두와 관련된 두 명의 선수, 즉 크리스티아누 호날두(현역 선수)와 호날두 루이스 나자리우 데 리마(은퇴 선수)가 있다. 따라서 은퇴 선수와 현역 선수를 모두 고려하면 용어가 명확해지지 않는다. 그러나 텍스트가 현대 축구 경기를 설명한다는 사실을 고려해보면 일반적으로 팀과 은퇴 선수 간의 관계가 여기에 나타나지 않으리라고 예상된다. 따라서 이러한 텍스트의 경우, 모호성 해소를 더 정확히 하기 위해 이 관계를 무시하는 것이 좋다.

또 다른 예로, 우리가 일련의 영화 감상평에서 엔터티 해소를 수행하고, 배우의 언급을 대상으로 하며, 디비피디아를 증거 시맨틱 모형으로 사용한다고 가정해 보자. 디비피디아에는 배우가 아닌 사람을 나타내는 엔터티가 많이 있으므로 텍스트에 언급된 많은 배우를 다른 사람으로 오인할 가능성이 크다(예: 배우 로저 무어^{Roger Moore}를 동명의 컴퓨터 과학자로 오인할 수 있음 [191]). 하지만, 입력 텍스트는 주로 영화에 관한 것이므로 '로저 무어'라는 용어가 실제로 배우가 아닌 컴퓨터 과학자를 지칭할 확률은 매우 낮다. 따라서 배우가 아닌 사람을 나타내는 엔터티를 시맨틱 모형에서 모두 제거하면 시스템이 배우 엔터티의 모호성 해소에만 집중할 수 있도록 허용하여 정밀도를 높일 가능성이 크다.

10.1.3 모호성 해소에 유용한 지식을 선택하는 방법

엔터티 해소 시스템의 효율성은 일반적으로 **정밀도**^{precision}와 **재현율**^{recall} 측면에서 측정된다. 정밀도는 감지된 용어의 총 수(즉, 하나 이상의 연관된 엔터티가 있는 용어)에 대비해 적절히 해소된 용어(즉, 신뢰도가 가장 높은 엔터티가 적절한 용어에 해당)의 비율로 결정된다. 반면에 재현율은 입력 텍스트에서 기존 엔터티 언급의 총 수에 대한 적절히 해소된 용어의 비율에 따라 결정된다.

따라서 입력 텍스트에 시스템 할당 엔터티가 실제로 (대부분) 포함되지 않으면 해소 시스템의 정밀도가 낮다. 일반적으로 다음 같은 상황에서 이런 일이 벌어진다.

- 모호성 정도가 크다. 즉, 동의어 사전의 많은 엔터티가 많은 텍스트 용어와 잘못 연관되었다.
- 컨텍스트에 관한 지식이 용어의 모호성 해소를 정확하게 충족시키기에는 부적절하다. 예를 들면, 텍스트에 엔터티 Jimmy Page에 대한 참조로 Page라는 용어가 포함되어 있고 컨텍스트 근거 지식 자원에 이 엔터티에 관한 정보가 없다면 모호성 해소가 실패할 가능성이 크다.

반면에 엔터티 해소 시스템은 실제로 존재하는 텍스트에서 엔터티를 감지하지 못할 때 재현율이 낮다. 이는 두 가지 상황에 발생할 수 있다.

- 여러 대상 엔터티나 적절한 표면 형식을 포함하지 않아 동의어 사전이 불완전할 때. 예를 들어, 동의어 사전은 표면 형식 'Red Devils'를 맨체스터 유나이티드의 축구팀과 연관시킬 수 없다.
- 용어의 모호성을 해소한 의미를 확신하려면 시스템이 입력 텍스트에서 최소한의 컨텍스트 증거를 찾아야 하지만, 그렇게 하지 못할 때. 이 실패는 증거 지식 자원이나 텍스트 자체에 증거가 부족하기 때문일 수 있다.

모호성 측정

엔터티 해소 시스템의 낮은 정밀도 문제를 효과적으로 해결하려면 다음 같은 모호성 유형을 얼마나 잘 처리하는지 평가해야 한다.

| 어휘적 모호성 |

이는 시스템이 대상 엔터티와 실제 엔터티가 아닌 일반적인 어휘 용어를 섞어 쓰는 상황이다. 예를 들면, 대상 엔터티가 회사 유형이라면 위치 데이터를 서비스하는 회사인 Factual(*https://www.factual.com*)은 (그 이름 자체가 형용사이기 때문에) 동명의(즉, 철자가 같은) 형용사와 혼재될 수 있다.

| 대상 엔터티 모호성 |

시스템이 대상 엔터티^{target entity}를 다른 대상 엔터티와 섞어 쓰는 상황이다. 예를 들면, 대상 엔터티가 위치면 그리스의 트리폴리시는 리비아의 트리폴리와 섞일 수 있다.

| 비(非)대상 엔터티 모호성 |

이는 시스템이 상황적 증거 시맨틱 모형의 대상 엔터티와 비대상 엔터티^{non-target entity}를 섞어 쓰는 상황이다. 예를 들어, 대상 엔터티가 축구팀이고 모형에 위치도 포함되었으면 바르셀로나 팀은 바르셀로나 도시와 섞일 수 있다.

| 비대상 엔터티에서 대상 엔터티로의 모호성 |
이는 시스템이 컨텍스트 근거 시맨틱 모형의 비대상 엔터티를 대상 엔터티와 섞어 쓰는 상황이다.

| 전역 모호성 |
대상 엔터티가 동의어 사전이나 근거 시맨틱 모형에 포함되지 않은 다른 도메인의 엔터티와 섞일 수 있는 상황이다. 예를 들어, 대상 엔터티가 회사일 때 회사인 Apple은 동명의 과일인 apple(사과)과 혼재될 수 있다.

이러한 다섯 가지 모호성 유형 중 어떤 유형이 시나리오를 속성화하는 정도를 식별하려면 다음과 같이 작업해 볼 수 있다. 먼저 엔터티 해소를 수행해야 하는 텍스트의 대표적인 표본을 고려하고 컨텍스트 근거 모형의 비대상 엔터티뿐만 아니라 대상 엔터티로 수작업 방식 주석을 추가한다. 그 후, 모호성 해소 없이 시스템을 사용하여 동일한 작업을 자동으로 수행한다. 이렇게 하면 다음과 같이 다양한 유형의 모호성을 측정할 수 있다.

| 어휘적 모호성 |
i) 텍스트의 엔터티가 아닌 일반적인 어휘 용어이고, ii) 대상 엔터티에 수작업으로 주석을 달지 않았으며, iii) 시스템에서 하나 이상의 대상 엔터티에 잘못 대응한 용어의 백분율로 이를 측정한다.

| 대상 엔터티 모호성 |
i) 대상 엔터티로 주석이 추가되고 ii) 시스템에서 이 대상 엔터티뿐만 아니라 다른 대상 엔터티에도 대응한 용어의 백분율로 이를 측정한다.

| 비대상 엔터티 모호성 |

i) 대상 엔터티로 수작업 방식 주석을 달고 ii) 시스템에서 이 대상 엔터티뿐만 아니라 다른 비대상 엔터티에도 대응한 용어의 백분율로 이를 측정한다.

| 비대상 엔터티에서 대상 엔터티로의 모호성 |

i) 비대상 엔터티로 수작업 방식 주석을 달고 ii) 시스템에서 이 엔터티뿐만 아니라 다른 대상엔터티에도 대응한 용어의 백분율로 이를 측정한다.

| 전역 모호성 |

i) 일반적인 어휘 용어가 아니지만, 텍스트의 실제 엔터티이고, ii) 수작업 방식으로 엔터티에주석을 달지 않았으며, iii) 시스템에서 하나 이상의 대상 엔터티에 대응한 용어의 백분율로 이를 측정한다.

여기에 수록된 모든 백분율 값을 계산할 때는 시스템이 텍스트에서 검출해 낸 총 용어 개수를기준으로 해야 한다.

모형의 근거에 대한 타당성 측정

높은 모호성을 보완하는, 낮은 엔터티 해소 효과의 두 번째 이유는 모호성 해소 근거로 사용하는 컨텍스트 지식이 부적절하기 때문이다. 이 지식이 시맨틱 모형의 형태일 때 **적절성**이란 두가지를 의미한다.

- **엔터티에 대한 관곗값과 속성값이라는 측면에서 시맨틱 모형이 얼마나 풍부한가?** 이러한 값은 상황별 모호성 해소 근거로 사용하므로 많은 엔터티가 부족하면 모호성 해소에 실패할 수 있다. 예를 들어, 텍스트에서 영화 언급의 모호성을 해소하고 싶다면 해당 영화에서 연기한 배우가 잠재적인 근거가 될 수 있다. 이 관계가 시맨틱 모형에서 제대로 채워지지 않는다면 이 관계는 특정 작업에 적합하지 않을 수 있다.
- **입력 텍스트에서 시맨틱 모형이 제공하는 컨텍스트적 증거가 얼마나 널리 퍼져 있는가?** 모형이 풍부하더라도 텍스트에 제공된 증거가 포함되지 않으면 도움이 되지 않는다. 영화 예를 고려하면 영화의 배우를 모두 알아도 영화와 해당 배우가 텍스트 안에 함께 들어있지 않으면 이 지식은 유용하지 않다.

시맨틱 모형 풍부성은 원하는 세부 수준에 따라 다양한 방법으로 측정할 수 있다. 다음은 유용해 보이는 몇 가지 지표다.

| 관련 엔터티가 전혀 없는 대상 엔터티의 비율 |

이 숫자가 높으면 시맨틱 모형은 특정 엔터티를 명확하게 하는 데 실질적으로 쓸모가 없다.

| 대상 엔터티가 관련된 평균 엔터티 수 |

이 수치가 예상한 수치보다 낮으면(예를 들어, 일반적으로 한 영화에는 여러 배우, 감독, 제작자, 등장인물 등이 관련될 것으로 예상하는 게 마땅한데, 막상 평균을 내보니 한두 가지 엔터티만 관련된다면) 모형은 이상적인 수준만큼의 유용성을 달성하지 못할 수도 있다.

| 특정 관계로 대상 엔터티가 관련된 평균 엔터티 수 |

이 숫자가 예상보다 낮으면 이 관계는 모호성 해소 작업에 실제로 이바지할 수 없다. 예를 들어, 영화에 대한 'hasActor' 관계가 제대로 채워지지 않았다면(예: 영화마다 한두 명의 배우만 있음) 시스템은 텍스트의 어떤 배우 언급도 영화 모호성 해소 근거로 사용할 수 없다.

이러한 지표는 단순히 시맨틱 모형을 쿼리하여 쉽게 계산할 수 있다. 반면에, 입력 텍스트에서 그래프의 컨텍스트 증거의 유별율^{prevalence}[15]을 측정하려면 텍스트와 모형을 모두 사용해야 한다. 특히, 이전 절에서 모호성을 측정하는 데 사용한 입력 텍스트의 대표적인 표본을 다시 고려할 수 있으며, 이미 대상 엔터티와 컨텍스트 근거 모형의 비대상 엔터티로 주석을 추가했다. 그런 후에 주석이 달린 텍스트의 각 대상/비대상 엔터티 쌍에 대해 모형에서 엔터티가 연결되는 관계나 관계 경로(특정 길이까지)를 파생할 수 있다. 이를 활용해 다음을 계산할 수 있다.

| 텍스트에 적어도 하나의 근거 엔터티가 있는 대상 엔터티의 백분율 |

이 숫자가 낮으면 분명히 시맨틱 모형이 주어진 텍스트에 유용하지 않다.

| 대상 엔터티가 텍스트에서 관련된 평균 근거 엔터티 수 |

이 숫자가 너무 낮으면 모형이 주어진 텍스트에 적합하지 않다.

---

15 옮긴이_ 전체 엔터티 중에서 조사하고자 하는 특징을 지닌 엔터티의 비율을 말한다. 참고로 의료계에서 '유병율'이라고 부르는 비율과 근원 개념이 같다.

| 특정 관계나 관계 경로를 통해 텍스트에 적어도 하나의 근거 엔터티가 있는
대상 엔터티의 백분율 |

이 숫자가 낮으면 이 특정 관계는 주어진 텍스트에 유용하지 않다.

| 특정 관계(또는 관계 경로)를 통해 텍스트에서 대상 엔터티가 관련된
근거 엔터티의 평균 수 |

다시 말하지만, 이 숫자를 사용하면 모호성 해소 작업에 대한 모형 관계의 상대적 유용성을 평가할 수 있다.

모호성 해소 능력 키우기

엔터티의 어휘적 모호성이 상당할 때는 엔터티 해소 시스템의 언어 분석 구성 요소의 어의 모호성 해소word sense disambiguation(WSD)[16] 기능을 향상해야 한다. 시스템의 기존 기능과 문제의 범위에 따라 이러한 개선 사항은 단순한 휴리스틱(예: 회사에서 일반적으로 대문자로 시작하는 텍스트)에서 WSD 프레임워크의 완전한 구현에 이르기까지 다양하다.[192]

반면에 전역 모호성이 높다고 확인되면 입력 텍스트의 대부분이 실제로 대상 엔터티의 도메인과 관련이 없을 수 있다. 예를 들어, 영화에 관한 언급을 감지하기 위해 뉴스 기사에서 엔터티 해소를 수행하고(일부 영화 지식 그래프를 근거 시맨틱 모형으로 사용함) 이러한 기사의 대부분이 영화 도메인과 관련이 없다면 많은 비⧧영화 엔터티를 영화 엔터티로 오인할 가능성이 크다. 이 상황을 해결하려면 입력 텍스트가 관련된 모든 도메인을 포함하도록 근거 모형을 확장할 수 있다. 그런데도 이는 달성하기가 무척 어렵고 자원 집약적일 수 있다.

더 실용적인 접근 방식은 도메인/주제 분류기를 사용해서 관련 없는 텍스트를 필터링하고 관련 텍스트에만 해결 프로세스를 적용하는 것이다. 직관적으로 이는 일정 수준의 재현율을 희생하더라도 정확성을 높일 것이다.

행동을 이끌어 낼 수 있는 다음 두 가지 지표는 대상 엔터티에서 비⧧대상 엔터티로의 엔터티 모호성과, 비대상 엔터티에서 대상 엔터티로의 엔터티 모호성이다. 첫 번째가 높고 두 번째가 낮다면 가장 필요한 작업은 증거 모형에서 그다지 중요하지는 않지만, 여전히 잡음을 유발할

----

16 옮긴이_ WSD를 '단어 의미 중의성 해소', '어의 중의성 해소' 등으로 부르는 사람이 많지만, 원어의 뜻을 정확히 나타내는 말로 바꿨다. 중의성은 redundancy의 번역어로 알맞다고 보았다. ambiguation이 '모호성'에 해당하므로 disambiguation을 '모호성 해소'로 번역해 부르는 게 적절해 보인다. 이후로 나오는 문단을 통해서도 알겠지만, 저자 또한 disambiguation을 계속 '모호성'과 연관지어 말한다.

수 있는 부분을 가지치기해서 제거하는 일이다.

모형의 가지치기는 두 단계로 수행할 수 있다. 첫 번째 단계에서는 대상 엔터티와 (직간접적으로) 관련되지 않은 엔터티(및 해당 관계)를 삭제할 수 있다. 두 번째 단계에서 제거된 엔터티에는 대상 엔터티와 관련이 있지만, 텍스트에서 널리 사용하지 않는 관계로 포함되는 엔터티가 포함된다. 후자에서는 특정 관계를 통해 텍스트에서 대상 엔터티가 관련된 증거 엔터티의 평균 수를 사용할 수 있다. 가지치기는 점수가 가장 낮은 관계에서 시작해야 한다.

물론, 이 전체 연습 과정은 증거 모형이 가지치기 후에도 유지해야 할 매우 널리 퍼진 관계가 있을 때만 의미가 있다. 그렇지 않다면 이상적인 조치는 이미 가지고 있고 텍스트에 나타날 가능성이 가장 높은 관계와 다른 관계로 모형을 변경/확장하는 것이다.

이렇게 할 수 없는 상황에서 그래프 유별율이 낮을 때 취할 수 있는 대안 조치로는 시스템이 모호성을 해소해 나가는 과정에서 사용하는 최소 증거 임곗값을 줄이는 것이 있다. 다만 이럴 때 대상 엔터티 모호성, 대상 엔터티에서 비대상 엔터티로의 엔터티 모호성, 비대상 엔터티에서 대상 엔터티로의 엔터티 모호성 또한 낮아야 한다. 이 작업을 수행하면 정밀도를 크게 낮추지 않은 채(소수의 모호한 엔터티에 대해서는 애초에 사용할 증거가 많지 않기 때문) 잠재적으로 재현율을 늘릴 수 있다(훨씬 적은 수의 모호하지 않은 엔터티에 대해서는 본문에서 증거가 거의 발견되지 않아서 시스템이 거부할 것이기 때문).

마지막으로 시맨틱 모형의 풍부성이 낮다면 확실히 모형을 풍부하게 해야 한다. 하지만, 자원 부족 때문에 언제나 이렇게 할 수 있지는 않으므로 여기서 관계 유별율 지표^{relation prevalence metric}를 사용해서 가장 유용한 관계만 강화하도록 선택할 수도 있다.

[표 10-2]는 관찰된 지푯값, 문제 진단 및 권장 조치 간의 대응 관계 지도를 제공하여 이전 분석의 핵심 사항을 요약한다. 어찌 되었든지 간에 내가 여기에서 설명하는 전체 골격이 어느 정도 부정확성을 특징으로 한다는 점, 즉 i) 지표가 진단을 지원하더라도 진단이 틀릴 가능성이 언제든 있고 ii) 진단이 비교적 정확하더라도 권장 조치의 일부를 실행해도 해소 효과가 커지지 않을 가능성이 있다는 점을 분명히 해야 한다. 따라서 조치를 취할 때마다 정밀도를 다시 측정하고 재현해서 시스템이 실제로 더 잘 수행되는지 확인해야 한다. 새로운 테스트 집합으로 매번 다시 측정함으로써 작업 때문에 프로세스에 편향이 깃들지는 않았는지를 확인해야 한다.

표 10-2 지푯값 및 조치

지푯값	진단	조치
높은 어휘적 모호성	엔터티 해소 시스템이 WSD를 충분히 수행	엔터티 해소 시스템의 언어 분석 구성 요소 개선
높은 전역 모호성	많은 입력 텍스트가 실제로는 대상 엔터티의 도메인과 그다지 관련이 없음	도메인/주제 분류기를 사용해서 관련 없는 텍스트를 필터링하고 관련 텍스트에만 프로세스 적용
비대상 엔터티 모호성에 대한 높은 목표 및 대상 엔터티에 대한 낮은 비대상 애매성	근거 모형이 모호성 해소 프로세스를 돕는 대신에 방해하는 여러 비대상 엔터티가 포함할 수 있음	근거 모형을 가지치기해서 중요하지 않고 잡음이 많은 엔터티를 제거
낮은 시맨틱 모형 풍부성	모형을 모호성 해소 근거로 쓰기에 적절치 않음	가장 널리 퍼진 관계에서 시작하는 모형 강화
시맨틱 모형 풍부성은 높지만, 텍스트 유별율은 낮음	시맨틱 모형을 모호성 해소 근거로 쓰기에 적절하지 않음	텍스트에 나타날 가능성이 더 높은 엔터티로 모형을 변경하거나 확장
낮은 시맨틱 모형 텍스트 유별율, 낮은 대상 엔터티 모호성, 낮은 대상 대 비대상 엔터티 모호성 및 낮은 비대상 대 대상 엔터티 모호성	시스템의 최소 근거 임곗값이 너무 높음	임곗값 줄이기

10.1.4 두 가지 엔터티 해소 사례

몇 년 전, 내가 스페인의 시맨틱 기술 회사인 iSOCO에서 일할 때 우리 팀은 모호성 해소 증거로 시맨틱 모형을 사용하도록 설계된 사내 엔터티 해소 시스템인 놀리지 태거Knowledge Tagger를 개발했다. 우리는 이 시스템을 여러 프로젝트에 적용할 기회가 있었고 효율성이 낮을 때마다 방금 설명한 진단 프레임워크를 사용하여 효율성을 높였다. 두 가지 특징적인 사례를 살펴보겠다.

축구 관련 텍스트에서 선수들을 해소

이 사례에서는 다음과 같이 스페인 라리가의 축구 경기 하이라이트에 관해 연속된 글로 작성한 해설을 시맨틱 방식으로 주석 처리해야 했다.

경기 시작 70분 만에 페드로의 멋진 패스를 받은 메시가 클라우디오 브라보를 압도했습니다. 바르셀로나는 현재 레알을 상대로 1-0으로 앞서고 있습니다.

이 해설은 이러한 하이라이트를 보여주는 동영상의 메타 데이터로 사용되었으며 우리의 목표는 각 동영상에 언급된 선수에 대한 모호성을 해소하는 방식으로 결정하는 것이었다. 주석이 달린 해설은 사용자가 좋아하는 선수를 보여주는 동영상을 훨씬 더 정확하게 검색하는 시맨틱 검색 애플리케이션의 일부로 사용되었다.

이 작업을 수행하려는 첫 번째 시도는 디비피디아와 함께 놀리지 태거를 엔터티 시소러스(우리가 관심 있는 모든 축구 선수 포함)와 근거 지식 그래프로 사용하는 것이었다. 그 결과 수작업으로 주석을 단 텍스트 집합 100개에 대해 측정한 정밀도는 60%였고 재현율은 55%였다. 비교 목적으로 동일한 텍스트에 AIDA 시스템(YAGO 지식 그래프를 사용함)을 적용하고 비슷한 수치(정밀도 62% 및 재현율 58%)를 얻었다.

이처럼 성능이 평범한 이유를 진단하려고 텍스트 진단 데이터셋 100개를 사용하여 모호성과 증거 타당성 지표를 계산했다. [표 10-3]에서 볼 수 있듯이, 우리의 사례를 특징 짓는 주요 모호성 유형은 대상 엔터티 모호성(이름이 유사한 여러 선수) 및 비대상 엔터티 모호성(텍스트의 여러 선수가 다른 디비피디아 엔터티와 비슷한 이름을 공유함)이었다. 반면에 비대상 엔터티를 대상으로 하는 모호성(선수와 혼합된 실제 선수가 아닌 사람)은 낮았다. 입력 텍스트가 도메인별로 매우 다르므로 축구 선수가 아닌 일반인 엔터티를 많이 포함할 가능성이 없기 때문에 이는 예상된 결과였다.

표 10-3 축구 사례에 대한 모호성 지푯값

지표	값
어휘적 모호성	1%
대상 엔터티 모호성	30%
대상-비대상 엔터티 모호성	56%
비대상-대상 엔터티 모호성	4%
전역 모호성	2%

이러한 지푯값을 고려할 때, 우리는 근거로서 가치가 없는 여러 선수 관계뿐만 아니라 축구와 관련 없는 엔터티를 대부분 제거하여 디비피디아를 정리했다. 선수 관계를 결정하기 위해 지식

그래프에서 선수 관계의 텍스트 유별율을 계산했다. [표 10-4]에서 알 수 있듯이 가장 널리 퍼진 (따라서 모호성 해소에 유용한) 관계는 선수와 현재 팀, 현재 동료, 현재 매니저 간의 관계였다. 그래서 우리는 이들을 보관하고 나머지는 버렸다.

표 10-4 축구 사례에서 시맨틱 모형 관계 및 관계 경로의 텍스트 유별율

관계	유별율
축구 선수와 현재 구단 간의 관계	85%
선수와 현재 동료 간의 관계 경로	95%
선수와 현재 관리자 간의 관계 경로	75%
선수와 국적 간의 관계	10%
선수와 출생지 간의 관계	2%
선수와 배우자의 관계	0%

그런 후에 우리는 놀리지 태거Knowledge Tagger를 다시 적용하되 이번에는 가지치기를 한 시맨틱 모형을 사용하였는데, 정밀도와 재현율이 각각 82%와 80%로 나타났다.

뉴스 기사 속에 나오는 회사 이름의 모호성을 해소하기

이 사례에서 우리의 임무는 다양한 뉴스 출처(신문, 블로그, 전문 웹 사이트 등)에서 나오는 뉴스 기사 내에서 기술 신생기업에 관한 언급을 감지하고 모호성을 해소하는 것이었다. 이를 위해 4,000개 회사 엔터티의 시소러스와 설립자, 투자자, 경쟁자, 사업 분야 같은 각 회사에 관한 유용한 지식이 포함된 맞춤형 지식 그래프를 사용할 수 있었다. 이 지식 그래프를 모호성 해소 근거로 사용하여 놀리지 태거를 실행하면 정확도accuracy가 35%, 재현율이 50%로 나왔는데, 물론 둘 다 다소 낮은 값이다.

이 낮은 효율성의 근본적인 이유를 식별하려고 우리가 직면한 모호성 유형의 식별부터 시작하여 진단 프레임워크를 다시 적용했다. [표 10-5]에서 알 수 있듯이, 축구 경기 해설 사례와는 달리 이 시나리오에서의 주된 문제는 지식 그래프에서 스타트업 및/또는 다른 관련 기업들 사이의 모호성이 아니라, 세계적인 모호성, 즉 우리의 전문 분야를 벗어난 스타트업과 기업들 사이의 모호성이었다. 돌이켜 보면 우리가 분석한 뉴스 기사가 신생기업이나 기술과 반드시 관련이 있지는 않았으므로 다소 예상되는 일이었다. 또한 여러 회사의 이름이 'Factual', 'Collective', 'Prime'과 같이 상당한 어휘적 모호성을 띠었다.

표 10-5 회사 사례의 모호성 지푯값

지표	값
어휘적 모호성	10%
대상 엔터티 모호성	4%
대상–비대상 엔터티 모호성	4%
비대상–대상 엔터티 모호성	3%
전역 모호성	40%

전역 모호성이 크기 때문에 도메인과 관련이 없는 뉴스 기사를 필터링하려고 간단한 이항 분류기를 구축하고 적용했다. 분류기는 400개의 뉴스 기사 집합(도메인 내부 200개, 외부 200개)에 대해 훈련되어 90%의 정확도를 달성했다. 특정 도메인으로 분류된 뉴스 기사에서만 놀리지 태거를 실행하면 정확도가 72%로 크게 증가했지만, 재현율은 거의 같았다(52%).

동시에 상당한 어휘적 모호성을 처리하려고 (예를 들면, 신생기업을 참조하는 텍스트 용어가 대문자로 시작해야 한다는 규칙 같은) 휴리스틱 규칙을 시스템의 언어 분석 구성 요소에 통합했다. 이 덕분에 정밀도가 78%로 증가하고 재현율이 57%로 증가했다.

더 많은 개선이 가능한지 확인하려고 텍스트에서 지식 그래프의 유별율을 측정했는데 이는 낮게 나타났다. 실제로 거의 40%의 텍스트에는 증거 엔터티가 전혀 포함되지 않았지만, 대부분의 그래프 관계는 유별율이 낮았다(표 10-6 참조). 이 사실과 대상 엔터티 모호성, 비대상 엔터티 모호성, 비대상 엔터티 모호성에 대한 낮은 점수를 기반으로 놀리지 태거를 다시 실행했지만, 최소 증거 임곗값을 줄였다. 이는 재현율을 62%로 키웠다.

표 10-6 회사 사례에서의 지식 그래프 관계 및 관계 경로의 텍스트 유별율

관계	유별율
기업과 활동 중인 사업 분야 간의 관계	50%
기업과 창업자 간의 관계	40%
회사와 경쟁사 간의 관계	35%
기업과 CEO의 관계	20%
기업과 투자자 간의 관계	15%
회사와 CFO(또는 CMO) 간의 관계	6%

10.2 잘못된 시맨틱 관련성

시맨틱 모형의 또 다른 일반적인 용도는 용어와 엔터티 간의 의미 관련성(또는 유사성)을 계산하는 것이다. 예를 들어, 샤르마[Sharma] 등의 논문[193]에서 저자는 워드넷과 특허 검색 시스템에서 위키피디아 링크 네트워크를 사용하여 의미상 관련된 용어로 사용자 질의를 확장한다. 이와 유사한 목적을 위해 로드[Lord] 등[194]과 카비에데스[Caviedes] 등[195]의 논문에서는 진 온톨로지[Gene Ontology](유전자 온톨로지, *http://geneontology.org*)와 UMLS[Unified Medical Language System] 온톨로지(통합 의료 언어 체계 온톨로지, *https://oreil.ly/zj4gB*)에 대한 시맨틱 관련성 측정을 정의한다.

시맨틱 관련성을 계산하려고 시맨틱 모형을 사용하려 할 때는 다음 옵션이 있다.

- **모형이 이미 제공하는 기존 관련성 관계를 재사용한다.** 많은 모형에는 이미 그들 엔터티 간의 연관 관계(related to)나 유사 관계(similar to)가 있다. 예를 들어, 워드넷은 많은 형용사를 의미상 유사한 형용사와 연결한다(예: 'banal'은 'unoriginal'[196]과 유사하다고 간주함). 마찬가지로 Eurovoc 택소노미는 대부분의 개념에 대해 의미 관련 용어를 정의한다(예: 'civil law'는 'civil code' 및 'private law'와 관련됨[197]).

- **모형에 일부 기존 시맨틱 관련성 측정을 적용한다.** 지난 수십 년 동안 택소노미, 온톨로지 및 기타 유형의 시맨틱 모형에서 시맨틱 관련성을 결정하는 몇 가지 방법과 조치가 개발되었다.[198][199][200] 예를 들면, 매우 간단한 접근 방식은 모형에서 두 엔터티를 연결하는 최단 경로의 길이를 기반으로 두 엔터티 간의 관련성을 계산하는 것이다(경로가 짧을수록 관련성이 높아짐).[201]

- **기존 모형의 요소(관계, 속성 등)를 기반으로 고유한 시맨틱 관련성 측정을 정의하고 적용한다.** 이 접근 방식은 특정 모형이나 애플리케이션 시나리오에서 의미 있고 효과적인 사용자 정의 시맨틱 관련성 측정과 규칙을 정의하는 일을 포함한다.[194][195] 예를 들어 엔터티들에 대한 어떤 한 가지 택소노미가 주어졌을 때, 모든 엔터티가 자신보다 광의인 엔터티와 유사하지만 자신보다 협의인 엔터티들과는 다르다는 규칙을 정의하고 싶을 수 있다.

- **모형, 데이터 공급원 외부의 텍스트나 그 밖의 것에서 고유한 시맨틱 관련성 관계를 추출한다.** 이 접근 방식은 5장[202][203]에서 본 정보 추출 방법과 기술을 사용하여 외부 공급원에서 정의하고 채우는 사용자 정의 시맨틱 관련성 관계로 모형을 확장하는 일을 포함한다.

- **위의 모든 조합이다.**

어떤 선택지를 고르든 피해야 할 한 가지 주요 함정이 있다. 즉, 애플리케이션과 사용자에게 필요한 것과 다른 관련성을 계산하는 것이다.

10.2.1 시맨틱 관련성이 까다로운 이유

시맨틱 관련성은 어떤 컨텍스트 밖에서는 합의를 얻기가 비교적 쉽지만, 그 컨텍스트 안에서는 어렵고 애매한 관계를 이루기 때문에 까다롭다.

예를 들면, 프롤로그와 파이썬 사이에 시맨틱 관련성이 있는지 묻는다면 둘 다 프로그래밍 언어이므로 아마도 예라고 대답할 것이다. 그러나 프롤로그에 경험이 있는 사람을 파이썬 프로그래머로 고용할 것인지 묻는다면, 프롤로그는 철학이 파이썬과 상당히 다르므로 '아니오'라고 대답할 것이다. 마찬가지로, 언어학자에게 어떤 언어가 독일어에 더 가까운지 묻는다면 언어적 유사성에 따라 네덜란드어, 덴마크어, 스웨덴어를 가장 많이 언급할 것이다. 그러나 독일 시장에서 일하는 채용 담당자에게 동일한 질문을 하면 대부분의 독일어 사용 고객이 제2외국어로 사용하는 언어인 영어와 프랑스어를 제안할 수 있다.

다시 말해, 특정 상황과 컨텍스트에서 사람들은 시맨틱 모형이 이미 포함하거나 일반적인 컨텍스트-독립적 관련성 측정이 제공할 수 있는 해석과는 상당히 다른 시맨틱 관련성에 관한 구체적인 해석을 마음속에 지닌 경향이 있다.

이 컨텍스트 의존성의 추가 예시로, 두 가지 의미 체계 검색 시스템에서 동일한 시맨틱 모형을 적용한다고 가정해 보자. 첫 번째 시스템은 사용자가 구매할 역사책을 찾을 수 있는 온라인 서점의 부분이고, 두 번째 시스템은 학생들이 대여할 역사책을 찾아 논문과 연구에 사용할 수 있는 대학 도서관의 부분이다.

시맨틱 모형은 역사적 사건, 기간, 성격 등에 관한 엔터티와 관계를 기술하는 역사 온톨로지다. 이 온톨로지는 두 시스템에서 시맨틱으로 책에 태그를 지정하고 그들이 말하는 엔터티로 색인을 작성하고, 시맨틱으로 관련된 엔터티로 사용자의 쿼리를 확장하는 데 사용한다. 따라서 만약 사용자가 특정 역사적 사건(예: 워털루 전투)에 관한 책을 검색한다면 시스템은 이 사건과 관련된 엔터티에 관한 책(예: 나폴레옹 보나파르트)도 반환해야 한다.

여러분의 과제는 어떤 의미상 관련 엔터티가 되어야 하는지를 결정하는 것이다. 쉬운 답은 없으며 최적의 답을 찾기 전에 다양한 관련성 측정 및 방법을 실험해야 할 것이다. 그런데도 나는 '서점 시스템에서 작동하는 접근 방식은 도서관 시스템에서는 작동하지 않는다(반대도 마찬가지다)'고 미리 말할 수 있다.

그 이유를 확인하려면 각 시스템 사용자의 서로 다른 검색 목표를 생각해 보자. 도서관 사용자가 특정 역사적 사건을 검색하면서 실제로는 논문이나 시험에 유용할 만한 정보를 찾고 있다고 해 보자. 예를 들어 엘 알라메인 전투에 관한 연구를 한다면, (도서관에서는 추가로 돈을 낼 필요가 없으므로) 이 전투를 포함하는 더 일반적인 사건(예: 제2차 세계 대전)에 관한 책도 꺼리지 않을 것이다. 반면에 엘 알라메인 전투에 관한 책을 구매하려는 서점 사용자는 해당 전투에 한 장이나 한 절만 할애한 책을 구매하려고 하지 않을 수 있다.

10.2.2 정말로 필요한 시맨틱 관련성을 얻는 방법

애플리케이션에 실제로 필요한 시맨틱 관련성을 얻으려면 8장에서 본 '시맨틱 우선' 접근 방식을 적용해야 한다. 즉, 시맨틱 관련성과 관련하여 애플리케이션 사용자의 가정, 요구사항, 기대치를 가능한 한 상세하고 명확하게 식별하고 명시적으로 지정하는 일부터 시작해야 한다.

보통 이러한 요구사항은 암시적이며 일반적인 '관련되어야 함' 속성이나 '유사해야 함' 속성 뒤에 숨겨진다. 이를 발견하는 한 가지 방법은 사람들에게 관련 있을 만한 엔터티의 예를 제공하고 관련 여부를 판단하도록 한 다음에 결정을 정당화하도록 요청하는 것이다. 그렇게 할 때 격리된 예에 관한 미시적 논쟁을 피하고, 이러한 결정을 특징 짓는 패턴과 규칙을 식별하는 데 집중해야 한다.

목표는 '관련되어야 함' 규격을 더 구체적이고 상황에 맞게 변환하는 것이다. 예를 들어, 역사 서점 및 도서관 예제에 관한 시맨틱 관련성의 더 적절한 정의는 다음과 같다.

| 역사책 판매 서점 |

A를 다룬 도서 구매에 관심이 있는 사용자가 B를 다룬 도서 구매에도 관심이 있다면 A 엔터티는 B 엔터티와 관련이 있다.

| 역사책 구비 도서관 |

A를 다룬 도서에 관한 정보 검색에 관심이 있는 사용자가 B를 다룬 도서를 유용한 것으로 여긴다면 A 엔터티는 B 엔터티와 의미상 관련이 있다.

이러한 정의를 사용하면 이전에 시맨틱 유사성을 계산하려고 보았던 옵션 중 무엇이 여러분의 인스턴스에 더 적합할지 결정할 수 있다. 이는 다음 순서로 작업할 수 있다.

1. 먼저 원하는 모형이 이미 대상 관련성을 표현하는 관련성 관계가 있는지 확인하자. 특히 여러분이 모형을 개발한 사람이 아닐 때 조사가 필요할 수 있다.

2. 그러한 관계가 없거나 호환되지 않을 때 쉽게 재사용할 수 있는 다른 기존 모형에서 대상 관련성을 사용할 수 있는지 확인한다. 다시 말하지만, 대부분의 모형은 요소의 의미에 관한 정확한 설명이 없으므로 약간의 삽질과 면밀한 조사가 필요할 것이다(6장 참조).

3. 필요한 것을 다른 곳에서 찾을 수 없다면 모형에서 다른 표준 시맨틱 관련성 측정을 테스트하여 이 중에 필요한 관련성을 효과적으로 근사하는 것이 있는지 확인하자. 대부분 이러한 조치는 특히 대상 관련성이 너무 구체적이고 상황에 따라 다르지 않을 때 매우 효과적일 수 있다.

4. 이러한 조치에 실패하면 모형에 적용된 사용자 지정 지표와 규칙을 생각해 보자. 기본 규칙이나 기존 지표의 사소한 조정이 기대치 않은 효과를 낼 때가 꽤 많다.

5. 이 사용자 정의가 충분하지 않다면 말뭉치, 사용자 로그 및 모형 외부의 기타 데이터 공급원을 고려하여 처음부터 대상 관련성을 마이닝해야 한다. 최선의 방법에 관한 기술과 지침은 5장과 8장을 참조하자.

적합하다고 생각되는 방식으로 이 순서를 변경해도 되지만, 잘못된 관련성을 목표로 한다면 수행하는 모든 작업이 실패할 가능성이 가장 높다는 사실을 잊지 말자.

10.2.3 시맨틱 관련성 이야기

2008년에 나는 그리스 전기 송신망 및 전력 시장의 관리와 운영을 담당하는 정부 기관인 HTSO[Hellenic Transmission System Operator S.A.][17]에서 사용할 의미 정보 접근 체계를 개발하는 프로젝트에 참여했다. 이 시스템은 그리스 전력 시장의 운영 원칙, 프로세스, 규칙을 설명하고 다음 두 가지 주요 구성 요소를 포함하는 문서에 대한 액세스를 대중에게 제공했다.

- 그리스 전기 시장 도메인, 모형화 엔터티 및 프로세스, 참가자, 시스템 및 기타 시장 관련 지식의 관계를 설명하는 온톨로지
- 온톨로지의 엔터티를 사용하여 시맨틱으로 문서에 태그를 지정하고 색인을 생성하고, 사용자 쿼리를 구문 분석하며, 시맨틱으로 관련된 엔터티로 확장하는 시맨틱 검색 엔진

[표 10-7]과 [표 10-8]에서 온톨로지의 주요 클래스와 관계를 볼 수 있다.

---

17 지금은 Independent Power Transmission Operator S.A.라고 부른다.

표 10-7 전력 시장 온톨로지의 클래스

클래스	설명
Market Process(시장 과정)	전력 시장의 전반적인 운영의 일부인 모든 과정이나 절차를 의미한다.
Market Participant(시장 참여자)	시장에서 어떤 역할을 하는 개인이나 조직을 의미한다.
Market Action(시장 행동)	특정 시장 프로세스의 컨텍스트에서 시장 참여자가 수행하는 행동을 의미한다.
Market Right(시장 권리)	시장 운영의 컨텍스트에서 시장 참여자의 권리를 의미한다.
Market Obligation(시장 의무)	시장 운영의 컨텍스트에서 시장 참여자의 의무를 의미한다.
Market Rule(시장 규칙)	시장의 운영을 관장하는 규칙을 의미한다.
Market System(시장 체계)	시장 운영의 컨텍스트에서 사용하는 장비, 시설, 시스템을 의미한다.

표 10-8 전력 시장 온톨로지의 관계

관계	설명
isImportantPartOfProcess (MarketProcess, MarketProcess)	어떤 업무절차를 이 업무절차의 중요한 한 부분을 이루고 있는 다른 업무절차와 연결한다.
isImportantPartOfAction (MarketAction, MarketAction)	어떤 조치를 이 조치의 중요한 부분을 이루는 다른 조치와 연결한다.
participatesInProcess (MarketParticipant, MarketProcess)	참가자를 이들이 참여하고 있는 프로세스와 연결한다.
performsAction(MarketParticipant, MarketAction)	참가자를 이들이 수행하는 작업과 연결한다.
isPerformedByParticipant (MarketAction, MarketParticipant)	작업을 이 작업을 수행하는 참가자와 연결한다.
isPerformedInTheContextOfProcess (MarketAction, MarketProcess)	어떤 한 가지 프로세스를 완료하는 데 필요한 작업과 연결한다.
isInterestedInProcess (MarketParticipant, MarketProcess)	참가자를 이들이 관심 있어 하는 프로세스에 연결한다.
hasObligation(MarketParticipant, MarketObligation)	참가자를 시장 운영과 관련한 그들의 의무와 연결한다.
hasRight (MarketParticipant, MarketRight)	참가자를 시장 운영이라는 컨텍스트에서 참가자가 지닌 권리에 연결한다.
isRightOf (MarketRight, MarketParticipant)	참가자를 시장 운영이라는 컨텍스트에서 참가자가 지닌 권리에 연결한다.

우리는 시스템의 미래 사용자 대표 그룹과 협력하며 우리가 구현해야 하는 시맨틱 관련성에 관한 해석을 끌어내서 검색어 확장을 가능하게 했다. 많은 토론과 협의 끝에 사용자에게 전력 시

장에 참여하려면 해야 할 모든 일에 관해 가능한 한 많은 정보를 제공하지만, 어느 정도 중요한 순서로 쿼리를 확장해야 한다는 데 동의했다.

예를 들면, 사용자가 특정 종류의 시장 참여자에 관한 문서를 검색할 때 먼저 해당 참여자가 일반적으로 관심 있어 하는 프로세스를 설명하는 모든 문서를 얻은 다음 관련 조치나 권리 및 의무에 관한 정보를 가져와야 한다. 마찬가지로 사용자가 특정 작업을 검색한다면 관련된 중요한 하위 작업에 관한 정보는 확실히 얻지만, 이 작업을 수행하는 참가자의 종류에 관한 정보는 많이 가져오지 않아야 한다.

이러한 종류의 동작을 가능하게 하려고 우리는 각 온톨로지의 관계에 대해 수작업 방식으로 정의한 가중치를 기반으로 하는 사용자 정의 시맨틱 관련성 측정을 구현했다. 이 가중치의 값은 범위가 −1에서 1까지였으며, −1은 관련성을 측정할 때 관계를 전혀 고려하지 않아야 함을 나타내고 1은 정반대를 나타낸다. 즉, 이 관계와 연결된 두 엔터티가 동일하다고 간주해야 함을 나타낸다. −1과 1 사이의 가중치는 중간 상황을 나타낸다. [표 10-9]에 이러한 가중치의 표본 (여러 차례에 걸쳐 조정한 후에 최종 결정됨)이 있다.

표 10-9 전력 시장 온톨로지 관계의 관련성 가중치

관계	가중치
isImportantPartOfProcess	1
isImportantPartOfAction	1
isInterestedInProcess	1
performsAction	0.8
isPerformedByParticipant	−0.5
hasObligation	0.5
hasRight	0.5

이러한 가중치와 사용자 지정 관련성이 검색 엔진의 효율성에 의미 있는 영향을 미치는지를 테스트하려고 우리는 두 가지 버전의 시스템을 사용하여 검색 엔진의 효율성을 측정했다. 하나는 표준 거리 기반 의미 유사성 측정이었고 다른 하나는 사용자 지정 측정이었다. 실험을 위해 25개 쿼리를 엄선하고 이를 집합으로 만들어 이상적인 시스템 응답(실측 정보ground truth)과 함께 사용했다. 결과는 맞춤형 연관성이 검색의 정확도와 재현율을 약 8%만큼 높이는 것으로 나타냈다.

10.3 요약

이번 장에서는 애플리케이션에서 시맨틱 모형을 사용할 때의 주요 함정을 설명하고 보여주었다. 즉, 애플리케이션이 작동하는 동일한 도메인이나 데이터 종류에 대해 모형이 설계되었기 때문에 그 의미 체계가 직접 적용 가능하고 유익하다고 추정했다. 엔터티를 명확하게 하고 시맨틱 관련성을 계산할 목적으로 시맨틱 모형을 사용할 때 이것이 어떻게 발생하는지 보았으며 다양한 컨텍스트와 시나리오에 맞게 모형을 조정/최적화하는 방법을 배웠다.

이번 장에서 기억해야 할 중요 사항은 다음과 같다.

- 시맨틱 모형의 모든 관계나 다른 측면이 엔터티 모호성 해소 시스템에 도움이 되지는 않는다. 일부는 실제로 해를 끼칠 수 있다.
- 모호성 해소 증거로서 시맨틱 모형의 유용성을 높이려면 이 유용성을 측정해야 할 뿐만 아니라 데이터에 나타나는 다양한 유형의 모호성을 식별하고 측정해야 한다. 이러한 측정값은 개선을 위해 취할 수 있는 조치를 알려준다(표 10-2 참조).
- 시맨틱 관련성은 사용하거나 계산하기가 까다로운데, 이는 두 가지 개념이 어떤 컨텍스트 외부에서는 시맨틱으로 관련되지만, 한 가지 개념만으로는 어렵다는 데 인간이 동의하기가 상대적으로 쉽기 때문이다.
- 애플리케이션이 실제로 요구하는 시맨틱 관련성을 얻으려면 '관련되어야 함should be related'이라는 요건을 더 구체적이고 상황에 맞게 변환하는 일을 목표로 한다.

다음 장에서는 의미 데이터 모형화가 발생하는 더 광범위한 전략과 조직적 상황을 살펴보고 조직이 시맨틱 데이터 이니셔티브semantic data initiative(의미론적 데이터 기반 업무 처리 주도)를 성공적으로 실행하지 못하게 하는 관련 함정과 나쁜 관행을 조사하여 책의 '함정' 부분을 마무리한다.

CHAPTER 11

나쁜 전략과 나쁜 조직

> **전략 101은 선택에 관한 것이다. 모든 사람에게 모든 것이 될 수는 없다.**
>
> 마이클 포터Michael Porter

장군들은 전쟁을 하기 전에 먼저 상대를 이기는 방법에 대한 전략을 세우고 이 전략을 군대에 전달한다. 전략이 없으면 패배한다. 이 전략이 전투 상황(지형, 날씨 등)과 상대의 강점과 약점에 맞지 않으면 패배한다. 그리고 군대의 구성과 조직이 전략을 지원할 수 없으면 다시 실패할 것이다.

시맨틱 데이터 모형화 프로젝트와 이니셔티브에도 이런 원리가 동일하게 적용된다. 우리가 시맨틱 모형화 프레임워크, 지식 마이닝 방법, 기술, 기타 관련 측면에 아무리 풍부한 지식을 갖추고 있고 정통하더라도 올바른 전략과 조직 없이는 이니셔티브가 실패할 가능성이 크다.

이를 염두에 두고 이번 장에서는 시맨틱 모형화 프로젝트와 이니셔티브를 설계할 때 발생하는 몇 가지 일반적인 전략과 조직 관련 함정을 살펴보고 이를 방지하는 몇 가지 방법을 논의한다.

11.1 나쁜 전략

시맨틱 모형화 이니셔티브를 고려하고 계획할 때 피해야 할 두 가지 주요 전략 관련 함정이 있다. 첫 번째는 계획에 전략 측면과 조직적 측면을 포함하지 않고 기술 및 절차적 문제에만 집중하는 일이다. 두 번째 함정도 이러한 측면들을 포함하여, 전략 실행 상황과 양립할 수 없는 전략을 여러분이 세우는 경우이다.

나 또한 경력을 쌓아 오던 과정에서 그런 식으로 몇 가지 계획과 초안을 작성해 제출한 적이 있었는데, 불행히도 조직이 그것을 냉큼 받아들이고 말았다. 여기서 내가 '불행히도'라고 했다는 점에 주목하자. 왜냐하면 이러한 계획은 대부분 실제 시맨틱 모형화 프로젝트의 모든 비기술적 뉘앙스와 복잡성을 효과적으로 처리하는 데 부적합하다고 판명되었기 때문이다.

11.1.1 시맨틱 모형 전략

시맨틱 모형 전략은 기본적으로 세 가지에 관한 것이다. 모형의 목표, 이러한 목표를 달성하기 위한 높은 수순의 접근법, 그리고 이 접근법을 실행하기 위한 의사 결정 방식이 그것이다.

전략적 목표는 다음 같은 질문의 결과다.

- 모형을 구축하는 이유는 무엇인가?
- 어떤 제품이나 프로세스를 강화/향상하고 싶은가?
- 누가, 어떤 용도로 사용할 것인가?
- 모형 사용자가 이 모형에서 얻을 수 있는 가치는 무엇인가?
- 모형을 구축하지 않으면 어떻게 되는가?

이러한 질문에 대한 구체적인 답이 충분하지 않으면 실제로 필요한 모형을 지정하고 개발하는 일은 물론 직면하게 될 도전과 어려움을 예측하기가 무척 어려울 수 있다. 예를 들어, 특정 산업에서 사실상의 시맨틱 데이터 상호운용성 표준이 되는 온톨로지를 개발하는 것이 목표일 때 따라야 할 접근 방식은, 모형의 목표가 제품 권장 엔진의 정밀도와 재현율을 개선하는 것일 때 필요한 온톨로지와 매우 다르다.

목표가 가능한 한 구체적이어야 한다는 점은 아무리 강조해도 지나치지 않다. 최악의 목표는 유행어와 흔하게 남용하는 용어를 사용하는 것이다. 예를 들면, 검색 엔진을 키워드 기반이 아닌 시맨틱으로 만들기 위해 온톨로지가 필요하다고 말하는 것은 의미가 없다. 그렇게 하는 대신에 주어진 하위 도메인이나 사용자 범주에서 검색 엔진의 정밀도를 높이는 데 온톨로지가 필요하다고 말하는 편이 훨씬 좋다.

전략 목표는 모형 개발을 위해 따르려는 접근 방식에 관한 것이어서는 안 된다. 예를 들면, 딥러닝을 사용하여 지식 그래프를 개발하는 것이 목표라고 말하면 이 모형이 필요한 사람과 이유에 관한 유용한 정보를 전달하지 못한다. 지식 그래프를 구축하는 데 사용할 주요 접근 방식으로 딥러닝을 신뢰하고 투자하기로 선택하는 일은 실제로 전략적 결정(및 경쟁 우위의 원천)이 될 수 있지만, 그 자체가 목표여서는 안 된다.

시맨틱 모형 전략의 두 번째 사항은 모형의 목표를 달성하기 위한 높은 수준의 접근 방식이다. '높은 수준'이라는 말은 이 접근법이 구체적인 조치와 방법을 포함한 상세한 계획을 수반하는 모형 요구사항의 전체 목록이 아니라, 모형의 개발이 기초가 될 전반적인 철학, 원칙, 전략적 방향, 우선순위일 필요가 있다는 점을 의미한다.

예를 들면, ESCO 분류(앞서 나온 여러 장에서 살펴본 적이 있음)와 디프봇Diffbot 지식 그래프[204]라는 두 가지 기존 시맨틱 모형을 병치해 보겠다.

ESCO를 주의 깊게 살펴보면 제작자가 내린 전략적 선택을 최소한 세 가지 확인할 수 있다. 첫째, 제작자들은 개방형 표준인 RDF(S)와 SKOS를 사용하여 모형에 대한 액세스를 표현하고 활성화하기로 했다. 둘째, 지식 공급원으로 특정 도메인 전문가를 독점적으로 사용했다. 셋째, 모형의 새로운 릴리스를 아주 드물게 만들기로 했다. 반면 디프봇Diffbot은 자체 표현 및 쿼리 언어(Diffbot Query Language라고 함)를 개발했으며 웹 자원을 크롤링하고 마이닝하여 그래프를 채운다. 또한 4~5일마다 새로운 버전의 그래프를 제공한다. [표 11-1]은 시맨틱 모형 전략이 답을 제공하는 데 필요한 일반적인 질문의 추가 예를 보여준다.

표 11-1 시맨틱 모형 전략의 내용과 방법 표본

모형 및 사용 관련 질문	모형 개발 관련 질문
모형이 다루려는 지식 도메인은 무엇인가?	개방형 시맨틱 모형화 표준을 사용하거나 자체 개발할 것인가?
모형의 어떤 부분에 사용자가 비용을 지불하며 어떤 부분이 무료인가?	모형의 콘텐츠는 주로 특정 도메인 전문가가 제공하는가, 아니면 데이터에서 마이닝하는가?
모형에 있어야 하는 최소 정확성 수준은 얼마인가?	모형을 얼마나 자주 업데이트할 예정인가?
모든 고객이 사용할 단일 모형을 만들 것인가, 아니면 고객당 맞춤형 모형을 만들 것인가?	모형의 유지 관리와 진화에 대한 제어권을 우리만 지닐 것인가, 아니면 일반 대중이 모형에 이바지하도록 허용하는가?

마지막으로 시맨틱 모형 전략은 모형 개발의 초기 단계뿐만 아니라 수명 주기 전체에 걸쳐 딜레마를 해결하고 의사 결정을 내리는 것이다. 따라서 결정 자체보다 전략적 계획은 이러한 결

정을 내려야 하는 기준과 메커니즘을 정의해야 한다.

예를 들어, 내일 아침에 일어나 출근해서 내 모형에 추가할 새로운 도메인이나 개선할 품질 측면을 고려할 수 있다. 이러한 사항을 결정할 구체적인 기준과 프로세스가 없을 때는 아무것도 하지 않고 최고의 선택을 고민하는 데 시간을 할애하거나 모형에 거의 혹은 전혀 가치를 추가하지 않을 만한 결정을 내릴 것이다.

> **NOTE_ 제품 소유자의 중요성**
> 텍스트커널에서 근무한 첫해에 우리가 구축했던 지식 그래프에는 로드맵과 전략적 방향, 우선순위를 정의할 전담 제품 소유자가 없었다. 그 결과 고객에게 바로 전달할 만한 가치가 없었기 때문에 많은 개발 작업이 활용되지 않았고, 그래프에 필요한 중요한 기능을 제때 식별하거나 우선순위를 지정하지 않았기 때문에 개발되지 않았다. 그래프에 적절한 제품 소유자가 지정되었을 때 비로소 기업 가치가 커졌다.

시맨틱 모형 전략을 한마디로 요약한다면 서로 다른 방향으로 달리는 일, 자원을 많이 소모하면서도 별로 성취하는 게 없는 일, 누구도 선호하지 않고 필요로 하지도 않는 것을 구축하는 일을 피하자는 것이다.

11.1.2 신화와 반쪽 진리를 사는 일

시맨틱 모형을 위한 효과적인 전략을 작성하려면 먼저 시맨틱 데이터 모형화의 일반적인 환경에 관한 훌륭하고 현실적인 지식이 있어야 하며 현재 기술 상태에서 무엇이 가능하고 실행 가능하며 심지어 바람직한지를 이해해야 한다. 내가 경력을 쌓는 동안 접한(이전 장에서 이미 확인한) 몇 가지 신화와 반쪽 진실은 다음과 같다.

- **시맨틱 웹 언어, 표준, 기술을 사용해 구축할 수 있는 것은 시맨틱 모형뿐이다.** 이는 사실이 아니며 살아있는 증거는 RDF나 OWL에 따라 표현되지 않는 많은 온톨로지, 택소노미, 지식 그래프이다(예: Cyc, 링크드인 놀리지 그래프). 다양한 표현 방식의 장단점에 관해 항상 토론할 수 있지만, 일부 커뮤니티나 공급업체가 생각하는 것보다 더 많은 옵션이 있다는 점을 명심해야 한다.

- **사람의 개입이 거의 없이 데이터로부터 정보를 추출해 시맨틱 모형을 자동으로 채울 수 있다.** 많은 조직에서 이를 수행했다. 실제로 디비피디아, 디프봇, 링크드인 놀리지 그래프 등과 같이 자동 생성을 위주로 하는 시맨틱 모형이 많다. 하지만, 구조, 콘텐츠, 품질, 사용 측면에서 모형의 요구사항이 이러한 모형의 요구사항과 같다고 확신하는가? 사용 가능한 데이터에서 대상 엔터티와 관계를 찾을 수 없거나 사용 가능한 방법과 알고리즘으로 정확하게 추출하기가 무척 어려운가? 이러한 질문에 대한 답변이 각각 '예'와 '아니오'가 아니라면 이러한 조직이 수행한 작업을 기반으로 모형 개발을 기반으로 할 수 없다.

- **공개적으로 사용 가능한 시맨틱 모형과 표준을 쉽게 재사용할 수 있다.** 8장에서 살펴보았듯이, 많은 공개 시맨틱 모형에는 의미론적으로 부정확한 정보, 즉 정확하기는 하지만 모형에서 요구하는 바와 정확히 일치하지는 않는 정보가 있다. 따라서 이러한 모형을 활용하는 것이 합리적이지만, 이러한 모형이 우리 모형에 필요한 모든 것을 제공한다고 생각해서는 안 된다.

- **시맨틱 상호운용성은 동일한 표현 언어를 사용하는 문제이다.** 일반적인 형식주의는 확실히 도움이 되지만, 모형이 다른 모형과 시맨틱으로 상호운용할 수 있는 충분한 조건은 아니다. 실제로는 사물의 의미에 대한 동의와 합의가 필요하다.

- **불확실성, 애매성 및 기타 비非부울 현상은 모형에서 제거해야 할 잡음에 해당한다.** 내가 시맨틱웹 콘퍼런스의 기조연설자에게 시맨틱웹 세계가 이러한 현상을 어떻게 해결해야 하는지 물었을 때 명료하게 "자신의 책임하에 소화하자"라고 대답했다.

- **어떤 논문 X에서 설명한 방법론/알고리즘/도구를 사용할 수 있다.** 자신의 상황에서 주어진 문제에 관한 학술이나 산업 논문이 제안한 해결책을 재현하거나 적용해 본 적이 있는가? 그렇다면 구현과 방법론적 관점에서 문서가 약속한 결과를 달성하기가 얼마나 어려운지 알 것이다. 그렇게 해 본 적이 없다면 한번 해보기 바란다. 실망스럽겠지만 놀라운 경험이 될 것이다. 이는 연구 논문이 중요하지도 유용하지도 않다는 의미가 아니다. 그 반대이다. 하지만 여러분은 지나치지 않은 회의감을 품은 채로 그들에게 접근하는 게 바람직하며, 여러분이 찾고 있는 해결책을 그들이 즉시 제공할 것이라고 기대해서는 안 된다.

11.1.3 복잡성과 비용을 과소평가

시맨틱 모형 전략을 만들 때 전체 복잡성을 과소평가하는 것도 일반적인 문제이다. 이는 소프트웨어 엔지니어링 세계에서 비교적 잘 연구된 문제로, 많은 프로젝트가 원래 예산보다 훨씬 더 큰 비용을 쓰고 원래 할당한 양보다 훨씬 더 많은 시간과 자원을 사용하게 된다. 하지만, 시맨틱 데이터 모형화에서는 모형 개발 비용을 추정하는 데 도움이 될 만한 연구나 참조 데이터가 거의 없다.

시맨틱 모형 개발의 전형적인 비용을 추정하려는 시도를 「How Much Is A Triple?(트리플별로 비용이 얼마나 드는가?)」[115]에서 설명한다. 저자는 수작업으로 생성한 지식 그래프(Cyc 및 Freebase)와 자동으로 생성된 지식 그래프(디비피디아, YAGO, NELL)에 대한 공개 정보를 분석한다. 그의 방법론은 대략적이고 완전하지는 않지만(예: 지식 그래프를 제공하는 비용을 제외함), 수작업 방식으로 시맨틱 트리플semantic triple(의미론적 삼중항), 즉 문장을 구성하는 주어-서술어-목적어를 생성하는 비용이 2달러에서 6달러 사이였다고 제안한다. 반면에, 자동 버전에서는 0.0083달러에서 0.14달러 사이였다. 또한 더 많은 비용을 들여 작성한 진술이 정확할 가능성이 더 크다는 점을 보여준다.

보고된 수치가 완전히 정확하지 않더라도 이 분석은 시맨틱 모형 개발에 관한 두 가지 중요한 복잡성과 비용 요소, 즉 이 개발이 자동화되는 정도와 원하는 모형 정확성 수준을 나타낸다. 다음은 일반적으로 비용을 높이는 추가 요소 몇 가지다.

| 다루려는 도메인의 다양성과 뉘앙스 |

이런 것들처럼 이질적이고 미묘한 도메인이 많을수록 미묘한 의미를 명확히 구별하고 감지하는 데 더 큰 노력을 기울여야 하고 각 도메인에 관한 전문 지식도 더 많이 필요해진다.

| 모형이 원하는 요소의 복잡성 |

일반적으로 용어, 엔터티, 단순한 관계보다 복잡한 관계, 규칙, 공리를 정의하기가 훨씬 더 어렵다.

| 엔터티의 추상화 정도 |

추상 엔터티는 구상 엔터티보다 엄격하게 정의하기가 더 어렵다(디비피디아가 이러한 엔터티의 올바른 유형을 정의하려고 고군분투하는 방법에 관해서는 표 8-3 참조).

| 애매성의 정도와 강도 |

모형에서 원하는 요소가 애매할수록 의미를 명시하고 사용자가 일반적으로 받아들이도록 하는 데 더 큰 노력이 필요하다.

| 모형의 원하는 수준의 적용 가능성 및 재사용 가능성 |

다른 언어, 문화, 애플리케이션이나 모형이 되기를 원하는 기타 컨텍스트에서 더 적용 가능하고 재사용 가능할수록 개발 노력과 유지 관리 부담이 더 커진다.

| 사용 가능한 데이터 공급원의 적절성, 정형화 정도, 시맨틱 명시성 |

디비피디아와 링크드인은 어느 정도의 명시적이고 통제된 구조(각각 정보 상자 및 사용자 프로필)를 사용하여 데이터에서 지식 그래프를 추출한다. 그렇게 하는 대신에 정형화되어 있지 않고 예측하기도 힘든 데이터(예: 위키피디아 기사 및 CV)를 더 많이 사용해야 한다면 동일한 품질을 달성하는 데 더 정교한 도구가 필요하다.

| 모형을 개발하거나 적용하는 데 사용할 수 있는 인프라, 기술, 프로세스 성숙도 |

시맨틱 모형의 전체 수명 주기를 지원하려면 일반적으로 다양한 방법, 시스템, 도구, 사용 가능한 프로세스(예: 정보 추출 도구, 데이터 처리 파이프라인, 모형 편집 사용자 인터페이스, 모형 편집 지침 및 규칙)가 필요하다. 따라서 이전에 그런 일을 한 적이 없는 조직에 있다면 처음부터 이를 개발하거나 설정해야 할 가능성이 있다.

11.1.4 컨텍스트를 모르거나 적용하지 않음

세 번째 전략 관련 함정은 우리의 컨텍스트를 조사해 적용하지 않고 다른 모형과 조직이 수행한 작업을 기반으로 모형의 속성과 개발 접근 방식을 기반으로 하는 것이다. 물론, 모형 X는 우리와 동일한 도메인을 다루지만, 모형에서 정의하는 모든 관계도 정말로 필요한가? 물론 Y 회사는 지식 그래프를 완전히 자동으로 개발했지만, 달성한 품질을 우리 표준에서 허용할 수 있는가? 그리고 확실히 Z 회사는 검색 엔진을 좋게 하려고 시맨틱 모형을 사용하지만, 이 시맨틱 모형이 우리 검색 엔진에서도 똑같이 중요하고 유익한 일을 하는가?

이러한 질문은 모형의 컨텍스트와 그 안에서 가능하고 실행 가능하며 바람직한 것이 무엇인지를 넓고 깊게 이해할 때만 답할 수 있다. 모형의 도메인, 의미론, 사용뿐만 아니라 조직, 고객, 인력, 경쟁업체, 기술 등을 고려해야 한다는 점에서 '넓다'. 컨텍스트의 미세한 틈에 숨은 악마를 적극적으로 찾아야 하고 누가 우리의 전략을 궤도에서 벗어나게 할지를 알아내야 한다는 점에서 보면 '깊다'.

결국 모형의 컨텍스트를 알면 강점과 약점을 알고 이 지식을 사용하여 전략적 결정을 내릴 수 있다. 예를 들면 이렇다.

- A 제품이 B 제품보다 더 많은 수익을 창출할 때 A에 대한 모형을 최적화하도록 선택할 수 있다.
- 모형의 의미가 매우 애매하고 모순성이 발생할 때 여러 진리를 지원해야 할 수 있다.
- X 관계에 대한 최상의 추출 시스템이 50%만 정확하다면 수작업 방식 큐레이션이 필요할 것이다.
- 시장에서 효과적인 엔터티 모호성 해소 시스템을 찾을 수 없다면 개발에 투자해야 할 수 있다.
- 경쟁사의 모형이 많은 도메인domain(영역, 분야)을 포괄하면서도 그저 피상적으로만 처리하는 방식을 택하고 있다면, 여러분은 틈새시장 중에서도 어느 한 가지 복잡한 도메인에 모형을 공급하는 전략을 선택할 수 있을 것이다.
- 조직에 이미 RDF가 아닌 의미 관리 인프라가 있을 때는 RDF로 대체할 가치가 없을 수 있다.

마지막으로, 시맨틱 모형이 변경되기 쉽듯이 상황도 변하는 법이므로 모형 전략을 만드는 일은 일회성이 아니라 형성하고 적용하고 살펴보고 수정하는 일을 지속해야 하는 과정이라는 점을 기억하라.

11.2 나쁜 조직

잘못된 시맨틱 모형 전략이 실패로 이어질 수 있듯이, 좋은 전략도 제대로 실행하지 않으면 실패한다. 그리고 좋은 전략 실행은 무엇보다도 올바른 기술과 태도를 갖춘 올바른 인력을 확보하고 이들이 공동으로 최선을 다할 수 있도록 하는 프로세스에 의존한다. 이런 일이 자주 발생하지 않는 이유를 살펴보겠다.

11.2.1 적절한 팀을 구축하지 않음

이상적인 데이터 과학 팀에 있어야 할 기술과 구조에 관해 논의하는 수많은 책과 논문이 있다. 하지만, 시맨틱 모형화 팀이라면 어떨까? 주로 각 개념과 엔터티의 가장 엄격하고 현실적이며 공식적인 정의를 정의할 하드코어 온톨로지스트와 분석 철학자로 팀을 구성해야 하는가? 모형과 그 추론 동작이 항상 논리적으로 일관되도록 보장하는 논리학자를 포함해야 하는가? 시맨틱 모형이 인간의 언어가 작동하는 방식과 밀접하게 결합하여 있어서 언어학자에게 발언권이 있는가? 아니면 유능한 데이터 공학 팀과 데이터 과학 팀이 처리할 수 있는 또 다른 일반적인 데이터 마이닝 및 저장/접근 문제인가?

이 질문의 답은 시맨틱 데이터 모형화가 시맨틱만큼이나 데이터와 관련 있으며, 이 두 가지 차원 중에 어느 하나라도 무시하면 실패로 이어질 가능성이 크다는 사실에 있다. 공식 온톨로지로만 구성된 팀은 개념의 의미에 대한 가장 정확한 정의를 제공할 수 있지만, 감당할 만한 수준보다 더 많은 시간과 자원을 소비한 후에야 그렇게 할 수 있다. 반면에 논리학자로만 구성된 팀이라면 모호성, 불확실성, 애매성이 풍부한 실제 데이터에 적용할 때 작동하지 않는 완벽하게 논리적인 공리와 규칙을 고안할 수 있다. 그러나 통계에 정통한 데이터 과학자 팀은 데이터에서 자동으로 90% 정확도를 보이는 시맨틱 모형을 도출하여 추출한 시맨틱이 실제로 원하는 것이 아님을 나중에 깨닫도록 도울 수 있다.

실제로 시맨틱 모형화 팀이 성공하려면 상호 보완적인 기술과 가장 중요한 데이터 의미론에 대한 올바른 태도를 갖춘 다양한 사람들이 필요하다. 이러한 기술과 태도가 무엇인지 살펴보겠다.

필요한 기술

시맨틱 모형화 팀이 필요로 하는 기본 기술은 개념적 사고력과 시맨틱적 사고력이다. 이는 SKOS나 OWL 같은 특정 모형화 언어나 프레임워크에 관한 지식이 아니라(물론 이것들도 중요하기는 하지만) 이러한 프레임워크를 이해하고 올바르게 사용하는 능력이다. 그렇게 하려면 다음 같은 사람들이 필요하다.

| 시맨틱 모형을 개발할 때 마주치는 다양한 시맨틱 현상을 이해, 식별, 명시할 수 있는 사람 |

예를 들어, 요소의 이름이나 정의가 고유한 의미를 전달하도록 하려면 모호성을 이해해야 한다. 마찬가지로 애매성을 이해하는 일은 엔터티의 의도된 의미에 관한 의견 차이를 예상하고 완화하는 데 중요하다. 그리고 가장 중요한 것은 모호성과 애매성의 차이를 이해하는 일이 각 문제를 해결하는 올바른 접근 방식을 선택하는 데 중요하다는 점이다.

| 사용 가능한 모형화 요소를 이해하고 올바르게 사용할 수 있는 사람 |

예를 들어, OWL의 `owl:subclass` 관계를 부분체–전체 관계를 나타내는 데 사용해서는 안 된다는 점을 이해하는 일은 무의미한 추론을 피하는 데 중요하다. 같은 이유로, `rdfs:domain`과 `rdfs:range` 공리는 제약 조건이 아니라 추론 규칙으로 작동한다는 점을 이해해야 한다.

| 사람들이 사용하는 용어를 관찰하고 해독하는 데 능숙한 사람 |

이전 장에서 보았듯이 사람들은 서로 다른 것에 같은 용어를 사용하고 같은 것에 서로 다른 용어를 사용한다. 좋은 시맨틱 모형 구축자는 이러한 일이 언제 발생하는지 감지하고 시맨틱 모형의 수명 주기 전체에 걸쳐 이러한 차이점과 유사점을 명시할 수 있다.

| 모형 사용자의 입장이 되어 후자가 다른 요소를 해석(오해)하고 사용(오용)할 수 있는 모든 가능한 방법을 생각할 수 있는 사람 |

이는 모형 이해 관계자의 편견과 다양한 관점 및 관점을 예측하는 일뿐만 아니라 시맨틱 모형 구축자로서 자신의 편견을 억제하는 일이다. 그렇지 않으면 모형의 적용 가능성이 매우 좁아진다.

이런 종류의 사고는 여러분이 추구하기로 한 시맨틱 모형 개발 전략에 상관없이 필요하다. 예를 들면, 데이터에서 완전히 자동으로 모형을 구축할 때도 대상 의미 체계에 맞는 데이터 공급원을 선택해야 하며 이러한 의미 체계가 잘못되면 문제가 될 것이다.

물론 시맨틱 사고만으로는 충분하지 않다. 시맨틱 모형의 목표와 전략에 따라 다음이 필요할 수 있다.

| 정보 추출, 자연어 처리, 머신러닝에 관한 기량과 경험 |

모형의 개발이 정형화되어 있지 않고 서로 이질적인 데이터에서 시맨틱을 추출하는 데 더 의존할수록 정교한 추출 알고리즘 및 방법을 개발하는 데 더 많은 전문 지식이 필요하다.

| 데이터 공학과 데이터 관리에 관한 기량과 경험 |

모형에서 파생된 데이터와 모형 자체는 모두 저장되고 처리되어야 하고 다른 시스템과 애플리케이션에서 사용할 수 있어야 한다. 데이터가 크고 복잡할수록 효율적이고 확장할 수 있는 데이터 파이프라인을 개발하는 데 더 많은 전문 지식이 필요하다.

| UX/UI 디자인 및 개발에 관한 기량과 경험 |

기여자나 사용자로서 모형과 상호 작용하는 데 기술자가 아닌 사람들이 더 많이 필요할수록 직관적인 사용자 인터페이스를 구축하는 데 더 많이 투자해야 한다.

| 도메인 전문성 |

모형이 다루어야 하는 도메인이 더 전문화되고 복잡할수록 개발을 추진하고 품질을 보장하는 데 더 많은 전문 지식이 필요하다.

| 시맨틱 모형 적용에 관한 전문성과 경험 |

예를 들어, 서지학자나 분류학자 같은 정보 전문가는 사용자 보증을 이해하고, 요구사항을 번역하고, 모형을 사용하는 방식에 관한 광범위한 사회적 맥락을 이해함으로써 모형에 더 나은 영향을 미칠 수 있다.

필요 없는 태도

앞서 살펴본 기술 중 하나 이상을 보유한 팀원을 찾는 일보다 이들이 함께 잘 일할 수 있도록 하는 일이 더 중요하고 어렵다. 내 경험에 따르면, 그러한 환경을 조성하는 한 가지 조건은 다음 같은 행동과 태도를 피하거나 최소한 완화하는 것이다.

| 현학적인 태도 |

어떤 사람들은 용어와 개념의 의미를 엄격하게 정의하려는 노력을 기울이는 동안에 타당하지만 중요하지 않거나 너무 이론적인 세부 사항과 주장에 지나치게 관심을 두게 된다. 예를 들면, 일반적으로 동의어로 간주하는 둘 이상의 용어 간의 의미 차이를 찾는 일은 거의 언제나 가능하며 이는 실제로 시맨틱 모형 구축자가 갖추면 좋은 기량이기는 하다(13장 참조). 하지만, 실제로 사용되는지 그리고 얼마나 사용되는지는 생각하지도 않은 채로 모형에 항상 이러한 용어 간의 의미 차이를 반영해야 한다고 주장하는 일은 비생산적일 수 있다.

| 시맨틱 허무주의자 되기 |

현학적인 태도의 정반대는 명확하고 중요한 시맨틱 구별을 보거나 신경 쓰지 않으며, 시맨틱 모형에 포함하는 것들의 특이성과 모호성 해소를 요구하지 않는 태도다. '함정'을 다룬 장에서 우리는 이미 그러한 행동이 초래하는 결과를 보았다.

| 모든 것이 부울 대수라고 믿기 |

참과 거짓으로 명확하게 구분하는 진술로만 도메인을 모형화하면 편안하고 편리하겠지만, 현실 세계는 불확실하고 애매하다. 이 사실을 직시하지 않거나 받아들이지 않으면 쓸모없는 시맨틱 모형이 생길 수 있다.

| 데이터에 열광하거나 전문가에 열광하거나 군중에 열광하기 |

시맨틱 모형을 구축하는 일을 목적으로 지식 공급원을 선택할 때 사람들은 각자 선호하는 것이 있다. 일부는 특정 도메인 전문가만이 정확하고 완전한 사실을 제공할 수 있다고 믿는다. 다른 이들은 이 전문가들을 신뢰하지 않고 '군중의 지혜'를 믿는다. 그리고 데이터가 경험적으로 뒷받침하지 않는 주장이 정확하지 않거나 유용하지 않다고 생각하는 사람들도 있다. 그러나 8장에서 살펴보았듯이 전문가는 틀릴 수 있고, 군중도 틀릴 수 있으며, 데이터도 틀릴 수 있다. 즉, 여타 것들을 백안시하면서 그것들 중 한 가지만 맹목적으로 지지하는 일은 비생산적이다.

| 멋진 망치를 쥐고서는 모든 것을 못으로 보기 |

이는 기술자들 사이에서 흔히 볼 수 있는 현상이며 문제에 맞는 해결책을 찾기보다는 해결책에 문제를 끼워맞추려는 일과 관련이 있다. 10장에서 살펴보았듯이 일부 애플리케이션이 모형의 특정 유형의 시맨틱 관련성이 있어야 하고 호환성에 의문을 제기하지 않고 기존 관련성 관계를 재사용하기만 하면 문제에 대한 해결책을 잘못 찾는 일이 되고 만다.

결국에는 이러한 태도 사이에서 최적의 균형을 찾는 일이 가장 중요하며, 이는 확실히 쉬운 일이 아니다. 그러므로 하나가 다른 하나와 서로 균형을 맞추기를 바라면서 이들을 건설적으로 결합해야 한다.

11.2.2 거버넌스의 필요성 과소평가

시맨틱 모형 전략의 중요한 측면은 모형과 모형의 개발, 적용 및 진화에 관한 결정을 내리고 실행하는 메커니즘이라는 점을 앞서 언급했다. 전략적인 문제가 아니라 조직의 모든 사람을 동일한 장소로 안내하는 명확한 규칙, 역할, 의사 결정 권한, 프로세스, 책임 시스템을 가능한 한 많이 설정하는 일과 관련된 조직 문제이다.

이는 절대 쉬운 일이 아니며, 자유방임적 태도를 보임으로써 완전히 피하고 싶은 유혹이 있을 수 있다. 그러나 그러한 태도를 가질 위험은 시맨틱 발산과 자원 낭비라는 일에 숨어 있다.

시맨틱 발산 이야기

2019년 초에 텍스트커널 팀은 고객의 요청에 따라 새로운 기술 개념 모음으로 쓰기 위해 지식 그래프를 확장하기 시작했다. 같은 기간에 다른 팀이 다른 고객을 위해 같은 일을 시작했다. 지식 그래프의 동일한 부분을 확장하고 있었음에도 두 프로젝트는 독립적으로 시작되어 많은 정보 교환 없이 몇 달 동안 병렬로 실행되었다.

어느 시점에 두 팀이 만든 확장 모형을 모아 병합하는 방법을 논의했을 때 두 모형이 근본적인 측면, 즉 필요한 세분성 측면에서 달라서 서로 병합하기가 쉽지 않다는 점을 깨달았다. 두 번째 고객은 동의어에 더 편안한 태도를 보였으며 첫 번째 고객이 만든 것과 동일한 시맨틱 구별 방식을 받아들이지 않았다. 반대로, 첫 번째 고객은 두 번째 고객이 요구한 많은 동의어를 받아들이지 않았다.

결과적으로 우리는 두 고객 간의 중간 지대를 협상하고 구현하는 데 2~3개월을 더 투자하여 두 그래프 확장체를 하나로 병합하도록 했다. 두 팀이 처음부터 함께 작업을 시작하고 서로 다른 요구사항을 전달했다면 이러한 추가 작업의 대부분을 피할 수 있었다.

시맨틱 무질서 방지

시맨틱 모형에 어떤 형태의 거버넌스가 필요한 이유는 위험을 최소화하고 비용을 줄이며 모형의 지속적인 엔터티와 진화를 보장하기 위해서다. 데이터 거버넌스 주제를 다룬 문헌은 많지만, 나에게 있어 시맨틱 모형 거버넌스 프레임워크가 대답해야 하는 주요 질문은 다음과 같다.

- **모형에서 어떤 종류의 변경을 허용하며 어떤 상황에서 허용하는가?** 예를 들면, 모형의 클래스와 관계를 정적으로 만들고 인디비주얼 엔터티 수준에서만 변경을 허용할 수 있다. 또는 사용자나 고객의 명시적 요청이 많을 때만 모형을 확장하여 새 도메인을 포함하도록 제안할 수 있다. 이러한 제약의 목표는 모형이 아무리 정확하더라도 예상치 못한 원치 않는 변경을 방지하는 일이다.
- **누가 이러한 변경을 할 수 있는가?** 고도로 전문화된 분야를 다룬 모형이고 정확성이 중요한 요구사항이라면, 검증되고 신뢰할 수 있는 소수의 특정 도메인 전문가에게만 편집 권한을 제한하기로 할 수 있다. 모형에 복잡한 공리와 추론 규칙이 포함되었으면 지식 표현을 훈련한 사람만 편집하도록 할 수 있다. 그리고 모형 일부가 국가나 문화에 특정하다면 해당 국가나 문화의 원주민만 변경하도록 허용하는 편이 좋다.
- **이러한 변경은 어떻게 해야 하는가?** 모형의 변경은 그래픽 편집기에서 엔터티의 속성값을 채우는 일처럼 간단할 수도 있고, 이 값이 필요한 사업 사례를 만들고, 일부 승인 기관의 승인을 받고, 모형이나 애플리케이션에 예기치 않은 부작용이 발생하지 않게 광범위한 테스트를 수행하는 일처럼 복잡할 수도 있다. 어찌 되었든지 간에 모형을 변경할 때 따라야 하는 프로세스, 규칙, 지침, 모범 사례를 잘 정의하고 문서화해서 모든 관련 기여자에게 전달해야 한다.
- **누가 모형을 소유하고 이에 대한 책임이 있는가?** 모형 사용자로서 질문, 불만, 요청이 있을 때 연락할 수 있는 담당자나 팀은 누구이며 응답을 받을 수 있는가? 누가 모형의 개발을 주도하고 품질을 지속해서 개선할 책임을 지는가? 이는 개인일 수도 있고 팀일 수도 있고 조직이나 공동체일 수도 있는데, 책임질 누군가 있는 한은 그 규모나 형태는 상관이 없다.

- **누가 결정을 내리고 갈등과 모순성을 해결하며 어떤 방식으로 해결하는가?** 모형의 두 편집자가 진술의 정확성에 동의하지 않으면 어떻게 되는가? 상급 편집자가 우세한가? 아니면 새 도메인에서 모형을 확장하기로 하는 결정은 커뮤니티 구성원이 만장일치로 해야 하는가, 아니면 과반수 투표로 충분한가? 예를 들어, 위키피디아는 편집자 간의 합의를 구축하는 데 사용할 매우 상세하고 포괄적인 프로세스를 정의한다.[205] 일반적으로 관련된 사람과 당사자가 모형의 개발 및 진화에 더 다양할수록 의사 결정 프로세스가 더 명확하고 형식적이며 아마도 더 정교해져야 한다.

- **원칙, 규칙, 결정은 어떻게 시행되는가?** 규칙을 정의하고 결정을 내리는 일은 전체 작업의 절반에 불과하다. 나머지 절반은 일을 시행하는 데 있다. 일부 참여자가 정기적으로 일부 콘텐츠나 행동 규칙을 위반하면(예: 저작권이 있는 콘텐츠를 추가하거나 다른 관점으로 누군가를 괴롭힘) 어떻게 되나? 예를 들어, FIBO 커뮤니티는 '지속해서 부적절한 행동을 하는 일, 개인을 괴롭히는 일, 특정 계층을 향한 공격이나 비난을 포함하여 커뮤니티 규범을 위반하는 패턴을 보이는 사람'을 영구적으로 차단한다.[206]

11.3 요약

이번 장에서는 시맨틱 모형의 수명 주기에서 아주 중요한 두 가지 측면, 즉 전략과 조직에 초점을 맞춰 책의 '함정' 부분을 마무리했다. 시맨틱 모형 전략이 최소한으로 다루어야 하는 측면과 이러한 측면을 정의하는 동안 피해야 하는 실수를 확인했다. 또한 이러한 전략을 성공적으로 실행하려면 시맨틱 모형 개발 팀에 필요한 핵심 기술과 태도를 배웠다.

이번 장에서 기억해야 할 중요 사항은 다음과 같다.

- 시맨틱 모형 전략을 정의할 때 모형의 목표와 이러한 목표를 달성하기 위한 상위 수준 접근 방식과 이 접근 방식을 실행하기 위한 의사 결정 메커니즘을 포함해야 한다.
- '왜 모형을 구축하는가?'와 '모형을 만들지 않으면 어떻게 될까?' 같은 질문을 활용해 전략적 목표를 정의한다.
- 일부 커뮤니티나 공급업체가 생각하는 것보다 시맨틱 모형을 구축하는 데 더 많은 기술 및 프레임워크 옵션이 있다.
- 시맨틱 상호운용성은 단순히 동일한 표현 언어를 사용하는 문제가 아니다. 실제로 사물의 의미에 관한 합의와 공감대가 필요하다.
- 시맨틱 모형의 비용은 대상 도메인의 다양성과 뉘앙스, 대상 엔터티의 추상성과 애매성, 모형의 원하는 수준의 적용 가능성과 재사용성에 비례한다.
- 모형의 컨텍스트를 알면 강점과 약점을 알 수 있다. 전략을 안내하는 데 사용하자.
- 시맨틱 데이터 모형화는 시맨틱에 관한 일일 뿐만 아니라 데이터에 관한 일이기도 하다. 그 밖의 차원보다 이 두 차원을 무시하지 말자.
- 시맨틱 모형화 팀이 시맨틱으로 생각할 수 있는지 확인하자.

이제 책의 '딜레마' 부분으로 넘어갈 때이다. 여기서는 각각 고유한 장단점이 있는 여러 작업 과정 중에서 선택해야 하는 시맨틱 모형 개발 상황을 해결하는 방법을 배우게 된다.

딜레마

3부에서는 논의의 초점을 시맨틱 모형화 함정에서 시맨틱 모형화와 관련된 딜레마로 바꾼 후에, 고유한 장단점이 있는 여러 대안 행동 과정 중에서 어느 하나를 선택해야 하는 상황을 효과적으로 푸는 방법을 검토한다.

Part III

딜레마

CHAPTER 12

표현성 딜레마

디자인은 형식과 내용을 결합하는 방법이다. 예술과 마찬가지로 디자인에 관한 정의는 여러 가지여서 단일한 정의가 없다. 디자인은 예술이 될 수 있다. 디자인은 미학일 수 있다. 디자인은 너무 단순해서 너무 복잡하다.

폴 랜드 Paul Rand

시맨틱 데이터 모형을 개발할 때 특정 정보가 동일한 표현 언어 내에서도 하나 이상의 합법적인 방식으로 표현될 수 있는 경우가 종종 있다(예: 엔터티가 클래스로 표현되어야 하는지 또는 인디비주얼로 표현되어야 하는지를 결정). 각 방식에는 시맨틱 모형의 작성자와 사용자로서 알아야 할 서로 다른 강점과 약점이 있다. 제작자로서 자신의 경우에 가장 적합한 방식을 선택하고 구현해야 하므로 사용자로서 정확히 동일한 기능이 없는 시맨틱으로 동등한 모형 중에서 선택하는 데 도움이 되기 때문이다.

이번 장에서는 애매한 요소를 퍼지화하여 표현해야 하는 시기와 방법에 특히 중점을 두고 몇 가지 일반적인 표현 딜레마를 다룬다.

12.1 클래스인가 아니면 인디비주얼인가?

2장에서 우리는, 여러분이 사용하는 모형화 언어로 인해 어떤 경우에 엔터티를 클래스 형태로 모형화해야 할지 아니면 인디비주얼individual**18** 형태(즉, 인스턴스가 없는 엔터티 형태)로 모형

---

18 옮긴이_ 원래는 철학 용어이며 '개별자'라는 뜻이다.

화해야 할지를 결정해야 한다는 점을 알 수 있었다. 또한 이러한 선택을 수행해야 할 때의 첫 번째 문제는 합법적으로 클래스나 인디비주얼로 모형화할 수 있는 여러 엔터티가 있다는 점이다(예: 독수리 및 데이터 과학자).

두 번째 문제는 일반적으로 모형화 프레임워크가 클래스에 대해 인디비주얼과 동일한 모형화 및 표현의 자유를 제공하지 않는다는 점이다. 예를 들면, OWL-DL에서는 클래스를 다른 클래스의 인스턴스로 정의할 수 없으며 일부 미리 정의한 엔터티가 아닌 다른 엔터티 간에 직접 관계를 정의할 수도 없다. 따라서, John이 데이터 과학자의 한 인스턴스이고, 데이터 과학자가 직업의 한 인스턴스라고 동시에 말하고 싶어도, 그렇게 할 수 없다.

따라서 여기에 있는 딜레마는 다음과 같이 표현할 수 있다. '클래스와 인디비주얼의 선명한 분리crisp separation를 요구하는 모형화 프레임워크와 합법적으로 둘 다로 모형화할 수 있는 엔터티가 있다면 엔터티를 어떻게 모형화해야 하는가?'

이 딜레마를 해결하려면 다음 질문을 고려해야 한다.

| 엔터티는 어떤 인스턴스를 가지고 있거나 가질 수 있는가? |

2장에서 논의했듯이 엔터티가 클래스가 될 수 있는지를 결정할 때 중요한 유일한 기준은 인스턴스가 될 수 있는 다른 엔터티가 있는지다. 그렇다면 실제로 엔터티에 대한(인위적이 아닌 설득력 있는) 인스턴스를 찾을 수 있는가?

| 모형에서 이러한 인스턴스를 설명하고 해당 인스턴스의 관계 및 속성을 정의하겠는가? |

엔터티에 잠재적인 인스턴스가 있다고 해서 반드시 모형에 중요하지는 않다. 예를 들면, 비디오 게임에 관한 모형에서 〈어쌔신 크리드 오디세이Assassin's Creed Odyssey〉를 포함하려고 한다고 가정해 보겠다.[207] 이 엔터티의 가능한 인스턴스는 일련번호, 가격, 생산 날짜 같은 속성과 함께 지난달에 내가 사들인 이 게임의 특정 사본일 수 있다. 실제로 모형에 내 사본 정보를 포함하고 싶은가, 아니면 단순히 게임에 관해 일반적으로 이야기하고 제작자, 작가, 사용 가능한 콘솔에 관한 관계와 속성을 정의하고 싶은가?

| 클래스로 모형화하면 쉽게 표현할 수 없는 엔터티에 관한 사실이 있는가? |

예를 들면, OWL-DL에 데이터 과학자 직업의 필수 기술은 데이터 마이닝이고 평균 급여는 2억 원이라고 명시하고 싶다고 가정해 보겠다. 첫 번째를 수행할 때 ESCO처럼 직접 관계

hasEssentialSkill을 사용해 두 엔터티를 연결하는 방법이 있지만, 그러면 여러분은 Data Scientist를 클래스가 아닌 인디비주얼 엔터티로 취급하게 된다. 이를 클래스로 취급하려면 Data Scientist의 모든 인스턴스를 Data Mining 엔터티와 hasEssentialSkill 관계로 연결해야 하지만, 이로 인해 파급 효과가 생긴다는 공리를 정의할 수 있다. 닫힌 세계 구성^{closed-world setting}이라면 여러분의 추론기는 데이터 마이닝 기량을 갖추지 않은 개별 데이터 과학자를 받아들이지 않을 것이며, 열린 세계 구성이라면 추론기는 항상 데이터 과학자에게 데이터 마이닝 기술이 있다고 추론할 것이다. 유사하게, OWL-DL에서는 클래스 속성을 허용하지 않으므로(아마도 모형의 공식적인 부분으로 간주되지 않고 그저 문서화를 위한 보조 요소로만 간주되는 주석^{annotation} 속성과는 별개로) Data Scientist 클래스에 적용할 수 있지만, 해당 인스턴스에는 적용할 수 없는 averageSalary라는 속성을 정의하기가 몹시 어려울 것이다.

첫 번째 질문의 답변이 부정적이라면 엔터티를 클래스로 모형화해서는 안 된다. 그리고 다른 모형들이 엔터티를 클래스로 모형화했다고 해서 그것이 옳다거나 여러분의 모형에서와 같은 것을 의미하지는 않는다(6.1절 '나쁜 이름 부여' 참조).

첫 번째 질문의 답변이 긍정적이지만 두 번째 질문에 대해서는 부정적이라면, 특히 세 번째 질문의 답변이 긍정적이라면 엔터티를 클래스로 표현할 필요가 없다. 다시 말해, 여러분의 삶을 지금보다 더 어렵게 만들 이유가 없고, 여러분이 절대 가질 수 없는 엔터티를 수용하려고 모형을 불필요하게 복잡하게 만들 필요가 없다. 반면에 첫 번째 질문과 두 번째 질문의 답변이 긍정적이지만, 세 번째 질문에 부정적이라면 엔터티를 클래스로 모형화해도 괜찮다. 6장에서 논의했듯이 클래스에 어떤 인스턴스가 있어야 하는지 명확하게 하는 방식으로 클래스의 이름을 지정하고 설명해야 함을 기억하자.

정말 어려운 시나리오는 세 가지 질문의 답이 모두 긍정적일 때이다. 즉, 엔터티와 해당 인스턴스 모두에 관한 직접적인 정보를 나타내려고 한다. 이럴 때 구현할 수 있는 몇 가지 해결 방법이 있으며 각각 고유한 장단점이 있다.

한 가지 해결 방법은 엔터티를 인디비주얼로 모형화하고, 언어가 제공하는 인스턴스화 관계(예: rdf:type)를 사용하는 대신, 사용자 지정 이원 관계를 사용하여 엔터티를 인스턴스에 연결하는 것이다. 예를 들어, 엔터티 John이 Data Scientist(데이터 과학자) 클래스의 인스턴스라고 하는 대신에 John이 hasProfession 관계로 Data Scientist 인디비주얼과 관련이 있다고 말할 수 있다. 또는 해리포터의 부엉이 Hedwig(헤드위그)가 Owl(부엉이) 클래스의 인스턴스라고 하는 대신에 belongsToSpecies(어떤 종에 속함) 관계로 인디비주얼 엔터티인 Owl과 연관 지을 수 있다.

이 접근 방식의 장점은 인스턴스화뿐만 아니라 원하는 관계에서 엔터티를 자유롭게 사용할 수 있다는 점이다. 또한 skos:narrower 관계 등을 사용하여 유사한 엔터티의 위계 구조(예: 데이터 과학자가 정보 기술 전문가의 일종(is-a-kind-of)이라고 말함)에 엔터티를 배치할 수 있다.

반면에 클래스 관련 공리에서 엔터티를 사용할 수 없으므로 모형화 언어가 제공하는 표준 추론 기능이 손실된다. 예를 들어, OWL에서 owl:subclassOf 관계가 없으면 추론기가 사용자 정의 규칙을 정의하지 않는 한 데이터 과학자인 사람도 정보 기술 전문가라고 기본적으로 추론할 수 없다. 마찬가지로 hasCompletedMilitaryObligations 속성이 남성인 사람에 적용되고 Male(남성)이 클래스가 아니라 인디비주얼임을 명시하려 할 때는 OWL이 제공하는 rdfs:domain 요소를 사용할 수 없다.

두 번째 해결 방법은 각각에 서로 다른 이름을 사용하여 엔터티를 두 엔터티(하나는 클래스로, 다른 하나는 인디비주얼로)로 모형화하는 것이다([208]의 접근법 3 참조). 다음은 이러한 일이 어떻게 발생하는지에 관한 몇 가지 예이다.

- '데이터 과학자'가 인디비주얼로서는 '데이터 과학자(직업)'가 되고 클래스로서는 '데이터 과학자(전문가)'가 된다.
- '폐렴'이 인디비주얼로서는 '폐렴(질병)'이 되고 클래스로서는 '폐렴(발생)'이 된다.
- '수리'가 인디비주얼로서는 '수리(종)'가 되고 클래스로서는 '수리(동물)'가 된다.
- '삼성 A8'이 인디비주얼로서는 '삼성 A8(이동전화기 모형)'이 되고 클래스로서는 '삼성 A8(이동전화기 장치)'이 된다.

이 접근 방식의 장점은 이러한 진술이 클래스나 인디비주얼에만 적용되는지에 상관없이 자신의 엔터티에 관해 여러분이 선호하는 거의 모든 것을 진술할 수 있다는 점이다. 더욱이, 클래스의 역할을 명확히 하는 방식으로 엔터티의 이름을 지정하면 6장에서 보았던 이름 지정 함정을 피하는 데 도움이 된다. 반면에 하나는 클래스이고 다른 하나는 인디비주얼이기 때문에 엔터티의 두 변형을 서로 연결할 수 없으므로 서로 동기화를 유지하기가 더 어려워진다.

OWL 모형 구축자에 적용할 수 있는 세 번째 옵션은 OWL2와, 모형에서 동일한 엔터티를 클래스와 인디비주얼로 모두 사용할 수 있게 하는 특징인 **펀닝**punning (쌍관, 말장난)[19]을 사용하는 것이다. 펀닝의 비결은 추론기가 엔터티의 컨텍스트에 따라 엔터티를 클래스나 인디비주얼로 해석해야 하는지를 사용 시에 결정한다는 점이다. 예를 들면, 엔터티가 인스턴스화 관계로 클래스에 연결되면 인디비주얼로 처리하고, 하위 클래스 관계로 관련되었다면 클래스로 처리한다. 즉, 엔터티가 단일 식별자가 있어도 컨텍스트에 따라 추론기가 다르게 평가한다.

펀닝이 유용한 기술이 될 수 있지만, 모든 엔터티를 클래스와 인디비주얼로 취급하는 무료입장권은 아니다. 마이클 어숄드Michael Uschold가 논문[209]에서 정확히 지적하듯이 펀닝은 메타 클래스의 시맨틱 문제에 대한 실제 해결책이라기보다는 구문적 속임수에 더 가깝다. 왜냐하면 펀닝은 오직 엔터티의 두 해석 사이에 보이지 않는 벽을 올리는 일만 하기 때문이다. 이 벽은 동일한 엔터티에 다른 이름을 사용하지 않아도 되도록 해주지만, 주의하지 않으면 동료 모형 구축자와 모형 사용자를 혼란스럽게 할 수도 있다.

12.2 하위 클래스로 하느냐, 아니면 마느냐?

시맨틱 모형화 중에 내리게 되는 또 다른 어려운 결정은 새로운 하위 클래스를 도입하거나, 다른 관계나 속성값으로 구별을 표현함으로써 클래스의 의미를 전문화하는 방법이다. 예를 들면, Restaurant 클래스가 있고 제공되는 요리(예: 아시아, 퓨전, 프랑스)에 따라 인스턴스를 구별하도록 전문화하고 싶다고 가정해 보자. 이를 위해 최소한 두 가지 모형을 구현할 수 있다.

- 각 요리에 대해 Restaurant의 하위 클래스(예: AsianRestaurant, FusionRestaurant)를 만들고 각 인디비주얼 레스토랑이 자신들이 만드는 요리에 해당하는 클래스를 인스턴스화 하게 한다(그림 12-1 참조).

---

19 옮긴이_ 어떤 말을 동의사(뜻이 두 가지 뜻을 지닌인 말)나 다의사(뜻이 여러 가지인 러 뜻을 지닌 말)로 만들어 그 말 속에 의미나 관계를 함축하는 방법.

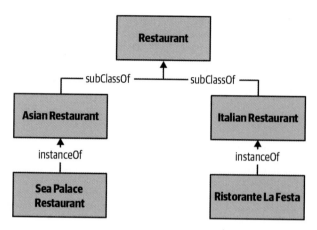

그림 12-1 하위 클래스 기반 구별의 예

- 특정 요리(예: AsianCuisine, FusionCuisine)의 인스턴스와 hasCuisine 관계로 Cuisine 클래스를 만들어 인디비주얼 레스토랑들을 이러한 요리에 연결한다(그림 12-2 참조).

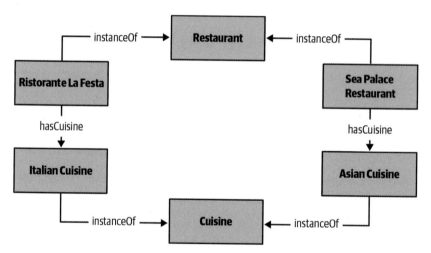

그림 12-2 관계 기반 구별의 예

첫 번째 모형의 장점은 더 단순하고 직관적이며 하위 클래스 관계(예: ChineseRestaurant의 모든 인스턴스는 Asian Restaurant의 인스턴스로 자동 추론됨)의 추론 기능을 이용할 수 있다는 점이다. 반면에 레스토랑 클래스에 다양한 요리가 있다면 요리에 관해 직접 이야기하거나(예: 한 요리가 다른 요리의 영향을 받았다고 쉽게 말할 수 없음) 다른 엔터티와 연결(예: 요리법 포함)하기가 어려울 수 있다. 반대로 두 번째 모형을 사용하면 요리에 관해 이야기할 수 있지만, 하위 클래스 관계의 편리함을 앗아간다.

실제로 이는 엔터티가 클래스인지 인디비주얼인지를 고려할 때 이전 단원에서 본 것과 동일한 상반 관계이므로 여기서 논의한 질문도 여기에 적용된다. 그러나 다음 질문도 고려해야 한다.

| 모형에 포함하려는 상위 클래스 및 형제와 비교하여 하위 클래스에 추가 속성, 관계, 제한이 있는가? |

모형에서 하위 클래스가 제공하는 주요 기능은 해당 클래스의 인스턴스에만 적용되는 관계나 속성 및 기타 공리를 정의할 수 있으며 상위 클래스의 인스턴스에는 적용되지 않는다는 것이다. 예를 들어, 포유류 클래스를 동물의 하위 클래스로 정의함으로써 '모든 포유류는 척추동물'이라는 공리를 말할 수 있다. 이는 모든 동물에게 사실이 아니다. 하위 클래스의 형제, 즉 동일한 상위 클래스를 상속하는 클래스에도 동일하게 적용된다. 예를 들면, 포유류는 스스로 체온을 유지할 수 있지만, 파충류는 체온을 유지하는 데 외부 열원이 필요하다. 하위분류^{subclassing}로는 이러한 구분을 하기가 쉽지 않다. 반면에 인간의 왼쪽 폐는 오른쪽 폐와 (위치를 제외하면) 구별되는 특징이 실제로 없으며, 마찬가지로 빨간색 자동차와 파란색 자동차가 (색상을 제외하면) 크게 다르지 않다. 이럴 때는 하위분류가 그다지 필요하지 않다.

| 담화 도메인에서 하위 클래스를 일반적으로 사용하는가? |

영화에 관해 이야기할 때 장르나 감독을 구별 기준으로 사용할 때가 많다(예: '나는 코미디 영화를 좋아한다', '이는 타란티노 감독이 감독한 영화이다'). 이럴 때는 모형에 대해 자세히 설명하지 않더라도, 코미디와 드라마를 구분하듯이 Film 클래스(예: ComedyFilm, QuentinTarantinoDirectedFilm)의 해당 하위 클래스를 만드는 것이 합리적이며 더 유용할 수 있다. 반면에 영화 한 편의 길이 또는 더빙에 사용한 언어를 영화 구별 기준으로 삼는 경우는 거의 없다. 이럴 때는 속성이나 관계를 사용하여 이 정보를 모형화하는 접근 방식이 더 낫다.

| 하위 클래스가 얼마나 경직되었는가? |

이전 장에서 보았듯이, 비경직 클래스는 인스턴스가 존재하는 것을 중단하지 않고 해당 인스턴스에 속하지 않을 수 있는 클래스이다. 그러나 일부 클래스는 인스턴스가 더 휘발성이라는 점에서 다른 클래스보다 덜 경직된다. 예를 들어, AsianRestaurant는 레스토랑이 제공하는 요리를 항상 변경할 수 있으므로 경직되지 않았지만, 이는 자주 발생하지 않는 일이다. 반면, (비경직) 클래스인 RestaurantWith50Employees는 요리 사업의 인력 수요가 제철에 맞춰질 수 있으므로 훨씬 더 변덕스럽다. 일반적으로 클래스의 낮은 경직성은 도메인에 대한 중요성과 가치를 재고해야 하지만, 동일한 정보를 나타내는 속성이나 관계를 포함할 때와 비교하여 유지 관리 부하도 고려해야 한다.

모호성에 관한 마지막 참고사항은 하위 클래스의 이름을 지정할 때 짧고 덜 설명적인 이름을 사용하여 너무 장황하지 않게 하는 편이 좋다는 점이다. 예를 들어, 쿠엔틴 타란티노 Quentin Tarantino가 감독한 영화를 나타낼 때 Tarantino(타란티노)의 모호성을 해소할 수 있고 Directed(감독)로 추론할 수 있다고 가정하여 (QuentinTarantinoDirectedFilm(타란티노가 감독한 영화)이 아닌) TarantinoFilm(타란티노 영화) 클래스를 정의할 수 있다. 이는 이전에 사용한 AsianRestaurant 예제에도 동일하게 적용된다. 사용자 대부분은 Asian의 속성화가 소유권이 아닌 레스토랑의 요리를 의미한다는 점을 이해할 것이다. 따라서 이것이 반드시 문제는 아니지만, 이러한 가정의 범위에 대해 주의해야 한다.

12.3 속성이냐, 아니면 관계냐?

2장에서 나는 속성을 엔터티(그 밖의 엔터티에 대한 한 가지 관계로 표현하지 않기로 우리가 선택한 것)의 성질characteristic으로 정의했고, 이렇게 하는 대신에 우리는 속성을 표현할 때 리터럴값(예: 숫자, 문자열, 날짜)을 사용한다. 나는 방금 한 말 속에서 '선택'이라는 용어를 의도적으로 사용했다. 내 생각에는 모형에 항상 적용해야 하는 속성과 관계 사이에 엄격하고 개념적인 구분이 없기 때문이다. 이전 딜레마에서와 마찬가지로 궁극적으로 중요한 것은 모형에서 엔터티의 속성값을 시맨틱으로 설명하는 수준이 어느 정도냐이다.

예를 들어, 디비피디아가 Film 클래스에서 정의해 둔 몇 가지 속성과 관계가 포함된 [표 2-3]을 다시 살펴보자. 디비피디아에 따르면 영화의 원래 언어는 영화 인스턴스를 Language[211] 클래스의 인스턴스와 연결하는 관계 originalLanguage[210]로 정의된다. 차례로 이 클래스는 iso6391Code나 languageFamily 같은 속성 및 관계를 사용하여 개별 인간 언어를 시맨틱으로 설명한다. 반면에 영화의 색상 유형[212]은 우리가 다른 것을 알지 못하는 값으로 어떤 문자열을 취할 수 있는 속성으로 정의된다.

이제 여러분의 영화 온톨로지에서 동일한 정보를 모형화하며 인간 언어의 의미론에는 그다지 신경 쓰지 않지만, 영화에 있을 수 있는 다양한 색상 유형에 관해 아는 모든 것을 모형화해야 한다고 상상해 보자. 이때는 originalLanguage를 속성으로 정의하고 filmColourType을 관계로 정의하는 편이 더 합리적이다.

실제로는 값을 숫자나 날짜로 취하는 일과 같이 관계로 모형화하지 않는 몇 가지 성질이 있다. 이론적으로, 디비피디아가 문헌[213][214]에 나온 몇 가지 상황에서 그렇게 하듯이 특정 숫자를 엔터티로 정의하여 이를 수행할 수 있고, 이들을 관계 객체relation object들로 사용할 수 있다. 그러나 이는 특히 무한한 수의 가능한 값을 취할 수 있는 속성에서는 다소 이상하고 전혀 실용적이지 않다.

12.4 퍼지화하느냐, 아니면 마느냐?

6장에서는 시맨틱 모형을 특징짓는 애매성을 무시하면 시맨틱 모형의 개발, 적용, 진화에 문제를 일으킬 수 있음을 보았다. 또한 모형의 애매성을 식별하고 문서화해서 인간이 모형을 오해하고 오용하는 일을 방지하는 방법도 확인했다. 이제부터는 일반적으로 **퍼지화**fuzzification로 알려진 기술을 사용해 기계 처리할 수 있게 만드는 방식으로 애매성을 나타낼 수 있는지 살펴볼 것이다.

개념 퍼지화concept fuzzification라는 아이디어는 1960년대에 캘리포니아 대학교의 로트피 자데Lotfi Zadeh 박사가 처음으로 전개했다.[215] 기본 전제는 0에서 1 사이의 애매한 진술에 실수를 할당할 수 있다는 것이다. 값 1은 진술이 완전히 참임을 의미하고, 값 0은 완전히 거짓임을 의미하며, 그 사이의 값은 주어진 정량화 가능한 범위에서 '부분적으로 참'임을 의미한다. 따라서, 예를 들어, 고전적인 시맨틱 모형이라면 우리는 '존은 청년의 인스턴스'나 '마이크로소프트는 구글의 경쟁사'라고 말할 수 있지만, 퍼지 방식으로 이를 표현한다면 '존은 청년의 0.8 정도에 해당하는 인스턴스'라고 말하거나 '마이크로소프트는 구글의 0.4 정도에 해당하는 경쟁사'라는 식으로 말할 수 있다.

퍼지 진리도fuzzy truth degree(퍼지 진실성 정도)의 본질을 철학적으로 근거로 삼기는 어려울 수 있지만, 이것이 확률이 아니라는 점을 이해해야 한다. 확률 진술은 진리 조건truth condition이 **진실이**

되게[come true] 잘 정의된 사건이나 사실의 가능성을 정량화하는 일에 관한 것이며(예: '내일 0.8의 확률로 비가 올 것이다'), 퍼지 진술은 사건이나 사건의 정도를 정량화하는 것이다. 진리 조건 이 정의되지 않은 사실은 **진실로 인식될**[be perceived as true] 수 있다. 그렇기 때문에 확률 진술과 퍼지 진술을 각기 확률 이론과 퍼지 논리라고 부르는 별개의 수학적 프레임워크로 지원하는 이유이 며, 이렇게 함으로써 확률 정도[probability degree]와 퍼지도[fuzzy degree](퍼지 정도)를 아주 다르게 취급 할 수 있는 것이다.

서로 다르지만, 확률과 퍼지도에는 공통점이 있다. 둘 다 근본적인 현상의 원치 않는 영향, 즉 불확실성과 애매성을 줄이려고 한다. 따라서 확률을 올바르게 계산하면 특정 결과의 불확실성 을 효과적으로 줄일 수 있듯이, 진리도[truth degree]도 올바르게 계산하면 애매한 진술의 진리에 관 한 모순성을 효과적으로 줄일 수 있다.

12.4.1 퍼지화가 포함하는 것

어떤 상황에서 퍼지화가 애매성을 해결하는 좋은 선택인지 알아보기 전에 먼저 관련 작업과 과 제를 이해해야 한다. 애매한 요소가 있을 수 있는 시맨틱 모형이 주어졌을 때 퍼지화에 필요한 주요 단계는 다음과 같다.

1. 모든 애매한 요소를 감지하고 분석한다. 이 단계에서는 애매한 의미가 있는 모형 요소와 유형(정성적이거나 정량적), 잠재적 차원 및 적용 가능성 컨텍스트를 식별해야 한다.

2. 각 요소를 퍼지화하는 방법을 결정하자. 1단계의 결과에 따라 모형의 애매한 각 요소를 퍼지화하는 다양한 방 법이 있으므로 가장 적합한 방법을 선택해야 한다.

3. 퍼지도를 수확하자. 이 단계에서는 애매한 각 요소의 퍼지도를 얻을 때 필요한 몇 가지 메커니즘이나 프로세 스를 설정하고 적용해야 한다.

4. 퍼지 모형 품질을 평가한다. 이 단계에서는 4장에서 본 품질 차원과 관련하여 모형을 평가해야 하지만, 퍼지 성[fuzziness]에 초점을 두어야 한다.

5. 퍼지도를 나타낸다. 이 단계에서는 모형 표현에 퍼지도를 통합하는 방법을 찾아야 한다.

6. 퍼지 모형을 적용한다. 이 단계에서는 모형을 사용하는 시스템과 애플리케이션을 활성화하여 퍼지도를 활용 하고 효율성을 개선해야 한다.

이미 6.3.2절 '애매성을 감지하고 설명하기'에서 1단계에 관해 논의했다. 이제 나머지 단계가 무엇인지 살펴보겠다.

퍼지화 옵션

모형의 애매한 요소에 대해 획득해야 하는 퍼지도의 수와 종류는 후자의 애매성 유형과 치수에 따라 다르다.

요소가 한 차원에서 양적인 애매성을 띤다면 차원의 숫값을 [0,1] 범위의 퍼지도에 대응하는 퍼지 소속 함수member funciton(멤버 함수)만 있으면 된다. 예를 들면, 나이 차원에서 양적으로 애매한 YoungPerson(젊은 사람), MiddleAgedPerson(중년인 사람), OldPerson(노인) 클래스가 있다고 가정해 보겠다. 그런 후에 각각에 대해 [그림 12-3] 같은 함수를 정의할 수 있으며, 이는 사람에게 가능한 모든 나이에 대한 퍼지도를 제공한다.

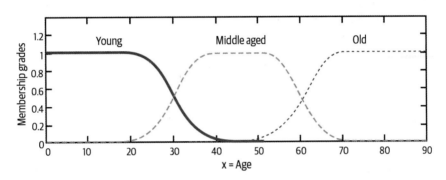

그림 12-3 나이 관련 술어에 대한 퍼지 소속 함수

따라서, 이러한 기능에 따르면 30세인 마리아라는 사람은 YoungPerson에는 0.5 정도, MiddleAgedPerson에는 0.5 정도, OldPerson에는 0 정도인 인스턴스로 간주한다. Tall(키의 함수), Fat(체중이나 체질량 지수의 함수), Expensive(가격 함수) 같은 정량적으로 애매한 다른 술어에도 유사한 함수를 정의할 수 있다. 일반적으로 사용하는 퍼지 소속 함수는 [그림 12-4]에 있다.

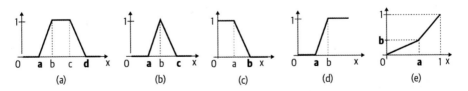

그림 12-4 일반적으로 사용하는 퍼지 소속 함수. (a) 사다리꼴 함수, (b) 삼각 함수, (c) 왼쪽 어깨 함수, (d) 오른쪽 어깨 함수, (e) 선형 함수

이제 요소가 하나 이상의 차원에서 양적으로 애매하다면 상황이 조금 더 복잡해진다. 한 가지 옵션은 다변량 퍼지 소속 함수를 정의하는 방법 즉, 각 차원에 대해 하나의 변수가 있는 함수를 정의하는 방법이다(그림 12-5 참조). 예를 들어, revenue(수익) 및 employee count(피고용인 수) 차원에서 정량적으로 애매하다고 식별한 CompetitorCompany(경쟁사) 클래스가 있다면, 이러한 차원을 기반으로 변수가 두 개인 함수를 정의할 수 있다. 분명히 차원 수가 증가할수록 복잡성이 높아진다.

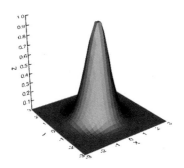

그림 12-5 2 변수 퍼지 소속 함수의 예

또 다른 옵션은 차원당 하나의 소속 함수를 정의한 다음에 퍼지 결합이나 퍼지 분리 같은 퍼지 논리 연산을 사용해 결합하는 방법이다.[216] 이 두 연산은 t 노름-norm과 t 코노름t-conorm을 사용해 퍼지 논리로 구현된다. 즉, 두 개의 진리도truth degree(진리 정도, 진실성 등급)를 취하고 이를 하나로 결합하여 값 0과 1에 대한 고전적 결합과 분리의 동작을 보존하는 함수이다.

퍼지 로직 관련 문헌에서 가장 인기 있는 t 노름은 다음과 같다.

- 최소 t 노름minimum t-norm, $T(a, b) = min(a, b)$. 이는 괴델 t 노름이라고도 부르며, 출력으로 2개 정도degree(도, 차, 차수) 중에 최솟값을 제공한다.
- 곱 t 노름product t-norm, $T(a, b) = a \cdot b$. 이는 출력으로 2차 곱을 제공한다.
- 우카시에비치 t 노름Łukasiewicz t-norm, $T(a, b) = max(0, a + b - 1)$.

따라서 가장 인기 있는 t 코노름은 다음과 같다.

- 최대 t 코노름maximum t-conorm, $max(a, b)$. 이는 괴델 t 노름Gödel t-norm 의 쌍대dual이며 출력으로 2개 정도 중에 최댓값을 제공한다.
- 확률합 t 코노름probabilistic sum t-conorm, $sum(a, b) = a + b - a \cdot b$. 이는 곱 t 노름의 쌍대이다.
- 유계합 t 코노름bounded sum t-conorm, $min(a + b, 1)$.

예를 들어, CompetitorCompany 클래스를 다시 고려하면 SimilarRevenueCompany(수익성이 비슷한 회사)및 SimilarEmployeeCountCompany(고용인 수가 비슷한 회사)클래스를 해당 소속 함수로 정의하고 CompetitorCompany를 이들의 퍼지 결합으로 정의할 수 있다. 그런 후에 주어진 회사에 대해 이 두 클래스 각각이 인스턴스인 정도를 결정하고 선택한 t 노름을 적용하여 CompetitorCompany의 인스턴스인 정도를 얻을 수 있다.

안타깝게도 도메인이나 애플리케이션 시나리오에 대한 최적의 t 노름을 선택하는 엄격하고 빠른 규칙이 없으므로 데이터와 전문가나 사용자와 함께 실험하여 어떤 것이 가장 적합한지 확인해야 한다.

퍼지도를 정의하는 세 번째 옵션은, 마리아가 0.5 정도의 YoungPerson 인스턴스이거나 구글이 0.3 정도의 CompetitorCompany 인스턴스이며 연령이나 수익 차원에서 소속 함수가 없다고 직접적으로 말하는 방법이다. 이 접근 방식은 요소가 너무 많은 차원에서 애매하고 적절한 소속 함수를 찾을 수 없거나 애매성이 질적이어서 사용할 차원이 없을 때 적합하다. 단점은 모형의 명령문 수가 늘어남에 따라 이미 정의한 일부 소속 함수에서 생성하는 대신에 해당 명령문에 대한 정도를 수집해야 한다는 점이다.

진리도 수확

이제 진리도와 소속 함수를 수집하는 방법을 살펴보겠다. 애매한 진술인 경우 엔터티 간의 경계가 애매하고 주관성 정도가 크다는 특징을 보인다는 점을 다시 기억하자. 따라서 사람들 사이나 심지어 사람과 시스템 사이에서 모순성과 논쟁을 유발할 것으로 예상된다. 예를 들어, 두 명의 제품 관리자가 특정 제품의 가장 중요한 기능이 무엇인지에 대해 동의하지 않거나 두 명의 판매원이 어느 정도가 판매량이 적은 것인지를 결정할 수 없을 수 있다. 마찬가지로 추천 시스템의 사용자가 시스템의 '비싼' 식당이나 '저렴한' 식당 분류에 동의하지 않을 수 있다. 이러한 진술에 퍼지도를 생성하려면 이러한 모순성을 파악해 정량화해야 한다.

포착 부분에서는 긍정적이거나 부정적인 애매한 단언들을 수집할 수 있는 적절한 메커니즘을 설계하고 배포해야 한다(예: '10만 유로 예산은 적다', 'John은 온톨로지 전문가가 아니다'). 이 메커니즘은 사용 가능한 자원 및 모형의 애플리케이션 컨텍스트에 따라 다양한 형태를 취할 수 있지만, 다음 몇 가지 아이디어를 살펴보자.

| 사람들에게 직접적으로 물어보기 |

이는 애매한 진술의 진리에 관해 인간 심사위원에게 직접 물어보는 아이디어다. 필요한 진술의 수와 필요한 사람의 수/유형에 따라 워크숍, 설문 조사, 공개 의견 수렴을 활용해 수행할 수 있다. 이 접근 방식의 장점은 구조와 통제이다. 심사위원을 선택하고 질문을 이해하고 추가 피드백을 수집/처리하기가 더 쉽다. 다른 한편으로는 쉽게 확장할 수 없고 관련된 사람들에 따라 너무 느릴 수 있는 접근 방식이다. 예를 들어, 소크라테스가 플라톤에 영향을 미쳤는지 철학 전문가에게 물어본다면 간단한 예/아니오 형태의 답변이 나올 것이라고 기대할 수 없다. 어찌 되었든지 간에, 7장에서 애매성은 보완적이지 않다고 한 점을 기억하자(즉, '키가 크지 않은'은 반드시 '키가 작은'과 같은 뜻은 아니다).

그래서 여러분은 질문하는 방법에 주의해야 한다(즉, 키가 어느 정도 큰지를 알고 싶다면, '존의 키가 작은가?'라고 묻지 마라).

| 사람들에게 간접적으로 물어보기 |

이는 애매한 진술의 진리에 관해 인간 심사위원에게 물어보겠다는 생각이지만 일반적으로 애플리케이션의 컨텍스트에서 간접적인 방식으로 진행된다. 예를 들어 레스토랑 추천 시스템에서 모형을 사용하고 ExpensiveRestaurant 클래스의 퍼지 소속 함수를 수집한다면, 여러분은 시스템에서 설명문 형태로 추천하게 할 수 있고(예: '이 레스토랑을 추천하는 이유는 여러분이 음식값이 비싼 식당을 선호하기 때문인데, 이곳의 음식값은 1인당 6만 원이다'), 사용자에게 이 설명에 동의하는지 물어보게 할 수 있다. 이 접근 방식의 장점은 더 자연스러울뿐만 아니라 상황에 맞게 사용자에게 정보를 제공함으로써 사용자를 더 잘 끌어들일 수 있다는 점이다. 그런 의미에서 직접 접근 방식보다 확장성이 뛰어나다. 반면에 예측성, 신뢰성, 제어성이 부족할 뿐만 아니라 전체 시스템의 수확 메커니즘을 현명하게 설계하고 통합해야 하므로 직접 접근 방식이 오히려 위압적이지 않고 효과적이다.

| 데이터에서 추출하기 |

이는 토론, 토의, 감상평처럼 사용할 수 있고 논란이 많이 되는 정보 풀을 활용하고 자연어 처리 및 기타 지식 추출 기술을 사용하여 애매한 진술을 추출하자는 생각을 말한다(5장 참조). 예를 들면, 레스토랑 이용후기를 사용하여 일반적으로 비싸다고 인식되는 가격을 식별하거나, 영화 감상평을 사용하여 사람들이 코미디로 특징짓는 영화를 확인할 수 있다. 이 접근 방식의 분명한 장점은 확장성과 완전한 자동화이다. 그러나 단점은 데이터에 있을 수 있는 높은 수준의 잡음(댓글이나 감상평이 지나치게 극성을 띠거나 적절치 못한 방향으로 정형화될 수 있음) 때문에 매우 부정확하게 추출한 단언이 이어질 수 있다는 점이다.

여러분은 모형의 요소에 대한 애매한 단언들을 지니게 된 후에 곧바로 여러 문헌[219][220][221]에 있는 다양한 기술을 사용하여 그것들을 진리도와 소속 함수로 변환할 수 있다. 일반적으로 응용 분야 대부분에서 작동하는 단일 퍼지화 방법을 찾기는 무척 어렵다. 그렇게 하는 대신에 도메인, 대상 요소, 사용 가능한 데이터나 사람에 따라 여러 가지를 함께 사용해야 할 가능성이 크다.

퍼지 모형 품질

크리스프 시맨틱 모형crisp semantic model(선명한 시맨틱 모형 즉, 보통 시맨틱 모형)과 미찬가지로 퍼지 모형의 품질을 측정하는 일이 아주 중요하다. 스스로 물어봐야 할 주요 질문은 다음과 같다.

| 올바른 요소를 피지화했는가? |

3장에서 애매성을 불확실성이나 모호성 같은 다른 현상과 자주 혼동함을 보았다. 따라서 여러분이 희미하게 해 둔 모형의 모든 요소가 실제로 애매한 사안이 될 수 있다는 점이 아주 중요하다.

| 진리도가 정확한가? |

애매한 사안과 모순성이 있는 상황에서 정확성에 관해 이야기하기는 어렵지만, 진리도의 전체 목표는 이러한 모순성을 완화하는 것임을 기억하자. 따라서 애매한 요소의 진리도는 특정 황금값이 있을 때가 아니라 모형을 사용하는 사람들이 그 값을 자연스럽고 직관적으로 인식할 때 정확하다고 간주할 수 있다. 예를 들어 '〈몬티 파이튼의 성배〉는 0.2 정도만큼 ComedyFilm(희극영화)의 인스턴스다'라는 퍼지 진술은 너무나 직관적이지 않은 반면(따라서 부정확한 반면), '세르게이 브린은 0.8 정도만큼 RichPerson(부자)의 인스턴스다'라는 진술은 더 의미가 있다. 누군가는 두 번째 진술의 정도가 0.8이 아니라 0.85가 되어야 한다고 주장할 수 있지만, 그럴 때도 0.8은 (예를 들면, 0.3과 다르게) 여전히 매우 가까운 근사치이다. 따라서 퍼지도의 정확성은 퍼지거리 지표fuzzy distance metric(퍼지거리 함수, 퍼지거리 메트릭, 퍼지거리 계량)[222]

[223]을 사용해 가장 잘 포착된다.

| 진리도에 무모순성consistency이 있는가? |

크리스프 모형crisp model (선명한 모형 즉, 보통 모형)과 마찬가지로 퍼지 모형fuzzy model에도 모순되는 정보가 포함될 수 있다. 예를 들어, 퍼지 진술인 '〈몬티 파이튼의 성배〉는 ComedyFilm 의 0.9 정도에 해당하는 인스턴스이다'와 '〈몬티 파이튼의 성배〉는 ComedyFilm의 0.3 정도에 해당하는 인스턴스이고 지속적이지 않다'는 진술은 정확성과 마찬가지로 진리도의 모순성 inconsistency을 이항 지표binary metric가 아니라 거리 지표distance metric로 처리하는 편이 가장 좋다.

| 진리도의 근거가 잘 문서화되었는가? |

6장에서 살펴보았듯이 시맨틱 모형의 출처를 아는 일은 이해성과 재사용성 측면에서 아주 중요하며 애매성과 진리도가 있을 때 더욱더 중요하다. 예를 들면, 여러분의 모형이 '하둡은 데이터 과학자에게 0.9 정도에 해당하는 필수 기술'이라고 제안하는 상황이라면 나는 여러분이 이 정도degree를 획득하는 데 사용한 데이터와 과정을 알고 싶다.

> **NOTE_ 퍼지화 된 편향에 주의하라.**
> 각 시맨틱 모형화 결정에서, 퍼지화는 편향에 취약할 수 있으며, 주의하지 않으면 특정 사람과 사회 집단에 부정적인 영향을 미칠 수 있다. 예를 들어, 특정 나이를 기준으로 삼아 어떤 개인을 '노인'으로 분류하는 정도를 결정하는 일은, 보험 회사가 보험료를 결정하는 데 이를 사용한다면 해당 나이의 사람에게 큰 영향을 미칠 수 있다.

퍼지 모형 표현

수집한 퍼지도와 소속 함수가 아무리 좋더라도 모형에 효과적으로 통합되지 않으면 그다지 유용하지 않다. 불행히도 현재 대부분의 시맨틱 모형화 언어와 프레임워크는 본질적으로 퍼지도 방식 표현(및 추론)을 지원하지 않는다. OWL[224][225][226]이나 E-R 모형[227] 같은 프레임워크의 퍼지 확장 제품을 만들려는 여러 노력이 있었지만, 대부분 산업계에서 쓸 만한 수준이라기보다는 학문적 접근법에 불과했다. 어떤 경우에든 퍼지화를 선호할 때 이러한 학문적 프레임워크 중 하나를 선택하여 사용하거나 선택한 프레임워크에서 고유한 퍼지 확장 제품을 개발할 수 있다.

후자의 옵션은 퍼지 모형이 너무 복잡하지 않을 때 더 의미가 있다. 예를 들어, 관계의 진리도를 나타내려면 '진리도'나 이와 유사한 이름의 관계 속성을 정의하기만 하면 된다. E-R 모형이나 속성 그래프로 작업할 때라면 간단하지만, 이러한 언어가 관계 속성을 직접 지원하지 않더라도 RDF나 OWL에서도 가능하다. [그림 12-6]은 전문성 관계를 엔터티로 모형화하여 관계 속성 없이도 'Jane은 데이터 과학 도메인에서 0.6 정도의 전문가다'라는 퍼지 문장을 표현하는 방법을 보여준다.

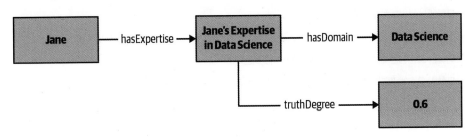

그림 12-6 관계 속성이 허용되지 않을 때의 퍼지 관계 표시

다른 한편으로, [그림 12-3]에서와 같은 퍼지 소속 함수나 더 복잡한 퍼지 규칙 및 공리와 함께 필요한 추론 지원을 나타내야 할 때 상황이 더 어려워질 수 있다. 이런 경우라면 학술적이기는 하지만, 기존 프레임워크를 찾아 재사용하는 편이 좋다.

퍼지 모형 적용

이 마지막 단계는 시맨틱 모형화 작업처럼 보이지 않을 수도 있지만, 여러분의 퍼지화 노력이 수포가 되지 않게 하는 중요한 단계다. 8장, 9장, 10장에 걸쳐서 살펴보았듯이, 여러분의 모형이 특정 애플리케이션에서 사용되지 않고 그저 도메인을 설명하는 용도로만 사용되는 것이 아니라면, 여러분은 애플리케이션 개발자와 협력하여 가장 효과적인 방식으로 모형이 사용되게 하여 애플리케이션의 품질을 높이는 게 중요하다. 시맨틱 애플리케이션이 추가 연구와 개발 없이 진리도를 처리하고 이익을 얻을 수 있는 것은 아니라는 점이 퍼지성에도 적용된다.

내 경험에 비춰보면, 퍼지화된 모형은 기본 알고리즘의 적절한 설계 및 적응을 통해 시맨틱 태깅 및 모호성 해소나 시맨틱 검색 및 일치 같은 작업에 도움이 될 수 있다. 다음 단원에서는 이 점을 정확히 설명하는 퍼지화 이야기를 몇 가지 설명한다.

12.4.2 퍼지화를 해야 할 때

시맨틱 모형의 퍼지화와 관련된 단계를 고려하면 수행하기 쉬운 작업이 아님을 알 수 있다. 주된 이유는 진리도를 획득하고 유지하는 데 따르는 어려움과 비용이다. 효과적으로 자동화하지 않으면 확장하기가 몹시 어려울 수 있다. 또한 표준 퍼지 시맨틱 모형화 프레임워크의 부족은 걸림돌이 될 수 있다. 따라서 퍼지화 여정을 시작하기 전에 모형, 도메인, 컨텍스트에 적합한지 평가해야 한다. 이를 위해서는 다음 질문에 답해야 한다.

- 모형에서 불가피하게 애매한 요소는 무엇인가?
- 이러한 애매한 요소의 진리에 대해 (예상되는) 의견 차이가 얼마나 심각하고 영향력이 있는가?
- 이러한 모순성은 애매성이나 기타 요인에서 비롯하는가?
- 모형의 요소에 퍼지도가 있다면 모순성이 줄어들겠는가?
- 모형을 사용하는 애플리케이션이 진리도를 활용하고 혜택을 받을 수 있는가?
- 제공하는 혜택보다 적은 비용으로 퍼지도를 얻고 유지하는 확장 가능한 방법을 개발할 수 있는가?

처음 세 가지는 애매성 문제의 크기를 결정하는 질문이다. 애매성이 없는 모형에서는 퍼지화를 고려할 필요가 없으므로 첫 번째 질문이 중요하다. 따라서 여러분은 먼저 실제로는 선명한 요소인데도 불구하고 그저 애매한 방식으로 설명이 되었을 뿐인 애매한 요소를 감지하지 않도록 주의하면서, 모형에 애매한 요소가 있는지 확인해야 한다(6.3.2절 '애매성을 감지하고 설명하기' 참조).

두 번째 질문은 애매성이 문제가 될 수 있다는 데 우리 모두 동의할 수 있지만, 실제로는 결과를 측정할 때까지 실제로 얼마나 심각한 문제인지 알 수 없다는 사실을 반영한다. 예를 들어, 다른 사람들이 '많은 예산'을 구성하는 일에 대해 심각한 방식으로 동의하지 않고 이 모순성 때문에 의사 결정 과정이 상당히 느려진다면 진리도가 도움이 될 수 있다.

의견 불일치의 정도를 측정할 때, 여러분은 다른 사람들에게 동일한 연속 진술 여러 개를 제공하고, 진실이나 거짓으로 특징짓기를 요청하고, 코헨의 카파 같은 통계적인 합의 간 측정법이나 다른 방법을 적용하기만 하면 된다.[228] 반면에 이러한 모순성의 영향을 측정하려면 모형을 실제로 사용하는 방식과 애플리케이션 및 프로세스에 미치는 영향을 자세히 지켜봐야 한다.

예를 들어, 개별 영화와 이들이 속한 장르(들) 사이에 (애매한) 관계를 포함하는 영화에 관한 시맨틱 모형이 있다고 가정해 보자. 또한 이 관계를 머신러닝 기반 영화 추천 시스템의 기능으로 사용한다고 가정해 보자. 여러분은 다른 사람들에게 특정 영화가 특정 장르에 속한다고 생각하는지를 질문하여 관계의 부종동의 강도disagreement intensity(모순성 강도)를 항상 측정할 수 있다. 그러나 여러분은 이 강도가 추천 시스템에 특징 공학feature engineering(특성 공학) 과정을 적용하고 애매한 관계의 효과를 평가할 때까지 추천 시스템의 효과에 영향을 미치는지 알 수 없다.

어쨌든 간에 모형에 애매성이 존재한다고 해서 불확실성이나 모호성이 배제되지는 않는다. 그러므로 세 번째 질문에서 모순성 문제의 근원이 불확실성이나 모호성인지를 확인해야 한다. 그렇지 않으면 퍼지화가 적절하지도, 도움이 되지도 않을 것이다.

다음 두 가지 질문은 퍼지화가 실제로 애매성 문제를 해결할 수 있는지와 어느 정도 해결할 수 있는지를 조사하는 것이다. 네 번째 질문은 퍼지도가 있어도 모형의 진실성varacity(정확성)에 관한 의견 차이가 줄어들지 않을 수 있다는 사실을 강조한다. 이는 어떤 정도를 적절히 생성할 수 있는 능력이 없는 상황에서부터 너무 강렬하여 어떤 정도로 표현하기 힘든 애매성에 이르기까지 여러 가지 이유가 있을 수 있다.

다섯 번째 질문은 의견 차이가 작더라도 모형을 사용하는 애플리케이션이 실제로 효과를 개선하지 못할 수 있음을 시사한다. 이는 기술적인 이유(애플리케이션이 퍼지도를 수용하도록 주요한 부분을 리팩토링해야 할 수 있음) 또는 알고리즘적 문제(애플리케이션의 알고리즘이 유용한 방법으로 퍼지도를 사용하려면 대대적인 재설계가 필요할 수 있음) 때문이거나, 아니면 애초에 애매성의 영향을 잘못 계산했기 때문일 수 있다.

네 번째 질문과 다섯 번째 질문에 답할 때는 A/B 테스트를 사용해서, 즉 진리도가 있는 모형과 없는 모형의 두 가지 버전을 만들어서 비교하는 방법이 가장 좋다. 네 번째 질문에서는 두 모형의 동의 간 점수inter-agreement score를 비교해야 하지만, 다섯 번째 질문에서는 한 모형을 사용할 때와 다른 모형을 사용할 때 최종 시스템이나 프로세스의 효과를 비교해야 한다. 영화 추천 예제에서 이는 영화 장르 관계의 퍼지 버전이 더 높은 추천 정확성을 가져오는지 테스트하는 일로 해석된다.

마지막으로, 여섯 번째 질문은 가장 중요한 질문이다. 만약 여러분이 지닌 모형의 퍼지도를 획득하고 유지하기 위한 확장 가능하고 비용 효율적인 방법을 개발할 수 없다면, 잠재적인 사용으로 얻을 수 있는 어떠한 이익도 가치가 없을 수 있다.

12.4.3 두 가지 퍼지화 이야기

이제 시맨틱 모형의 퍼지화 덕분에 구동되는 애플리케이션의 효율성을 개선한 두 가지 사례를 살펴보자.

퍼지 전기

10장에서 그리스 전력 시장 도메인용 시맨틱 정보 접근 시스템의 개발과 관련하여 내가 2008년에 작업한 프로젝트를 언급했다. 해당 시스템의 핵심 구성 요소는 전력 시장과 관련된 프로세스, 동작, 참여자 및 기타 엔터티에 관한 시맨틱 정보를 나타내는 도메인 온톨로지였다.

[표 10-8]과 같이 온톨로지의 주요 관계를 다시 살펴보면 그중 세 가지가 실제로 애매하다는 점을 알 수 있다(isImportantPartOfProcess, isImportantPartOfAction, isInterestedInTheProcess). 특정 도메인 전문가들의 도움을 받아 온톨로지를 설계하는 동안 우리는 전문가들이 선명한crisp 의견을 내게 하지 못했고 적용성 기준에 관한 합의에 이르게 하지도 못했다. 따라서 특정 도메인 전문가들에게 이러한 관계를 사용해 어떤 엔터티를 연결해야 하는지 물어보고 그들의 의견 불일치를 퍼지도로 변환함으로써 퍼지화하기로 했다. 예를 들어, 이 연습에서 우리는 '배전 주문 발행' 과정이 '배전 과정' 중에서도 0.5 정도만큼 중요한 부분이라는 점을 도출했으며, '배전 장치 생산자'인 참가자는 '배전 주문 발행' 과정에 0.9 정도만큼 관심을 보인다는 점을 확인했다.

이 퍼지화가 검색 엔진의 효과에 유의한 영향을 미치는지를 검정하려고 나중에 온톨로지의 두 가지 버전, 즉 퍼지를 사용한 버전과 퍼지를 사용하지 않은 버전으로 각기 측정해 보았다. 실험에는 25개 쿼리로 구성된 황금 집합과 이에 해당하는 이상적인 시스템 응답(실측 정보ground truth)을 함께 사용했다. 그 결과 퍼지형 온톨로지가 검색의 정밀도와 재현율을 약 7%까지 높였다.

퍼지 배우와 퍼지 전사

10.1.4절 '두 가지 엔터티 해소 사례'에서 나는 내가 iSOCO에서 일하면서 개발한 엔터티 해소 시스템인 KT^{Knowledge Tagger}(놀리지 태거)를 언급했다. 엔터티 해소 외에도 KT는 관련 도메인 온톨로지와 의미 데이터를 배경지식으로 사용하여 텍스트에서 주제별 범위 해결을 수행했다. 문서의 주제 범위는 문서가 실제로 말하는 시맨틱 엔터티의 집합으로 정의할 수 있다. 예를 들면, 영화 감상평의 범위는 일반적으로 감상의 대상이 되는 영화이고 자서전의 범위에는 자신이 살아온 길을 기술한 사람이 포함된다.

KT는 문서의 도메인과 콘텐츠 속성이 사전에 알려져 있고(또는 쉽게 예측할 수 있고) 이러한 도메인을 포괄하는 포괄적인 시맨틱 모형을 사용할 수 있는(의도적으로 구축되었거나 링크드 데이터^{Linked Data} 같은 기존 공급원에서 가져오는) 응용 시나리오에서 유용했다. 콘텐츠의 본질에 비춰, 나는 문서에서 찾을 것으로 예상되는 의미 엔터티와 관계의 유형을 말하고 있는 것이다. 예를 들어, 영화 감상평 속에서 우리는 출연한 감독 및 배우와 더불어 영화에 관한 언급을 각기 찾아볼 수 있다. 마찬가지로 역사적 사건을 설명하는 글 속에서는 군사 갈등, 갈등이 발생한 장소, 갈등에 참여한 사람과 집단을 찾을 수 있다. 콘텐츠 속성이 알려진 문서는 콘텐츠가 전문화되고 집중된 많은 애플리케이션 시나리오(예: 감상평, 과학 출판물, 교과서, 보고서)에서 찾을 수 있다.

이러한 상황을 생각해 KT에서는 '주어진 엔터티가 시맨틱으로 관련된 여러 엔터티를 포함할 때 텍스트의 주제 범위에 속할 가능성이 더 크다'라는 직관을 바탕으로 주제별 범위 해소 과제를 목표로 삼았다. 이러한 관련 엔터티는 텍스트의 가장 가능성 있는 주제 범위를 결정하는 데 정량적 속성이나 정성적 속성을 사용할 수 있는 증거로 볼 수 있다.

이 가정이 타당한 이유를 알 수 있게 다음 같은 영화 관련 글이 있다고 가정해 보자.

> **〈애니 홀〉은 〈해리 파괴하기〉보다 훨씬 더 나은 영화이다. 그 주된 이유를 들자면 앨비 싱어가 굉장히 잘 구성된 등장인물이고 다이앤 키튼이 마치 자신의 삶인 것처럼 연기하기 때문이다.**

이 텍스트에서 앨비 싱어(영화 〈애니 홀〉의 등장인물)와 다이앤 키튼(〈애니 홀〉에 출연한 배우)이 제공한 증거를 통해 글에서 언급할 영화가 〈해리 파괴하기〉가 아닌 〈애니 홀〉일 가능성이 더 크다는 점을 나타낸다.

나는 KT를 개발하는 동안 공개적으로 사용할 수 있는 크리스프 시맨틱 모형을 배경지식으로 사용하여 여러 가지 평가를 수행했다. 어느 시점에 우리는 이러한 시맨틱 모형이 퍼지성을 띠면 어떻게 될지, 즉 시맨틱 모형을 속성화하는 애매성의 정량화가 이들의 엔터티의 증거 능력을 높이고 결과적으로 KT의 엔터티와 범위 해소 효과를 늘릴 수 있는지 궁금해했다.

예를 들면, 영화 도메인에서 배우와 영화를 연결하는 hasPlayedInFilm(영화에서 연기했는가) 관계만 갖는 대신에 퍼지 관계를 wasAnImportantActorInFilm(영화에서 주연 배우였는가)으로 설정하고 퍼지도를 사용하여 특정 배우를 영화에 연결하는 편이 더 유용할 수 있다 (예: '로버트 듀발은 〈지옥의 묵시록〉의 주연 배우일 정도가 0.6이다'). 이것이 작동하는 이유는 다음 텍스트에서 생각해 보자.

영화에서 로버트 듀발의 화려한 연기는 프란시스 포드 코폴라 감독이 배우를 잘 골랐음을 보여주었다.

듀발과 코폴라가 하나 이상의 영화에서 함께 일했지만, 듀발이 그중 한 영화에서만 주연을 맡았다면(영화와의 관계가 퍼지도를 통해 파악된 것처럼), 바로 그 영화가 여기에 인용한 글의 주제일 가능성이 더 크다.

이 질문에 답하려고 우리는 두 가지 시나리오에서 KT와 두 가지 비교 실험을 수행했다.[229] 첫 번째 시나리오에서는 영화 감상평 텍스트에 감상평이 실제로 포함된 영화에 태그를 지정하는 데 중점을 두었다. 데이터로 사용할 25,000개의 IMDb 감상평 집합을 사용할 수 있었지만, 포괄적인 퍼지 온톨로지가 필요하므로 결국 감상평 100개로 구성된 작은 부분집합만 선택하게 되었다. 이 감상평에는 장르, 배우, 지도 측면에서 서로 유사한 별개의 영화가 약 20개 포함되어서 주어진 감상평에서 구분하기가 더 어려웠다. 이 영화를 위해 우리는 프리베이스Freebase에서 크리스프 온톨로지crisp ontology(선명한 온톨로지 즉, 보통 온톨로지)를 도출했고 다음 요소로 구성된 퍼지 버전을 수작업 방식으로 만들었다.

| 클래스 |

- Film(영화)
- Actor(배우)
- Director(감독)
- Character(등장인물)

| 퍼지 관계 |

- wasAnImportantActorInFilm(Actor, Film)
- isFamousForDirectingFilm(Director, Film)
- wasAnImportantCharacterInFilm(Character, Film)

KT 내에서 퍼지 온톨로지를 사용하려고(온톨로지의 퍼지도를 활용할 수 있도록 효력 범위 해소 알고리즘을 약간 수정한 후), 우리는 후자를 사용하여 각 감상평에 대해 참조 가능한 영화의 순위 목록을 정했으며, 정확하게 태그가 지정된 글, 말 그대로 가장 높은 순위를 나타내는 영화를 기준으로 삼아 글의 개수를 결정함으로써 프로세스의 효율성을 측정했다. 이와 비교하려고 영화 온톨로지의 크리스프 버전$^{crisp\ version}$(즉, 모든 퍼지도가 1과 같음)을 사용하여 동일한 과정을 수행했다. 이런 식으로 KT에 퍼지 온톨로지를 사용함으로써 정확성을 10% 높였다.

두 번째 실험으로 우리는 KT를 사용하여 군사적 갈등과 실제 갈등을 설명하는 글 100개에 태그를 붙였다. 이번에 만든 퍼지 온톨로지는 디비피디아를 기반으로 하고 다음 요소로 구성되었다.

| 클래스 |

- Location
- Military Conflict
- Military Person

| 퍼지 관계 |

- tookPlaceNearLocation(Military Conflict, Location)
- wasAnImportantPartOfConflict(Military Conflict, Military Conflict)
- playedMajorRoleInConflict(Military Person, Military Conflict)
- isNearToLocation(Location, Location)

우리는 영화 감상평과 동일한 비교 평가 과정을 거쳐 정확성이 13% 향상했음을 측정할 수 있었다.

12.5 요약

이번 장에서는 동일한 모형화 언어 내에서도 동일한 의미 정보를 여러 방식으로 모형화될 수 있는 상황을 설명하여 책의 '딜레마' 부분을 시작했다. 다른 딜레마와 마찬가지로 작업을 수행하는 데 명확하거나 잘못된 방법은 없으며 자신에게 가장 적합한 방법을 결정하려면 컨텍스트를 분석해야 한다. 각 딜레마에 대해 내가 제공한 질문을 사용해서 얻은 답변을 기반으로 상황에 가장 적합한 방법을 결정할 수 있다.

이번 장에서 기억해야 할 중요 사항은 다음과 같다.

- 유용한 하위 클래스는 부모 클래스와 비교하여 추가 속성이나 관계 및 기타 속성이 있는 하위 클래스이며 이러한 속성은 일반적으로 담화 도메인discourse domain(논의 분야)에서 사용한다.
- 경직성이 낮은 하위 클래스를 유지하기 어려우므로 피해야 한다.
- 이 성질값의 의미를 시맨틱으로 설명하려면 엔터티의 성질character을 특성attribute 대신 관계로 나타내자.
- 퍼지도는 확률이 아니다.
- 진리 퍼지화는 모형의 애매한 진술의 타당성에 관한 의견 차이를 줄일 수 있을 때만 의미가 있으며, 이처럼 의견 차이를 줄여서 얻는 이점이 퍼지화에 기울이는 노력과 소모되는 비용보다 더 중요하다.
- 진리 퍼지화는 모형의 애매성을 문서화할 필요성을 늘린다.

다음 장의 내용도 이번 장과 비슷한 방식으로 이어지지만, 다음 장에서는 시맨틱 모형에 포함해야 할 것과 생략해야 할 것에 관한 딜레마를 다룸으로써 여러분이 노력과 자원을 낭비하지 않은 채로 필요한 표현성과 내용 간에 적절한 균형을 이루도록 해 보겠다.

CHAPTER 13

표현성과 내용 간의 딜레마

나는 네가 로큰롤 가수가 되는 것보다 얼마나 더 좋은 표현력을 얻을 방법이 있는지 모르겠다.

로버트 플랜트 Robert Plant

이번 장에서는 시맨틱 모형에 무엇을 포함해야 하고 무엇을 제외할 수 있는지(또는 제외해야 하는지)에 관한 딜레마를 다룬다. 모형 제작자라면 노력과 자원을 낭비하지 않고 모형에 필요한 표현력과 내용 간에 적절한 균형을 이루는 데 도움이 될 것이다. 반면에 모형 사용자라면 다른 모형이 만드는 특정 표현력과 내용 선택의 근거를 더 잘 이해하고(예: 엔터티의 완전한 어휘화가 없거나 여러 진리를 표현하지 않음) 이에 따라 기대치를 조정할 수 있을 것이다.

13.1 어떤 어휘화가 있어야 하는가?

약 30년 전, 어린 시절에 나는 그리스 TV 방송국에 출연한 스포츠 중계자 한 사람을 보곤 했는데, 그는 영국 프리미어리그 축구 구단들을 별명으로 부르고는 했다. 아스널 FC는 거너The Gunners로 불렸고, 맨체스터 시티를 시티즈Citiz로 불렸으며, 뉴캐슬 유나이티드를 맥파이스The Magpies로 불렸다. 왜 그런 식으로 부르는지를 전혀 몰랐기 때문에 처음에는 이해할 수 없어서 짜증이 났다. 하지만, 그의 경기 중계방송을 몇 차례 본 후, 나도 공식 이름 대신에 별명으로 이 팀들을 부르기 시작했고, 나만 이런 식으로 별명으로 부른 게 아니었다. 30년 후에 내가 시맨틱 모형을 구축하고 해당 엔터티에 관한 어휘화를 제공해야 할 때마다 '이 중계자라면 무엇이라고 부를까?'를 생각하게 되었다.

2장에서 보았듯이 시맨틱 모형 요소의 어휘화는 자연어에서 요소를 참조하는 데 사용할 수 있는 용어이다. 모형에 이러한 용어가 필요한 이유는 주로 두 가지이다.

- **요소의 의미를 더 명확히 한다.** 요소의 이름이 아무리 명확하고 모호하지 않더라도 가장 일반적인 동의어로 보완하면 의미를 더 명확하고 뚜렷하게 만드는 데 도움이 된다.
- **애플리케이션이 텍스트 자원의 요소를 감지할 수 있게 한다.** 앞에서 스포츠 중계자가 축구 구단들에 대해 언급한 내용을 살펴보았는데, 어떤 애플리케이션이 각 구단의 별명도 모른 채로 그러한 언급을 분석하려고 시도한다면 해당 애플리케이션은 실패할 가능성이 크다.

자, 이 두 가지 이유는 우리가 모형에서 가능한 한 많은 어휘화를 하려고 노력해야 한다는 점을 의미하는가? 이론적으로는 그렇지만, 실제로는 아니다. 왜 그럴까? 모호성 때문이다.

설명해 보겠다. 뉴스 기사에서 언급된 내용을 감지하려고 애플리케이션에서 사용하는 기술 개념의 시맨틱 모형이 있다고 가정해 보자. 'Apache Tomcat' 엔터티의 어휘화로 Tomcat이라는 용어를 사용하기로 하면 동일한 어휘화(예: 동명의 동물)를 가진 다른 엔터티의 언급을 잘못 감지할 가능성이 커진다. NLP는 'Neuro-Linguistic Programming' 개념을 참조할 수도 있으므로 'Natural Language Processing'에 NLP라는 용어를 사용할 때도 마찬가지이다.

즉, 요소에 어휘화를 계속 추가하면 모호한 용어를 추가할 확률이 높아진다. 그리고 이러한 어휘화를 사용하는 애플리케이션이 모호성을 잘 처리하지 못하면 정밀도가 떨어진다.

따라서 여기에 나온 딜레마를 '시맨틱 모형 요소(엔터티, 관계 등)와 하나 이상의 가능한 어휘화가 주어지면 이 중 어떤 어휘화를 유지해야 하는가?'라는 말로 표현할 수 있다.

이 딜레마를 해결하려면 먼저 모형을 사용할 방법을 고려해야 한다. 단지 탐색이나 참조용으로만 쓸 때는 많은 어휘화가 필요하지 않다. 요소의 이름과 한두 개의 일반적인 어휘로 충분하다. 그러나 설령 여러분이 모호한 어휘를 추가했다고 할지라도 문제가 되지 않을 것이다. 물론 여러분이 이름이나 설명을 더 추가해서 사용자가 모호해하지 않게 해야 하지만 말이다.

반면에 (10장에서 보았듯이) 시맨틱 태깅 감지 및 해소 시스템의 일부로 모형을 사용하려면 후보 어휘화 추가의 영향을 고려하고 평가해야 한다. 이를 수행하는 이상적인 방법은 다음과 같다.

먼저 시맨틱 태깅 시스템의 두 가지 버전을 생성한다. 하나는 모형에 후보 어휘화를 포함하지 않은 버전이고 다른 하나는 포함한 버전이다. 그런 후에 동일한 데이터에서 두 버전의 시스템을 모두 실행하고 두 번째 시스템의 태그가 첫 번째 시스템과 다른 부분집합을 도출해 낸다. 그런 후에 그 차이를 평가하여 긍정적인지 부정적인지 그리고 얼마나 많은지 확인하자. 이 차이에 잘못된 태그보다 정확한 태그가 더 포함된다면 용어를 유지하는 편이 안전할 수 있다. 물론, 도입된 잘못된 태그가 올바른 태그보다 더 중요할 수 있으므로 여러분은 질적인 방식으로 차이를 평가하고자 할 수도 있다.

어쨌든 추가된 어휘화의 영향을 알면 수행할 작업을 결정하는 데 도움이 된다.

이제 대규모 배치 방식으로 모형에 어휘화를 추가해야 할 때나 매우 자주 모형에 어휘화를 추가해야 할 때 태그 차이를 수작업 방식으로 확인하여 잠재적 모호성을 평가하는 일이 너무 번거롭고 자원 집약적일 수 있다. 다음 같은 여러 가지 작업을 수행해서 프로세스를 가속할 수 있다.

- **태깅 차이의 양적 속성만 평가한다.** 어휘화의 추가로 생성된 다른 태그를 하나씩 살펴보면서 올바른지 판단하는 대신에 숫자를 고려해서 비정상적이거나 예상치 못한 패턴을 찾을 수 있다. 예를 들면, 뉴스 기사에서 기술 엔터티를 감지하고 이러한 기사의 약 30%가 기술에 관한 것임을 안다고 가정해 보겠다. 또한 현재 시스템이 이러한 문서의 약 15%에서 이러한 엔터티를 감지한다고 하자. 어휘화를 추가하여 이 숫자가 급증하면(예: 기사의 40%가 추가됨), 추가된 어휘화가 모호할 가능성이 크다. 역inverse이 반드시 사실인 것은 아니다. 그처럼 수치가 늘어나지 않는다고 해서 이것이 곧 여러분이 모호성을 끌어들이지 않는다는 점을 의미하지는 않으며, 단지 여러분이 모호성을 끌어들인다고 해도 그 정도로 명료하지 않을 뿐이다.
- **기존 시맨틱 모형에서 이미 알려진 모호성을 찾는다.** 여러분이 도입 중인 어휘화 용어는 자체 모형이나 워드넷, 디비피디아 같은 외부 요소 모두에서 이미 다른 요소의 어휘화일 수 있다. 이러한 요소의 수가 많을수록 추가된 어휘화가 태깅 시스템의 효과에 부정적인 영향을 미칠 가능성이 커진다. 물론, 외부 시맨틱 모형의 품질(정확성 및 적용 범위) 및 범위에 따라 달라진다. 이러한 모형의 매우 모호한 용어는 데이터에서 모호하지 않을 수 있으며 그 반대도 마찬가지이다. 따라서 어떤 외부 모형을 사용하는지 주의해야 한다.
- **어의 귀납법을 사용하여 모호성을 찾는다.** 어의 귀납법word sense induction (WSI, 어의 유도)는 어떤 한 단어의 여러 어의를 자동으로 발견하는 작업이다(예: pen(필기구)이라는 단어가 잉크를 사용하는 필기도구를 의미하거나 중범죄로 유죄 판결을 받은 사람들을 교정하는 기관인 penitentiary(교도소)라는 단어의 줄임말이 될 수 있음을 발견하는 일). 이를 위해 연구 문헌[230][231][232][233]에서 몇 가지 방법과 기술이 제안되었다. 이러한 방법을 대상 데이터에 적용하면 후보 어휘화에 얼마나 많은 다른 의미가 있을 수 있는지 알 수 있다. 사용할 수 있는 데이터나 외부 시맨틱 모형이 없을 때도 몇 가지 간단한 휴리스틱을 사용해 어휘화가 모호해질 확률에 관한 아이디어를 얻을 수 있다.
- **용어가 더 적은 단어로 된 요소 이름의 더 짧은 버전(또는 다른 어휘화)인지 확인한다.** 이름이 여러 낱말로 이뤄진 요소들을 자연어에서는 주로 더 적은 수의 단어로 표현한다(예: 아파치 하둡을 단지 '하둡'이라고만 부르거나 마이크로소프트 엑셀을 그냥 '엑셀'로만 부름). 이러한 언급이 모호하지 않을 때도 있지만(예: '하둡'은 전

혀 모호하지 않음), 모호할 때도 많다(예: 영어에서 '엑셀'은 '아주 잘한다'라는 의미이기도 하다). 일반적으로 용어에서 하나 이상의 단어를 제거하면 동일하게 유지하기보다 의미 범위를 넓히거나 변경할 가능성이 더 크다. 추가된 단어마다 어떤 이유가 있어서 추가되는 것이 일반적이다.

- **용어가 요소 이름의 약어(또는 기타 어휘화)인지 확인한다.** 두문자어는 모호하기로 악명이 높으므로 데이터 도메인이 매우 좁지 않은 한 두문자어에 특히 주의해야 한다.

- **용어가 다른 언어로 된 요소 이름의 번역(또는 다른 어휘화)인지 확인한다.** 한 언어에서 모호하지 않았던 용어일지라도 다른 언어로 번역되는 동안 결국 모호해진다. 예를 들어, 영어 용어 'data retrieval(데이터 검색)'은 스페인어로 'recuperación de datos'로 번역되지만, 후자의 용어는 '데이터 복원'을 의미할 수도 있다. 마찬가지로, 이탈리아어 용어인 'commercio elettronico'는 영어로 'electronic commerce(전자상거래)'와 'electronic trading(전자 거래)'을 모두 의미할 수 있으며 이는 다른 개념이다.

- **용어가 문장에서 가정할 수 있는 다양한 품사를 생각해 보자.** 여러 용어는 동사와 명사(예: watch, sail, damage), 명사와 형용사(예: light, fine, fair)의 조합이거나 그 밖의 조합일 수 있다. 태그 지정 시스템에 매우 강력한 품사 모호성 해소 기능이 없다면 이러한 용어는 매우 애매해진다.

- **용어에 포함된 단어 수를 확인하자.** 일반적으로 용어에 단어가 많을수록 여러 의미가 있을 가능성이 적다.

> **WARNING_** 논란의 여지가 있거나 모욕적이거나 차별적인 (부족한) 어휘에 주의
>
> 모호한 어휘화와는 별도로 정치적으로나 사회적으로, 또는 기타 논쟁의 여지가 있는 엔터티나 기타 요소의 모형 어휘화를 사용하는 일은 위험할 수 있다. 예를 들면, 1920년대 아르메니아 대량 학살 같은 여러 사건이 특정 국가에서는 '실제로 있었던 일'로 인식되지 않는다. 동시에, 직업 개념의 성별 중립적 어휘화가 없는 상황과 같이 모형에 특정 요소가 없으면 차별적이라고 간주할 수 있다.

마지막 질문은 모형에서 원하지 않는 어휘화로 무엇을 하느냐이다. 여러분은 모형에 필요치 않은 어휘화를 바탕으로 무엇인가를 하는가, 아니면 그냥 무시하는가? 나는 그것을 보관해 두라고 추천한다. 아직 사용하지는 말자. 이러한 어휘화는 더 나은 모호성 해소 기능이 있는 의미 체계 태그 지정 시스템이 있거나 개발하기로 할 때 유용할 것이기 때문이다.

> **NOTE_** 없어도 살 수 있는 어휘화
>
> 어떤 이유로든 모형의 어휘화 수를 제한해야 할 때 대상 데이터에 자주 나타나지 않는 엔터티나 이미 더 짧은 버전이 있는 엔터티를 생략할 수 있다(예: 파워포인트라는 용어를 유지하면서 마이크로소프트 파워포인트라는 용어를 버림). 그러나 이러한 '잉여' 용어 중 일부는 실제로 가치가 있을 수 있으므로 주의해야 한다. 예를 들어, 파워포인트가 전혀 모호하지 않더라도 마이크로소프트 파워포인트의 어휘화를 유지하면 태그 지정 시스템이 텍스트에서 이를 만날 때마다 마이크로소프트라는 용어를 다른 개념과 일치시키는 일을 방지할 수 있다.

13.2 얼마나 세분화될까?

7장에서 나는 시맨틱 모형에서 잘못된 동의어를 정의할 때가 많다고 언급했는데, 그 이유는 서로 구별되는 엔터티나 다른 요소로 모형화하고 싶지 않은 특정 용어를 포함해야 하기 때문이며, 그래서 우리는 그것들을 기존 용어를 어휘화해서 추가한다. 또한 의식적으로 그렇게 할 때 모형의 어휘화가 동의어가 아님을 명시해야 한다고 제안했다. 그렇지만 나는 우리가 근본적으로 그렇게 하면 안 된다는 식으로 말하지 않았다. 부정확한 동의어를 정의하는 일은 우리가 피해야 할 함정이기는 하지만, 특정 의미를 구별하지 않는 일은 사실상 선택 행위다. 물론, 이렇게 하기는 어렵겠지만 말이다.

설명해 보겠다. 이상적인 시맨틱 모형에서 용어의 모든 고유한 의미는 서로 다른 요소로 모형화되어야 하며 의미가 서로 다른 둘 이상의 용어에 대해 같아야 한다. 그러나 실제 모형에서는 다음 같은 여러 가지 이유로 너무 어렵고 비실용적일 수 있다.

| **의미를 구별하는 일은 복잡하고 큰 비용이 필요해질 수 있다.** |

모형의 복잡성과 규격에 따라 새 요소를 정의한다는 말은 몇 가지 추가 다른 요소(엔터티, 어휘화, 속성, 공리 등)를 정의해야 함을 의미할 수 있다. 더욱이 의미 구별이 미묘하거나 덜 알려질수록 모형과 사용자에게 이를 명시하려면 더 많은 연구와 추가 정보가 필요하다. 예를 들면, 바이올린과 피들이라는 용어를 (대부분의 사전에서는 동일하게 간주하지만) 별개의 엔터티로 모형화하려면, 모형에서 그 차이가 연주 스타일이라는 점을 어떻게든 표현해야 한다(민속 음악에서는 피들이지만, 클래식 음악에서는 바이올린). 마찬가지로 데이터 과학자와 데이터 분석가를 구분하려면 일반적으로 서로 다른 기술과 활동을 결정하고 표현해야 한다.

| **의미를 구별하는 일은 주관적일 수 있다.** |

모형화의 실무자로서 나는 **온톨로지**ontology와 **택소노미**taxonomy 같은 다양한 시맨틱 관련 공예품의 뉘앙스를 꽤 잘 안다. 반면에, 공상 과학 소설 장르에 열광하지 않기 때문에, 바이오 펑크와 나노 펑크 같은 하위 장르 간의 차이점을 알지 못한다. 공상 과학 영화 전문가에게는 그 반대일 것이다. 따라서 우리가 구축하려고 노력하는 매우 상세하고 세분된 시맨틱 모형은 사용자에게 그다지 유용하지 않을 수 있다.

의미를 구별하는 일이 모호성 해소를 더 어렵게 만들 수 있다.

용어에 더 많은 의미가 있을수록, 특히 이러한 의미 간의 차이가 너무 미묘할 때 모호성을 띠지 않을 수 있다. 예를 들어, 어떤 글에 나오는 apple(애플)이라는 용어가 과일을 가리키는지 아니면 회사를 가리키는지 결정하는 일은 두 가지 의미가 매우 다르고 일반적으로 매우 다른 컨텍스트에서 나타나므로 비교적 쉽다. 반면에 fabrication(직조, 제조)이라는 용어가 '원료로 무언가(어떤 제품)를 만드는 행위'를 의미하는지나 '어떤 것을 기계의 한 부품으로 만드는 행위'를 의미하는지를 결정하는 일은 훨씬 더 어렵다. 더욱이 한 언어에서 모호하지 않은 의미 구별이 다른 언어에서 애매할 수 있다. 예를 들면, welding(용접)과 soldering(납땜)이 프랑스어로는 모두 soudage로 번역된다.

의미를 구별하는 일이 의미를 일치하게 하는 일을 더 어렵게 만들 수 있다.

의미를 구별하는 일을 원하지 않는 또 다른 이유는 의미를 일치하게 하는 과정을 더 쉽게 만들어주기 때문이다. 예를 들어, 어떤 바이올린 연주자가 일자리를 찾고 있고 어떤 음악 밴드가 피들 연주자를 찾고 있다고 가정해 보자. 시스템이 연주자의 이력서와 밴드에 필요한 일자리를 의미론적으로 일치시키려면 피들과 바이올린의 개념 사이에 시맨틱 관련성 관계를 포함하는 기본 시맨틱 모형이 필요하다. 만약 두 개념이 하나라면 그러한 관계가 필요하지 않을 것이다.

따라서 여기에 있는 딜레마는 다음과 같이 표현할 수 있다. '매우 비슷하지만, 의미가 다른 용어가 하나 이상 주어지면 이러한 의미를 별개의 시맨틱 모형 요소로 모형화해야 하는가, 아니면 동일하게 모형화해야 하는가?'

이 딜레마를 해결하려면 다음 질문을 고려해야 한다.

- **의미의 차이가 실질적이고 실용적인가, 아니면 양성적이고 이론적인가?** 매우 가까운 용어의 의미 차이를 웹에서 충분히 자세히 살펴보면 거의 항상 일부를 찾을 수 있다. 따라서 실제 질문은 이러한 차이가 중요하고 모형에서 구별을 정당화하기에 충분히 적용 가능한지이다. 예를 들면, 구글에서 소프트웨어 공학자와 소프트웨어 개발자의 차이점을 살펴보면 '소프트웨어 공학자는 컴퓨터의 설계, 개발, 유지 관리, 테스트, 평가에 소프트웨어 공학 원칙을 적용하는 전문가이다', '소프트웨어 개발자는 다양한 유형의 컴퓨터에서 실행되는 소프트웨어를 만드는 전문가이다'[234]와 같다. 나에게 이 차이는 (조금 인위적이지는 않더라도) 해가 없으며 내 모형에서 표현하는 데 관심이 없다. 여러분의 생각은 어떤가?
- **구별한(또는 구별하지 않은) 결과는 무엇인가?** 소프트웨어 개발자와 소프트웨어 공학자를 구분하지 않으면 화난 소프트웨어 공학자들이 불만을 제기할 것이다. 또한 그렇게 하면 노동 시장 데이터에 대해 실행하는 분석이 왜곡되거나 이상한 통찰력을 제공할 수도 있다. 그리고 여러분이 무엇을 하든 아무도 눈치채지 못할지도 모른다. 즉, 결정의 잠재적인 영향을 평가하고 정말로 중요한 구별에 쏟을 에너지와 자원을 보존할 방법이 있어

야 한다.

- **구별을 지원할 수 있는가?** 둘 이상의 요소 사이의 의미 차이가 덜 분명할수록 모형에 포함해야 하는 요소에 대한 더 전문화된 정보(이름, 텍스트 정의, 관계, 속성, 공리)는 유사점보다 차이점을 더 분명하게 만든다. 또한, 여러분에게 없는 특정 지식 습득 공급원, 모형화 프레임워크가 지원하지 않는 복잡한 요소나 모형을 사용하는 애플리케이션이 아직 제공하지 않는 고급 기능이 필요할 수 있다. 이것들 모두 궁극적으로 여러분의 결정에 영향을 미치는 요소이다.

결국, 모형이 세분화 측면에서 불균형해질 가능성이 있다. 일부는 더 세분되고 다른 부분은 더 거칠어진다. 이는 예상되는 일이며 모형의 사용자와 애플리케이션이 허용하고 처리할 수 있는 수준에 따라 세분화 수준이 달라지는 한 그렇게 큰 문제는 아니다. 그리고 어찌 되었든지 간에 이러한 다양한 수준이 모형 문서를 통해 명확하게 전달되는지 확인해야 한다.

13.3 얼마나 일반적이어야 하는가?

2장에서 우리는 엔터티가 공간과 시간에 물리적으로 존재하는지에 따라 구상 엔터티와 추상 엔터티로 구별할 수 있다는 점을 보았다. 추상화에 대한 두 번째 해석은 엔터티의 일반성이나 특이성, 즉 엔터티에 포함된 도메인별 정보의 양과 관련이 있다. 일부 엔터티는 의미가 매우 광범위하고 일반적으로 여러 도메인에 걸쳐 있으며 더 많은 특정 엔터티에 의해 전문화된다는 점에서 다른 엔터티보다 더 일반적이다.

예를 들어, '어떤 것의 요소나 구조에 대한 상세한 조사'[235] 같은 엔터티 분석은 매우 일반적이며 화학 분석, 데이터 분석, 역사적 분석 등과 같은 여러 도메인에서 더 협의인 엔터티를 생성한다. 관리('사물이나 사람을 다루거나 제어하는 과정'의 의미에서), 운영('기능의 행동이나 활동적이거나 실제로 존재하는 사실'의 의미에서), 기술('환경을 제어하는 도구 및 기술의 지식과 사용'의 의미에서) 같은 개념에서도 마찬가지이다. [표 13-1]에는 몇 가지 매우 일반적인 개념의 추가 예가 있다.

표 13-1 매우 일반적인 엔터티 예시

엔터티	의미
기술	지식을 응용하고 도구와 기술을 사용하여 환경을 제어
디자인	무언가의 형태를 만들어내는 행위

인수	무언가의 소유를 계약, 권리 이양, 취득하는 행위
진단	어떤 현상의 본질이나 원인을 식별하는 행위
희석	내용이나 가치를 약하게 만드는 행위
공학	기술 및 과학적 지식의 상업이나 산업에 대한 실용적 적용
과학	관찰과 실험으로 물리적 세계와 자연 세계의 구조와 행동에 관한 체계적인 연구를 아우르는 지적이고 실용적인 활동
보안	위험이나 위협에서 자유로운 상태

우리는 흔히 매우 일반적인 엔터티여서 애매하다고 여기는 실수를 하게 된다. 예를 들면, 내가 공학자라고 말하면 사람들은 내게 어떤 분야의 공학자인지 물어볼 것이다(예: 토목 공학자나 소프트웨어 공학자). 그러나 내가 그 정보를 주지 않더라도, 여러분은 여전히 내가 '과학적 지식을 사용하여 실제적인 문제를 해결하는 사람'임을 알게 될 것이다. 즉, 아주 일반적인 엔터티라고 해서 반드시 애매하지는 않다.

반면에 매우 일반적인 엔터티에는 매우 흥미롭고 문제가 깃들어 있다는 속성이 있다. 일반적인 의미는 자주 잊히거나 무시되며, 어휘화는 자연어에서 사용될 때 더 협의인 엔터티를 참조하는 경향이 있다.

예를 들어, 여러분이 어떤 만찬장에서 '내 일은 기술과 관련이 있다'라고 말하면 주변 사람들은 대부분 여러분이 전자 업계나 소프트웨어 업계에서 일한다고 생각할 것이고, 설령 여러분이 농업 기술 개발 회사에서 일한다고 할지라도 여러분의 단언은 옳다. 마찬가지로 같은 사람들이 여러분이 전화로 '진단 결과가 좋았다'라고 말하는 것을 들으면 그들은 즉시 여러분이 일부 건강 검진 결과를 받았다고 생각할 것이다.

이런 행태는 엔터티의 의미가 지나치게 광범위할 때 정보 가치가 너무 낮을 수 있고 그런 사용 방식 때문에 모호성 해소가 더 어렵게 될 수 있다는 점을 보여주는 사례인 것 같다. 더욱이 매우 일반적인 엔터티를 정의하고 사용하는 일은 시맨틱 모형 구축자와 특정 도메인 전문가 모두에게 몹시 어려울 수 있다.

이러한 어려움의 한 가지 증거는 현재 사용 중이며 일반적으로 받아들여지고 표준화된 상위 온톨로지가 없다는 사실이다. 또 다른 하나는 스티븐스Stevens 등이 보고한 실험[237]으로, 저자들은 8명의 BFO 전문가에게 BFO 엔터티와 함께 이동 도메인에서 일반적으로 알려진 46개의 엔터티를 분류하도록 요청했다. 결과 분류는 전문가 패널의 분류 결정에 대한 참가자의 평균 동의가 51%에 불과하고 평가자 간 동의(플레이스 카파Fleiss's kappa 값을 사용)가 0.52에 불과하여 일관성이 너무 부족했다.

따라서 여기서 딜레마는 모형에 매우 일반적인 엔터티를 포함할 가치가 있는지다. 이 문제를 해결할 때 도움이 될 두 가지 조언이 있다.

| 일반 엔터티의 정보 가치와 잠재적 모호성을 평가한다. |

일반적인 엔터티에 관해 질문했을 때 사람들은 즉시 더 구체적인 엔터티를 생각하게 되는가? 어떤 응용 상황에서 사람들에게 일반적인 엔터티를 제시하면 그런 엔터티가 자신에게 전혀 소용이 없다고 말하는가? 그렇다면 엔터티는 실제로 정보 가치가 없으며 자연어 수준에서 높은 모호성을 유발할 가능성이 크다. 예를 들면, 시맨틱 검색 사용자가 검색창에 analysis를 쓸 때 실제로 이 엔터티와 관련된 모든 결과를 제공하기보다는 사용자가 바라는 분석 유형을 묻는 것이 더 유용하다. 마찬가지로 이러한 사용자가 이러한 쿼리를 작성할 때 항상 특정 분석 유형을 염두에 두고 있는 상태라면, 여러분이 모호성 해소를 충분히 잘 해내기 어려워서 그저 모든 분석 유형을 제시한다고 해도, 그들이 딱히 고마워할 일도 아닐 것이다. 이럴 때 여러분은 이 엔터티를 모형에 포함하기는 하되, 특정한 사용 상황에서는 제외하려고 할지 모른다.

| 실제로 필요하고 유용할 때만 '주문형' 모형에 일반 엔터티를 추가한다. |

예를 들면, 여러분에게 근원 개념이 '토목 공학'인 택소노미taxonomy(분류 체계)가 있다면 정당한 이유 없이 그러한 개념 위에 다시 '공학'을 추가하지 말자. 특정 도메인에 대한 모형을 구축할 때 상위 온톨로지를 취하여 모형을 구축하지 말고 모형의 엔터티를 전문화하자. 또한 모형을 여타 모형과 연동하고 싶다면 가장 최소화된 일반화 방식을 찾아 기교를 발휘하자.

13.4 얼마나 부정적이어야 하는가?

여러분이 위키데이터에 접속해서 유명한 철학자이자 수학자인 버트런드 러셀[238]을 검색해 본다면, 그가 어디에서 태어나 어디서 삶을 마쳤는지, 배우자가 누구였는지, 그리고 작품에 영향을 준 철학자가 누구였는지를 포함한 많은 정보를 찾을 수 있을 것이다. 반면에 그가 태어나지 않은 곳, 죽지 않은 곳, 결혼하지 않은 사람, 영향을 받지 않은 철학자 등에 관한 정보는 찾을 수 없다. 마찬가지로 디비피디아로 이동하여 데이터 과학[239] 엔터티를 찾으면 (owl:sameAs 관계를 통해) 다른 시맨틱 모형에서와 의미가 동일한 엔터티를 찾을 수 있지만, 그렇지 않은 엔터티는 찾을 수 없다. 즉, 두 예에서 모두 사실이 아님을 명시적으로 나타내는 부정 단언 negative assertion을 찾을 수 없다.

그런데 나는 이것이 반드시 나쁜 습관이라고 말하고 있지 않다. 예를 들어, 버트런드 러셀이 태어나지 않은 모든 장소를 위키데이터가 정의하는 것은 완전히 터무니없는 일이다. 너무 많기 때문일 뿐만 아니라 그가 태어난 장소가 이미 있고 모든 사람이 정확히 한 곳에서 태어나기 때문이다. 마찬가지로 디비피디아 측에서 **Data Science**가 다른 모든 외부 엔터티를 언급하게 하는 일은 일은 과잉이다. 그러나 나는 디비피디아가 자신의 **Data Science**와 똑같은 것으로 보이는 외부 엔터티를 명시적으로 나열한다면 아주 유용할 것이라는 생각을 떨칠 수 없지만, 실제로는 그렇지 않다.

실제로 시맨틱 모형의 부정 단언은 긍정 단언이 (또는 긍정 단언의 결여로 인해) 제공할 수 없는 정보를 제공할 수 있다. 키가 크지 않다고 말하고 싶다고 해서 키가 작다고 말하면 안 되며, 캐나다에 살았다고 해서 다른 곳에 살지 않았다고 추론해서는 안 된다. 반면에 사실이 아닌 모든 단언을 모형에 추가하는 일은 완전히 비현실적이다. 또한 우리가 사용해야 하는 모형화 프레임워크가 부정 기능을 지원하지 않을 수 있기 때문에 나는 이런 일을 가능한 한 피하고 싶다. 그렇다면 어떤 부정적인 지식을 추가하고 무엇을 제외할지를 어떻게 결정할 수 있는가?

내 경험상 다음 같은 경우에 모형에 부정 단언을 명시적으로 추가하는 것이 좋다.

| 부정 단언을 다른 요소로 추론하거나 대체할 수 없는 경우 |

예를 들어, 모형화 언어가 어떤 관계가 정확히 한 곳에서만 태어날 수 있다는 점을 정의할 수 있다면, 특정 사람이 태어나지 않은 모든 곳을 추가할 필요는 없다. 단지 실제 출생지를 명시하기만 하면 된다. 마찬가지로 John이 살아 있지 않다고 말하고 **LivePerson**과 **DeadPerson**을 모형에서 보완 클래스로 정의했다면, 그가 **LivePerson**의 인스턴스가 아니라는 말 없이 **DeadPerson**의 인스턴스라고 단언할 수 있다. 그러나 **TallPerson**과 **ShortPerson**이라는 클래스로는 똑같이 할 수 없다. 애매한 클래스는 보완적이지 않다(이 함정에 관해서는 7장 참조).

| 부정 단언이 일부 요소의 의미에서 중요한 부분인 경우 |

예를 들어, 정치 철학에 대한 온톨로지라면 카를 마르크스가 대부분의 육체노동의 종말을 믿지 않았다고 말하는 것이나 프리드리히 하이에크는 모든 과세가 자유와 양립할 수 없다고 믿지 않았다고 말하는 것이 중요할 수 있다. 마찬가지로 훈련 과정을 설명하는 시맨틱 모형에서는 특정 과정이 다루지 않는 학습 결과를 명시적으로 설명할 수 있다.

| 많은 사람이나 다른 모형이 실수로 사실이라고 생각하는 일반적인 신념이나 가정을 부정 단언이 반박하는 경우 |

예를 들어, '지구는 평평하지 않다', '불가지론은 종교가 아니다', '데이터 과학자는 데이터 공학자와 다르다', '파킨슨병은 치명적이지 않다'라고 명시적으로 말할 수 있다.

| 부정 단언이 정보 추출 시스템이나 기타 애플리케이션을 개선하는 데 도움이 되는 경우 |

예를 들면, 글에 있는 특정 용어가 '기관' 엔터티라고 잘못 제안하는 지도학습 방식 개체명 인식 시스템이 있을 수 있다. 그런 후에 모형에서는 다음에 동일한 제안이 나타날 때 이를 거부할 수 없으며 시스템을 다시 훈련하고 개선할 수 없다는 명시적인 단언을 사용할 수 있다.

즉, 부정적인 지식을 긍정적인 지식과 동일한 주의와 배려로 다루어야 한다.

13.5 얼마나 많은 진리를 처리해야 하는가?

이전 장에서 배웠듯이 애매한 진술의 진리는 매우 주관적이고 상황에 따라 달라질 수 있다. 예를 들면, 스테픈 커리의 키는 191cm인데, NBA 기준으로는 작지만 일반인에 비하면 큰 키에 해당한다. 연간 수입이 25,000달러인 사람을 일부 국가에서는 중산층으로 분류하지만, 빈곤층으로 분류하는 국가도 있다. 그리고 일부 문화에서 무례한 행동(예: 팁을 주지 않음)을 다른 문화에서는 완벽하게 정상적이라고 간주한다.

이제 이론적으로 상황에 따른 진술을 포함하는 시맨틱 모형은 이러한 진술이 참(또는 부정적 지식에서는 거짓)인 모든 상황을 명시적으로 나타내야 한다. 그러나 실제로 이러한 작업은 다음 같은 이유로 몹시 어려울 수 있다.

| 컨텍스트가 너무 많을 수 있다. |

여러분의 모형에 담긴 모든 개별 진술들이 10개나 100개 또는 그보다 더 많은 컨텍스트에 대한 진리를 표현해야 한다고 상상해 보자. 이 작업을 완전히 자동으로 수행할 수 없다면 이런 표현을 생성하고 유지하는 부담이 너무 클 수 있다.

| 컨텍스트가 알려지지 않았거나, 식별하거나 표현하기가 어려울 수 있다. |

모형이 염두에 두어야 하는 컨텍스트를 쉽게 찾아내고 식별할 수 있는 때도 있지만, 그렇지 않은 때도 있다. 대기업의 이사회에서 비즈니스 전략을 평가할 때 그들이 생각하는 다른 컨텍스트가 무엇인지 물어보고 선명하고[crisp] 합의된 대답을 얻었는지 확인하자. 또는 식당을 이용하는 집단이 어떤 컨텍스트 때문에 특정 식당이 비싼 곳인지 그렇지 않은 곳인지를 판단하게 되었는지를 확인해 보자. 두 상황 모두 이러한 컨텍스트를 식별하고 엄격하게 정의하는 데 상당한 노력이 필요할 수 있다.

| 모형을 사용하는 애플리케이션이 컨텍스트를 처리하지 못할 수 있다. |

데이터 과학자가 보유해야 하는 기술을 알고자 하는 애플리케이션을 상상해 보자. 모형이 산업이나 위치 또는 기타 컨텍스트에 따라 다른 기술 집합을 정의한다면 이 애플리케이션은 어떤 집합을 사용해야 하는가?

시맨틱 모형의 컨텍스트화 여부와 그 정도를 결정할 때는 12장에서 본 것과 유사한 기준 집합을 사용해 모형을 퍼지화할지를 결정할 수 있다. 즉, 다음 같을 때 상황을 파악할 가치가 있다.

- 모형의 정확성에 대한 모순성 수준이 높고 합의를 달성하기 어렵다.
- 비용 효율적인 방식으로 진리 컨텍스트를 식별할 수 있다.
- 모형을 사용하는 애플리케이션은 실제로 컨텍스트화된 요소를 처리하고 이점을 얻을 수 있다.
- 컨텍스트화는 실제로 의견 차이를 줄이고 모형의 애플리케이션에 긍정적인 영향을 끼친다.
- 컨텍스트화의 이점이 컨텍스트를 관리하는 데 따르는 부담보다 크다.

컨텍스트화 하기로 했다면, 간단하게 시작하여 최소 실행이 가능한 컨텍스트 수, 세분성, 복잡성을 목표로 하기를 권장한다. 예를 들면, 위치를 기반으로 컨텍스트화 하기로 했으면 도시나 우편 번호를 고려하기 전에 먼저 대륙이나 국가를 사용하는 게 요령이 되는지를 확인하자. 마찬가지로 컨텍스트가 조직의 기능일 때 조직의 세부 구조로 들어가기 전에 핵심 기능(예: 재무, 연구개발, 운영)부터 시작하자.

더 복잡한 컨텍스트 모형(예: 위치 택소노미나 비즈니스 프로세스의 온톨로지)의 문제점은 이를 나타내는 것 외에도 추론해야 한다는 점이다. 예를 들어, 특정 진술이 유럽 지역에서 사실이라면 모든 유럽 국가에서도 사실이라고 추론할 수 있기를 원한다. 반대로 어떤 진술이 일부 유럽 국가에서는 참이고 다른 국가에서는 거짓일 때 유럽에서 진술의 진리를 추론할 방법이 필요하다. 여기에 사용할 공식을 생각할 수 있는가?

마지막으로, 진리 컨텍스트화와 진리 퍼지화는 서로 대안이 되는 접근법이라기보다는 상호 보완이 되는 접근법이라는 점을 알아두자. 컨텍스트화를 하더라도 동일한 상황에서 의견이 일치하지 않을 수 있으므로 퍼지화를 해야 할 수 있다. 그리고 퍼지화가 있더라도 요소의 퍼지도와 소속 함수에 관한 의견이 여전히 일치하지 않을 수 있으므로 이를 컨텍스트화하는 편이 좋다.

13.6 어떻게 연결되어야 하는가?

2006년에 월드 와이드 웹의 발명가인 팀 버너스리 경Sir Tim Berners-Lee은 (시맨틱) 웹에 데이터를 게시하기 위한 네 가지 규칙을 제안하는 메모이자 영향력 있는 메모를 발표했다.[240]

1. 사물의 이름으로 URIUniform Resource Identifier를 사용한다.
2. 사람들이 해당 이름을 찾을 수 있도록 HTTP URI를 사용한다.
3. 누군가 URI를 조회할 때 관련 표준(예: RDF)을 사용하여 유용한 정보를 제공한다.
4. 더 많은 정보를 발견할 수 있도록 다른 URI의 링크를 포함한다.

그런데 버너스리가 인정했듯이 이러한 규칙은 시행해야 할 것이 아니라 권장 사항 및 모범 사례로 여기는 게 합당하며, 더 많은 사람이 이를 따를수록 다른 사람들이 데이터를 더 많이 사용할 수 있다는 생각이다. 나는 팀 버너스리를 진심으로 존경하지만 이런 점에 동의하지 않는다. 왜냐하면 내 데이터와 시맨틱 모형(그리고 여러분이 지닌 대다수 모형)은 다른 외부 데이터와 연결한다고 해서 자동으로 더 가치가 높아지지는 않기 때문이다. 사실 그 반대 현상이 벌어질 수 있다. 따라서 상호연결에 관한 신중한 위험-이익 분석이 중요하다.

이 점을 설명해 보겠다. 여러분이 나에게 다가와서 내 시맨틱 데이터 모형을 여러분의 시맨틱 모형과 서로 연결해야 한다고 말하면 나는 즉시 다음을 수행할 것이다.

- **여러분이 지닌 모형의 품질과 호환성을 내 모형과 비교해 자세히 조사한다.** 이 책에 앞서 나온 모든 장에서 분명히 드러났듯이, 기존에 나온 여러 시맨틱 모형을 미리 경험해 보니 나는 그것들을 신뢰하기 어려웠는데, 그렇다고 해서 내 모형이 그런 모형보다 반드시 더 좋다는 말은 아니고 목표나 전략이나 품질 요건이 서로 크게 다를 수 있기 때문이라는 말이다(기억을 되짚어 보고 싶다면 7.1.2절 '잘못된 대응 및 상호연결'과 8.2.1절의 '데이터가 잘못되었을 때'를 참조하자). 여러분의 모형을 믿을 수 없다면 나는 그 모형과 연결하는 데 투자하지 않겠다.

- **여러분이 지닌 모형의 관리 및 진화 전략을 알려고 한다.** 내 시맨틱 모형을 여러분의 모형에 연결한다는 말은 그 안에서 무언가를 변경할 때마다 연결을 업데이트해야 할 수도 있다는 점을 의미한다(예: 엔터티를 두 개의 새로운 엔터티로 분할하기로 한 경우). 또한 이러한 변경은 내 모형에 부정적인 방식으로 영향을 미칠 수 있다(예: 처리할 수 없는 모호성을 도입함). 따라서 모형을 얼마나 자주 변경해야 하는지, 그리고 어떤 종류의 변경이 예상되는지 알아야 한다. 나는 여러분이 모형을 관리하는 방법을 통제하려 하거나 의견을 내려 하지 않겠지만(그럴지라도 별문제 없다), 여러분의 모형이 예측할 수 없고 잠재적으로 해로운 방식으로 너무 자주 변경되면 그 모형과 연결하려 하지 않을 것이다.

- **연결 비용과 노력을 평가한다.** 둘 이상의 서로 다른 시맨틱 모형을 병합, 대응, 연결하는 일은 자동 접근 방식의 약속에도 불구하고 상당한 인력이 필요한, 어렵고 비용이 많이 드는 과정일 수 있다. 이는 다른 모형의 다른 기술이나 모형화 언어 때문이 아니라 모형이 생성되고 사용되고 진화되는 다른 컨텍스트 때문이다. 우리 모형이 상대적으로 호환되고 비용 대비 효율적으로 연결(그리고 이러한 상호연결을 유지)한다면 앞으로 나아가는 데 반대하지 않을 것이다.

- **상호연결의 이점을 평가한다.** 궁극적인 질문은 모형에 연결하여 얻을 수 있는 이점이다. 나에게 있어 주된 이유는 여러분의 모형이 내 도메인이나 업계에서 널리 채택한 표준에 맞는 경우이다. 즉, 이를 무시하면 내 애플리케이션과 서비스를 다른 중요한 시스템 및 조직과 쉽게 상호운용할 수 없다. 내가 여러분이 지닌 모형의 내용에만 관심이 있다면, 나는 두 모형을 하나로 묶기보다는 내가 원할 때 내가 원하는 방식으로 내 모형과 병합하는 편을 선호한다.

이러한 태도와 접근 방식을 잘 보여주는 사례로는 2017년 텍스트커널 팀이 노동 시장 지식 그래프를 그해 10월 공식적으로 발표한 직업 및 기술에 대한 ESCO 분류와 연계해야 하는지에 관한 딜레마에 직면했을 때 수행한 작업이 있다.

표면적으로 두 모형은 구조와 내용이 상당히 비슷했다. 여러 언어로 어휘화된 직종 개념에 관한 택소노미, 기량 개념에 관한 유사한 택소노미, 직종을 의미론적으로 관련된 기량에 연결하는 관계가 그러한 예다. 그러나 자세히 살펴보면 몇 가지 주요 차이점이 드러났다.

우선, 두 모형에서 서로 다른 하위 도메인의 세분성은 상당히 달랐다. 예를 들면, ESCO는 데이터 과학자와 데이터 공학자, 재무와 경제를 구분하지 않았지만, 텍스트커널 지식 그래프는 구분했다. 반면에 ESCO는 특정 언어의 말하기, 이해, 쓰기를 구분했지만, 텍스트커널 지식 그 래프는 구분하지 않았다. 즉, 개념 간의 정확한 일치를 찾기가 쉽지 않았다는 말이다.

둘째, ESCO 엔터티의 어휘화는 텍스트커널 엔터티 같은 방식으로 텍스트에서 후자를 감지하 고 명확하게 하도록 최적화되지 않았다(그 방법은 10장 참조). 따라서 그래프에서 그대로 받 아들일 수는 없다. ESCO가 직종과 기량 간에 정의한 필수/선택적 관계도 마찬가지다. 그런 선 택들이 아주 임의적으로 보였고, 그런 관계를 채우는 데 사용된 기준과 관련하여 잘 문서화되 지 않았으며, 우리 데이터에 대해 벤치마킹했을 때 상당히 부정확했다.

반면에 ESCO는 유럽의 공공 고용 기관 간에 공유된 표준이 되도록 설정되었으므로 비즈니스 측면에서 텍스트커널이 이를 지원하는 일은 아주 중요했다. 또한 우리 그래프에서 빠진 언어로 된 유용한 어휘화가 포함되어 있었다. 그리고 진화론적으로 보면 꽤 안정적인 모형이었다. 변 화는 일 년에 한 번 발생하며 일반적으로 매우 작은 부분에 영향을 미친다.

이 모든 것을 바탕으로, 우리는 타협점을 찾는 접근 방식을 정했는데, 그 방식이란 우리 모형의 엔터티들을 ESCO가 제공한 엔터티에 연결하는 한편으로, ESCO가 제공한 이 엔터티들에 대 한 추가 정보(어휘화한 것들, 속성들, 관련 엔터티들 등)가 자동으로 우리 모형 속으로 들어오 지 못하게 했다. 오히려 우리는 유용하고 정확하며 모형의 의미 체계와 호환되는 ESCO 정보 만을 신중하게 선택하여 통합했다.

13.7 요약

이번 장에서는 우리가 시맨틱 모형에 넣는 요소가 우리가 모형화하려는 데이터와 도메인에만 의존하는 것이 아니라 효과적이고 효율적인 방식으로 이러한 요소를 관리하고 적용하는 능력 에 달려 있음을 분명히 했다. 사용할 수 있는 자원과 기술에 제약을 받고 있다면 모형이 현실적 으로 얼마나 정교하고 풍부할 수 있는지에 대해 의식적이고 정보에 입각한 선택을 해야 한다. 이를 위해 이번 장에서 설명한 질문과 기술과 지침은 다양한 의미 표현성 딜레마에 대해 그러 한 선택을 하는 데 도움이 될 수 있다.

이번 장에서 기억해야 할 중요 사항은 다음과 같다.

- 시맨틱 모형 요소의 어휘화는 모호성이 모형의 애플리케이션과 사용자에게 문제를 일으키지 않는 한 유용하다. 주의해서 추가하자.

- 의미를 구별하는 일은 복잡하고 비용이 많이 들 수 있다. 중요한 부분에 집중하자.

- 매우 일반적인 개념은 문제가 될 수 있고, 유용하지 않을 수 있다. 조심스럽게 사용하자.

- 극도로 애매한 상황에서 진리 컨텍스트화를 생각해 보자.

- 진리 컨텍스트화는 진리 퍼지화와 직교한다.

- 부정적인 지식을 무시하지 말자. 긍정적인 지식보다 더 유용하고 신뢰할 수 있다.

- 상호연결이 항상 유익하지는 않다. 가치를 제공할 때 주의를 기울여야 한다.

다음 장에서는 내용 및 표현성과 관련된 딜레마에서 시맨틱 모형의 진화 및 거버넌스와 관련된 딜레마로 논의를 전환한다.

CHAPTER 14

진화와 거버넌스 딜레마

> **살아남을 사람은 가장 강하거나 가장 똑똑한 사람이 아니라 변화를 가장 잘 관리할 수 있는 사람이다.**
>
> 레온 C. 메긴손Leon C. Megginson

시맨틱 모형은 품질과 유용성을 유지하고 개선하려고 시간의 흐름에 맞춰 진화해야 하는, 역동성이 있는 공예품이다. 일반적인 모형 진화 작업에는 품질 문제 수정, 추가 도메인이나 애플리케이션을 포함하는 구조 및 콘텐츠 추가, 의미 변화 때문에 더는 유효하지 않은 요소 제거가 포함된다.

또한 11장에서 살펴보았듯이 이러한 진화를 통제하고 전략과 호환하는 방식으로 수행하는 일이 아주 중요하다. 즉, 효과적인 모형 거버넌스 시스템이 있어야 한다. 이번 장에서는 이 두 가지 주요 작업과 관련된 몇 가지 주요 딜레마를 설명하고 이를 해결하는 방법을 논의한다.

14.1 모형 진화

진화는 시맨틱 모형의 수명 주기에서 아주 중요한 측면으로 다음 같은 경우에만 신경 쓰지 않아도 된다.

| 모형의 첫 번째 버전이 모든 관련 차원에서 필요한/원하는 품질을 제공한다. |

이 첫 번째 버전에 하나 이상의 관련 차원(정확성, 완비성 등)에서 품질 문제가 있다면 후속 버전에서 이러한 문제를 수정해야 한다.

| 이 품질을 저하할 수 있는 외부 동력이 없다. |

그러한 동력에는 모형의 기존 도메인의 변경(예: 추가되는 새로운 지식이나 더는 유효하지 않은 기존 지식), 범위의 변경(예: 새롭게 지원해야 할 도메인이나 애플리케이션) 및/또는 품질 요구사항의 변경(예: 더 높은 정확도를 달성해야 할 필요성)이 포함된다.

이러한 조건 중 하나 이상이 충족되지 않으면 모형이 업데이트되는 빈도, 방법, 범위를 정의하는 진화 전략을 수립해야 한다. 이러한 전략을 세울 때 고려해야 할 몇 가지 주요 딜레마를 살펴보겠다.

14.1.1 잊어야 할까, 아니면 재활용해야 할까?

시맨틱 모형의 진화에는 새로운 진술statement을 추가하는 일뿐만 아니라 더는 유효하지 않거나 관련성이 없거나 처음부터 존재해서는 안 되는 진술을 제거하는 일도 포함된다. 그러나 그러한 제거를 수행할 때 발생하는 질문은 제거된 진술로 무엇을 해야 하는지이다. 삭제하고 존재했던 적이 있다는 사실을 잊어야 하는가(또는 이전 버전의 모형에 그대로 두어야 하는가), 아니면 어떻게든 '재활용'하고 업데이트된 버전의 모형에 유지해야 하는가?

이 질문에 답하려면 제거된 진술이 업데이트된 모형에서 유용성과 가치가 있는지 평가해야 한다. 다음 같은 상황에 해당한다.

| 진술이 다시 나타날 위험성이 크다. |

근본 원인을 수정할 방법이 (아직) 없어서 여러분이 삭제했던 특정 오류 진술이 모형 쪽으로 계속 되돌아가려고 하는 경우라면 진술을 명시적으로 표현하고 모형 내에서 진술의 부정적 버전을 사용함으로써 되돌아가려는 경향을 배제하는 편이 합리적이다(부정적 지식의 가치에 관해서는 13장 참조).

| 진술이 역사적 지식으로 쓸 만한 가치가 있다. |

이전에는 정확했지만, 더는 유효하지 않은 특정 진술은 업데이트된 모형에서 잠재적으로 유용할 수 있다. 특히 후자를 과거 데이터 처리에 사용할 때는 더욱더 그렇다. 예를 들어, 특정 시점에 한 나라의 수도가 변경된다면 이 도시를 이전 수도로 모형에 유지하는 편이 좋은데, 해당 국가를 참조하는 이전 문서에 계속 표시되기 때문이다. 마찬가지로 회사의 현재 인원수는 시간이 지남에 따라 변경되지만, 인사관리 부서에서 이전 값을 시간 컨텍스트 형식으로 유지하면 유용할 수 있다(예: 업데이트된 모형에 2019년 말 회사의 인원수가 250명이라고 명시).

14.1.2 내달려야 할까, 아니면 달리던 속도대로 달려야 할까?

모형의 진화 전략이 대답해야 하는 두 번째 중요한 질문은 새 버전이 생성되는 빈도와 이전 버전과 달라야 하는 정도다. 즉, 매우 빈번하지만 작은 릴리스를 하는 편이 더 나은가, 아니면 드물지만 큰 릴리스를 하는 편이 더 나은가?

모든 딜레마와 마찬가지로 대답은 '상황에 따라 다르다'이다. 서로 다른 시맨틱 모형을 생산하는 사람이나 기관은 서로 다른 릴리스 패턴을 따른다. 예를 들어, 노동 시장 분석 회사인 EMSI는 2주마다 새로운 버전의 스킬 택소노미Skill Taxonomy를 발표하고[241] EDM 위원회는 분기마다 새로운 버전의 FIBO를 발표한다.[242] 이러한 특정 주기를 어떻게 결정했는지 정확히 알 수 없지만, 일반적으로 모형의 진화 속도에 영향을 미치는 요소는 다음과 같다.

실제로 모형 변경이 필요한 속도

모형의 품질이 만족스럽고, 도메인이 상대적으로 정적이며, 강력한 업무상의 요인이나 그 밖의 요인 때문에 변화해야 하는 압박을 받지 않는다면, 모형의 진화 속도가 빠를 필요는 없다.

| 필요한 변경 사항을 실제로 구현할 수 있는 속도 |

모형에 정기적인 변경이 필요하지만, 지속해서 작업할 시간이나 자원이 없다면 짧은 릴리스 주기를 약속하지 않는 편이 좋다.

| 변화 가치/부담 비율 |

새 버전의 릴리스에 상당한 시간과 자원이 소요될 때 모형의 변경 사항이 이러한 노력을 정당화할 만큼 충분히 중요할 때만 변화를 수행하는 편이 좋다(예: 중요한 품질 수정이나 상당한 수의 새 엔터티).

| 모형의 변경 사항이 모형에 의존하는 애플리케이션이나 그 밖의 모형에 흡수될 수 있는 속도 |

모형의 변경은 모형 자체에 영향을 끼칠 뿐만 아니라 관련된 모든 인공산물artifact 및 프로세스에도 영향을 미칠 수 있다. 예를 들어, 모형을 사용하여 많은 수의 문서를 시맨틱으로 주석을 달고 색인화하는 시맨틱 검색 시스템을 상상해 보자. 모형의 모든 새 버전에서 시스템이 문서를 다시 색인화해야 하고 이 색인화에 3주가 걸린다면 매주 모형을 릴리스하는 일이 문제가 될 수 있다.

그렇다면 모형의 최적 진화 속도를 어떻게 결정할 수 있는가? 먼저 모형 변경의 릴리스 적합성을 결정하는 몇 가지 최소 기준과 조건을 정의해야 한다. 이러한 기준은 모형 관련 기준이거나 시간 관련 기준일 수도 있고 업무 관련 기준이거나 그 밖의 기준일 수 있다. 예를 들면, 특정 하위 도메인이나 요소에 관한 모형 설명의 정확성 수정은 가능한 한 빨리 릴리스되어야 한다고 말할 수 있다. 또는 업데이트된 모형을 출시하려면 마지막 버전과 비교하여 최소 20%의 추가 설명이 포함되어야 한다. 이러한 규칙은 불필요한 릴리스에 시간을 낭비하지 않도록 도와준다.

둘째, 모든 모형의 종속 인공산물을 파악하고 모형이 얼마나 변화에 친화적인지나 변화에 저항하는지를 평가해야 한다. 즉, 실제로 수용할 수 있는 변화 유형 및 양과 이에 대응할 수 있는 속도이다. 둘 이상의 인공산물이 모형의 같거나 겹치는 부분에 의존하지만, 변화 공차 및 반응성이 다른 경우, 최소 허용 및 최소 반응성이 모형의 최대 릴리스 빈도를 결정한다.

이를 방지하고 반응이 더 빠른 애플리케이션에 모형 릴리스를 더 자주 제공하는 방법은 모형을 '건너뛰어도 안전한 것'으로 만드는 것이다. 즉, 애플리케이션이 향후 모형을 사용할 수 없는 위험 없이 모형의 일부 중간 버전을 건너뛸 수 있게 하는 방법이다. 예를 들면, 텍스트커널에서는 중요한 클라이언트가 지식 그래프를 분기당 최대한 한 번 업데이트하기를 원했지만 그 밖의 모든 고객은 격주로 업데이트하기를 바랐을 때 그렇게 해야 했다. 하지만 이때 우리는 격주 릴리스가 해당 고객의 애플리케이션을 사용하지 않더라도 여전히 해당 고객이 보유한 애플리케이션과 호환되는지 확인했다.

14.1.3 반응이냐, 아니면 예방이냐?

모형의 진화 전략을 만들 때 자문자답해야 할 또 다른 중요한 질문은, 진화 전략이 모형의 품질과 특징(반응적 접근 방식)에 관해 모형 사용자와 그 밖 이해당사자들의 피드백을 받아서 나온 결과인지, 아니면 진화 전략이 실제로는 고객의 피드백을 받기도 전에 피드백을 '추측'하려고 한 여러분의 노력과 행동에 따라서 나온 결과인지(예방적 접근 방식)다.

반응형은 더 쉽고 비용 효율적인 선택처럼 보이지만, 포괄적인 양과 범위의 피드백을 신뢰할 수 있고 시기적절하게 포착할 수 있는 메커니즘이 마련되지 않았다면 위험할 수 있다. **포괄성**comprehensive이란 적절한 피드백을 얻을 수 없는 중요한 모형 측면이 없음을 의미한다. **신뢰성**reliable은 사용자가 받는 피드백이 잡음이 없고 신뢰할 수 있음을 의미한다. **시의적절성**timeliness은 이 피드백이 조처하기에 너무 늦기 전에 여러분에게 전달됨을 의미한다.

시맨틱 모형에 도움이 되는 효과적인 피드백 추출 메커니즘을 설계하는 일은 쉽지 않다. 무엇보다도 다음 사항을 확인해야 한다.

| **여러분이 받은 피드백은 모형을 사용하는 애플리케이션이 아니라 모형에 관한 것이다.** |

예를 들면, 영화 시맨틱 검색 엔진에서 사용하는 모형이 있고 이 엔진의 사용자가 검색으로 얻은 결과의 관련성에 관한 피드백(예: '좋아요', '싫어요' 버튼 사용)을 제공할 수 있다고 가정해 보자. 피드백이 부정적이라면 모형에 문제가 있기 때문일 수 있지만, 엔진의 결과 순위 알고리즘에 문제가 있을 수도 있다. 따라서 둘을 분리할 수 있는 피드백 메커니즘이 필요하다.

| **여러분이 받은 피드백은 모형의 의미와 호환된다.** |

8장에서 살펴보았듯이 여러분이 모형을 개발하는 데 사용하는 지식 공급원과 습득 방법이 그

것이 의도한 의미와 호환되는 것이 아주 중요하다. 피드백을 얻으려고 사용하는 공급원과 방법에도 동일하게 적용된다.

| 사람들이 피드백을 제공하는 일을 쉽고 가치 있게 한다. |

모형과 상호 작용하는 모든 사람이 기꺼이 피드백을 줄 것이라 생각할 수 있지만, 이는 사실이 아니다. 나는 여러 모형을 직간접적으로 사용해 왔지만, 항상 제작자에게 피드백을 주지는 않았다. 때로는 잘 정의되어 있고 간소한 절차가 없기 때문이었다. 사람들에게 모형에서 잘못되었다고 생각하는 모든 것을 보내달라고 요청하는 이메일 주소나 연락처 양식을 제공하는 방법은 작동하지 않는다. 때로는 내 피드백을 (적어도 합리적인 시간 내에) 고려하지 않을 것이라는 느낌이 들어서 피드백을 주지 않았다. 이는 특히 드물거나 예측할 수 없는 업데이트가 있는 모형일 경우였다. 모든 사람이 나처럼 생각한다는 의미가 아니라 잠재적인 피드백 공급원이 어떻게 생각하고 행동하는지를 이해하고 이에 맞춰 피드백 도출 방법을 설계해야 한다는 뜻이다.

내가 아마존의 추천 엔진에 피드백 제공을 중단한 이유

피드백 제공의 용이성과 관련하여 여러분과 함께 나누고픈 경험이 있다. 최근까지 나는 읽을 만한 새로운 책을 찾는 방법으로 아마존의 도서 추천 기능을 열렬히 사용했다. 내가 무척 좋아했고 자주 사용했던 기능은 추천된 모든 물품에 'B라는 물품을 샀기 때문에 A라는 물품을 추천했다'라는 형식으로 추천한 이유를 알려주며 앞으로도 B라는 물품을 사들인 내용을 바탕으로 계속 추천을 받을 것인지를 시스템에 알릴 수 있었다는 점이었다.

그러다가 어느 시점에 가서 아마존은 이 시스템을 바꿨다. 이제 이러한 종류의 피드백을 제공하려면 미리 '추천 방식 개선' 페이지로 이동하여 구체적인 맥락에서 벗어나 엔진이 사용해야 할 내 구매 내용의 어떤 물품을 선택해 줘야 했다. 아마존이 이렇게 바꿀 만한 이유가 있었을 것이라고 믿지만, 나에게는 너무 비현실적이어서 그 이후로 피드백을 제시하지 않았다.

반응형 모형 진화 전략에는 좋은 피드백 메커니즘이 필요하지만, 예방적 전략에는 모형에 필요한 업데이트가 있는지 그리고 어떤 종류의 업데이트가 필요한지를 시의적절하게 알려줄 수 있는 효과적인 도구와 프로세스가 필요하다. 예를 들면, 다음 사항을 주기적으로 수동이나 자동으로 확인할 수 있다.

- 시맨틱 태깅 시스템이 문서당 감지하기 위해 관리하는 평균 엔터티 수가 특정 임곗값 미만으로 떨어졌다(모형의 완비성이 감소했을 수 있다는 증거).

- 특정 언어로 어휘화되지 않은 엔터티의 비율이 특정 임곗값 아래로 떨어졌다(모형 내 언어적 차이의 증거).

- 통계적으로 이상점에 해당하는 엔터티 수가 증가했다(모형의 정확성이 감소했을 수 있다는 증거).

- 타사 모형들에서 여러분의 모형으로의 잘못된 링크 수가 많이 증가했다(모형의 이해성이 감소했을 수 있다는 증거).

- 지난달에 모형의 다운로드 횟수(유료나 무료)가 특정 기준 이하로 떨어졌다(모형의 전체 가치가 감소했다는 증거).

물론 사전 검사로 인해 직접적인 피드백이 제공할 수 있는 중요한 문제나 기능을 놓칠 수 있다. 이를 위해서는 능동적 행동과 반응적 행동의 건전한 균형이 필요하다.

다음과 같은 네 가지 조치를 취해서 이러한 균형을 맞출 수 있다.

1. 모형의 여러 부분을 고려하고 품질 저하에 얼마나 취약한지 평가하자. 예를 들어, 도메인 전문가가 특정 애매한 클래스를 인스턴스화하는 데 문제가 있어 결국 부정확한 설명을 제공하는지 알아야 한다. 또는 주어진 관계가 너무 휘발성이어서 매달 진술의 절반이 무효가 되는 상황일 수 있다. 모형이 퇴화하는 게 더 탄력적일수록 여러분은 더 많은 반응성을 감당할 수 있다.

2. 위험과 이점 측면에서 모형의 다양한 부품과 품질의 중요성을 평가한다(9장 참조). 잘못된 인스턴스화를 일으키는 애매한 클래스가 중요한 애플리케이션의 효율성에 중요하다면, 사전에 애플리케이션의 정확성이 아주 높은 상태를 유지해야 한다. 반면에 변동성이 높은 관계를 그렇게 많이 사용하지 않는다면 누군가 불평할 때까지 기다릴 여유가 있을 것이다.

3. 이러한 각 부분에 대해 사용 가능한 피드백 메커니즘의 효과를 평가한다. 이러한 메커니즘이 덜 효과적일수록 더 적극적으로 대처해야 한다.

4. 이것이 의미하는 근본적인 문제를 해결하고 자동 오류 감지와 품질 모니터링 기능을 개선하고 확장하는 데 얻을 수 있는 모든 피드백을 사용해야 한다.

14.1.4 의미 드리프트를 알고 행동하기

시맨틱 모형의 유지 관리와 발전을 효과적으로 계획하고 우선순위를 지정하려면 가장 변동성이 높고 업데이트가 더 빈번히 필요한 측면을 식별하는 일이 무척 중요하다. 이를 위한 핵심 방법은 모형의 의미 드리프트를 정의하고 측정하는 것이다.

이를 적절히 수행하려면 다음 두 가지 사항을 알아야 한다.

| 주어진 모형에 대한 의미 드리프트의 정의는 모형의 내용, 도메인, 애플리케이션 컨텍스트를 고려하고 그에 따라 조정해야 한다. |

의미 드리프트의 일반적인 형식화는 아주 유용하지만(레이블, 내포, 외연 측면에서 모형화 드리프트와 같이), 모든 도메인이나 모형에 반드시 직접 적용하거나 완전히 적용할 수 있지는 않다. 모형 요소 의미의 모든 측면이 동일한 방식으로 그리고 동일한 정도로 드리프트에 이바지하지는 않기 때문이다.

| 주어진 모형에 대한 의미 드리프트를 측정하는 고유한 최적의 방법이 아니라 결과에 다른 해석과 사용이 있을 수 있는 여러 방법이 있다. |

실제로 의미 드리프트를 측정할 때 얻는 값은 측정에 사용되는 지표, 데이터 공급원, 방법/알고리즘에 따라 상당히 다를 수 있다. 따라서 a) 주어진 드리프트 측정 접근 방식에 대해 생성되는 드리프트값을 명확하게 해석하고 사용할 수 있으며 b) 원하는 해석/사용을 위해 적절한 드리프트 측정 방법을 선택할 수 있어야 한다.

그 이유를 알아보기 위해 노동 시장 도메인과 (가상) 해당 지식 그래프를 고려하고 후자의 드리프트를 모형화하고 측정하는 방법을 생각해보자.

드리프트 모형화

이 그래프가 여러 언어 및 국가에 대한 직종, 기량, 자격 같은 엔터티를 정의하고 상호 연관시킨다고 가정해 보겠다. 그래프를 사용하여 에이전트(인간이나 컴퓨터 시스템)는 다음 같은 질문에 답할 수 있다.

- 특정 직종에서 가장 중요한 기량은 무엇인가?
- X라는 직종의 전문 영역은 무엇인가?
- Y라는 기량을 습득하려면 어떤 자격이 필요한가?

더 구체적으로는 그래프가 다음 엔터티 유형으로 구성되게 한다.

| 직종 |

유사한 일들을 포함하고 유사한 기량과 역량이 필요한 직무 그룹을 나타내는 엔터티이다.

| 기량 |

도구, 기술, 방법론, 지식 도메인, 활동 및 일반적으로 사람이 '지식이 있고', '경험이 있거나', '전문가가 될' 수 있는 모든 것을 나타내는 엔터티(예: 경제학 전공, 소프트웨어 개발, 아프리카에서의 판매 경험)이다. 또한 의사소통 능력, 개인의 습관, 인지적 공감 능력이나 정서적 공감 능력, 시간 관리, 팀워크 및 지도력 속성(일반적으로 소프트 스킬이라고 함)을 포함하는 성격 속성을 나타내는 엔터티이다.

| 자격 |

'개인이 어떤 표준 지식에 관한 학습 성과를 달성했다는 점을 관련 기관이 평가하고 검증하는 과정을 통해서 공식적으로 나온 결과'를 나타내는 엔터티이다.[243]

| 조직 |

공공 조직 및 기관, 민간 회사나 기업, 훈련 기관(모든 훈련 수준) 등 다양한 유형의 조직을 나타내는 개념이다.

| 산업 |

유사한 제품 및 서비스, 기술 및 프로세스, 시장 및 기타 기준을 기반으로 하는, 산업별 회사 집단을 나타내는 개념이다.

엔터티를 텍스트로 표현할 수 있는 다양한 방법(어휘화)은 skos:prefLabel과 skos:altLabel이라는 SKOS 관계로 그래프에 표현된다. 또한 엔터티는 skos:broader와 skos:narrower(예: '소프트웨어 개발자 skos:narrower 자바 개발자', '경제학 skos:narrower 미시경제학') 같은 SKOS 관계를 사용해 동일한 유형의 다른 개념과 택소노미적으로taxonomically (분류학적으로) 관련될 수 있다.

개념 유형별로 추가적인 관계가 정의된다. 특히 직업은 해당 직업에 종사하는 사람과 관련된 기량 및 활동, 활동에 필요한 (공식이나 비공식) 자격(예: 미국의 변호사 시험), 그리고 이와 유사한 다른 직종과 관련이 있다. 또한 기량은 유사한 기량 및 활동, 주로 요구되는 직업, 이를 개발하고 검증하는 자격과 연결된다. 마지막으로 자격은 기량과는 별도로 해당 자격을 제공하는 조직과 해당 훈련 수준에 연결된다.

또한 이전 관계의 대부분이 이력서, 구인 정보나 위키피디아 같은 다양한 정형 데이터와 비정형 데이터 공급원에서 반자동 방식으로 추출되어 지식 그래프에 통합된다고 가정한다. 더욱이 이러한 관계 대부분은 서로 다른 기량 간의 유사성이나 직종과 관련한 기량의 중요성과 같이 애매하다. 이전 장에서 보았듯이 애매한 관계의 문제는 해석이 매우 주관적이고 상황에 따라 다르며 일반적으로 정도의 문제이므로 그 진실성^{varacity}(정확성)에 관해 전 지구에 걸친 합의를 달성하기 어렵다. 이러한 이유로 그래프에서 이러한 단언에는 다음 세 가지 속성이 있을 수 있다.

| 진리도 |

단언이 참으로 간주되는 정도를 나타내는 숫자(일반적으로 0에서 1까지)(12.4절 '퍼지화하느냐, 아니면 마느냐?' 참조)

| 적용 가능성 컨텍스트 |

단언이 발견되고 사실로 간주하는 맥락(위치, 언어, 산업 등)

| 기원 |

단언이 그래프에 추가된 방법에 관한 정보(공급원, 방법, 프로세스)

이러한 속성이 애매성을 제거하지는 않지만, 의미 드리프트 측정에 중요한 역할을 할 수 있다.

이러한 모든 점을 고려할 때 의미 드리프트는 주로 직종, 기량, 자격에서 관찰된다. 예를 들어 언론인을 생각해 보자. 인터넷과 소셜 미디어가 확산하기 전에 기자는 주로 연락처를 통해 이야기를 조사하고, 사람들과 대화하고, 문을 두드리고, 과거 출판물을 참조하려고 지역 도서관을 방문해야 했다. 또한 그들은 비디오를 직접 제작 편집하는 방법을 모를 가능성이 크고, 이를 전문가에게 맡긴다. 그러나 요즘 기자들은 기술에 더 정통하여 자체 제작(일부 자체 제작)을 하기도 하고 소셜 미디어나 공용 데이터베이스 같은 최신 정보 채널을 통해 연구 대상을 넓히고 데이터를 분석한 후에 시각화하여 줄거리를 더욱 신뢰성 있고 설득력 있게 만들 수 있다.

다른 직업뿐만 아니라 자격과 기술에 대해서도 비슷한 주장을 펼칠 수 있다. 예를 들어, 현대금융 학위는 분명히 30년 전의 학위와 비교했을 때 내용이 다르고 학습 목표도 다소 다르다. 마찬가지로, 오늘날 마케팅 전문가가 되는 일은 검색 엔진 최적화 및 소셜 미디어 전문가가 되는 일과 큰 관련성이 있다.

그런데 3장에서 보았듯이 시맨틱 모형화 문헌에서 의미 드리프트는 일반적으로 엔터티의 의미와 관련된 세 가지 측면, 즉 어휘화(즉, 개념을 표현하는 데 사용하는 용어들), 내포(즉, 속성과 관계를 통해 표현된 개념의 속성), 외연(즉, 개념의 인스턴스 집합)과 관련하여 모형화(및 측정)된다. 그러나 이 지식 그래프에서 외연을 엔터티의 의미와 드리프트 일부로 고려하는 일은 그다지 유용하지 않다.

한 가지 이유는, 기량과 직종이 모두 추상적이고 의미에 영향을 미치는 직접적인 인스턴스가 없기 때문이다. 이를 수행하는 사람들을 직종의 인스턴스로 간주할 수 있지만, 인력 규모의 변화가 직종의 의미를 바꾸지는 않는다. 오히려 드리프트를 의미하는 것은 이 인력의 정성적 속성이며, 이것이 바로 엔터티의 내포로 포착하려는 것이다.

그런데도 엔터티의 모든 속성과 관계가 의미와 드리프트에 동일한 이바지를 하지는 않는다. 특히 다음과 같은 점에서 더욱더 그렇다.

- 엔터티 어휘화의 변경은 드리프트에 이바지하지만, 단순히 기존 레이블의 철자나 형태학적 변형(예: 품사나 복수형)의 추가나 제거가 아닐 때만 가능하다. 또한 우선 레이블preferred label (대표 레이블)이 일반적으로 개념의 의미를 더 암시하므로 우선 레이블의 변경은 대체 레이블보다 약간 더 중요하다고 간주할 수 있다.
- 엔터티의 skos :broader 및 skos :narrower 관계의 변경 또한 드리프트에 이바지하며 skos :broader 변경은 일반적으로 skos :narrower보다 엔터티의 의미에서 더 근본적인 드리프트를 제안한다.
- 직종 엔터티의 의미는 주로 관련 기술과 활동으로 정의한다(앞서 언급한 언론인의 예 참조). 직종에 필요한 필수 기량은 선택적 기량보다 더 중요하지만, 구별하기 어려울 수 있다. 산업이 변하면 직종의 의미 또한 상대적으로 덜 변하기는 해도 변한다(예: 언론인이 기술 분야에서 일하기 시작하는 경우). 반면에 직종 엔터티는 가장 인기 있는 위치나 회사가 변경될 때 드리프트 하지 않는다.
- 기량 개념의 의미는 주로 유사한 기량들과 활동들로 정의한다. 이들이 기량이 사용되는 직종과 맥락을 설명하기 때문이다. 또한 기량 보유라는 개념에는 해당 응용 분야 관련 경험이 포함되므로, 기량이 다른 직업이나 다른 산업에 적용되기 시작하면 그 정도는 적지만, 변화가 이뤄질 수 있다.
- 자격 엔터티의 의미는 주로 계발하거나 검증하는 기량에 따라 정의한다. 이차적으로, 규제를 받거나 유용한 전문성에 따라(특히 일부 국가에서는 자격이 직업에 들어가는 주요 기준이 됨) 의미를 정의한다.

드리프트 측정

그런데 3장에서 보았듯이 엔터티의 의미 드리프트는 일반적으로 서로 다른 시점에 동일한 엔터티의 둘 이상의 서로 다른 버전 간의 의미 차이를 측정하여 감지하고 정량화하여 보았을 때 두 버전이 서로에 대해 더 유사하지 않을수록 드리프트가 더 커진다.

개념을 의미하는 유사성을 측정하는 일은 분명히 의미가 모형화되는 방식에 달려 있다. 따라서, 예를 들어, 왕Wang 등[56]과 스타브로풀로스Stavropoulos 등[57]의 논문에서, 저자들은 개념의 내포, 외연, 어휘화를 의미한다고 간주한다. 그들은 이러한 각 측면에 대한 해당 유사도 함수를 정의한다. 특히, 어휘화 드리프트를 측정하려고 문자열 유사도 지표를 사용하고 내포 드리프트와 외연 드리프트를 측정하려고 유사도 지표를 설정한다. 특정 노동 시장 그래프는 유사한 접근 방식을 따를 수 있지만, 몇 가지 중요한 차이점이 있다.

첫째, 어휘화를 하려고 우리가 변화를 측정할 때 문자열 유사도를 사용해서는 안 된다. 한 가지 이유는 철자법이나 형태학적 변화를 드리프트로 간주하지 않기 때문이다. 그렇게 하는 대신에 레이블을 개념 내포의 일부로 간주하고 집합 유사도 지표를 사용하여 변화하는 어휘화 집합 간의 개념 차이를 측정한다.

둘째, 많은 엔터티 관계가 애매하고 유효성이 다소 퍼지도로 정량화되었기 때문에 이를 기반으로 유사도를 계산할 때 퍼지도를 고려할 수 있는 지표를 사용해야 한다. 예를 들면, 우리가 사용할 수 있는 한 가지 접근 방식은 다음과 같다. 동일한 개념의 두 가지 버전과 드리프트에 영향을 미치는 (애매한) 관계가 주어지면 각 버전에 대한 상위 N개 관련 개념(강도 점수 기준)을 도출하고 순위 간의 거리를 측정할 수 있는 지표(예: 켄달의 순위 상관 계수Kendall's rank correlation coefficient[244])를 사용하여 유사도를 계산할 수 있다. 예를 들면, 데이터 과학자 직업이 동일한 상위 10개 관련 기술을 계속 보유하지만 순위가 다를 때 드리프트가 감지된다.

셋째, 의미 드리프트를 더 잘 이해하고 해석할 수 있으려면 드리프트를 역동적이면서도 구성 가능한 방식으로 측정하고 표시할 수 있게 하는 다목적 측정 프레임워크가 필요하다. 이러한 프레임워크는 측정하려는 드리프트의 범위나 유형 같은 속성을 지정하는 매개 변수 집합을 입력으로 취하고 해당 출력을 생성해야 한다. 고려할 수 있는 매개 변수의 예는 다음과 같다.

- 목표 개념 유형(직종, 기량 등)
- 시간 범위(특정 기간이나 포함할 특정 릴리스)
- 포함할 관계 및 속성
- 관계 적용 가능성 컨텍스트 및 출처

이러한 모든 매개 변수가 필요한 이유는 서로 다른 값이 내포라는 측면에서 뿐만 아니라 해석성이라는 측면에서도 다른 드리프트를 생성할 수 있기 때문이다. 예를 들면, 이력서만을 데이터 공급원으로 사용하여 개념의 드리프트를 계산할 때 측정할 드리프트는 노동 시장의 인력 측에서 개념을 해석하고 사용하는 방식의 변화를 반영한다. 반면 일자리만을 사용하면 업계의 관점에서 같은 개념이 어떻게 바뀌는지 알 수 있다. 마찬가지로 뉴스 기사를 사용할 때 개념에 대한 일반적인 인식의 변화를 측정하는 반면, 더 많은 백과사전 및 정의 데이터 공급원(예: 위키백과, 전문 사전)의 사용은 개념의 의미에 대한 핵심 측면에서 변화를 나타낼 수 있다.

마지막으로, 이전 단원에서 제안했듯이 서로 다른 관계는 개념 드리프트에 서로 다른 영향을 미치며, 관계별 드리프트를 집계할 때 그 차이를 고려해야 한다. 입증이나 컨텍스트 같은 다른 드리프트 측면에 대해서도 유사한 주장을 펼칠 수 있다(예: 경제가 더 발달한 국가의 직종 개념의 변화가 덜 발달한 국가의 변화보다 더 중요하거나 필수적^{critical}일 수 있다). 이러한 이유로 드리프트 프레임워크는 부분 드리프트 점수를 결합하고 집계하는 데 사용하는 드리프트 측면 중요도 가중치를 정의할 수 있게 지원해야 한다.

사용자 관점에서 본 의미 드리프트

모형의 의미 드리프트$^{semantic \ drift}$를 측정하면 개발자가 진화 전략을 결정하는 일에 도움이 될 수 있지만, 모형 사용자에게도 유용할 수 있다. 예를 들어, 이전 노동 시장 지식 그래프의 드리프트는 특히 그래프의 엔터티가 이력서와 일자리에서 파생되었을 때 노동 시장에서 발생하는 변화를 크게 나타낼 수 있다. 이러한 변화는 구직자, 지원자, 교육 및 훈련 제공자, 정책 입안자, 그리고 일반적으로 노동 시장의 역동성을 알면 이점을 얻을 수 있는 모든 사람에게 전달될 수 있다.

예를 들어, 직업 보유자는 대부분 일반적으로 좁은 맥락에서 일하기 때문에 자신의 직업이 무엇을 수반하는지, 시간이 지남에 따라 어느 정도 진화하는지를 인식하는 범위가 좁다. 결과적으로 이 사람들이 구직자가 되면 이러한 인식을 바꿔야 한다. 그렇지 않으면 직함은 같지만, 내용이 상당히 다른 새 일자리를 확보하지 못할 수 있다. 직원을 고용해야 하지만 그러지 못 하는 조직에도 똑같이 적용된다. 이는 주로 직무 정의가 너무 제한적이고 시장의 공급 측면과 일치하지 않기 때문이다.

이것은 모두 시맨틱 모형화 요소의 모든 측면이 동일한 방식과 동일한 범위에서 드리프트에 이바지하지 않기 때문에 당면한 도메인과 시맨틱 모형에 대한 신중한 분석과 선택이 왜 필요한지를 보여준다. 또한 드리프트 측정 결과가 얼마나 다양한지(측정에 사용되는 지표, 데이터 공급원 및 방법/알고리즘에 따라 다름)를 보여줄 뿐만 아니라, 이 다양성이 실제로 유용하다는 점도 보여주고, 그래서 적절한 관리가 필요하다는 점도 보여준다.

14.2 모형 거버넌스

시맨틱 모형이 품질과 가치를 유지하고 개선하려면 적절한 진화 전략이 필요하지만, 그것만으로는 충분하지 않다. 11장에서 살펴보았듯이 모형 거버넌스 시스템model governance system (모형 통치체제, 모형 통제체제), 즉 이 전략의 효과적이고 효율적인 실행을 보장하는 합의된 원칙, 프로세스, 규칙 집합도 필요하다.

이러한 시스템을 설계할 때 근본적인 딜레마는 중앙집권화 방법이나 분권화 방법을 결정하는 것이다. 완전한 중앙집권체제에서는 모형의 유일한 편집자이자 모형에 들어가는 것과 그렇지 않은 것에 대한 의사 결정자인 비교적 동질적인 소규모 팀이 모형을 관리한다. 반면에 완전한 분권체제에서는 편집, 계획, 의사 결정은 중앙의 권한 있는 위치나 그룹 없이 여러 이질적인 그룹이 수행하는 집단 활동이다. 모형에 적합한 접근 방식을 결정하는 방법을 살펴보겠다.

14.2.1 민주정, 과두정, 독재정

중앙집권centralized governance (중앙화된 거버넌스) 지지자와 분권decentralized governance (탈중앙화된 거버넌스) 지지자 모두 자신의 견해를 뒷받침하는 주장이 있다. 그중 일부는 다음과 같다.

- 시맨틱 모형화에는 소수의 사람만이 안정적으로 제공할 수 있는 기술과 도메인 전문 지식이 필요하다. 디비피디아의 품질 문제는 공동 개발 때문에 발생한다.
- 대규모 공동 작업이 없으면 시맨틱 모형이 매우 빠르게 진화하기가 상당히 어렵거나 비용이 많이 든다. 디비피디아의 범위는 위키피디아의 공동 편집 전략의 결과이다.
- 다양한 의견과 관점이 없다면 모형은 분명히 편견을 포함할 것이다.
- 의견이 너무 많으면 특정 목표를 달성할 목적으로 모형을 조정하기가 어렵다.

이러한 논쟁이 모두 유효하지만, 모든 도메인, 모형, 상황에 반드시 적용되지는 않는다. 엄격하고 통제된 거버넌스 접근 방식이 더 잘 작동하는 상황과 느슨하고 포괄적인 접근 방식이 더 바람직한 상황이 있다. 자신의 상황을 진단하려면 다음 요소를 평가해야 한다.

| 모형 개발의 자동화 정도 |

사람의 개입 없이 개발하는 모형의 측면이 많을수록 필요한 기여자가 적다.

| 모형의 모듈성 |

품질이 다른 부품에 의존하지 않거나 영향을 미치지 않는 모형의 구성 요소가 더 독특하고 독립적일수록 더 분산될 수 있다.

| 품질 관리 및 모니터링 프로세스의 자동화 수준 |

자동으로 모니터링하고 측정할 수 있는 품질 차원과 지표가 많을수록 더 분산될 수 있다.

| 모형의 (필수) 폭, 다양성, 애매성 |

지원해야 하는 도메인이 많을수록 소수의 전문가와 함께하기가 더 어려워진다. 또한 요소의 의미가 애매하고 주관적일수록 더 많은 관점을 포괄해야 한다.

| 품질 우선순위 |

정확성이나 간결성보다 완비성이 더 중요하다면 더 편안한 품질 관리를 통해 더 많은 사람이 모형에 이바지할 수 있다.

| 변경의 예상 영향 |

모형 내부에서 작은 변화로 보이던 것이 애플리케이션을 소비하는 물길에 큰 영향을 미칠 수 있다. 예를 들면, 물품 분류 체계를 조금 변경하는 바람에 최종 사용자가 구매하려는 제품을 찾기가 더 어려워지는 전자 상거래 사이트를 들 수 있다. 이럴 때 더 엄격한 거버넌스가 보장될 수 있다.

| 모형 및 개발과 관련된 공유된 목표, 원칙 및 관행의 엔터티, 수용 및 채택 |

모형의 기여자가 동일한 목표와 우선순위를 공유하지 않거나 공통 개발 철학, 관행, 표준을 준수하지 않을 때 더 중앙 집중식 접근이 필요할 수 있다.

| 모형의 복잡성 |

모형에 필요한 고급 모형화 기술이나 도메인 전문 지식이 많을수록 많은 사람이 이바지하기가 더 어려워진다.

| 사용 가능한 갈등 해결 및 의사 결정 메커니즘의 효과와 효율성 |

품질 저하 없이 모형에 대한 충돌을 더 원활하고 빠르게 해결하고 공동 결정을 내릴수록 더 분산될 수 있다.

| 조직의 기존 구조 및 데이터 거버넌스 문화 |

이미 분산된 데이터 거버넌스 문화가 있는 조직에서 모형을 유지하고 발전시킬 때 중앙집권화에 상당한 저항이 있을 수 있으며 그 반대도 마찬가지이다. 특히 조직이나 다른 이해 관계자가 실제로 변경해야 할 이유를 알지 못할 때 그렇다.

이러한 요소와 관련하여 자신의 견해를 알면 다양한 거버넌스 작업과 모형 측면에 대해 서로 다른 수준의(분권화된) 중앙집권제를 정의할 수 있다.

> **NOTE_ 백지상태 대 유산**
> 유지해야 할 유산이 거의 없어서(백지상태) 처음부터 시맨틱 모형을 구축해야 한다면 중앙집권제 접근 방식으로 시작하여 점진적이고 통제된 방식으로 분권화를 시작하는 편이 좋다. 반면에 각각 자체 거버넌스 시스템governance system(통치체제)이 있는 여러 기존 모형을 통합할 때 이러한 시스템을 무시하는 것은 좋은 생각이 아닐 수 있다.

14.2.2 중앙집권 이야기

내가 텍스트커널에 합류하여 지식 그래프를 개발하는 팀을 구성하기 시작했을 때 회사는 이미 여러 시맨틱 모형을 개발, 사용, 유지 관리하고 있었다. 이러한 모형은 대부분 단절되어 있었지만(그래서 지식 그래프의 필요성이 부각됨), 거버넌스도 다소 비공식적이고 다소 문제가 있었다.

주요 문제는 공유된 관행과 이를 수행하는 방법에 관한 명확한 지침이 없는데도 이러한 모형을 편집할 권한이 있는 팀이 넷이나 있다는 점이었다. 예를 들면, 특정 엔터티 유형 및 관계의 의미(예: '기량이란 무엇인가?', '기량을 나타내는 두 가지 용어가 서로 동의어일 때는 언제인가?')를 팀별로 다르게 해석해서 정확성 오류가 발생했다. 또한 사람들은 이 요소가 이미 다른 형태로 존재하는지 먼저 확인하지 않고 새 요소를 추가하여 모형의 간결성을 해칠 수 있다. 그리고 일부 팀에서는 때때로 이 사용자 지정에서 비롯한 유지 관리 부담을 고려하지 않고 특정 클라이언트나 특수 애플리케이션 시나리오에 대해 일부 모형의 사용자 지정 버전을 만들기도 했다.

이러한 시맨틱 모형을 단일 지식 그래프에 통합할 때 이 문제를 해결해야 한다는 점은 매우 분명했다. 따라서 우리 팀은 다른 모든 팀과 긴밀히 협력하여 다음 같은 주요 변경을 시작했다.

- **지식 그래프를 개발하고 유지 관리하는 책임과 책무가 있는 팀의 수를 5개(내가 소속된 팀과 기존의 팀 네 개)에서 2개로 줄였다.** 다른 팀은 여전히 그래프에 이바지할 수 있지만, 덜 직접적이고 제한적인 방식으로 이바지할 수 있다.
- **그래프의 다른 부분과 다른 유형의 변경에 다른 프로세스와 규칙을 정의했다.** 예를 들면, 그래프 스키마(새 엔터티 유형이나 새 속성)를 변경하려면 특정 엔터티의 속성값을 변경하는 일보다 더 많은 검토, 합의, 좋은 문서화가 필요했다.
- **특히 지식 그래프의 핵심 요소 정의가 애매할 때(예: 어떤 한 가지 기량에 대한 정의) 여러 정의를 조화시키고 중앙에서 문서화하는 작업을 수행했다.** 여기에는 특정 요소의 이름을 변경하여 덜 모호하고 애매하게 만드는 작업도 포함되었다(6장 참조).
- **(자동화된) 품질 관리 및 경고의 수와 빈도를 늘렸다.** 이로써 더 많은 사람이 무언가를 '파괴'할지 모른다는 두려움 없이 그래프에 이바지할 수 있었다.
- **특정 인스턴스나 고객에게 맞게 그래프를 사용자 맞춤형으로 정의해야 하는 시기를 결정하려고 더 엄격한 기준과 프로세스를 설정했다.** 이런 식으로 그래프의 유지 관리 부담이 정당한 이유 없이 증가하지 않도록 했다.

이렇게 변경하기가 쉽지 않았을 뿐만 아니라 그런 변경 작업이 지금 이 글을 쓰고 있는 시점에서도 진행되고 있다. 그러나 지금까지 한 변경 작업만으로도 이미 텍스트커널 지식 그래프의 거버넌스를 이전보다 훨씬 더 부드럽고 효율적으로 만드는 데 도움이 되었다.

14.3 요약

이번 장에서 우리는 시맨틱 모형 수명 주기의 또 다른 두 가지 아주 중요한 측면, 즉 진화와 거버넌스에 초점을 맞춰 책의 '딜레마' 부분을 마무리했다. 여러분은 이 두 가지 측면에 관한 전략을 수립할 때 모형 제작자가 직면하는 몇 가지 주요 딜레마를 보았으며 이를 해결하려면 수집하고 평가해야 하는 정보를 배웠다.

이번 장에서 기억해야 할 사항은 다음과 같다.

- 시맨틱 모형의 유지 관리 및 진화를 효과적으로 계획하고 우선순위를 지정하려면 의미 드리프트의 속성과 강도를 이해하고 이에 따라 조처해야 한다.
- 모형의 의미 드리프트를 모형화하고 측정하려면 모형의 콘텐츠, 도메인, 애플리케이션 컨텍스트[20]를 고려하고 이에 따라 조정해야 한다.
- 중앙 집중식 모형 거버넌스는 본질적으로 분산형 모형 거버넌스보다 좋거나 나쁘지 않다. 모형의 모듈화, 개발 자동화 정도 등의 요소를 사용하여 다양한 거버넌스 작업과 측면에 관한 다른 (탈)중앙집권화(de-)centralization (분권화) 수준을 정의해야 한다.

다음 장은 이 책의 마지막 장으로, 모든 이전 장에서 지켜야 할 핵심 요점과 통찰을 마무리하고, 토론을 데이터 의미론의 미래와 그리고 특히 당면한 과제를 해결하려면 우리가 할 수 있는 일과 해야 할 일로 초점을 옮긴다.

---

20 옮긴이_ 즉, '모형의 내용, 사용 영역, 응용 상황을'

CHAPTER 15

미래 전망

> 자동화되어 있기는 하지만, 당신이 이 버튼을 눌러야만 합니다.
>
> 존 부루너, 『Stand on Zanzibar』

마침내 여기까지 왔다. 여러분은 데이터 시맨틱data semantic(데이터 의미론)의 세계로 향하는 여정을 나와 함께 걸어왔고, 데이터 시맨틱이라는 세계에 참여해 다루기는 어렵지만 가치 있는 세상을 만드는 데 필요한 장벽과 도전 과제들을 검토해 왔다. 그 과정에서 여러분이 중요한 함정(2부)을 피하고 중요한 딜레마(3부)를 깨뜨리는 데 도움이 되는 몇 가지 요령을 배웠기를 바란다. 함정을 피하고 딜레마를 깨뜨리지 않는다면 고품질의 가치 있는 데이터 의미 표현을 구축하고 사용하는 데 방해받을 수 있기 때문이다.

이 마지막 장에서 나는 이 책에 반복해서 나온 주제를 한데 모아 미래를 전망해 보려고 한다.

15.1 지도는 영토가 아니다

내가 함정과 딜레마를 중심으로 책을 구성하고 완벽한 시맨틱 모형을 구축하는 일련의 비방을 제공하지 않은 주된 이유는 그러한 모형이 도메인, 데이터, 애플리케이션 컨텍스트에서 어떻게 보이는지 전혀 모르기 때문이다. 즉, 내 지도가 반드시 여러분의 영토를 반영하지는 않는다는 말이다.

우리가 함께 앉아 11장에서 설명한 모든 작업을 수행하며 여러분의 시맨틱 모형과 컨텍스트에 맞는 맞춤형 전략을 만들지 않는 한, 여러분이 다른 것을 대신하는 한 가지 모형화 언어를 사용하거나 다른 것을 희생하면서 품질 차원을 최적화해야 한다는 식으로 내가 여러분에게 말한다면, 이는 비효율적일 뿐만 아니라 무책임한 말이다. 그렇게 하는 대신에 나는 여러분의 상황이 어떤 잠재적인 위험을 포함할 수 있는지, 그러한 위험을 피하는 방법은 무엇인지, 그리고 특정 선택과 결정을 내리고 그것을 완화하는 방법이 무엇인지를 제시함으로써 여러분이 감내할 만한 위험을 알려 주기로 마음먹었다. 그렇게 하면 여러분이 자신만의 길을 개척하고 효과적으로 탐사할 수 있다.

15.2 낙천주의자로 살면서도 순진해빠지지 않기

이 책의 핵심 전제는 시맨틱 데이터 모형화의 목표가 인간이나 기계가 데이터를 효과적으로 해석하고 사용하는 데 중요한 데이터 의미의 측면을 명확하고 정확하며 일반적으로 이해되는 방식으로 전달하는 데이터 설명과 데이터 표현을 만드는 데 있다는 점이다. 이 책 전반에 걸쳐 본 수많은 함정과 딜레마는 시맨틱 기술, 빅데이터 처리, 자연어 처리, 머신러닝의 모든 발전에도 불구하고 아직 해결되지 않은 어려운 문제임을 나타낸다.

비판하려는 의도가 아니라 사실을 직시하자는 말이다. 의미론이 거의 항상 합의 기반이며 합의를 구축하기가 어렵다는 사실을 우리 데이터 업계 사람들이 잊고 사는(또는 경시하는) 경향이 있다. 그러나 시맨틱 모형은 기본 합의의 범위만큼만 가치가 있으며 동의하지 않는 당사자가 그 (올바른) 사용을 보장할 수 없다. 지식 그래프 및 기타 유형의 시맨틱 모형이 크기와 범위가 더 커지고 더 크고 다양한 청중이 사용함에 따라 합의된 정보를 표현하는 능력이 강조된다.

따라서 합의 문제를 해결하는 방법을 고려하지 않고 시맨틱 모형 이니셔티브를 시작하는 것은 순진한 생각이며, 지난 몇 년간 시맨틱웹이 받은 비판 대부분은 정확히 이와 관련이 있다. 예를 들면, 인터넷 기술의 사회경제적 효과에 대한 저명한 사상가인 클레이 셔키Clay Shirky는 2003년에 시맨틱웹 비전의 문제가 "세계의 많고도 중요한 측면이 모호하지 않으면서도 보편적으로 합의된 방식으로 지정되어야 하며 이러한 설명에 대한 이상적인 XML 형식에 대해 많은 시간을 할애해야 한다"[245]라고 제안했다. 그리고 16년 후인 2019년, 헨트 대학교의 저명한 시맨틱웹 연구자 두 명이 「The Semantic Web Identity Crisis: In Search of the Trivialities That

Never Were(시맨틱웹의 정체성 위기: 절대 존재한 적이 없던 사소한 것들을 찾아서)」에서 "우리가 링크드 데이터Linked Data에 요청해 계란을 받기는 했지만, 여전히 우리는 알을 품어야 할 닭이 어디에 있는지 모르는 상태인데, 이는 부분적으로 다른 사람들의 데이터를 이해하기 어렵기 때문에 생긴 일이다"[246]라고 말했다.

이런 말이 시맨틱 기술이 가치가 없거나 시맨틱 모형을 개발하는 일이 헛된 노력이라는 의미는 아니다. 오히려 정반대다. 그러나 이는 최소한의 노력으로 하룻밤 사이에 시맨틱 모형을 구축할 수 있다고 주장하는 공급업체와 컨설턴트에게서 보호받을 수 있어야 한다는 의미이다. 그러면 조직의 모든 데이터와 애플리케이션을 시맨틱으로 상호운용할 수 있다. 소규모 조직에서도 도메인, 데이터, 프로세스, 시스템의 복잡성이 상당히 클 수 있는 법인데, 이 모든 것들의 복잡성을 기존의 한두 가지 시맨틱 모형과 몇 가지 소프트웨어 플랫폼으로 완벽히 처리할 수 있을 것이라고 기대한다면, 모형과 소프트웨어 플랫폼이 아무리 정교할지라도 여러분에 별반 도움이 되지 않을 것이다.

15.3 좁은 시야에서 벗어나기

연구원으로 일하던 무렵에 나는 매우 구체적이고 도전적인 시맨틱 모형화 작업을 고려하고, 이를 해결하는 창의적이고 독창적인 방법을 생각해 내고, 어떻게든 이 방법이 효과가 있다는 점을 입증하고, 이를 게시한 다음에 새로운 문제로 넘어가며 일을 했다. 이런 종류의 작업의 어려움과 강도 때문에 내 해법을 실제 환경에 실제로 적용할 수 있는지, 어떤 조건에서 실제로 적용할 수 있는지 생각하는 사치를 부릴 여유가 거의 없었다. 첫 번째 종단 간end-to-end 산업 시맨틱 모형화 프로젝트를 수행했을 때 비로소 나는 '혁신적'이라고 알려진 방법 중에 1차원적이고 불완전한 방법이 얼마나 많은지, 내가 놓치거나 무시한 중요한 종속성 및 전제 조건이 얼마나 되는지 깨달았다.

특정 시맨틱 모형 개발 작업을 위한 연구 작업과 전문화된 방법 및 도구가 중요하지 않다고 말하려는 게 아니다. 시맨틱 이질성을 길들이는 전투에서 우리가 얻을 수 있는 최고의 무기가 필요하다는 점을 말하고 있다. 하지만, 동시에 시맨틱 모형화 작업을 분리하여 해결하지 않고 전체적으로 결합하여 이 전투에서 승리할 수 있음을 인식해야 한다.

예를 들어, 여러분은 표현력이 굉장히 풍부한 시맨틱 모형화 언어를 지닐 수는 있지만, 시맨틱 모형 구축자가 이것을 계속 오용하게 된다면 이는 바람직하지 않다. 수십억 개의 시맨틱을 저장하고 추론하는 인프라가 있을 수 있지만, 정확한 방식으로 이러한 문장을 얻을 수 있는 효율적인 방법이 없다면 바람직하지 않을 것이다. 또한 가장 정확하고 완전하고 간결하며 조직 관련성이 큰 시맨틱 모형을 구축할 수 있지만, 적절한 진화 전략을 개발하고 적용하지 않으면 조만간 이 모형이 무너지고 말 것이다.

15.4 산만한 토론 피하기

우리는 어린 시절에 다른 아이들과 다투는 중에 '우리 아빠가 너희 아빠 이겨'라는 식으로 말하고는 했다. 어른이 된 지금도 상황이 크게 바뀌지 않았다. 차이점은 이제 '내 RDF 기반 모형이 시맨틱이지만, 네가 속성 그래프를 사용해 구축한 모형은 그렇지 않아'라거나 '내 데이터 중심 머신러닝 기반 추론 방식은 네가 수작업으로 만든 개념과 공리보다 더 진짜 인공지능다운 것이지'라는 식으로 말한다는 점이다. 나는 이 두 가지 논쟁이 무의미하고 비생산적이라고 생각한다. 왜냐하면 이런 논쟁으로는 유연성이 부족하다는 점과 협동심이 부족하다는 점을 드러낼 뿐이기 때문이다. 그 이유를 살펴보자.

15.4.1 시맨틱 프레임워크 대 비시맨틱 프레임워크

여러분이 시맨틱 모형 구축자로서 자신의 모형을 구축해 본 적이 있다면, 일부 데이터 모형화 프레임워크를 시맨틱으로 속성화하고 다른 프레임워크를 시맨틱이 아닌 것으로 속성화할 수 있으려면 클래스 `Semantic Modeling Framework`를 모호하지 않은 방식으로 정의해야 한다는 점을 깨달았을 것이다. 그리고 그렇게 하려면 이 위계에 속할 수 있는 필수적이고 충분한 조건을 명확하게 정의해야 한다는 점을 이 책에서 배웠기를 바란다. 그러한 조건을 찾을 수 없다면 프레임워크 A는 확실히 시맨틱이며 프레임워크 B는 확실히 그렇지 않다고 주장할 만한 지위에 있지 않은 것이다.

이 책의 또 다른 핵심 교훈은 의미를 구별하는 일이 어떤 가치를 제공하는 한 만들어져야 한다는 점이다. 나에게는 주어진 데이터 모형화 프레임워크가 시맨틱이지 않다는 점을 증명하려고 노력하는 일이 가치가 거의 없다. 프레임워크가 제공하는 기능이 필요한 시맨틱 모형을 구축하는 데 어느 정도 도움이 될 수 있는지 결정하는 일이 가치가 있다. 조금 과장해서 CSV 파일로 내 요구를 만족시킬 수 있다면 시맨틱이지 않은지를 왜 내가 걱정해야 하는가?

확실히 일부 모형화 프레임워크에는 시맨틱 모형을 개발할 때 드는 노력의 특정 측면을 다른 프레임워크보다 쉽고 간단하게 만드는 기능이 내장되어 있다. 하지만 그러한 프레임워크에도 그 밖의 측면을 더 어렵게 만드는 기능과 한계가 있다.

예를 들면, RDF(S)와 OWL의 좋은 기능으로는 URL이 웹페이지를 식별하는 방법과 유사하게 웹에서 특정 엔터티를 명확하게 식별하는 데 URI를 사용할 수 있다는 점을 들 수 있다. 이 덕분에 시맨틱 모형을 웹에 게시하고 URI도 지원하는 다른 모형에 연결하기가 더 쉬워진다. 반면에, 7장에서 보았듯이 RDF(S)와 OWL은 열린 세계 가정을 염두에 두고 구현되었으므로 모형의 내용과 구조에 대한 제어와 추론을 다른 어떤 모형과 분리하기가 상당히 어렵다.

마찬가지로 Neo4j(레이블된 속성 그래프 패러다임을 구현함)를 사용하여 지식 그래프를 작성하는 일에도 장단점이 있다. 예를 들면, 2장에서 살펴보았듯이 속성 그래프에서는 모든 것이 노드node(마디)이므로 클래스와 인디비주얼 사이에 공식적인 구분이 없으며 레이블을 클래스로 사용할 수 있지만, 이러한 레이블 간의 관계를 정의할 방법이 없다. 반면에 [그림 5-3]에 표시한 것 같은 모형화 해결 방법 없이 관계에 속성을 추가하기는 비교적 간단하다.

모형화 프레임워크를 다른 것보다 더 시맨틱하게 호출하는 것을 정당화할 수 있는 기능은 표준화된 의미와 사용법이 있는 사전 정의된 시맨틱 모형화 요소(예: RDF(S)의 rdfs:subClass 및 rdf:type 요소)를 지원하는 것이다. 하지만, 주의할 점이 있다. 이러한 요소는 모든 사람이 의도한 대로 올바르게 해석하고 사용하는 한 가치 있고 중요하다. 그렇지 않으면 내가 정의하고 모형에서 사용하는 임시 요소가 똑같이 좋을 수 있다.

요컨대, 주어진 모형화 프레임워크가 시맨틱인지 아닌지에 관한 집착은 생산적이지 않다. 세우려는 시맨틱 모형에 가장 적합한 프레임워크를 결정하는 데 시간을 할애하고 이 프레임워크를 올바르게 사용하는 방법을 배우는 일이 생산적이다.

15.4.2 기호주의 기반 지식 표현 대 머신러닝

지식 그래프, 온톨로지 및 기타 유형의 시맨틱 모형은 먼저 인간이 이해할 수 있는 명시적 기호와 논리 기반 공리 및 규칙을 사용해 지식과 데이터 의미를 표현하고 나서야 비로소 기계가 이해할 수 있는 형태로 표현한다.[21] 반면에 머신러닝 모형은 **하위 기호 수준**subsymbolic level에서 연산하여 기계가 먼저 이해하게 한 후에 사람이 이해할 수 있는 의미의 잠재 표현을 귀납적으로 추론해 낸다.[22]

역사적으로 이 두 가지 패러다임은 자주 충돌했다. 머신러닝의 지지자들은 명시적으로 알려진 것 이상으로 일반화할 수 없고 확장하기가 어려우므로 기호주의 기반 방법을 무시한다. 기호주의자들은 머신러닝 접근 방식이 미묘한 의미 구별과 추론 패턴을 포착할 수 없지만, 잠재적 표현이 인간이 쉽게 해석하고 설명할 수 없어서 신뢰할 수 없다고 제안한다. 그렇다면 어떤 패러다임이 우세해야 하는가?

대답은 둘 다 아니다. 둘 다 모든 응용 분야가 아닌 일부 응용 분야에 더 적합하고 효과적이라는 장점과 한계가 있기 때문이다. 예를 들어, 영화 시청자가 오늘 밤에 어떤 영화를 볼지를 선택할 때 머릿속에서 사용하는 모든 기준과 전문 지식을 명시적으로 인코딩하고 적용하는 순전히 상징적인 영화 추천 시스템을 구축하기는 무척 어려울 수 있다. 따라서 이러한 시스템의 최고 성능은 머신러닝을 기반으로 한다. 반면에 의료 진단이나 법적 의사 결정 상황이라면, 아주 비슷하지만 궁극적으로 다른 개념을 자동화 시스템이 구별해내고 추론 과정을 설명할 수 있는 능력이 중요할 수 있다.

실제로 두 가지 접근 방식은 서로를 보완해야 한다. 5장에서 살펴보았듯이 시맨틱 데이터 모형의 개발과 진화를 자동화하고 확장하려면 머신러닝 기반 지식 마이닝knowledge mining(지식 채굴) 방법과 도구를 개발하고 적용해야 한다. 반대로 의미론과 연역적 추론은 데이터에 레이블을 미리 지정하여 머신러닝 모형의 정확성을 높이고 이 머신러닝 모형의 행태와 출력에 관한 설명을 생성할 수 있다. 또한 머신러닝의 귀납법induction(귀납 추론)과 시맨틱 모형의 연역법deduction(연역 추론)을 결합하면 시스템이 학습 데이터에 나타나지 않는 유형의 상황을 처리할 수 있다.

머신러닝이 기호주의 기반 표현의 필요성을 없애는 바람에 지금부터 10~20년 후에 이 책이 쓸모없게 될지 누가 알겠는가? 하지만, 그때까지는 두 세계를 최대한 활용하는 편이 더 유용하다.

---

21 옮긴이_ 이러한 패러다임을 '기호주의'라고 부른다.

22 옮긴이_ 이러한 패러다임을 '연결주의'라고 부른다.

15.5 해를 끼치지 않기

시맨틱 데이터 모형은 인간이 믿는 바와 생각하는 방식을 상징적으로 추상화한 것이므로 인간의 편견에 민감하다. 시맨틱 모형 구축자로서 우리는 우리가 구축하는 온톨로지와 택소노미 taxonomy (분류 체계)가 머신러닝 모형보다 덜 편향적이라고 생각하기 쉬운데, 이는 머신러닝 모형이 본질적으로 불명확한 추론 규칙을 따르는 통계 기반 모형인 반면에 온톨로지 및 택소노미는 선명하고crisp 명백한explicit 사실만을 포함하기 때문이다라는 식으로 생각하기 때문이다. 그러나 이것이 반드시 사실인 것만은 아니다.

시맨틱 모형에 들어가는 개념적 지식은 대부분 추상적이고 애매하며 상황에 따라 다르며, 이는 '데이터 과학자'와 '데이터 공학자'라는 말 간의 시맨틱 차이에 관한 중립적인 논쟁이나 어떤 사람을 '젊은 사람'이나 '노인'으로 분류하는 나이 기준을 얼마로 잡아야 할지에 관한 중립적인 논쟁으로 이어지는데, 바로 이런 기준이 신뢰할 수 있는 곳에서 배포한 잘못된 정보인지 아니면 데이터셋에서 집중적으로 삭제된 소외 집단인지에 따라 의도하지 않은 결과를 불러올 수 있기 때문이다. 보험 회사에서 누군가에게 지급해야 하는 보험료를 조정하려고 노인에 대한 모형을 정의해 사용하는 경우를 생각해 보자. 그런 기준이 얼마나 정확하고 얼마나 객관적인지를 확신할 수 있겠는가?

우리가 시맨틱 모형의 규격을 상세하게 지정하는 일, 시맨틱 모형을 (반)자동으로 구성하는데 사용하는 알고리즘과 인간이나 그 밖의 데이터 공급원, 품질을 측정하는 방식과 특정 품질에 부여하는 우선순위에서 편향bias[23]이 생기기도 하고, 심지어 우리가 진화하려고 따르는 전략에서도 편향이 생길 수 있다. 그리고 모형을 사용하는 방식과 규모에 따라 이러한 편향이 확대될 수 있고, 다른 시스템을 통해 확산할 수도 있다. 따라서 시맨틱 데이터 모형화에서 다양한 유형의 편향을 인정하고 해결하면서 최선을 다해 부정적인 영향을 방지하고 줄여야 한다.

시맨틱 모형 제작자로서 우리가 내리는 모든 모형 관련 결정에 대해 누군가가 해를 입었는지를 생각하고 테스트해야 한다. 또한 모형을 개발하는 데 사용하는 방법, 출처, 가정, 설계 결정을 자세히 조사하고 이를 문서화할 때 투명하고 꼼꼼하게 작성하는 일도 아주 중요하다. 반대로 시맨틱 모형 사용자로서 우리는 모형을 액면 그대로 받아들이지 말고 여기에 포함된 편향을 적극적으로 식별하려고 노력해야 한다.

---

23 옮긴이_ 이 '편향'이라는 말은 편견, 차별, 오해 등을 모두 아우르는 개념을 나타낸다.

결국, 잘 설계된 편향 인식 시맨틱 모형을 사용해서 악의적인 편향 주기를 선순환으로 변환하여 머신러닝 시스템의 편향을 완화해야 하고, 반대편에 대해서도 마찬가지로 그렇게 해야 한다.

15.6 시맨틱 격차 해소

이 책은 데이터 공급 측면에서 작업하는 데이터 실무자와 데이터 이용 측면에서 작업하는 사람들 사이에 시맨틱 차이가 있다고 주장하고 이러한 차이가 발생하는 다양한 이유를 보여주었다. 시맨틱 격차를 줄이는 일은 양측 모두에게 최선의 이익을 안겨주겠지만, 몹시 어려운 임무다.

한 가지 이유는 인간의 언어와 사고가 모호성, 애매성, 컨텍스트 의존성, 의미 드리프트로 가득 차 있을 뿐만 아니라, 데이터 시맨틱스$^{data\ semantics}$(데이터 의미론) 분야에서 공식적으로나 보편적으로 허용되는 표현을 몹시 어려운 과업으로 만드는 기타 현상으로도 가득 차 있기 때문이다. 이러한 현상을 해결하는 새로운 접근 방식과 방법을 계속 연구하는 일 외에는 이 문제에 대해 많은 것을 할 수 없다.

그러나 두 번째 이유는 우리에게 이미 그러한 방법과 기술이 있음에도 불구하고 그것이 아무리 효과적이더라도 차선책으로 적용하기 때문이다. 이 책은 사용 가능한 기술을 더 잘 활용하고 데이터와 애플리케이션에 긍정적인 영향을 미치고 시너지, 재사용성, 무모순성이라는 유익한 결과를 생성할 정도로 시맨틱 격차를 줄이는 방법을 보여준다.

이제 여러분이 나설 차례다.

참고문헌

[1] National Center for Biomedical Ontology. "Snomed CT Ontology" (*http://bioportal.bioontology.org/ontologies/SNOMEDCT*). Last modified November 18, 2019.

[2] European Skills, Competences, Qualifications and Occupations (ESCO). "Occupations"(*https://ec.europa.eu/esco/portal/occupation*). 2017.

[3] AllegroGraph. "Graphs Without Semantics Are Not Enough" (*https://allegrograph.com/property-graphs-are-not-enough*). Last modified June 16, 2018.

[4] Blumauer, Andreas. "Semantic Knowledge Graphs Versus Property Graphs" (*https://www.linkedin.com/pulse/semantic-knowledge-graphs-versus-property-andreasblumauer*). Pulse (blog), LinkedIn. December 11, 2018.

[5] Cagle, Kurt. "Taxonomies vs. Ontologies" (*https://www.forbes.com/sites/cognitiveworld/2019/03/24/taxonomies-vs-ontologies/#64e28b5a7d53*). Forbes. March 24, 2019.

[6] Open Data Science (ODSC). "Where Ontologies End and Knowledge Graphs Begin" (*https://medium.com/predict/where-ontologies-end-and-knowledge-graphsbegin-6fe0cdede1ed*). Medium. October 16, 2018.

[7] Singhal, Amit. "Introducing the Knowledge Graph: things, not strings" (*https://*

blog.google/products/search/introducing-knowledge-graph-things-not). The Keyword (blog), Google. May 26, 2012.

[8] Panetta, Kasey. "5 Trends Emerge in the Gartner Hype Cycle for Emerging Technologies, 2018" (https://www.gartner.com/smarterwithgartner/5-trends-emerge-ingartner-hype-cycle-for-emerging-technologies-2018). Smarter With Gartner. August 16, 2018.

[9] Amazon. "How Alexa Keeps Getting Smarter" (https://blog.aboutamazon.com/devi ces/how-alexa-keeps-getting-smarter). Day One (blog). October 10, 2018.

[10] He, Qi. "Building The LinkedIn Knowledge Graph" (https://engineering.linkedin.com/blog/2016/10/building-the-linkedin-knowledge-graph). LinkedIn Engineering
(blog). October 6, 2016.

[11] Thomson Reuters. "Thomson Reuters Launches First of Its Kind Knowledge Graph Feed Allowing Financial Services Customers to Accelerate Their AI and Digital Strategies" (https://www.thomsonreuters.com/en/press-releases/2017/october/thomson-reuters-launches-first-of-its-kind-knowledge-graph-feed.html). Press release,
October 23, 2017.

[12] Gao, Yuqing, Anant Narayanan, Alan Patterson, Jamie Taylor, and Anshu Jain. "Enterprise–Scale Knowledge Graphs" (http://iswc2018.semanticweb.org/wp-content/uploads/2018/10/Panel-all.pdf). Panel at the International Semantic Web Conference, Monterey, CA, October 2018.

[13] Best, Jo. "IBM Watson: The Inside Story of How the Jeopardy–Winning Supercomputer Was Born, and What It Wants to Do Next" (https://www.techrepublic.com/article/ibm-watson-the-inside-story-of-how-the-jeopardy-winning-supercomputer-wasborn-and-what-it-wants-to-do-next). TechRepublic. September 9, 2013.

[14] Kalyanpur, Aditya, B.K. Boguraev, S. Patwardhan, J.W. Murdock, A. Lally, C.

Welty, J.M. Prager, B. Coppola, A. Fokoue-Nkoutche, L. Zhang, Y. Pan, and Z.M. Qiu. "Structured Data and Inference in DeepQA." IBM Journal of Research and Development 56, no. 3/4 (May/July 2012): 10:1 - 10:14. https://doi.org/10.1147/ JRD.2012.2188737.

[15] Cagle, Kurt. "The Rise of 360" Semantic Data Hubs" (*https://www.forbes.com/ sites/cognitiveworld/2018/08/16/holistic-information-the-rise-of-360-semantic-datahubs/#2db41f1c217a*). Forbes. August 16, 2018.

[16] Horrel, Geoffrey. "Intelligent Recommendation Engine for Financial Analysts" (*https://neo4j.com/blog/intelligent-recommendation-engine-financial-analysts*). Neo4j (blog). December 7, 2018. Originally presented at GraphConnect New York, October 2017.

[17] Horridge, Matthew. A Practical Guide To Building OWL Ontologies Using Protege 4 and CO-ODE Tools. (*http://mowl-power.cs.man.ac.uk/ protegeowltutorial/resources/ProtegeOWLTutorialP4_v1_3.pdf*) University Of Manchester, Manchester, UK, March 24, 2011.

[18] OWL Working Group. "Web Ontology Language (OWL)" (*https://www.w3.org/ OWL*). World Wide Web Consortium (W3C). Last modified December 11, 2013.

[19] W3C Working Group. "SKOS Simple Knowledge Organization System Primer" (*https://www.w3.org/TR/skos-primer*). W3C. August 18, 2009.

[20] W3C. "RDF Primer" (*https://www.w3.org/TR/rdf-primer*). February 10, 2004.

[21] W3C. "RDF Schema 1.1" (*https://www.w3.org/TR/rdf-schema*). February 25, 2014

[22] Obitko, Marek. "Description Logics" (*https://www.obitko.com/tutorials/ ontologies-semantic-web/description-logics.html*). 2007.

[23] American National Standards Institute/National Information Standards Organization. "Guidelines for the Construction, Format, and Management of Monolingual Controlled Vocabularies" (*https://www.niso.org/publications/ ansiniso-z3919-2005-r2010*). May 13, 2010.

[24] Wikipedia. "Entity-elationship Model" (*https://en.wikipedia.org/wiki/Entity%E2%80%93relationship_model*). Last modified July 1, 2020.

[25] Frisendal, Thomas. "Property Graphs Explained: The Universal Data Model Paradigm" (*http://graphdatamodeling.com/Graph%20Data%20Modeling/GraphDataModeling/page/PropertyGraphs.html*). 2016.

[26] Wikipedia. "Person" (*https://en.wikipedia.org/wiki/Person*). Last modified June 28, 2020.

[27] Arp, Robert and Barry Smith. "Function, Role, and Disposition in Basic Formal Ontology." Nature Precedings 1 (1941): 1-4.

[28] Wikipedia. "Song" (*https://en.wikipedia.org/wiki/Song*). Last modified July 14, 2020.

[29] Wikipedia. "Biology" (*https://en.wikipedia.org/wiki/Biology*). Last modified July 10, 2020.

[30] Chen, Peter Pin-Shan. "English, Chinese and ER diagrams." Data & Knowledge Engineering 23, no. 1 (June 1997): 5-16. *https://doi.org/10.1016/S0169-023X(97)00017-7*.

[31] Fernandez-Lopez, Mariano, Asuncion Gomez-Perez, and Natalia Juristo. Methontology: From Ontological Art Towards Ontological Engineering. AAAI Technical Report SS-97-06, Madrid, Spain, March 1997: 33-40.

[32] Horrocks, Ian, Peter F. Patel-Schneider, Harold Boley, Said Tabet, Benjamin Grosof, and Mike Dean. "SWRL: A Semantic Web Rule Language Combining OWL and RuleML" (*https://www.w3.org/Submission/SWRL*). W3C. May 21, 2004.

[33] Ignatiev, Alexey, Nina Narodytska, and Joao Marques-Silva. "Abduction-Based Explanations for Machine Learning Models." Proceedings of the Thirty-Third AAAI Conference on Artificial Intelligence (AAAI-19) 33, no. 1 (2019): 1511-1519. *https://doi.org/10.1609/aaai.v33i01.33011511*

[34] Lucidchart. "Enhanced ER Diagram Tutorial" (*https://www.lucidchart.com/pages/enhanced-entity-relationship-diagram*). Accessed July 16, 2020.

[35] Winston, Morton E., Roger Chaffin, and Douglas Herrmann. "A Taxonomy of Part-Whole Relations." Cognitive Science 11, no. 4 (October/December 1987): 417-444. *https://doi.org/10.1016/S0364-0213(87)80015-0*

[36] DBpedia. "About: Machine Learning" (*http://dbpedia.org/page/Machine_learning*). Accessed July 16, 2020.

[37] DBpedia. "About: Apprentissage automatique" (*http://fr.dbpedia.org/page/Apprentissage_automatique*). Accessed July 16, 2020.

[38] W3C. "SKOS Mapping Vocabulary Specification" (*https://www.w3.org/2004/02/skos/mapping/spec/2004-11-11.html*). November 11, 2004.

[39] Princeton University. "Ontology" (*http://wordnetweb.princeton.edu/perl/webwn?s=ontology&sub=Search+WordNet&o2=&o0=1&o8=1&o1=1&o7=&o5=&o9=&o6=&o3=&o4=&h=00*). WordNet.2010

[40] Cook, Roy T. "Intensional Definition." In A Dictionary of Philosophical Logic. Edinburgh: Edinburgh University Press, 2009.

[41] W3C. "PROV-O: The PROV Ontology" (*https://www.w3.org/TR/prov-o*). April 30, 2013.

[42] Wikipedia. "Tripoli" (*https://en.wikipedia.org/wiki/Tripoli*). Last modified July 7, 2020.

[43] Wikipedia. "Tripoli, Lebanon" (*https://en.wikipedia.org/wiki/Tripoli,_Lebanon*). Last modified May 29, 2020.

[44] Wikipedia. "Tripoli, Greece" (*https://en.wikipedia.org/wiki/Tripoli,_Greece*). Last modified June 28, 2020.

[45] Yosef, Mohamed, Johannes Hoffart, Ilaria Bordino, Marc Spaniol, and Gerhard Weikum. "AIDA: An Online Tool for Accurate Disambiguation of Named Entities in Text and Tables." Proceedings of the VLDB Endowment 4, no. 12 (2011): 1450-1453. *https://doi.org/10.14778/3402755.3402793*.

[46] Hoffart, Johannes, Fabian M. Suchanek, Klaus Berberich, and Gerhard Weikum. "YAGO2: A Spatially and Temporally Enhanced Knowledge Base

from Wikipedia." Artificial Intelligence 194 (January 2013): 28–61. https://doi. org/10.1016/j.artint.2012.06.001.

[47] Princeton University. "Heap" (*http://wordnetweb.princeton.edu/perl/webwn?* s=heap&sub=Search+WordNet&o2=&o0=1&o8=1&o1=1&o7=&o5=&o9=&o6=&o3=& o4=&h=00). WordNet.2010.

[48] Hyde, Dominic. Vagueness, Logic and Ontology. Ashgate New Critical Thinking in Philosophy. Abingdon, UK: Routledge, 2008.

[49] Shapiro, Stewart. Vagueness in Context. New York: Oxford University Press, 2006.

[50] Shotton, David and Silvio Peroni. "CiTO, the Citation Typing Ontology" (*http://purl.org/spar/cito*). February 16, 2018.

[51] Guarino, Nicola, and Chris Welty. "Ontological Analysis of Taxonomic Relationships." In Conceptual Modeling – ER 2000, edited by Alberto H. F. Laender, Stephen W. Liddle, and Veda C. Storey, 210–224. ER 2000. Lecture Notes in Computer Science, vol. 1920. Springer–Verlag Berlin Heidelberg, October 2000.

[52] Guarino, Nicola and Chris Welty. "Evaluating Ontological Decisions with Onto□Clean." Communications of the ACM 45, no. 2 (February 2002): 61–65. *https://doi.org/10.1145/503124.503150*.

[53] Grzega, Joachim. Bezeichnungswandel: Wie, Warum, Wozu? Ein Beitrag zur englischenund allgemeinen Onomasiologie. Sprachwissenschaftliche Studienbucher. Heidelberg: Universitatsverlag Winter, 2004.

[54] Bloomfield, Leonard. Language. New York: Holt, Rinehart and Winston, 1933.

[55] Blank, Andreas. "Why Do New Meanings Occur? A Cognitive Typology of the Motivations for Lexical Semantic Change." In Historical Semantics and Cognition, edited by Andreas Blank and Peter Koch, 61–90. Cognitive Linguistics Research, vol. 13 Berlin: De Gruyter Mouton, 1999. *https://doi. org/10.1515/9783110804195.61*.

[56] Wang, Shenghui, Stefan Schlobach, and Michel C. A. Klein. "Concept Drift

and How to Identify It." Journal of Web Semantics 9, no. 3 (September 2011): 247 – 265. *https://doi.org/10.1016/j.websem.2011.05.003.*

[57] Stavropoulos, Thanos G., Stelios Andreadis, Efstratios Kontopoulos, Marina Riga, Panagiotis Mitzias, and Ioannis Kompatsiaris. "SemaDrift: A Protege Plugin for Measuring Semantic Drift in Ontologies." In Detection, Representation and Management of Concept Drift in Linked Open Data, edited by Laura Hollink, Sandor Daranyi, Albert Merono Penuela, and Efstratios Kontopoulo, 34 – 41. CEUR Workshop Proceedings, vol. 1799. Bologna, Italy, November 2016.

[58] Fokkens, Antske, Serge Ter Braake, Isa Maks, and Davide Ceolin. "On the Semantics of Concept Drift: Towards Formal Definitions of Concept Drift and Semantic Change." In Detection, Representation and Management of Concept Drift in Linked Open Data, edited by Laura Hollink, Sandor Daranyi, Albert Merono Penuela, and Efstratios Kontopoulo, 10 – 17. CEUR Workshop Proceedings, vol. 1799. Bologna, Italy, November 2016.

[59] Recchia, Gabriel, Ewan Jones, Paul Nulty, John Regan, and Peter de Bolla. "Tracing Shifting Conceptual Vocabularies Through Time." In Detection, Representation and Management of Concept Drift in Linked Open Data, edited by Laura Hollink, Sandor Daranyi, Albert Merono Penuela, and Efstratios Kontopoulo, 2 – 9. CEUR Workshop Proceedings, vol. 1799. Bologna, Italy, November 2016.

[60] Jatowt, Adam and Kevin Duh. "A Framework for Analyzing Semantic Change of Words Across Time." In JCDL '14: Proceedings of the 14th ACM/IEEE–CS Joint Conference on Digital Libraries, 229 – 238. Piscataway, NJ: IEEE Press, September 2014. *https://doi.org/10.1109/JCDL.2014.6970173.*

[61] Gulla, Jon Atle, Geir Solskinnsbakk, Per Myrseth, Veronika Haderlein, and Olga Cerrato. "Semantic Drift in Ontologies." In Proceedings of the 6th International Conference on Web Information Systems and Technologies 2, edited by Joaquim Filipe and Jose Cordeiro, 13 – 20. Setubal, Portugal: SciTePress, 2010.

https://doi.org/10.5220/0002788800130020.

[62] Strasunskas, Darijus, and Stein L. Tomassen. "The Role of Ontology in Enhancing Semantic Searches: The Evoqs Framework and Its Initial Validation." International Journal of Knowledge and Learning 4, no. 4 (January 2008): 398–414. https://doi.org/10.1504/IJKL.2008.022059.

[63] Thakkar, Harsh, Kemele M. Endris, Jose M. Gimenez-Garcia, Jeremy Debattista, Christoph Lange, and Soren Auer. "Are Linked Datasets Fit for Open-Domain Question Answering? A Quality Assessment." In WIMS '16: Proceedings of the 6th International Conference on Web Intelligence, Mining and Semantics, edited by Rajendra Akerkar, Michel Plantie, Sylvie Ranwez, Sebastien Harispe, Anne Laurent, Patrice Bellot, Jacky Montmain, and Francois Trousset, 1–12. New York: Association for Computing Machinery, June 2016. https://doi.org/10.1145/2912845.2912857.

[64] DBpedia. "About: Yugoslavia" (http://dbpedia.org/page/Yugoslavia). Accessed July 16, 2020.

[65] DBpedia. "About: Serbia" (http://dbpedia.org/page/Serbia). Accessed July 16, 2020.

[66] Camacho-Collados, Jose, Claudio Delli Bovi, Luis Espinosa-Anke, Sergio Oramas, Tommaso Pasini, Enrico Santus, Vered Shwartz, Roberto Navigli, and Horacio Saggion. "SemEval-2018 Task 9: Hypernym Discovery." In Proceedings of the 12th International Workshop on Semantic Evaluation, edited by Marianna Apidianaki, Saif M. Mohammad, Jonathan May, Ekaterina Shutova, Steven Bethard, and Marine Carpuat, 712–724. Stroudsburg, PA: Association for Computational Linguistics, June 2018. https://doi.org/10.18653/v1/S18-1115.

[67] Weaver, Gabriel Barbara Strickland, and Gregory Crane. "Quantifying the Accuracy of Relational Statements in Wikipedia: a Methodology." In JCDL '06: Proceedings of the 6th ACM/IEEE-CS Joint Conference on Digital Libraries, 358. New York: Association for Computing Machinery, June 2006. https://doi.

org/10.1145/1141753.1141853.

[68] Distaso, Marcia. "Measuring Public Relations Wikipedia Engagement: How Bright is the Rule?" Public Relations Journal 6, no. 2 (August 2012): 1–22.

[69] Wikipedia. "Vandalism on Wikipedia" (https://en.wikipedia.org/wiki/Vandalism_on_Wikipedia). Last modified July 4, 2020.

[70] Acosta, Maribel, Amrapali Zaveri, Elena Simperl, Dimitris Kontokostas, Soren Auer, and Jens Lehmann. "Crowdsourcing Linked Data Quality Assessment." In The Semantic Web—ISWC 2013, edited by Harith Alani, Lalana Kagal, Achille Fokoue, Paul Groth, Chris Biemann, Josiane Xavier Parreira, Lora Aroyo, Natasha Noy, Chris Welty, and Krzysztof Janowicz, 260–276. ISWC 2013. Lecture Notes in Computer Science, vol. 8219. Springer–Verlag Berlin Heidelberg, 2013. https://doi.org/10.1007/978-3-642-41338-4_17.

[71] Bizer, Christian and Richard Cyganiak. "Quality–Driven Information Filtering Using the WIQA Policy Framework." Journal of Web Semantics 7, no. 1 (January 2009): 1–10. https://doi.org/10.1016/j.websem.2008.02.005.

[72] Feeney, Kevin, Declan O'Sullivan, Wei Tai, and Rob Brennan. "Improving Curated Web–Data Quality with Structured Harvesting and Assessment." International Journal on Semantic Web and Information Systems 10, no. 2 (April 2014): 35–62. https://doi.org/10.4018/ijswis.2014040103.

[73] Paulheim, Heiko and Christian Bizer. "Improving the Quality of Linked Data Using Statistical Distributions." International Journal on Semantic Web and Information Systems 10, no. 2 (April 2014): 63–86. https://doi.org/10.4018/ijswis.2014040104.

[74] Nakashole, Ndapandula, Martin Theobald, and Gerhard Weikum. "Scalable Knowledge Harvesting with High Precision and High Recall." In Proceedings of the Fourth ACM International Conference on Web Search and Data Mining, 227–236. New York: Association for Computing Machinery, February 2011. https://doi.org/10.1145/1935826.1935869.

[75] Carlson, Andrew, Justin Betteridge, Richard C. Wang, Estevam R. Hruschka, Jr., and Tom M. Mitchell. "Coupled Semisupervised Learning for Information Extraction." In Proceedings of the Third ACM International Conference on Web Search and Data Mining, 101–110. New York: Association for Computing Machinery, February 2010. *https://doi.org/10.1145/1718487.1718501*.

[76] Lehmann, Jens, and Lorenz Buhmann. "ORE— Tool for Repairing and Enriching Knowledge Bases." In The Semantic Web—ISWC 2010, edited by Peter F. Patel-Schneider, Yue Pan, Pascal Hitzler, Peter Mika, Lei Zhang, Jeff Z. Pan, Ian Horrocks, and Birte Glimm, 177–193. ISWC 2010. Lecture Notes in Computer Science, vol. 6496. Springer-Verlag Berlin Heidelberg, 2010. *https://doi.org/10.1007/978-3-642-17749-1_12*.

[77] Census of Marine Life. "How many species on Earth? About 8.7 million, new estimate says" (*https://www.sciencedaily.com/releases/2011/08/110823180459.htm*). ScienceDaily. August 24, 2011.

[78] Farber, Michael, Basil Ell, Carsten Menne, Achim Rettinger, and Frederic Bartscherer. "Linked Data Quality of DBpedia, Freebase, OpenCyc, Wikidata, and YAGO." Semantic Web 9, no. 3 (March 2017): 1–53. *https://doi.org/10.3233/SW-170275*.

[79] Paulheim, Heiko and Christian Bizer. "Type Inference on Noisy RDF Data." In The Semantic Web – ISWC 2013, edited by Harith Alani, Lalana Kagal, Achille Fokoue, Paul Groth, Chris Biemann, Josiane Xavier Parreira, Lora Aroyo, Natasha Noy, Chris Welty, and Krzysztof Janowicz, 510–525. ISWC 2013. Lecture Notes in Computer Science, vol. 8218. Springer-Verlag Berlin Heidelberg, 2013. *https://doi.org/10.1007/978-3-642-41335-3_32*.

[80] Bizer, Christian. Quality-Driven Information Filtering in the Context of Web-Based Information Systems. Riga, Latvia: VDM Verlag Dr. Muller, 2007.

[81] Neo4j. "5.4. Constraints" (*https://neo4j.com/docs/cypher-manual/current/schema/constraints*). Accessed July 16, 2020.

[82] W3C. "OWL 2 Web Ontology Language Profiles (Second Edition)" (*https:// www.w3.org/TR/owl2-profiles*). December 11, 2012.

[83] DBpedia. "About: child" (*http://dbpedia.org/ontology/child*). Accessed July 16, 2020.

[84] DBpedia. "About: children" (*http://dbpedia.org/property/children*). Accessed July 16, 2020.

[85] W3C. "The Organization Ontology −5.3.1 Property: memberOf" (*https://www. w3.org/TR/vocab-org/#property-memberof*) January 16, 2014.

[86] W3C. "The Organization Ontology −5.3.4 Class: Membership" (*https://www. w3.org/TR/vocab-org/#class-membership*) January 16, 2014.

[87] W3C. "Defining N−ary Relations on the Semantic Web" (*https://www.w3.org/ TR/swbp-n-aryRelations*). April 12, 2006.

[88] Guha, Ramanathan, Dan Brickley, and Steve MacBeth. "Schema.org: Evolution of Structured Data on the Web." Queue 13, no. 9, (November 2015): 10−37. *https://doi.org/10.1145/2857274.2857276*.

[89] Zaveri, Amrapali, Dimitris Kontokostas, Mohamed A Sherif, Lorenz Buhmann, Mohamed Morsey, Soren Auer, and Jens Lehmann. "User−Driven Quality Evaluation of DBpedia." In I−SEMANTICS '13: Proceedings of the 9th International Conference on Semantic Systems, edited by Marta Sabou, Eva Blomqvist, Tommaso Di Noia, Harald Sack, and Tassilo Pellegrini, 97−104. New York: Association for Computing Machinery, September 2013. *https://doi. org/10.1145/2506182.2506195*.

[90] Freire, Nuno, Valentine Charles, and Antione Isaac. "Evaluation of Schema. org for Aggregation of Cultural Heritage Metadata." In The Semantic Web, edited by Aldo Gangemi, Roberto Navigli, Maria−Esther Vidal, Pascal Hitzler, Raphael Troncy, Laura Hollink, Anna Tordai, and Mehwish Alam, 225−239. ESWC 2018. Lecture Notes in Computer Science, vol. 10843. Springer−Verlag Berlin Heidelberg, 2018. *https://doi.org/10.1007/978-3-319-93417-4_15*.

[91] Source Forge. "Backups for old OpenCyc distributions" (*https://sourceforge.net/projects/opencyc-backups*). Last updated May 8, 2016.

[92] W3C. "SPARQL Query Language for RDF" (*https://www.w3.org/TR/rdf-sparqlquery*). January 15, 2008.

[93] Zouaq, Amal and Roger Nkambou "A Survey of Domain Ontology Engineering: Methods and Tools." In Advances in Intelligent Tutoring Systems, edited by Roger Nkambou, Jacqueline Bourdeau, and Riichiro Mizoguchi, 103–119. Studies in Computational Intelligence, vol. 308. Springer–Verlag Berlin Heidelberg, 2010. *https://doi.org/10.1007/978-3-642-14363-2_6*.

[94] Ehrlinger, Lisa and Wolfram Wos. "Towards a Definition of Knowledge Graphs." In Posters&Demos@SEMANTiCS 2016 and SuCCESS'16 Workshop, edited by Michael Martin, Marti Cuquet, and Erwin Folmer. CEUR Workshop Proceedings, vol. 1695. Leipzig, Germany, 2016.

[95] Bloomberg. "Bloomberg's 6 Notable Academic Contributions in Machine Learning in 2016" (*https://www.techatbloomberg.com/blog/bloombergs-top-6-academiccontributions-machine-learning-2016/*). Tech at Bloomberg (blog). March 17, 2017.

[96] Paulheim, Heiko. "Knowledge Graph Refinement: A Survey of Approaches and Evaluation Methods." Semantic Web 8, no. 3 (2017): 489–508. *https://doi.org/10.3233/SW-160218*

[97] Blumauer, Andreas. "From Taxonomies over Ontologies to Knowledge Graphs" (*https://semantic-web.com/2014/07/15/from-taxonomies-over-ontologies-to-knowledgegraphs*). Semantic Web Company. July 15, 2014.

[98] Krotzsch, Markus and Gerhard Weikum. "Web Semantics: Science, Services and Agents on the World Wide Web." Journal of Web Semantics 37–38 (March 2016): 53–54. *https://doi.org/10.1016/j.websem.2016.04.002*.

[99] Alexopoulos, Panos. "Building a Large Knowledge Graph for the Recruitment Domain with Textkernel's Ontology" (*https://www.textkernel.com/building-*

largeknowledge-graph-recruitment-domain/). Textkernel (blog). Last modified December 6, 2019.

[100] Morsey, Mohamed, Jens Lehmann, Soren Auer, Claus Stadler, and Sebastian Hellmann. "100] Morsey, Mohamed, Jens Lehmann, Soren Auer, Cl from Wikipedia." Program: Electronic Library and Information Systems 46, no. 2 (April 2012): 157llmann.s). Semantic Web Company. July 15, 2014.M

[101] European Commission. ESCO Handbook. (*https://ec.europa.eu/esco/ portal/document/en/0a89839c-098d-4e34-846c-54cbd5684d24*) 2019. *https://doi. org/10.2767/934956*.

[102] Borgo, Stefano and Claudio Masolo. 102] Borgo, Stefano and Claudio MasoIn Theory and Applications of Ontology: Computer Applications, cdited by Roberto Poli, Michael Healy, and Achilles Kameas, 279–846c–54cbd5684d24) 2019.ps:// doihttps://doi.org/10.1007/978–90–481–8847–5_13.

[103] Arp, Robert, Barry Smith, and Andrew Spear. Building Ontologies With Basic Formal Ontology. Cambridge, MA: MIT Press, July 2015.

[104] W3C. 104] W3C.mal Ontology. Cambridge, MA: MIT Press, July*https://www. w3.org/TR/swbp-n-aryRelations/#pattern1*). April 12, 2006.

[105] Silverston, Len. The Data Model Resource Book, Volume 1: A Library of Universal Data Models for All Enterprises. Revised edition. New York: John Wiley & Sons, 2001.

[106] Silverston, Len. The Data Model Resource Book, Volume 2: A Library of Data Models for Specific Industries. Revised edition. New York: John Wiley & Sons, 2001.

[107] Silverston, Len and Paul Agnew. The Data Model Resource Book, Volume 3: Universal Patterns for Data Modeling. Indianapolis, IN: Wiley Publishing, 2009.

[108] Hay, David. Data Model Patterns: Conventions of Thought. Boston: Addison–Wesley Professional, July 2013.

[109] Swick, Ralph, Guus Schreiber, and David Wood. "109] Swick, Ralph, Guus

SchreibeDeployment Working Group S*chttp://www.w3.org/2001/sw/BestPractices*).
W3C. Last modified October 4, 2006.

[110] Aranguren, Mikel Egana. 110] Aranguren, Mikel Egana...*p://www.w3.org/2001/*
http://www.gong.manchester.ac.uk/odp/html). Last modified July 9, 2009.

[111] Insight Centre for Data Analytics. 111] Insight Centre for Data Analytics..
org/2001/*http://www.gong.manchester.ac.u*

[112] Ontology Engineering Group. 112] Ontology Engineering Group.ps*https://*
lov.linkeddata.es/dataset/lov). Last modified July 20, 2020.

[113] Vandenbussche, Pierre-Yves, Ghislain Atemezing, Maria Poveda-Villalon
and Bernard Vatant. 113] Vandenbussche, Pierre-Yves, Ghislain Atemezing, Maria
Poveda-Villalon and Bernard VatSemantic Web 8 (2017): 43709.hn Wiley & Sons,
2000.3233/SW-160213.

[114] Ontology Engineering Group. "114] Ontology Engineering Group. Ghislain
Atemezing, Maria Poveda-Villa Last modified January 11, 2019.

[115] Paulheim, Heiko. 115] Paulheim, Heiko.11Estimating the Cost of Knowledge
Graph Creation./ In ISWC 2018 Posters & Demonstrations, Industry and Blue
Sky Ideas Tracks, edited by Marieke van Erp, Medha Atre, Vanessa Lopez,
Kavitha Srinivas, and Carolina Fortuna. CEUR Workshop Proceedings, vol. 2180.
Monterey, USA, 2018.

[116] Wikipedia. 116] Wikipedia.2018.ings, vol. 2180. Monterey, USA, 2018.itha
Sriniloo). Last modified July 14, 2020.

[117] Arauz, Pilar, Antonio San Martin, and Pamela Faber. 117] Arauz, Pilar,
Antonio San Martin, and Pamela Faber..itha Sriniloo).In Proceedings of the 5th
International Workshop on Computational Terminology, edited by Patrick Drouin,
Natalia Grabar, Thierry Hamon, Kyo Kageura, and Koichi Takeuchi, 73-82.
Stroudsburg, PA: Association for Computational Linguistics, 2016.

[118] Stanford Natural Language Processing Group. 118] Stanford Natural
Language Processing *https://nlp.stanford.edu/software/CRF-NER.html*). Last

modified April 19, 2020.

[119] Chinchor, Nancy and Ellen Voorhees. 119] Chinchor, Na*https://wwwnlpir.nist.gov/related_projects/muc/muc_data/muc_data_index.html*). Last modified March 8, 2005.

[120] Lee, Ki-Joong, Young-Sook Hwang, and Hae-Chang Rim. 120] Lee, Ki-Joong, Y NE Recognition based on SVMs. RIn Proceedings of the ACL 2003 Workshop on Natural Language Processing in Biomedicine, 33html Stroudsburg, PA: Association for Computational Linguistics, July 2003. *https://doi.org/10.3115/1118958.1118963*.

[121] Shalaby, Walid, Khalifeh Al Jadda, Mohammed Korayem, and Trey Grainger. 121] Shalaby, Walid, Khalifeh Al Jadda, Mohammed Korayem, and Trey Grainger.://doi.org/10.3115/1118958.1118963. G2016 IEEE 40th Annual Computer Software and Applications Conference (COMPSAC), 631-636. Piscataway, NJ: IEEE Press, April 2016. *https://doi.org/10.1109/COMPSAC.2016.109*.

[122] Carnegie Mellon University. "122] Carnegie Mellon University. Jadda, Mo Accessed July 16, 2020.

[123] CMU Read the Web Project. "NELL KnowledgeBase Browser" (*http://rtw.ml.cmu.edu/rtw/kbbrowser/*). Accessed July 16, 2020.

[124] Mintz, Mike, Steven Bills, Rion Snow, and Dan Jurafsky. 124] Mintz, Mike, Steven Bills, Rion Snow, anWithout Labeled Data.d DatACL '09: Proceedings of the Joint Conference of the 47th Annual Meeting of the ACL and the 4th International Joint Conference on Natural Language Processing of the AFNLP, vol. 2, 1003-1011. Stroudsburg, PA: Association for Computational Linguistics, August 2009. *https://doi.org/10.3115/1690219.1690287*.

[125] Wikipedia. 125] Wikipedia.e, Steven Bills, Rion Snow, anWithout Labeled _ (database)). Last modified July 6, 2020.

[126] Hasegawa, Takaaki, Satoshi Sekine, and Ralph Grishman. 126] Hasegawa, Takaaki,Among Named Entities from Large Corpora.pora.ACL a.ACL Large

Corpora.pora.ACL CL CL CL ge Corpora.pora.ACL CL Conference of the 47th Annual Meeting of the ACL and the 4th International Joint Conference on Natural L04. *https://doi.org/10.3115/1218955.1219008*.

[127] Prabhakaran, Selva. 127] Prabhakaran, Selva.e Corpora.pora.h and how it works (with python codes)9: Proceedings of the Joint Conference of the 47th Annual Meeting of the ACL and the Last modified April 28, 2020.

[128] Mikolov, Tomas, Ilya Sutskever, Kai Chen, Greg Corrado, and Jeffrey Dean. 128] Mikolov, Tomas, Ilya Sutskever, Kai Chen, Greg Corrado, and Jeffrey Dean. the Last modified April 28, 2020.nce of the 47th Annual Meeting of the ACL and the Last mems—Volume 2, edited by C.J.C. Burges, L. Bottou, M. Welling, Z. Ghahramani, and K.Q. Weinberger, 3111–3119. Red Hook, NY: Curran Associates Inc., December 2013.

[129] TurkuNLP Group. 129] TurkuNLP Group.e 26th International Conference Last modified June 9, 2016.

[130] Etzioni, Oren, Michele Banko, Stephen Soderland, and Daniel S. Weld. "Open Information Extraction from the Web." Communications of the ACM 51, no. 12 (December 2008): 68–74. *https://doi.org/10.1145/1409360.1409378*.

[131] Niklaus, Christina, Matthias Cetto, Andre Freitas, and Siegfried Handschuh. 131] Niklaus, Christina, Matthias Cetto, Andre Freitas, and Siegfried Handschuh. Information Extraction from the Web." Communications of the ACM 51, no. 12 (December 2008): 68–74. *https://doi.org/10.1145troudsburg, PA: Association for Computational Linguistics, August 2018*.

[132] Yates, Alexander, Michele Banko, Matthew Broadhead, Michael Cafarella, Oren Etzioni, Stephen Soderland. 132] Yates, Alexander, Michele Banko, Matthew Broadhead, Proceedings of Human Language Technologies: The Annual Conference of the North American Chapter of the Association for Computational Linguistics (NAACL–HLT), edited by Bob Carpenter, Amanda Stent, and Jason D. Williams, 25–26. Stroudsburg, PA: Association for Computational Linguistics,

April 2007.

[133] Zhu, Jun, Zaiqing Nie, Xiaojiang Liu, Bo Zhang, and Ji-Rong Wen. 133] Zhu, Jun: A Statistical Approach to Extracting Entity Relationships.uman Language Technologies: The Annual Conference of the North American Chapter of the110. New York: Association for Computing Machinery, April 2009. *https://doi.org/10.1145/1526709.1526724.*

[134] Fader, Anthony, Stephen Soderland, and Oren Etzioni. 134] Fader, Anthony, Stephen Soderland, and Oren Etzioni.y Relationships.uman Language Technce on Empirical Methods in Natural Language Processing, edited by Regina Barzilay and Mark Johnson, 1535-1545. Stroudsburg, PA: Association for Computational Linguistics, July 2011.

[135] DBpedia. 135] DBpedia.nthony, Stephen Soderland, and Oren Etzioni.y in Natur Accessed July 16, 2020.

[136] Schema.org. "136] Schema.org. *https://schema.org/ExerciseAction*). Accessed July 16, 2020.

[137] Kenton, Will. "137] Kenton, Will.020.rciseAction). Accessed July 16, 2020. in Natur Acc Investopedia. Last modified May 9, 2019.

[138] DBpedia. "138] DBpedia.May 9, 2019. Natur Acc Accessed July 16, 2020. in Natur Accessed J Accessed July 16, 2020.

[139] DBpedia. 139] DBpedia.d J Acces..9.seAction). Accessed July 16, 2020. in Natur Accessed July 16, Accessed July 16, 2020.

[140] International Press Telecommunications Council. 140] International Press Telecommunications CCouncil., 2020. in Natur Accessed July 16, Information Technology for News. Last modified December 15, 2010.

[141] International Press Telecommunications Council. 141] International Press TTelecommunications Council., 2020. in Natur Accessed July 16, Information Technology for News. Last modified December 15, 2010.

[142] International Press Telecommunications Council. "142] International Press

Telecommunicatp://cv.iptc.org/newscodes/subjectcode/01010002). Information Technology for News. Last modified December 15, 2010.

[143] DBpedia. 143] DBpedia.Decehttp://dbpedia.org/page/Poetry). Accessed July 16, 2020.

[144] Princeton University. "144] Princeton Universdnetweb.princeton.edu/perl/we bwn?s=democracy&sub=Search+WordNet&o2=&o0=1&o8=1&o1=1&o7=&o5=&o9= &o6=&o3=&o4=&h=000). WordNet. 2010.

[145] Hayes, Adam. "145] Hayes, Adam.iversdnetweb.princeton.edu/perl/ webwn?s=democracy&sub=Search+Wo Last modified July 1, 2020.

[146] Navigli, Roberto and Paola Velardi. 146] Navigli, Roberto and Paola Velardi. edu/perl/webwn?s=democracy&sub=Search+WordNet&o2=&o0=1&o8=1&o1=1& o7=&o5=&o9=&o6=&o3=&o4=&h=000).Processing, edited by Regina Barzilay and Mar⊠, Sandra Carberry, Stephen Clark, and Joakim Nivre, 1318tion f Stroudsburg, PA: Association for Computational Linguistics, July 2010.

[147] Velardi, Paola, Roberto Navigli, and Pierluigi D'Amadio. 147] Velardi, Paola, Roberto Navigli, and Pierluigi D'Amadio. Stroudsburg, PA: Associatieptember/ October 2008): 18-25. *https://doi.org/10.1109/MIS.2008.88*.

[148] Espinosa-Anke, Luis and Horacio Saggion. 148] Espinosa-Anke, Luis and Horacio Saggion.rluigi D'Amadio. Stroudsburg, PA: Associatieptember/October 2008): 18-25. https://doi.org/10.110 Mathieu Roche, and Maguelonne Teisseire, 63-74. NLDB 2014. Lecture Notes in Computer Science, vol. 8455. Cham, Switzerland: Springer, 2014. *https://doi.org/10.1007/978-3-319-07983-7_10*.

[149] Jin, Yiping, Min-Yen Kan, Jun-Ping Ng, and Xiangnan He. 149] Jin, Yiping, Min-Yen Kan, Jun-Ping Ng, and Xiangnan He.and: Springer, 2014. hProceedings of the 2013 Conference on Empirical Methods in Natural Language Processing, editbed by David Yarowsky, Timothy Baldwin, Anna Korhonen, Karen Livescu, and Steven Bethard, 780-790. Stroudsburg, PA: Association for Computational Linguistics, October 2013.

[150] Zhang, Chunxia and Peng Jiang. 150] Zhang, Chunxia and Peng Jiang. PingIn Proceedings of 2nd IEEE International Conference on Computer Science and Information Technology, 364–368. 2009. *https://doi.org/10.1109/ICCSIT.2009.5234687*.

[151] Fahmi, Ismail and Gosse Bouma. 151] Fahmi, Ismail and Gosse BBouma..2009.5234687.on Compute In Proceedings of the EACL 2006 workshop on Learning Structured Information in Natural Language Applications, 64–71. 2006.

[152] Westerhout, Eline. 152] Westerhout, Eline.In Proceedings of the EACL 2006 workshop on Learning Structured Information in Natural Language Applications, 64–71. 2006.8. Language Processing, cditbed by David Yarowsky, Timoudsburg, PA: Association for Computational Linguistics, September 2009.

[153] Androutsopoulos, Ion, Gerasimos Lampouras, and Dimitrios Galanis. 153] Androutsopoulos, Ion, Gerasimos Lampouras, and Dimitrios Galanis.2009.do Sierra, Maria Pozzi, and JuaManuel Preprint, submitted December 2012.

[154] Filipowska, Agata, Martin Hepp, Monika Kaczmarek, and Ivan Markovic. 154] Filipowska, Agata, Martin Hepp, Monika Kaczmarek, and Ivan Markovic.9.do Sierra, Maria Pozzi, and Juan-Manuel Torres, 61ations, 64–71. 2006u. BIS 2009. Lecture Notes in Business Information Processing, vol. 21. Springer-Verlag Berlin Heidelberg, 2009. *https://doi.org/10.1007/978-3-642-01190-0_1*.

[155] Alexopoulos, Panos and John Pavlopoulos. 155] Alexopoulos, Panos and John Pavlopoulos.:///doiol. 21. Springer-Verl In Proceedings of the 14th Conference of the European Chapter of the Association for Computational Linguistics, vol. 2, edited by Shuly Wintner, Stefan Riezler, and Sharon Goldwater, 33mothy Baldwin, Anna Korhonen, Karen Livescu, and al Linguistics, 2014.

[156] Glen, Stephanie. "156] Glen, Stephanie.e of the European Chapter of the Association for Computational Linguistics, vol. Statistics How To. December 8, 2014.

[157] Wilson, Theresa, Paul Hoffmann, Swapna Somasundaran, Jason Kessler, Janyce Wiebe, Yejin Choi, Claire Cardie, Ellen Riloff, Siddharth Patwardhan. "Opinion□Finder: A System for Subjectivity Analysis.a In Proceedings of HLT/EMNLP 2005 Interactive Demonstrations, edited by Donna Byron, Anand Venkataraman, and Dell Zhang, 34-35. Stroudsburg, PA: Association for Computational Linguistics, October 2005. *https://doi.org/10.3115/1225733.1225751.*

[158] Alexopoulos, Panos and Jose-Manuel Gomez-Perez. 158] Alexopoulos, Panos and Jose-Manuel Gomez-Perez.istics, October 2005. *https:///doi.org Paper presented at the 7th International Workshop on Semantic Business Process Management,* Heraclion, Greece, May 2012.

[159] Pahn, Michael. 159] Pahn, Michael.the 7th International Worksare Identical Twins (that Separated at Birth)th)kshop on Semantic Business Process Management, Heraclimeet-michael-pahn-the-fiddle-and-the-violin-are-identical-twins-thatseparated-at-birth-86121430). Smithsonian Magazine. September 21, 2011.

[160] DBpedia. 160] DBpedia. 20*http://dbpedia.org/page/Paris*). Accessed July 16, 2020.

[161] Stadler, Claus. 161] Stadler, Claus.0./*http://linkedgeodata.org/OSM*). Linked GeoData. Last modified September 14, 2016.

[162] Halpin, Harry, Ivan Herman, and Patrick J. Hayes. 162] Halp:sameAs isneAs isnn, Harry, Ivan Herman, and Patrick J. Hayes.emantic Business Process Management, Heraclimeet-michael-pahn-the-fiddle-and-June 2010.

[163] Baxter, David. Email message to W3C. (*https://lists.w3.org/Archives/Public/public-lod/2009Feb/0186.html*) February 23, 2009.

[164] KBpedia. "164] KBpedia. to W3C.*https://github.com/Cognonto/kbpedia/raw/master/versions/2.50/kbpedia_reference_concepts.zip*). Accessed August 10, 2020.

[165] Noy, Natalya and Deborah L. McGuinness. Ontology Development 101: A

Guide to Creating Your First Ontology. Stanford Knowledge Systems Laboratory Technical Report KSL-01-05, March 2001.

[166] W3C. 166] W3C.Development 101: A GGuide Ontologies"Guide Ontologiesent 101: A GGuide OntologiesYour First Ontology. Stanford Knowl

[167] Aitken, J. Stuart, Bonnie L. Webber, and Jonathan Bard. 167] Aitken, J. Stuart, Bonnie L. Webber, and Jonathan Bard.w3.org/2001/sw/BestPractices/OEP/ SimplePed at the 9th Pacific Symposium on Biocomputing, Hawaii, USA, January 2004. *https://doi.org/10.1142/9789812704856_0017*.

[168] Altowayan, A. Aziz and Lixin Tao. 168] Altowayan, A. Aziz and Lixin Tao. er, and Jonathan Bard.w3.org/2001/sw/BestPraIn 2015 IEEE 17th International Conference on High Performance Computing and Communications, 2015 IEEE 7th International Symposium on Cyberspace Safety and Security, and 2015 IEEE 12th International Conference on Embedded Software and Systems, 1399-1405. Piscataway, NJ: IEEE Press, August 2015. *https://doi.org/10.1109/HPCC-CSS-ICESS.2015.147*.

[169] W3C. "169] W3C. 17th International Conference on High Performancence Computing and Communi*https://www.w3.org/TR/skos-primer/#secassociative*). August 18, 2009.

[170] Tessler, Michael H. and Michael Franke. 170] Tessler, Michael H. and Michael Franke.n High Performance Computing and Communi*https://www.w3.org/TR/skos-primer/#secassociative*).yberspace Safety and Security, and 2015 IEEE 1July 2018.

[171] W3C. 171] W3C.er, Michael H. and Michael Franke.n High Performance Computing and Commun

[172] Aroyo, Lora and Chris Welty. 172] Aroyo, Lora and Chris Welty.)l Franke.n High P.org/TR/shacl).putinAI Magazine 36, no. 1 (Spring 2015): 15-24. *https://doi.org/10.1609/aimag.v36i1.2564*.

[173] Hoffart, James, Mohamed Amir Yosef, Ilaria Bordino, Hagen Furstenau, Manfred Pinkal, Marc Spaniol, Bilyana Taneva, Stefan Thater, and Gerhard

Weikum. "173] Hoffart, James, Mohamed Amir Yosef, Ilaria B In Proceedings of the 2011 Conference on Empirical Methods in Natural Language Processing, edited by Regina Barzilay and Mark Johnson, 782–792, Stroudsburg, PA: Association for Computational Linguistics, July 2011.

[174] Mendes, Pablo N., Max Jakob, Andres Garcia–Silva, and Christian Bizer. 174] Mendes, Pablt: Shedding Light on the Web of Documents.ChIn Proceedings of the 7th International Conference on Semantic Systems, edited by Chiara Ghidini, Axel–Cyrille Ngonga Ngomo, Stefanie Lindstaedt, and Tassilo Pellegrini, 1–8. New York: Association for Computing Machinery, September 2011. *https://doi.org/10.1145/2063518.2063519.*

[175] Usbeck, Ricardo, Axel–Cyrille Ngonga Ngomo, Michael Roder, Daniel Gerber, Sandro Athaide Coelho, Soren Auer, and Andreas Both. "AGDISTIS— raph–Based Disambiguation of Named Entities Using Linked Data." In The Semantic Web – ISWC 2014, edited by Peter Mika, Tania Tudorache, Abraham Bernstein, Chris Welty, Craig Knoblock, Denny Vrande⊠i⊠, Paul Groth, Natasha NoyKrzysztof Janowicz, and Carole Goble, 457aniel ISWC 2014. Lecture Notes in Computer Science, vol. 8796. Cham, Switzerland: Springer, 2014. *https://doi.org/10.1007/978-3-319-11964-9_29.*

[176] Milne, David and Ian H. Witten. 1176] Milne, David and Ian H. Witt In Proceedings of the 17th ACM Conference on Information and Knowledge Management, 50909ture Notes in Computer Science, vol. 8796. Cham, Switzerland: Springer, 2014. *https://doi.org/10.1007/978*

[177] Kulkarni, Sayali, Amit Singh, Ganesh Ramakrishnan, and Soumen Chakrabarti. 177] Kulkarni, Sayali, Amit Singh, Ganesh Ramakrishnan,, 7 In Proceedings of the 15th ACM SIGKDD International Conference on Knowledge Discovery and Data Mining, 457r Science, vol. 8796. Cham, Switzerlaning Machinery, June 2009. *https://doi.org/10.1145/1557019.1557073.*

[178] Buonocore, Tommaso. 178] Buonocore, T as Woman is to Nurse: The

Gender Bias of Word Embeddingse Discovery and Data Mining, 457r Science, vol. 8796. Cham, Switzerlaning MaTowards Data Science. March 8, 2019.

[179] Gangemi, Aldo, Valentina Presutti, Diego Reforgiato Recupero, Andrea Giovanni Nuzzolese, Francesco Draicchio, and Misael Mongiovi. uzzolese, Francesco Draicchio, and Misa, Semantic Web 8, no. 6 (2017): 873(2017

[180] "Tf–idf: A Single–Page Tutorial" (*http://www.tfidf.com*) Accessed July 16, 2020.

[181] Tiddi, Ilaria, Nesrine Ben Mustapha, Yves Vanrompay, and Marie–Aude Aufaure. 181] Tiddi, Ilaria, Nesrine Ben Mustapha, Yves Vanrompay, and Marie–Aude Aufaure.20. zzolese, Francestems: OTM 2012 Workshops, edited by Pilar Herrero, Herve Panetto, Robert Meersman, and Tharam Dillon, 434–443. OTM 2012. Lecture Notes in Computer Science, vol. 7567. Springer–Verlag Berlin Heidelberg, 2012. *https://doi.org/10.1007/978-3-642-33618-8_59*.

[182] Zaveri, Amrapali, Anisa Rula, Andrea Maurino, Ricardo Pietrobon, Jens Lehmann, and Soren Auer. 182] Zaverssessment for Linked Data: A Survey.ino, Ricardo Pietrobon, Jens Lehmann,

[183] Tartir, Samir and I. Budak Arpinar. "183] Tartir, Samir and I. Budak Arpinar. urvey. In ICSC tir, Samir and I. Budak Arpinar.urvey.ino, Ricardo Pietrobon, Jens Lehmann, and Soren Auer.org/10.1007/978–3–642–33618–8_59.618–8_59.r Herrero, Herve Panetto, Robert Meersma

[184] Duque–Ramos, Astrid, Jesualdo Tomas Fernandez–Breis, Robert Stevens, and Nathalie Aussenac–Gilles. 184] Duque–Ramos, Astrid, Jesualdo Tomas Fernandez–Breis, Roof Ontologies.and Nathalie Aussenac–Gill es.10.1007/978–3–642–33618–8_59.618–8_59.r Herrero, Herve Panetto

[185] DBpedia. 185] DBpedia.mos*http://dbpedia.org/resource/Steel*). Accessed July 16, 2020.

[186] DBpedia. 186] DBpedia.16, 2020./dbpedia.org/resource/resource/Spawn_ (comics)). Accessed July 16, 2020.

[187] DBpedia. 187] DBpedia.16, 2020./dbphttp://dbpedia.org/resource/Spawn_ (biology)). Accessed July 16, 2020.

[188] Miller, George A. and Walter G. Charles. 188] Miller, George A. and Walter G. Charles.resource/Spawnoof Ontologies.and Nathalie Aussenac-Gill es.10.1007/978-3-642-33618-8_59.618-8_59.r H

[189] Ferragina, Paolo and Ugo Scaiella. 189] Ferragina, Paolo and Ugo Scaiella. (1991): 1-28. https://doi.org/10.1080/01In Proceedings of the 19th ACM International Conference on Information and Knowledge Management, 1625- 8_59. New York: Association for Computing Machinery, October 2010. *https:// doi.org/10.1145/1871437.1871689.*

[190] DBpedia. 190] DBpedia.ociati*http://dbpedia.org/ontology/starring). Accessed July 16, 2020.*

[191] DBpedia. 191] DBpedia.16, 2020.p://dbpedia.org/ontol*http://dbpedia.org/ resource/Roger_Moore_* (computer_scientist)). Accessed July 16, 2020.

[192] Papandrea, Simone, Alessandro Raganato, and Claudio Delli Bovi. 192] Papandrea, Simone, Ale for Supervised Word Sense Disambiguation.ly 16, 2020.145/1871437.1871689.nowledge Management, 1625-8_59.618-8_59.r Herrero, Herve Panetto, Robertnstrations, 103-108. Stroudsburg, PA: Association for Computational Linguistics, September 2017. *https://doi.org/10.18653/v1/D17- 2018.*

[193] Sharma, Pawan, Rashmi Tripathi, and R.C. Tripathi. 193] Sharma, Pawan, RashmThrough Semantic Query Expansion.anProcedia Computer Science 54. (2015): 390puter *https://doi.org/10.1016/j.procs.2015.06.045.*

[194] Lord, P.W., R.D. Stevens, A. Brass and C. Goble. 194] Lord, P.W., R.D. Stevens, A. Brass and Across the Gene Ontology: The Relationship Between Sequence and Annotation.atBioinformatics 19, no. 10 (July 2003): 1275-1283. https://doi.org/10.1093/bioinformatics/btg153.

[195] Caviedes, Jorge E. and James J. Cimino. 195] Caviedes, Jorge E. and James J.

Cimino. no. 10 (July 2003): 1275‒1283. *https://doi.org/10.1093/bioin 37, no. 2 (April 2004): 77‒85. https://doi.org/10.1016/j.jbi.2004.02.001.*

[196] Princeton University. "196] Princeton University.d James J. Cimino. no. 10 (July 2003): 1275755y.d *https://doi.org/10.1093/bioin 37, no. 2 (April 2 2010.*

[197] Publications Office of the European Union. 197] Publications Office of the European Union… 10 (July 2003): 127575ce of the European Union. 2010.EU Vocabularies. Accessed July 16, 2020.

[198] Gan, Mingxin, Xue Dou, and Rui Jiang. 198] Gan, Mingxin, Xue Dou, and Rui J:Calculation of Ontology‒Based Semantic Similarity. SScientific World Journal (2013): 1. *https://doi.org/10.1093/bioin 37, no. 2*

[199] Slimani, Thabct. "199] Slimani, Thabet.antic Similarity. SScientific World Journal (2013) International Journal of Computer Applications 80, no. 10 (2013): 25‒33. *https://doi.org/10.5120/13897-1851.*

[200] Althobaiti, Ahmad Fayez S. "Comparison of Ontology‒Based Semantic‒ Similarity Measures in the Biomedical Text." Journal of Computer and Communication 5, no. 2 (February 2017): 17‒27. *https://doi.org/10.4236/ jcc.2017.52003.*

[201] Rada, R., H. Mili, E. Bicknell, and M. Blettner. 201] Rada, R., H. Mili, E. Bicknell, and M. Blettner.ary 2017): 17‒27. *https://doi.org/10.4236/ jcc.2017.52003.ext. "oi.org/10.5120/13897-1851.s://doi.org/attps://doi. org/10.1109/21.24528*

[202] Jiang, Rui, Mingxin Gan, and Peng He. 202] Jiang, Rui, Mingxin Gan, and Peng HHe..org/10.1109/21.24528anuary/February 1989):BMC Systems Biology 5, S2 (2011). *https://doi.org/10.1186/1752-0509-5-S2-S2.*

[203] Al Jadda, Khalifeh, Mohammed Korayem, Camilo Ortiz, Chris Russell, David Bernal, Lamar Payson, Scott Brown, and Trey Grainger. "Augmenting Recommendation Systems Using a Model of Semantically Related Terms Extracted from User Behavior." Preprint, submitted September 2014.

[204] Škvorc, Bruno. 204] Škvorc, Bruno.September 2014.Korayem, Camilo Ortiz, Chris Russell, DDavid Diffbot. Accessed July 16, 2020.

[205] Wikipedia. 205] WWikipedia., 2020..*https://en.wikipedia.org/wiki/ Wikipedia:Consensus*). Last modified June 22, 2020.

[206] Financial Industry Business Ontology (FIBO). "206] Financial Industry Business Ontology (FIBO).sensus). Last modified June 22, d June 22, Payson, Scott Last modified December 19, 2019.

[207] Wikipedia. 207] Wikipedia.er 19, 2019.r 19.. Ontologkipedia.org/wiki/ Assassin%27s_Creed_Odyssey). Last modified July 15, 2020.

[208] W3C Working Group. 208] W3C Wing Classes As Property Values on the Semantic Webeb.*https://www.w3.org/TR/2005/NOTE-swbp-classes-as- values-20050405*) April 5, 2005.

[209] Uschold, Michael. Demystifying OWL for the Enterprise. San Rafael, CA: Morgan & Claypool, 2018.

[210] DBpedia. 210] DogyProperty:originalLanguagee 2018.*tps://www.w3.org/ TR/2005/NOTE-swbp-classes-as-values-20050405*) April Accessed July 16, 2020.

[211] DBpedia. "211] DBpedi*http://mappings.dbpedia.org/server/ontology/classes/ Language*). Accessed July 16, 2020.

[212] DBpedia. 212] DBpedia.16, :filmColourType"Bpedia.16, :filmColourTypeurTypeia.org/server/ontology/classes/Language). Accessed July 16, 2020

[213] DBpedia. 213] DBpedia.16, 2020*http://dbpedia.org/page/0_(number)*)). Accessed July 31, 2020.

[214] DBpedia. 214] DBpedi(number)number)umber)20.*ttp://dbpedia.org/ page/0o*

Accessed July 31, 2020.

[215] Zadeh, Lotfi A. "Fuzzy Sets." Information and Control 8, no. 3 (June 1965): 338–353. *https://doi.org/10.1016/S0019-9958(65)90241-X*.

[216] Alonso, Sanjay Krishnankutty. 216] Alonso, Sanjay Krishnankutty.June 1965）: 338‒353. ge/0oes/Language）. Accessed July 16, 2020.sed July 16, 2020.sed July□ Teacher: Mamdaninjay Krishnan.dma.fi.upm.. Accessed July 16, 2020.

[217] Ahmad, Khurshid and Andrea Mesiarova‒Zemankova. (2007). ad, Khurst‒ Norms and t‒Conorms for Fuzzy Controllers.leIn Fourth International Conference on Fuzzy Systems and Knowledge Discovery, 641S0019 Piscataway, NJ: IEEE Press, 2007. *https://doi.org/10.1109/FSKD.2007.216*.

[218] Farahbod, Fahimeh and Mahdi Eftekhari. 218] Farahbod, Fahimeh and Mahdi Eftekhari.ollers.leIn Fourth International Conference on Fuzzy Systems and Knowledge Discovery, 641S0019 Piscataway, N0/doi.org/10.5121/ijfls.2012.2303.

[219] Hong, Tzung‒Pei and Chai‒Ying Lee. 219] Hong, Tzung‒Pei and Chai‒ Ying Lee.ari.ollers.leIn Fourth International Conference on Fuzzy Systems and Knowledge Discovery, 641S0019 Piscataway, N0/doi.odoi.0114(95)00305‒3.

[220] Medasani, Swarup, Jaeseok Kim, and Raghu Krishnapuram. "220] Medasani, Swarup, Jaeseok Kim, and Raghu Krishnapuram. 2012）: 3316.ry, 641S0/ International Journal of Approximate Reasoning 19, no. 3/4 (October/November 1998）: 391rg/10.5121/ijfls.2012.2303016/S0888‒613X(98)10017‒8.

[221] Bilgic, Taner and I. Burhan Turk⊠en. n.] Bilgic, Taner and I. Burhan TurkReaeoretical and Empirical Work.rkFundamentals of Fuzzy Sets, edited by Didier Dubois and Henri Prade, 195.mber The Handbook of Fuzzy Sets Series, vol. 7. Boston: Springer, 2000. *https://doi.org/10.1007/978-1-4615-4429-6_4*.

[222] Zwick, Rami, Edward Carlstein, and David V. Budescu. 222] Zwick, Rami, EdwardAmong Fuzzy Concepts: A Comparative Analysis.ysInternational Journal of Approximate Reasoning 1, no. 2 (April 1987）: 221‒242. *https://doi. org/10.1016/0888-613X(87)90015-6*.

[223] Bedna⊠, Josef. "Josef. na15‒6s.a15‒6s.s.a15‒6.i, EdwardAmong Fuzzy Conc

[224] Stoilos, Giorgos, Giorgos Stamou and Jeff Z. Pan. "Fuzzy Extensions of OWL:Logical Properties and Reduction to Fuzzy Description Logics. LInternational

Journal of Approximate Reasoning 51, no. 6 (July 2010): 656–679. https://doi.org/10.1016/j.ijar.2010.01.005.

[225] Bobillo, Fernando and Umberto Straccia. 225] Bobillo, Fernando and Umb Using OWL 2.o International Journal of Approximate Reasoning 52, no. 7 (October 2011): 1073–1094. https://doi.org/10.1016/j.ijar.2011.05.003.

[226] Bobillo, Fernando and Umberto Straccia. 226] Bobillo, Fernando and Umberto Straccia.imate Reasoning 52, no. 7 (October 201134. https://doi.org/10.1016/j.knosys.2015.11.017.

[227] Galindo, Jose, Angelica Urrutia, and Mario Piattini. Fuzzy Databases: Modeling, Design and Implementation. Hershey, PA: Idea Group Publishing, 2006.

[228] Ranganathan, Priya, C.S. Pramesh, and Rakesh Aggarwal. 228] Ranganathan, Priya, C.S. Pramesh, and Rakesh Aggarwal.ey, PA:Perspectives in Clinical Research 8, no. 4 (October/December 2017): 18703.//doi.org/10.1016/j.ijar.2010.01.005.8–1 of

[229] Alexopoulos, Panos and Manolis Wallace. 229] Alexopoullos, Panos and Manolis Wallace.akesh Aggarwal.ey, PA:Perspect In Proceedings of the 7th International Workshop on Semantic and Social Media Adaptation and Personalization, 37ation, 37ember 2017): 18703.//doi.org/10.1016/j.ijar.2010.01.005.8–1 of Semantical/SMAP.2012.28.

[230] Amplayo, Reinald Kim, Seung-won Hwang, and Min Song. 230] Amplayo, Reinald Kim, Seung-won Hwang, In AAAI-19, IAAI-19, EAAI-20, 6212–6219. Proceedings of the AAAI Conference on Artificial Intelligence, vol. 33, no. 1. Palo Alto, CA: AAAI Press, 2019.

[231] Bartunov, Sergey, Dmitry Kondrashkin, Anton Osokin, and Dmitry Vetrov. 231] Bartunov, Sergey, Dmitry Kondrashkin, Anton Osokin,, Proceedings of Machine Learning Research 51 (2016): 130, and

[232] Navigli, Roberto. "232] Navigli, Roberto. Learning Research 51 (2016):

130Research 51 (2016): 130, and Dmitry Vetrov.1. Palo Alto, CA: AAAigence, vol. 33, no. 1. Palo Alto, CA: AAA3.//doi.org/10.1016/j.ijar.2010.01.005.8-1 of Semantical/SMAP.2012.28.ms Extracted from User Behavior.978-1-4615-s. Springer-Verlag Berlin Heidelberg, January 2012. *https://doi.org/10.1007/978-3-642-27660-6_10*.

[233] Jurgens, David and Ioannis Klapaftis. 233] Jurgens, David and Ioannis Klapaftis.puter Science, edited by Maria BielikovaSecond Joint Conference on Lexical and Computational Semantics (*SEM), Volume 2: Proceedings of the Seventh International Workshop on Semantic Evaluation (SemEval 2013), edited by Suresh Manandhar and Deniz Yuret, 290 – 299. Stroudsburg, PA: Association for Computational Linguistics, June 2013.

[234] Guru99. 234] Guru99., David and Ioannis Klapaftis.puter Science, edited by*https://www.guru99.com/difference-software-engineer-developer.html*) Last modified July 13, 2020.

[235] Princeton University. "235] Princeton University.s.puter Science, eerl/webwn ?o2=&o0=1&o8=1&o1=1&o7=&o5=&o9=&o6=&o3=&o4=&s=analysis&h=000000&j=1 #c). WordNet. 2010.

[236] Princeton University. 236] Prince*http://wordnetweb.princeton.edu/perl/webwn ?o2=&o0=1&o8=1&o1=1&o7=&o5=&o9=&o6=&o3=&o4=&s=Engineer&i=0&h=0000#c*). WordNet. 2010.

[237] Stevens, Robert, Phillip Lord, James Malone, and Nicolas Matentzoglu. 237] Stevens, Robert, Phillce at Manually Classifying Domain Entities Under Upper Ontology Classes.ssJournal of Web Semantics 57, (August 2019): 100469. *https://doi.org/10.1016/j.websem.2018.08.004*.

[238] Wikidata. 238] *Wikidata. Classhttps://www.wikidata.org/wiki/Q33760*). Last modified July 11, 2020.

[239] DBpedia. 239] DBpedia.July 11, 2020./*www.wikidata.org/wiki/Q33760*). st 2019Accessed July 17, 2020.

[240] Berners–Lee, Tim. "240] Berners–Lee, Tim.2020.0.*ww.wikidata.org/wiki/Q33760*). Last modified June 18, 2009.

[241] Emsi Data. 2FAQs: How often does the classification change?i/Q33760). st 2019Accessed July 17, 2020.y ClAccessed July 17, 2020.

[242] EDM Council. 242] EDM Council.2020.the class*https://spec.edmcouncil.org/fibo/FIBO-Release-Notes#2019Q4*). Accessed July 17, 2020.

[243] European Commission. "243] European Commission. class*https://spec.edmcouncil.org/fibo/FIBOhttp://ecompetences.eu/wp-content/uploads/2013/11/EQF_broch_2008_en.pdf*). 2008.

[244] Glen, Stephanie. "244] Glen, Stephanie.council.org/fibo/FIBOhttp://ecompetences.eu/wp–content/uploads/2013/11/EQF_broch Statistics How To. April 26, 2016.

[245] Shirky, Clay. "245] Shirky, Clay.ie.council.org/fibo/FIBO*http:/ps://www.karmak.org/archive/2004/06/semantic_syllogism.html*). First published November 7, 2003 on the pec.ehttp, Economics, and Cultureve/2004/06/sema

[246] Verborgh, Ruben and Miel Vander Sande. 246] Verborgh, Ruben and Miel Vander Sande...ehttp, Economics, and Culture" mailing*https://ruben.verborgh.org/articles/thesemantic-web-identity-crisis*). Special issue, Semantic Web 11, no. 1 (2020): 19uben.verborgh.org/articles/thesemantic–

용어해설

간결성(conciseness)

모형이 잉여 요소를 포함하지 않는 정도.

거버넌스(governance)

모형에 관한 결정과 모형의 개발, 적용, 진화에 관한 결정을 내리고 실행하는 메커니즘.

경직된 클래스(rigid class)

모든 인스턴스에 필수적인 클래스. 즉, 해당 클래스의 인스턴스가 아니면 인스턴스가 존재할 수 없는 상황에 해당하는 클래스.

관계 추출(relation extraction)

서로 다른 엔터티와 그 밖의 요소들 사이에 유지되는 관계들을 지정된 데이터 공급원에서 자동으로 추출하는 일.

관계 함의(relation subsumption)

관계에 포함된 의미들.[1]

관계(relation)

둘 이상의 엔터티가 서로 관련될 수 있는 특정 방식을 표현함.

---

[1] 옮긴이_ '클래스 함의'라는 용어에 견주어 보자.

관련성(relevancy)

모형의 구조와 내용이 주어진 작업이나 애플리케이션에서 유용하고 중요한 정도.

귀납적 추론(inductive reasoning)

전제와 결론이 있을 때, 전제가 결론으로 이어지는 규칙을 추론해 내는 일.

귀추적 추론(abductive reasoning)

알려진 연역 규칙을 역설계하여 결론을 내는 데 쓰인 전제를 추론하려고 하는 일.

단일성(unity)

클래스의 인스턴스를 전체 엔터티로 간주하는지를 알려줌

닫힌 세계 가정(closed-world assumption)

주어진 진술이 우리 모형에서 참인지 아닌지 알 수 없다면, 거짓이라고 추론할 수 있다는 가정.

대칭 관계(symmetric relation)

A 엔터티가 대칭 관계 R을 통해 B 엔터티와 관련이 있다면, B 엔터티도 동일한 관계를 통해 A 엔터티와 관련이 있다고 추론할 수 있음.

동의어(synonyms)

의미가 완전히 동일하거나 거의 동일한 두 용어.

동일성(identity)

두 엔터티가 같은지를 결정하는 문제.

디자인 패턴(design pattern)

반복되는 모형화 문제나 설계 문제 또는 시나리오에 대한 재사용 가능하고 입증된 해법.

모형 마이닝(model mining)

제한된 인간의 노력을 기울여 데이터에서 지식을 습득하는 일.

모호성(ambiguity)[2]

정보를 두 가지 이상의 그럴듯한 방식으로 해석할 수 있는 상황.

---

2 옮긴이_ 상당히 많은 분이 애매성(vagueness)을 '모호성'이라고 부르며, 또한 모호성과 애매성을 구별하지 않는 사람도 많다. 반면에 이 책에서는 원래 뜻에 맞게 ambiguity는 항상 모호성으로, vagueness는 항상 애매성으로 번역했다.

무모순성(consistency)[3]

모형에 논리적이나 시맨틱 모순이 없는 정도.

상위 온톨로지(upper ontology)

최상위 온톨로지 또는 기초 온톨로지라고도 하며 특정 문제나 도메인과 독립적인 매우 일반적인 개념과 관계를 설명함.

상호연결(interlinking)

대응(mapping)이라고도 부르며, 서로 다른 시맨틱 모형에 속하는 요소들을 연결하는 과정.

시맨틱 관련성(semantic relatedness, 의미 관련성)

이 관계의 정확한 속성을 지정하지 않고 두 모형 요소의 의미가 어떻게든 관련되어 있음을 나타냄.

시맨틱 데이터 모형화(semantic data modeling, 의미론적 데이터 모형화)

인간과 컴퓨터 시스템이 모두 이해할 수 있는 일반적인 방식으로 데이터를 묘사하고 표시하는 일. 이게 발전하면 데이터의 의미가 명확하고 정확해짐.

시맨틱웹(semantic web, 의미망)

시맨틱 머신이 읽을 수 있고 공유 가능한 데이터를 웹에 게시할 수 있도록 하는 공동 노력의 결과물을 일컫는 말.

시의성(timeliness)

모형이 현재 세계를 반영하는 요소를 포함하는 정도.

신뢰성(trustworthiness)

모형의 품질에 관한 사용자의 인식과 확신.

애매성(vagueness)

술어가 경계사례를 인정하는 현상.

어휘화(lexicalization)

시맨틱 모형 요소를 자연어로 표현하는 데 사용할 수 있는 하나 이상의 용어에 연결하는 일.

---

3 옮긴이_ 상당히 많은 분이 '일관성'으로 번역해 부르는데, 이 책에서는 철학과 언어학을 참고해 더 정확해 보이는 낱말을 선택해 번역했다.

엔터티 추출(entity extraction)

지정된 데이터 원본 용어에서 일부 엔터티 유형(예: 사람, 조직, 지위)에 해당하는 엔터티를 자동으로 추출하는 작업.

엔터티 특성(entity attribute)[4]

다른 엔터티와의 관계로 표현할 수 없는(또는 선택하지 않는) 엔터티의 성질을 말하며, 그러므로 어떤 관계로 나타내는 대신에 리터럴값(literal value, 문자로 표현한 그대로인 값)을 사용해 나타냄.

엔터티(entity)[5]

구체적으로나 추상적으로, 외부나 마음속에 존재할 수 있는 것.

역 관계(inverse relation)

모든 A 엔터티에서 B 엔터티로 R1 관계를 이루고 있을 때, B 엔터티에서 A 엔터티로 R2 관계를 이루고 있다고 추론할 수 있다면, R1 관계를 R2 관계의 역이라고 함.

연역 추론(deductive reasoning)

논리적으로 확실한 결론에 도달할 목적으로 하나 이상의 진술(전제)로부터 추론해내는 일.

열린 세계 가정(open-world assumption)

주어진 진술이 우리 모형에서 사실인지 아닌지를 알 수 없다면, 그 타당성에 관한 결론을 내릴 수 없다고 가정하는 일.

완비성(completeness)[6]

모형에 포함되어야 하는 요소가 실제로 존재하는 정도.

용어 추출(terminology extraction)

특정 데이터 공급원(일반적으로 말뭉치)에서 도메인과 관련이 있는 중요 용어를 자동으로 추출하는 작업.

---

4 옮긴이_ 여기에 나오는 attribute를 많은 사람이 '속성'이라고 부르지만, 이 책에서는 '속'자의 뜻을 고려하고 그 밖의 여러가지 상황을 고려해 property를 속성으로, attribute를 특성으로, character를 성질로 번역했다.

5 옮긴이_ 철학 분야에서는 '존재자'라고 부른다. 그리고 아마도 이게 원래 뜻일 것이다. 이게 컴퓨터 과학 쪽으로 넘어오면서 '개체'나 '실체'로 불리기도 한 것으로 보인다. 그래서 이 책에서는 영어를 음차해 적었다.

6 옮긴이_ 상당히 많은 분이 '완전성'으로 번역해 부르는데, 그 개념에 비추어 보면 '완비성'이 적절한 번역어로 보이며, 언어학에서는 대체로 '완비성'이라고 부른다.

용어(term)

엔터티, 관계, 속성 등의 시맨틱 모형화 요소를 어휘적으로 설명하는 데 사용하는 문자열(단어나 구).

위계 관계(hierarchical relation)

한 요소가 어떤 면에서 (더 협의인) 그 밖의 요소보다 더 일반적이라는 점(더 광의라는 점)을 나타냄. 여기에는 일반적으로 인스턴스화, 의미 포함 관계, 부분 전체 관계라는 세 가지 관계 유형이 포함됨.

의미 변화(semantic change)

의미 드리프트라고도 하며, 단어의 의미와 용법이 시간이 지남에 따라 변화하는 현상으로, 보통 새로운 의미가 처음과 근본적으로 다른 방식으로 변경됨.

의미 포함(meaning inclusion)

어떤 한 모형화 요소의 의미가 그 밖의 모형화 요소의 의미에 포함되는 일.

이해성(understandability)

인간인 소비자가 의미를 오해하거나 의심하지 않고 모형의 요소를 이해하고 활용할 수 있는 용이성.

인디비주얼(individual)[7]

하나 이상의 클래스의 인스턴스인 엔터티.

인스턴스화(instantiation)

인스턴스인 한 가지 엔터티를 한 클래스나 여러 클래스에 관련시키는 일.

인식론적 불확실성(epistemic uncertainty)

필요한 지식 전체의 결여나 일부 지식의 결여 때문에 진술의 진리를 판단할 수 없는 현상.

전략(strategy)

모형의 목표에 관한 정의를 말하며, 이러한 목표를 달성하기 위한 높은 수준의 접근 방식이자 이 접근 방식을 실행하는 의사 결정 메커니즘.

---

7 옮긴이_ 철학 용어인 '개별자'에 해당하는 개념이다. individual이 개별자의 뜻일 때는 '인디비주얼'로 번역했고, 사람을 의미할 때는 '개인'으로 번역했다는 점을 참고하자.

전이 관계(transitive relation)

R이라는 관계가 전이적일 때 R이 A 엔터티를 B 엔터티에 연결하고 B 엔터티를 C 엔터티에 연결하면 A도 C에 연결됨.

정확성(accuracy)

모형의 의미 단언이 참으로 받아들여지는 정도.

지식 습득(knowledge acquisition)

적절한 공급원에서 엔터티, 관계, 그 밖의 모형 요소들을 생성해 내는 일.

진화(evolution)

해당 도메인에서 발생하는 변화에 모형을 적용하는 과정.

컨텍스트화(contextualization)[8]

모형의 진술이 참으로 여겨지는 모든 컨텍스트의 명시적 표현.

클래스 의존성(class dependence)[9]

C1의 모든 인스턴스에 C2의 인스턴스가 있어야 할 때 클래스 C1은 클래스 C2에 의존함.

클래스 함의(class subsumption)

클래스에 포함된 의미들.[10]

클래스(class)

온 세상에서 단 한 종류에 해당하는 것을 표현하면서 다른 엔터티의 의미 유형으로 사용할 수 있는 추상 엔터티.

퍼지화(fuzzification)

애매한 진술에 실수(0에서 1까지의 범위)를 할당하여 해당 진술이 참이라고 여겨지는 정도(degree, 등급)를 나타내는 일.

표준 모형(standard model, 표준 모형)

일반적으로 합의된 모형. 일부 분야, 산업, 커뮤니티 등에 넓게 적용됨.

----

8 옮긴이_ '맥락화'라고도 부른다.

9 옮긴이_ '클래스 종속성'이라고도 부른다.

10 옮긴이_ 직역하면 '클래스에 적용된 의미 포함 관계'다

INDEX

INDEX

INDEX

INDEX

INDEX

INDEX